Fischer Format

Dieses Buch – vom Autor der DDR-Exilliteratur ausdrücklich zugerechnet – erzählt von Gerhard Zwerenz und seinem komplizierten Verhältnis, das er, als er noch in der DDR lebte, zur Partei und zum Sozialismus hatte, das ihn mitprägte und ihn später immer Partei ergreifen ließ, freilich in anderer Form als das damals praktiziert wurde.
Zwerenz, der sich leidenschaftlich für die Unterdrückten einsetzt, der als Schriftsteller immer bedingungslose Freiheit des Worts gefordert hat und die kritische Position des Autors in und gegenüber der Gesellschaft als Aufgabe mit einschloß, schildert, analysiert ein Stück Zeitgeschichte, das von aktueller Bedeutung ist: Der Weg des Schriftstellers bis zum Ausschluß aus der Partei, seine Ursachen, seine Folgen. Die eigenen Erfahrungen werden hier eingebettet in Porträts und Geschichten über den Philosophen Ernst Bloch, den SED-Führer Walter Ulbricht, den Literaturprofessor Hans Mayer, über hohe und niedere SED-Funktionäre, über den Kulturpolitiker Alfred Kurella, den Schriftsteller Erich Loest, den Dramatiker Hans Pfeiffer, über Johannes R. Becher, Wolfgang Harich, Leo Bauer und viele andere. Dieser autobiographische Bericht endet mit einer kontrastreichen Schilderung des Schriftstellerkongresses in Hamburg, mit der Zwerenz erneut die Frage aufwirft: Wie parteilich, wie »engagiert« muß der Autor in der BRD, im Westen sein, um den Widerspruch, in dem er permanent lebt, aushalten und gestalten zu können.

Der Autor: Gerhard Zwerenz, 1925 in Gablenz (Vogtland) geboren, lebt seit 1957 in der Bundesrepublik. Schrieb Gedichte, Essays, Romane. (Veröffentlichungen im Fischer Verlag siehe Anzeige am Schluß des Buches.)

Gerhard Zwerenz
Der Widerspruch
Autobiographischer Bericht

S. Fischer Verlag

Lektorat Hans-Jürgen Schmitt
Umschlag Hannes Jähn
Ausstattung Greno
Satz und Druck Georg Wagner, Nördlingen
Einband Hans Klotz, Augsburg
Printed in Germany 1974
ISBN 3 10 097 205 8

»Ich habe weder Lust, einem neuen Bismarck noch einem preußischen Stalin die Fuße zu küssen: Beide haben Soldatenstiefel an, die stinken nach Blut und Dreck.«
Klaus Mann im Brief vom 9. 4. 1940 gegen Hubertus Prinz zu Löwenstern

»... sobald der Widerspruch aufhört, hört auch das Leben auf, der Tod tritt ein.«
Friedrich Engels im ›Anti-Dühring‹

»In ungebrochener Demut singe ich den Aufruhr.«
Wolf Biermann in ›Gesang für meine Genossen‹

1. Meine Wohnungen

Sie würgen dir von Anfang an deine inneren Bilder ab. Leer sollst du sein, eine trostlose Wüste. Fantasien sind Ansätze für Widersetzlichkeiten. »Des Kaisers neue Kleider« heißt ein Märchen, darin sieht ein Kind den Kaiser nackt, wie er ist, und sagt es auch. Das muß verhindert werden. Diese Abtreibungen, die an den heranwachsenden Kindern vorgenommen werden. Bis sie zu den Erwachsenen gehören, sollen sie vollkommene Knechte sein. Nach außen untertänig, innen hohl.

Meine Träume waren schwer von Urzeiten her, von den Großeltern, Urgroßeltern, von den Eltern und Lehrern, den Unteroffizieren und Parteiführern vergangener Reiche. Warum träumen wir meist schreckliche Dinge. Weil Träume das Leben weiterführen. Warum wagen wir so selten, gute und glückliche Träume zu haben. Weil wir nicht wagen, ein gutes und glückliches, ein rebellisches Leben zu führen.

Im Traum hörte ich eine wohlbekannte Stimme und Hammerschläge. Ich erwachte und hörte Schläge und Stimme noch immer. Stand auf, trat ans Fenster. Blickte nach links, wo sie alte Bruchbuden abgerissen hatten.

Da standen sie im Kreis, Bauarbeiter und Uniformierte, und inmitten stand einer und nahm die Grundsteinlegung vor.

Ich kannte die Stimme. Walter Ulbricht.

Guten Morgen, Walter!

Er ließ sich nicht abhalten und brabbelte immer weiter in so unfeierlich feierlichem Ton. Das muß ich heute nachmittag im Seminar für Historischen Materialismus erzählen, dachte ich, stieg ins Bett zurück, schlief weiter.

Am Ort der Grundsteinlegung bauten sie mit wahnwitziger irrer Eile, zogen Mauern hoch, Decken ein, kamen immer höher. So entstand die Ringbebauung. In den ersten Block kam unten rein ein Café, fein plüschbürgerlich; dort bestellten wir später Kaffee und Torte. Die Hauskapelle spielte. Zeitweise hatten sie einen Stehgeiger; du kriegst die Motten, ich dachte, wir seien im Franz-

Josef-Wien oder Kaiser-Wilhelm-Berlin, hörte Walterchens Hammerschläge und seine sächsisch-singende Festrede, wußte nicht, träumte oder wachte ich. Dann kam ein harter Winter mit Stromsperren. Die in den modernen Hochhauswohnungen lebten, zitterten bei stundenlang abgestellter Heizung. Froren wie die Schneider. Macht nichts, der Sozialismus leidet unter Energiemangel seiner grandiosen Aufbauleistungen halber. Unter Energiemangel wird der Kapitalismus auch noch leiden, irgendwann, und ohne dafür den Sozialismus errichten zu können.

Genosse Winterthur, der bei einer Familie in den Ringhochhäusern in Untermiete wohnte, hustete den ganzen Winter über. Mein greiser Antiquar brachte die Briketts aus dem Keller, heizte den grünen hohen Kachelofen ein, rieb sich die Hände:

Dort drüben in den neuen Hochhäusern frieren sie tüchtig!

Schadenfreude wärmte fast wie Briketts.

Das Café im Parterre wurde geschlossen. Dem Stehgeiger seien die Saiten vereist, sagten die Leipziger.

Irgendwelche Disziplinarvergehen waren zu ahnden. Ich wurde zum Beisitzer bestellt, wir saßen zu dritt um den Rektor der Universität gruppiert, der die Augen nicht offenhalten konnte. Der arme Student wurde hereingebeten, bekam seine Sünden vorgelesen, durfte widersprechen und wurde für ein Jahr in die Produktion abkommandiert. In den Pausen klappten Magnifizenz die Augenlider zu.

Er ist eine Puppe, dachte ich.

Sagte: Der nächste ist da!

Die Lider klappten hoch. Die Augen darunter schwammen in reinem Alkohol, man brauchte nur ein Streichholz dranzuhalten, und die ganze Universität flöge in die Luft.

Ein Jahr in die Produktion! brummte Magnifizenz.

Am Abend saßen wir im Kaffeebaum.

Magnifizenz trampelten vorüber. Die Augen starr offen, die Lider hochgeklappt.

Ich rief: Ein Jahr ab in die Produktion!

Er wandte das schwere Haupt, erfaßte mich mit einem Blick, der durch Mark und Bein ging, klappte die Augendeckel zu, stand wie blind, eine Statue aus wasweißich, aber nicht aus Fleisch, riß die Lider hoch, marschierte an seinen Stammtisch.

Viele Nächte verbrachte er im Kaffeebaum, zu vorgerückter Stunde in Zwiegesprächen mit Goethe, von dem allerhand Erinnerungsstücke an die Wand gepinnt waren. Hier haben sie alle gesumpft und gezecht, die in Leipzig studierten und lebten durch die Zeiten.

Wer auf Tradition hielt, lebte im Kaffeebaum und in Auerbachs Keller und nirgendwo sonst, es sei denn mit verhangenen Augen und herabgeklappten Lidern. Gaudeamus igitur. Der Geist Goethes schwebte über den Tischen. Gar mancher ritt ein Faß die Auerbach-Keller-Treppe hinauf und hinab.

Du mit deiner verspäteten Kinder- und Jugendzeit! Gymnasien und Universitäten sind dazu da, dem Nachwuchs der herrschenden Klassen Verhaltensweisen beizubringen. Davon ausgeschlossene Klassen sollen ihr Leben unterhalb der Bewußtseinsebenen verdämmern, wo Träume, Märchen, Instinkte und dunkle Ahnungen vorherrschen, im Reich der niederen Dämonen. Mit meinen siebenundzwanzig Jahren an die Uni geraten, brachte ich einen ganzen Sack voller Erfahrungen mit; doch mein Wissensstand glich dem eines Volksschulabgängers, hinzugerechnet noch die fünfeinhalb Jahre auf Lagerholzpritschen und Sanatoriums-Ruhe-Bock, wo ich mir Teile bürgerlicher und proletarisch-marxistischer Bildung angelesen hatte, in Buchstaben hineingefressen, so daß ich am Ende nicht entscheiden konnte, rekapitulierte mein Gedächtnis Wissen oder Halluzinationen, vielleicht auch waren die Bücherinhalte nichts anderes als Halluzinationen. Gewiß aber hatte, was man las, wenig oder nichts mit dem wirklichen Leben zu schaffen, in das unsereins verbannt und verurteilt war. Welten klafften dazwischen. Wie sollte einer die Diskrepanzen aushalten, die mitten durch ihn selbst hindurchgingen, wie sich den auseinanderstrebenden Kräften widersetzen, wie verhindern, daß es ihn nicht zerriß?

Im traditionsschweren Kaffeebaum halluzinierte ich meine Gegenwart und meinen Status als Spät-Student wohl nur; denn was hätte den Sohn des Ziegelstreichers Rudolf Zwerenz an diesen fremden Ort katapultieren sollen? Der Sohn der Textilarbeiterin Liesbeth Zwerenz, geb. Widl, mischte sich in Dinge ein, die ihn nichts angingen, trat an Orten auf, wo er und seinesgleichen nichts zu suchen hatten. Den Verdacht, ich halluzinierte mein jetziges

Werbung von: Gaststättenorganisation GASTRONOM, Leipzig

Historisches

Leipzig hat viele Sehenswürdigkeiten. Unweit des alten Marktes, in der kleinen Fleischergasse Nr. 4 befinden Sie sich in der zweitältesten deutschen Kaffeestube. Der Eingang des 468 Jahre alten Bürgerhauses ist ohnehin nicht zu übersehen.

In Stein gemeißelt und vergoldet lagert über dem Portal vor einem gleichzeitig blühenden und Früchte tragenden Kaffeebaum mit einer reich verzierten Kaffeekanne ein lebensgroßer Türke, der einem erwartungsvoll zugreifenden Knaben ein Schälchen Kaffee reicht.

Johann Lehmann, der erste Kaffeebaum-Wirt, ließ dieses barocke Portalrelief vor 250 Jahren anbringen. Als er 1717 das Haus von seinem Schwiegervater Schütz für 6000 Taler kaufte, war er bereits als sächsisch-polnischer Hofchocoladier eingetragen. August der Starke hatte ihm allergnädigst dieses Privileg im Jahre 1707 verliehen, nachdem er in Lehmanns Kaffeehaus am Markt entzückt ein „Schälchen Heeßen" getrunken hatte.

Viele berühmte Geister hielten im Laufe der Jahre in den behaglichen Räumen des Kaffeebaums Einkehr. Philipp Telemann probte hier dreimal wöchentlich mit seinen Studenten und machte den Kaffeebaum zu einem „Collegium musicum". Christian Fürchtegott Gellert und Gotthold Ephraim Lessing „besaßen" abwechselnd den Kaiserstuhl in der Königsnische auf dem sich einst Napoleon, der Schlachten müde, niederließ. Der junge Goethe entspannte sich hier nach den Anstrengungen in Auerbachs Keller. Liszt und Wagner suchten und fanden Inspirationen. In der links vom Hausflur gelegenen Gaststube mit den Butzenscheibenfenstern hatte acht Jahre lang Robert Schumann und sein Freundeskreis einen Stammtisch. Leidenschaftlich diskutierten hier die „Davidsbündler" täglich feuchtfröhlich die Leere der biedermeierlichen Salon- und Modemusik.

Unter Leitung von Baurat Ziel, Stadtbaumeister Daugs und Innenarchitektin Grunicke restaurierte die Stadt Leipzig den Kaffeebaum zeitgemäß für 500000 Mark. Gewähr, daß auch in hundert Jahren der Vers von Gotthelf Zacharias aktuell sein wird.

> „So steckt dies stolze Haus den Giebel in die Lüfte und hüllt das hohe Dach in ew'gen Rauch und Düfte.
> Der Eingang zeigt sogleich in einer Schilderei, daß hier des Kaffeegotts geweihter Tempel sei!"

Leben bloß, konnte ich nie gänzlich abweisen. Also kam es unbedingt darauf an, dieses Leben in Worten festzuhalten, in Sätze zu fassen, schwarz auf weiß niederzulegen, nur so ließ sich mein momentanes Dasein verifizieren. Die sitzende, mehr hockende Haltung vor der Schreibmaschine, mit den Fingern in affenartiger Geschwindigkeit die Tasten niederdrückend, wurde zu jener Hauptgestalt, in der ich mich erlebe und sehe, inzwischen seit mehr als zwei Jahrzehnten, und begonnen hatte es im Kaffeebaum zu Leipzig im Jahre 1953, als ich mir bewußt machte, ich könnte nicht unterscheiden, lebte oder halluzinierte ich mein Leben.

Ich ging nach Hause und setzte mich vor die Maschine. Schreiben war für mich von Anfang an den Deckel vom Topf nehmen, das Dach vom Haus abheben, eine Wand von der Wohnung entfernen, Kerkerzellen öffnen. Vom Technischen verstand ich nichts, bemühte mich auch kaum, hatte zunehmend Schwierigkeiten mit den Massen betippten Papiers, das lag überall herum, füllte Kästen, Koffer, Schränke, wurde unübersichtlicher, staute hoch zu Stößen, die umsanken, einstürzten, den Boden bedeckten. Ich hatte gar keine Zeit, mich mit technischen Ordnungsfaktoren zu beschäftigen. Es war Erich Loest, der mir riet, einen Locher zu kaufen und Schnellhefter, Ordner. Es war Ingrids Vater, der in Dahme Beziehungen zu Papiergeschäftsinhabern hatte und den guten Loest-Ratschlag verwirklichen half. Fortan mangelte es mir nicht mehr an Din-A-4-Seiten in erträglicher Qualität, ich besaß Hefter und Ordner. Ach, die Engpässe in der DDR. Papier wurde ganz groß geschrieben, bevor man's in die Hände bekam, wirklich drauf zu schreiben.

Eine Seite vollgetippt, hieß für mich, sie erst mal wegzufetzen. Jetzt lernte ich, sie zu numerieren, im Zusammenhang zu sehen, so entstehen Manuskripte, die sich von vorn nach hinten lesen lassen, ordentlich zwischen zwei Pappdeckel eingepaßt. Ich lernte auch, die Seiten richtig zu handhaben, oben ein Rand, unten ein Rand, links ein Rand, rechts nicht übers Ende hinaus, daß dort immer Buchstaben fehlen, Wörter geköpft werden. Die Literatur, sagte Loest mit der Gelassenheit des arrivierten Profis, besteht zu großen Teilen aus Organisation und Bürokratie, das beginnt bereits am Schreibtisch des Autors. Ich begann zu ahnen, wie wenig wir ändern können gerade auf den Gebieten, die Revolution sein müßten, und nichts sonst.

Das Kaffeebaum war ein schöner anheimelnder Ort der Gemütlichkeit und Literaturgeschichte. Noch die Tapeten atmeten Kultur aus. Hierher flüchteten sich die späten Geister der Bildungsbourgeoisie, die Frieden geschlossen hatten mit der jetzt herrschenden Partei. Hier saßen sie die Nächte hindurch, den Sozialismus mit alten Sprüchen und Werten zu überdauern. Die Tradition war die Form, und wie jede Form belastete sie den Inhalt, verstümmelte und schwächte ihn bis zur Vergeblichkeit.

Leipzig und die Philosophie und Literatur dröhnten mir im Kopf. Ich ging zum Hauptbahnhof, den ich den Unausweichlichen nannte, weil man sich als Nicht-Leipziger unausweichlich von Zeit zu Zeit, sei's als Abfahrender oder Ankommender, hier einfand; eine halbe Stunde später rumpelte mich der Zug schon Richtung Crimmitschau.

In Crimmitschau setzte ich mich ins Café Lummer und hörte den Schülern zu, wie sie Eis löffelnd über ihre Lehrer lästerten. Dann fuhr ich mit dem Bus nach Gablenz, umrundete die beiden Teiche, betrachtete fünf Minuten von der Sitzbank im Pfarrweg mein Geburtshaus, und marschierte heim durch den Buhlegrund.

Mama hatte alles andere erwartet, nur nicht mich. Sie bewirtete mich mit Eierkuchen und einem seltsam fadschmeckenden Eierlikör, danach gab es Schokoladenostereier. Was willst du, es ist doch Schokolade, sagte sie, als ich mich über die Eier lustig machte, weil wir Ostern längst hinter uns hatten.

Nach dem Essen betrachtete ich vom Kammerfenster aus die Stadt, über die man einen guten Blick hat, und mir kam in den Sinn, daß unser eigentliches Elend im Fehlen einer richtigen und wirklichen eigenständigen Revolution lag. Weil wir nicht im individuellen Sinn revolutionär geworden waren, fehlte uns das große einigende Solidaritätserlebnis, das die Kneipenbesucher zu fortgeschrittener Stunde und bei biergelöster Zunge durch makabre Kriegserlebnisse zu ersetzen suchten. Kriegserlebnisse aber waren allemal faschistische Erlebnisse, jedenfalls haftete ihnen der Geruch an wie dem Pferd der Schweiß. Ich begriff jetzt, weshalb ich immer, wenn ich nach Crimmitschau kam, eine Stimmung von Verlegenheit spürte und gewaltsam zurückdrängen mußte. Wir hatten versagt. Da nützte es auch wenig, wenn ich mir die Zeiten vor 33 ins Gedächtnis zurückzurufen suchte, ich war einfach zu jung dafür, um noch einigermaßen ausreichende und starke Erinnerungen an die Vornazizeit zu besitzen. Die gesamte Stadt schien mit einer zähen, braunen Soße überzogen zu sein, und man kriegte sie nicht runter, weil man sich in der Zeit, in der es darauf angekommen wäre, zwischen 33 und 45 also, nicht darum bemüht hatte. Es gibt Schuldgefühle, die wäscht kein Regen und auch keine Zeit ab. Ich las zu jener Zeit gerade *Abschied*, den vorzüglichen Roman von Johannes R. Becher, in dem die bedenkenswerten Worte stehen:

»Wir suchen... den neuen Menschen...
Ich jedenfalls, was die Zukunft unseres Volkes betrifft, habe nur eine Hoffnung: den deutschen Arbeiter.
Wenn der versagt, dann: gnade uns Gott!«

Die Situation ließ es nicht zu, die Geschehnisse auf die richtigen großen Kategorien zurückzuführen. Den »deutschen Arbeiter« gab es nicht in dieser Eindeutigkeit, es gab den westdeutschen und den mitteldeutschen, den, wie es später genannt wurde: BRD-Arbeiter und den DDR-Arbeiter. Auch da verschwammen die Konturen. Im Westen hießen die Arbeiter Arbeitnehmer, in der DDR hatten die Arbeiter nichts zu sagen. Dies eben machte mir den meisten Kummer. Ich kannte die Verhältnisse in den Fabriken zu genau und wußte, wie wenig die Partei hier erreicht hatte. Zwar hielt sie alle größeren Betriebe unter ihrer Kontrolle, und das leistete der Parteiapparat, doch zufriedenstellend war das nicht. Die Kontrollfunktion sollte sich ja eigentlich gegen den Klassenfeind und seine Einflüsse wenden und die Arbeitermacht sichern. Bei uns aber mußte die Mehrheit der Arbeiterschaft unter Kontrolle gehalten werden, was mir und vielen anderen auch nicht so bedenklich erschienen wäre; schließlich konnte man all diese Probleme mit den Werktätigen als Nachwirkungen des Faschismus definieren, doch war keine Änderung in Sicht, man vermochte nicht abzuschätzen, wann endlich die Masse der Arbeiter zu wirklichen Parteigängern des Sozialismus werden würde; dies aber drängte sich störend in alle noch so parteilichen Diskussionen.

Man wußte, wie schmal die Basis im Land geblieben war. Die Rabauken antworteten darauf mit der ihnen eigenen forschen Bedenkenlosigkeit, die Sensibleren kriegten immer größere Schwierigkeiten mit sich selbst und der Partei.

Dennoch waren wir glücklich. Man lebte in äußerster Armut, konnte sich nur selten ein Kleidungsstück kaufen, war so gut wie nie richtig satt und fühlte sich trotzdem wohl. Bei allen Einwänden wirkte gerade die Lektüre der marxistischen Literatur stabilisierend. Auch ließen sich viele Bedenken unter Hinweis auf die bessere Zukunft wo nicht abweisen, so doch abschwächen.

Ich wohnte anfangs kurze Zeit in Markleeberg Ost bei einer Kaufmannsfrau, der kurz zuvor der Mann gestorben war. Tagsüber mußte ich durch den Laden in mein Zimmer und wurde den Kunden vorgestellt. Kam ich nachts ins Haus, überfiel mich der bellende Hund der Frau, die dann aus ihrer trüben Schlafstube hervorkroch und mit mir zu plaudern begann.

Die Frau war sehr groß und stark, ihr Hündchen klein und dürr. Das Gekläff ging mir nicht weniger auf die Nerven als die nächtlichen Unterhaltungen. Ich kündigte und zog nach Connewitz in die Kurt-Eisner-Straße. Hier residierte in einer hochherrschaftlichen Wohnung ein alter Herr, der jeden Morgen im Wagen von seinem ältesten Sohn abgeholt und ins Geschäft gefahren wurde. Weil die beiden an der Universität vorüber mußten, bot mir der alte Herr an, mich mitzunehmen. Ich stieg ein und bekam unterwegs vom Sohn die allerdümmsten Urteile zur politischen Situation zu hören. Die Herren waren Großhändler, ich hab vergessen, in was. Jedenfalls fand ich den Sohn einen unerträglichen Blödian. Zwar hatte ich durchaus der Partei gegenüber Vorbehalte, auch gab es gerade mal wieder einen Konflikt auszustehen, doch das grausame Geschwätz des Großhändlersohns machte mich auf der Fahrt von der Eisnerstraße zur Uni zum hundertprozentigen Genossen. Ich fuhr kein einziges Mal mehr mit. Der alte Herr sah mich traurig an und hob die Schultern. Er hielt von seinem Sohn wohl auch nicht viel.

Zur Familie gehörte noch eine gnädige Frau. Sie war klein und wieselte den ganzen Tag durch die Wohnung, wobei sie ihrer früheren Köchin nachtrauerte, die gestorben war. Eine neue konnten sie sich nicht halten, weiß der Teufel warum, es gab einfach alles im Haus, auch genug Geld.

Dann begannen sie nachts zu flüstern und in der Wohnung umherzuhuschen, öffneten Schränke, schlossen Koffer, schoben irgendwelche Gegenstände übers Parkett. Mir wars gleich, was sie ausheckten.

Eines Morgens, als ich den langen Flur zur Wohnungstür vorging, trat die Frau hinter mir aus der Küche. Ich spürte ihren forschenden Blick. Wandte mich um. Erschreckt wich die winzige Wirtin in die Küche zurück.

Als ich gegen siebzehn Uhr nach Hause kam, lag auf dem Tisch ein Zettel. Ich sollte mir ein paar Tage selbst Kaffee kochen, sie hätten plötzlich verreisen müssen, wären aber zum Wochenende wieder da.

Sie kamen nicht. Waren in den Westen gegangen. Ich meldete die Abwesenheit erst eine Woche später bei der Polizei. Ein Mann und eine Frau von irgendeiner zuständigen Dienststelle erschienen, zogen verdrießliche Gesichter, machten mir Vorwürfe der späten Meldung wegen, begannen eine Liste aller zurückgelassenen Möbel und Wäschestücke aufzuschreiben.

Es zeigte sich, viel war nicht mehr vorhanden. Die guten Leute hatten tüchtig vorgesorgt, in den vergangenen Nächten das meiste von ihrem Besitz verpackt und weggebracht; nur die großen alten Möbel und wertloses Zeug waren übergeblieben.

Die Wohnung erhielt ein hoher Volkspolizeioffizier. Ich zog ganz in die Innenstadt. Das alte Bürgerhaus in der Goldschmidtstraße gefiel mir. Die Wirtsleute waren über die Maßen freundlich. Er hatte als Antiquar gearbeitet, sie strich mit zittrigen Fingern über ihr schönes, silberweißes Haar und lächelte gottergeben.

Der Antiquar war groß und hager und bewegte sich mit der umsichtigen Bedächtigkeit eines Mannes, der sein Leben hindurch mit wertvollen Gegenständen zu tun hatte. Sein Haar wuchs noch lang und faßte, streng gescheitelt und silberweiß, den schmalen Kopf ein wie der Rahmen das Bild. Ein Heiligenschein aus Bücherstaub umgab dieses Antiquar-Haupt, ich sah neben ihm zu beiden Seiten riesige Bücherregale sich erstrecken. Mein Wirt trat ins Zimmer, suchte stets, ohne anzuhalten, die Nähe von Büchern, sei's meiner eigenen oder deren, die ich gerade entliehen hatte von der Deutschen Bücherei oder Universitätsbibliothek. Mit zurückhaltender, doch ebenso bestimmter Zeigefingerbewegung deutete der Greis auf dieses oder jenes Buch, und es durften sogar marxistische Schriften sein, die Ehrfurcht vor dem Buche erwies sich als Ehrfurcht vor jedem Buche, die Tradition der Buchstadt Leipzig personifizierte sich in meinem silberhaarigen Antiquar, der zu jedem Band passende Anmerkungen zu machen wußte, denn wer sein langes Leben im Umgang mit Büchern verbracht hat, verlebendigt die Papierseiten zu nahen Freunden, über die man vollauf informiert ist und von deren Entstehungs- und Schicksalsgeschichte einer allerhand zu berichten weiß. Heiliger Antiquarius, wie gering erwiesen sich persönliche und politische Differenzen angesichts unserer verbindenden Ehrfurcht vor Büchern, solidarisierende Sympathielinien können einander weit entfernte Menschen nahebringen; vor den Büchern in meiner möblierten Studentenbude stehend, erzählte St. Antiquarius von seinem Leben, den Streifzügen durch ferne Länder und Erdteile, wohin ihn die Aufträge schwerreicher Bibliophiler ausgesandt hatten, seltene Ausgaben, Wiegendrucke, für verloren gehaltene Erstdrucke aufzustöbern. Ein Leben im Dienste des Buches, ausgehalten und bezahlt von der herrschenden Klasse, gewiß, doch die herrschende Klasse würde vergehen, mindestens durch eine andere abgelöst werden, die Sammlungen in den Büchereien aber bestanden weiter.

Als ich im Winter meine Kohlen selbst aus dem Keller heraufholen wollte, reagierte der Antiquar beleidigt, ließ sich's einfach nicht nehmen, die Briketts ächzend heraufzuschleppen und Feuer zu machen.

In der Ecke neben der Tür stand der riesige grüne Kachelofen. Wenige Briketts genügten, und er spuckte Wärme, die lange anhielt. Jetzt ist's gemütlich, sagte der Antiquar, rieb sich die Hände und lächelte.

Mein Zimmer hatte außer der Tür auf die Diele noch zu beiden Seiten je eine riesige Doppeltür. Die Doppeltüren waren verschlossen und von Möbeln zugestellt. Dennoch hörte man viel von nebenan. Beide angrenzenden Zimmer gehörten einem vermufften Ehepaar mit seiner siebzehnjährigen Tochter. Das Mädchen sah aus wie vierzig, hatte kleine Mäuseaugen, roch nach Staub und gab so gut wie nie einen Laut von sich. Die Eltern schmatzten beim Essen. Ihre Unterhaltungen waren so nichtssagend, daß ich sie schon vom zweiten Tag an einfach nicht mehr wahrnahm. Nur ein Geräusch störte mich. Kam der Mann nach Hause, knöpfte er seine Hosenträger ab und hängte sie an einen Nagel. Der Nagel steckte in der Tür, die zu mir führte. Die Metallschnallen der Hosenträger schlugen beim Aufhängen gegen die Tür und gaben einen seltsamen Laut von sich.

Ich erwartete die Heimkehr des Nachbarn mit zunehmendem Ärger. Beschwerte mich vergeblich. Endlich schob ich den Schrank von der Tür soweit weg, daß ein Spalt frei wurde. Ich wartete bis der Herr von nebenan ins Zimmer getreten war, die Hosenträger abnahm, an die Tür hängte.

Mein Faustschlag gegen das Holz fand nicht das geringste Echo. Aber fortan blieb das klatschende Hosenträgergeräusch aus. Ich stellte die Tür mit dem Schrank wieder zu.

Manchmal erhielten meine Wirtsleute Besuch von einer entfernten Verwandten. Sie hatte einen Buckel, blieb vor meiner Tür auf der Diele stehen und begann mit enormer Lautstärke zu reden.

Ich ging hinaus und bat höflich um Ruhe. Zehn Minuten später stand die Bucklige wieder vor meiner Tür und redete laut. Am nächsten Tag, als mein lieber Antiquar Feuer machte, beschwerte ich mich.

Wir kriegen unsere Hulda nicht mehr los, antwortete er verlegen, sie hat ihre Mucken. Verbietet man ihr was, macht sie's gerade. Ihre Eltern haben sie sehr verzogen. Weil ihr der Buckel wuchs, durfte sie alles, was sie nur wollte.

Man kann gar nichts dagegen tun? fragte ich.

Doch, sagte der Antiquar. Unser Onkel hat ihr, wenn's ihm zu bunt wurde, eine runtergehauen. Das half immer.

Ich kann nicht gut einer buckligen Frau eine kleben, sagte ich.

Am nächsten Tag ging das Geschrei vor meiner Tür wieder los. Ich stand drinnen und überlegte, was nun zu machen wäre. Da klatschte es draußen.

Kein Zweifel, jemand hatte der Buckligen 'ne Ohrfeige gegeben. Sie verstummte auf der Stelle.

Nie hätte ich gedacht, daß mein alter, freundlich lächelnder Antiquar zuschlagen könnte. Ich sagte mir, das habe er nur für mich getan, und meine Dankbarkeit ihm gegenüber wuchs noch. Der alte reaktionäre Sachse gefiel mir. Seiner hohen Jahre wegen nahm ich ihm die ewigen politischen Nörgeleien nicht übel, auch brachte er sie leichthin, gewissermaßen im freischwebenden Leipzig-Sächsisch vor, ein Dialekt wie Ballett, so tänzelnd und weich.

Leider jagte ich seiner zartfühlenden silberhaarigen Frau einen Schrecken ein. Es begann damit, daß zwischen Mitternacht und frühem Morgen mehrfach auf der Straße gelärmt wurde. Ich erkundete, schräg gegenüber wohnte irgendeine bedeutende Figur, ein hohes Tier von Funktionär, den der Chauffeur im Wagen nach Hause brachte. Beide schienen meist schwer angetrunken, unterhielten sich laut, schlugen die Wagentüren zu, nahmen nicht die Spur Rücksicht.

Es war im Sommer, die Fenster standen weit offen. In meinem Ärger packte ich eine recht große Medizinflasche und warf sie Richtung Lärm. Das Glas splitterte auf der Straße.

Nach einer kurzen Pause des Erschreckens erdröhnte unten eine Stimme im tiefsten Baß: Na sowas – ist das hier eine reaktionäre Gesellschaft!

Von dem Krach und den Ausrufen angezogen, muß meine alte Wirtin ans Fenster ihres Schlafzimmers getreten sein. Ich blinzelte vorsichtig durch die Gardinen und sah zwei Männer mit drohend erhobenen Fäusten. Sie drohten und schimpften zu der alten Frau hoch.

Die Randalierer erklärten noch, sie würden Anzeige erstatten, dann ging drüben die Haustür, und der Chauffeur fuhr mit dem Wagen davon, wobei er Protest hupte.

Der Medizinflaschenwurf geschah noch ganz zu Anfang meiner Studienzeit, wohl im zweiten Semester und vor dem 17. Juni 1953, der mich erstmals in offenen Konflikt mit der Partei brachte.

Obwohl ich also damals mit der Vorhut der herrschenden Klasse noch im mindesten äußerlich besten Einverständnis lebte, hatte ich mich schuldbewußt verhalten und nach dem Wurf, bei allem Grimm, nicht am offenen Fenster gezeigt, sondern hinter der Gardine verborgen. Die Empörung der beiden Lärmerzeuger wandte sich voll meiner unvorsichtigerweise ans Fenster tretenden alten Zimmerwirtin zu. Zweifellos handelte es sich hier um persönliche Unaufrichtigkeit, ja Feigheit, wenn ich aus dem Verborgenen heraus handelte. Zugleich mußte man wohl von sachbedingter Vorsicht, wenn nicht notwendiger Taktik sprechen, denn auch wenn ich nicht sicher wußte, um wen es sich bei den Radaumachern handelte, so deuteten die Umstände auf Parteileute, mindestens der Partei genehme, wichtige Personen hin.

Wer sonst wurde schon von einem Chauffeur gefahren? Es konnte sich in der Tat bloß um ökonomisch oder politisch wichtige Figuren drehen. War dem aber so, wäre es einfach unklug gewesen, mit denen so mir nichts dir nichts in einen offenen Kampf einzutreten. Beschwerden bei der Polizei wären ebenso nutzlos wie riskant. Wie leicht konnten auf der Gegenseite mächtige Kräfte auftauchen, denen man machtlos, schutzlos, ausweglos gegenüberstand. Der Neutralität und Objektivität der Ordnungsbehörden zu vertrauen wäre einfach naiv, ein solcher Anfänger war ich nicht, daß ich mir erlauben konnte, dergleichen vorauszusetzen. Also war es besser, die nächtlichen Krawallmacher durch eine Tat zu verunsichern, die mich selbst im Verborgenen verharren ließ. Die Möglichkeit eines Treffers auf Personen oder Wagen hatte ich in meine Überlegungen einbezogen. Platzte die Haut auf oder der Lack ab, wäre das nur die gerechte Strafe für soviel Unverschämtheit. Viel passieren konnte sowieso nicht, dazu wog die Medizinflasche nicht schwer genug. Ich bedauerte aber, als ich sie warf, keine schwerere Bierflasche zur Hand zu haben. Der wütende Grimm, der mich überfallen hatte, wurde durch den Verdacht, es handele sich um hochgestellte Persönlichkeiten in der Partei, noch angestachelt. Ein Irgendwer von angetrunkenem nächtlichem Schreikopp hätte mich nicht derart in Rage bringen können. Solche Anzeichen einer vorerst noch unbewußten Opposition häuften sich in dieser Zeit. Das Bewußtsein ist ein Nachgeborener. Ohne es wirklich zu wissen, hatte ich Erfahrungen verarbeitet, meine Lebenserhaltungstechniken aus dem Krieg in den Nachkrieg eingebracht. Bleibe in Deckung! Kämpfe aus der Tarnung heraus! Gib dich nur nach Maßgabe deiner Kräfte zu erkennen! Richte deine Taktik nach der Macht und Übermacht des Gegners! Kämpfen mußte man jederzeit, oder man erniedrigte sich zum willenlosen Werkzeug, zur knetbaren Masse in den Händen der Mächtigen. Kämpfen also mußte man, wollte man sich nicht als Ich aufgeben. Wenn aber schon gekämpft werden mußte, so durfte man sich nicht zum Märtyrer machen lassen, denn das wäre der Triumph der anderen gewesen. Leben wie ein Partisan hieß die Devise, die es nun galt, in strategische und taktische Programme auszufächern.

Allerdings behielt ich ein schlechtes Gewissen gegenüber meiner Wirtin, die in jener Nacht arglos ans Fenster getreten war und dafür bedroht und beschimpft wurde. Kurioserweise überlegten sie und ihr Mann nun ihrerseits, ob sie nicht zur Polizei gehen und Anzeige wegen nächtlicher Ruhestörung erstatten sollten. Mir lag nichts an polizeilichen Aktionen, wie leicht einzusehen ist. Ich riet ab und meinte, der Krachmacher und sein Chauffeur hätten erstmal eine Lektion erhalten und würden sich fortan wahrscheinlich ruhiger benehmen. Zugleich störte mich die Art und Weise, wie meine beiden Zimmervermieter über den Vorfall sprachen. Sie kannten, stellte sich heraus, den schräg gegenüberwohnenden hohen Funktionär nicht, waren aber doch soweit informiert, daß sie ihn als recht maßgeblich einschätzten. Ihr ganzer Groll richtete sich nun gegen die Partei und die gegenwärtigen politischen Zustände, die ich wiederum in nicht so pauschaler Form verdammt sehen wollte. Also begann ausgerechnet ich, der ich mit meinem Medizinflaschenwurf die nächtliche Szene zum Zwischenfall eskaliert hatte, die parteizugehörigen Randalierer in Schutz zu nehmen. Es schmerzte mich, wenn unpolitische Bürger wie mein Antiquar und seine arglose Frau Vorfälle aus dem engsten persönlichen Bereich zu politischen Verdammungsurteilen benutzten, die doch, bei Lichte betrachtet, lediglich der Bestätigung ihrer unvernünftigen Vorurteile gegen den Sozialismus dienen sollten.

Unsere Gespräche darüber dauerten lange an, und je mehr sie sich hinzogen, desto rigoroser vertrat ich den Standpunkt der Partei, daß ich mich bald mit den beiden Ruhestörern identifizierte und meine Wut ebenso vergaß wie meine den Streit erst auslösende Aktivität.

Das Ende kam unerwartet. Meine beiden alten Leute wurden in der Stadt von der Straßenbahn angefahren. Beide mußten ins Krankenhaus eingeliefert werden, aus dem sie zwar Wochen später in ihre Wohnung zurückgebracht werden konnten, doch erholten sie sich nicht mehr richtig, siechten dahin und brauchten Pflege. Zimmervermieten überforderte sie bei weitem. Also zog ich aus und nahm mir ein Zimmer in der Seepiepe. Kurze Zeit später starben meine vormaligen Wirtsleute, einer nach dem anderen, als hätten sie sich verabredet. Ich bin auf beiden Begräbnissen gewesen und habe mir, zurückgekehrt, geschworen, nie wieder zu einer Beerdigung zu gehen, was ich mir bei jedem Begräbnis vornehme.

2. Der Logiker

Das Institut brauchte einen Logik-Fachmann. Nirgendwo fand sich einer. Vor Semesterschluß spitzte Bloch alle an, sich auch daheim umzusehen, es seien nicht die schlechtesten Professoren, die ursprünglich gar nicht an die Universität hätten kommen wollen, sondern als Lehrer in die Provinz gegangen waren. Da säßen dann welche irgendwo weitab, betrieben ein Fach als Hobby und spezialisierten sich, doch niemand kenne sie.

Der Fachmann für Logik wurde gefunden. Er hieß Horn und hatte in Dresden oder bei Dresden als Oberschullehrer auch schon Unterricht in formaler Logik erteilt.

Der Mann reiste an und stellte sich vor. Interessantes, verhauenes Gesicht, ein Augenlid leicht herabhängend, sehr besonnen, äußerst korrekt gekleidet, meist in dunkelblaue Anzüge, außerdem Parteimitglied, alles schien in bester Ordnung.

Der neue Dozent für formale Logik brillierte, verstand sich gut mit Bloch, ohne es mit dessen Gegner Gropp zu verderben, vertrat in den Parteiversammlungen stets die geltende Linie, dies aber mit ruhiger Bestimmtheit und nie provokatorisch laut oder bösartig, wie harte Stalinisten, denen die Parteilinie jeweils den Lebensinhalt abgab, gemeinhin taten.

Was wir nicht wußten, die Kaderakte vermerkte eine Mitgliedschaft Horns in der SAP, einer oppositionellen KP-Splittergruppe vor 1933, die in Sachsen in manchen Orten zu einigem Einfluß gelangt war.

Ich erfuhr von diesem dunklen Punkt in Horns Vergangenheit unter dem Siegel der Verschwiegenheit. Verständlicherweise konnte man bei Vorstößen gegen die Stalinisten also nicht auf Horn zählen, der sich eingedenk seiner Kaderkarteikarte nicht das geringste leisten durfte.

Er war dennoch ein großartiger Genosse und guter Charakter. Sein späterer Selbstmord traf uns sehr. Als die Kampagne gegen mich auf vollen Touren lief, kam es zu einem sehr offenen Gespräch zwischen ihm und Ingrid. Sie war indessen Kandidatin der SED geworden, die Vorstufe zur Aufnahme als Genossin in die Partei. Horn sprach zu ihr als Sekretär der Partei und gleichzeitig als ihr Lehrer, da sie nicht nur Vorlesungen in Logik bei ihm hörte, sondern auch Seminar in diesem Fach bei ihm belegt hatte, was eine gewisse Vertrautheit mit sich brachte: Der Genosse Zwerenz ist zu ungestüm, sagte Horn, manche Dinge kann man nicht so schreiben, wie er das tut, sowas ist unvorsichtig und untaktisch. Über die Leipziger Straßenbahnen darf man eben nicht schreiben, daß sie quietschen, sondern muß formulieren, sie »quietschen noch«, welche Ausdrucksweise ein Übel ins Überwindbare rückt, die Zukunft des Sozialismus wird die vorhandenen, eben »noch vorhandenen« Mängel überwinden, und in dieser Form ist das eine konstruktive Kritik, ansonst wirkt sie direkt zersetzend und muß von der Partei als feindlich angesehen werden.

Der gute, liebe, kluge Horn mit seinen verarbeiteten Erfahrungen – deren Logik bei ihm in zwingende Einsichten führte. Wahrscheinlich hatte er sich der formalen Logik eben deshalb zugewandt, weil er sicheren Schutz vor Überraschungen, Abirrungen, Katastrophen suchte. Die formale Logik mit ihren eindeutigen Figuren schien alle Dinge dieser Welt schön zu ordnen.

Anfangs war die formale Logik als Wissenschaftsdisziplin von den Marxisten verachtet, die Dialektik als dialektische Logik ihr übergeordnet worden. Auch in der DDR verschmähten die Genossen derart die formale Logik. Bis dic aufkommende Kybernetik, der Umgang mit Computern, gebieterisch nach den Grundsätzen formaler Logik verlangte und in der Sowjetunion eine große Diskussion unter Philosophen einsetzte. Die Streitigkeiten schlugen sich in gewichtigen theoretischen Artikeln nieder, die für die DDR aus dem Russischen übertragen wurden. Wir versuchten uns im Sprachunterricht selbst daran. Formale Logik war plötzlich große Mode. Dem fernab in der sächsischen Provinz lebenden Doktor Horn mußte die Rehabilitierung dieser Disziplin wie eine persönliche Rehabilitierung erschienen sein. Nur wer selbst erfahren hat, was eine Abweichung von der reinen Lehre der Partei bedeuten kann, ermißt wohl, was mit Horn vorgegangen sein muß, als er an die Universität Leipzig berufen wurde und dort seine Lieblingswissenschaft lehren durfte.

Er stieg empor, blühte auf, selbst das Augenlid schien nicht mehr zu hängen, der Mann war vor der Partei völlig gerechtfertigt, er wurde, nach Horst Engelmann, Sekretär der Parteiorganisation am Institut. Die Partei weiß, daß sie denen am meisten vertrauen kann, die in ihrer Vergangenheit Fehler gemacht haben. Sie werden sich hüten, ein zweites Mal in ihrem Leben danebenzugreifen.

Nach dem Oktober 1956, als die Panzer der Roten Armee den Ungarischen Aufstand niedergeworfen hatten, saß Dr. Horn die Abende oft im Ratskeller, zu dem wir vom Institut nur fünf Minuten Fußweg brauchten. Das Rathaus zeigte die Uhr mit der berühmten Umschrift: ›Der Tod ist gewiß – die Stunde ist unsicher‹, was den unausrottbaren Studentenulk immer wieder aktivierte, nach dem dort zu lesen sei: Die Uhr geht todsicher falsch. In diesem Rathauskeller also saß unser Logikdozent und Parteisekretär allein an einem Tisch, starrte vor sich hin – das arme Augenlid hing wieder sehr herab – und nahm ab und zu einen Schluck aus seinem Weinglas. Ich hätte mich gern zu ihm gesetzt, doch konnte es gefährlich sein, wenn ich, ein Verfemter oder dem Prozeß der Verfemung Unterworfener in aller Öffentlichkeit die Gesellschaft von jemandem suchte, der ein politisch wichtiger Mann war. Im Ratskeller hielten sich meist irgendwelche Angehörige der Universität auf, die der Partei berichten konnten.

Das ist mein letzter Eindruck von ihm geblieben: Ein einsamer Mann, der mir über Ingrid noch Verhaltensratschläge hatte zukommen lassen und von sich meinte, aus dem Schneider zu sein. Ich weiß nicht, was den Ausschlag gab für seinen späteren Selbstmord. Vielleicht persönliche Schwierigkeiten, die er verschwieg wie so vieles andere auch. Vielleicht verschaffte die formale Logik nicht mehr genug Lebensenergien. Möglicherweise hielt er auch die nachfolgende politische und philosophische Verdunkelung nicht aus. Für mich sitzt, schließe ich die Augen und denke an den Dr. Horn, dieser Mann noch immer im weitüberwölbten Ratskeller zu Leipzig einsam und umdüstert vor seinem Glas Wein.

Vielleicht lebte er noch, wäre er dort in Dresden geblieben, statt Karriere machend zu uns an die Universität Leipzig zu kommen. Er war aber dem Ruf so gern gefolgt, damals. So mancher will ein akademischer Lehrer werden und bricht sich doch nur das Genick.

3. Ein Theaterdichter

Hans Pfeiffer
und ich,
die beiden Ältesten der Seminargruppe, hatten den Krieg noch miterlebt. Pfeiffer als Sanitäter, was seinem Habitus sehr entsprach. Kluge, etwas kalte, nicht die geringste Emotion verratende Augen hinter der Goldrandbrille. Zurückhaltend in seinem ganzen Wesen, ließ Pfeiffer stets den anderen herauskommen, verstand geduldig zuzuhören und abzuwarten, warf endlich eine sachliche, genaue, wirkungssichere Bemerkung ein.

Seine Stärke war die Beharrlichkeit. Nie kam er unvorbereitet ins Seminar, übertragene Aufgaben erfüllte er akkurat, auf den Mann war Verlaß.

Zielstrebig, wie er war, hatte er sich aufs Theater geworfen. Dies war genau der Punkt, wo man ihn in Erregung bringen konnte. Ein knapper Satz über Brecht genügte, und ein heimliches Flackern trat in seine Augen. Der Funke hatte gezündet.

Die Premiere des ersten Stückes von Pfeiffer fand im Landestheater Altenburg statt. Ich erinnere eine komisch-grausige Moritat, in der ein Seziermeister mit Forschungsdrang mangels Leichen sich mit Kriminellen verbündete, die Gräber plünderten und dem Anatomen schließlich die eigene Tochter auf den Seziertisch liefern, die sich bis dahin bester Gesundheit und Lebenskraft erfreute. Warum auch die rückenkrümmende Buddelarbeit leisten, wenn ein kleiner Mord gleichen Lohn versprach.

Pfeiffer, der ehemalige Sanitäter, zog makabre Stoffe vor. Die späteren Stücke kenne ich nicht, es wurden aber eine ganze Anzahl gespielt. Sein »Laternenfest« stieg auf zum internationalen Erfolg, man las darüber in den Zeitungen. Es muß dabei um die

Atombombenproblematik gegangen sein, die Friedensbewegung förderte das Stück, in Japan gab es viele Aufführungen, die Statistik der meistgespielten deutschen Autoren sah Pfeiffer in einem Jahr ganz an der Spitze, ich glaube, er lag noch vor Brecht.

Seltsamerweise hielt er sich nicht auf die Dauer unter den ersten der DDR-Dramatik; mindere, spärlichere Talente wurden bekannter als er. Vielleicht fehlte ihm die letzte Energie zum großen Wurf, er zielte nicht weit genug, was sich schon in der jeweiligen Konzeption seiner Stücke auswirkte. Eine schwer erklärliche Genügsamkeit, die keineswegs Selbstgenügsamkeit ist, läßt faszinierende Projekte nicht entstehen. Das kleinbürgerliche Elternhaus prägte ihn; trotz ausgezeichneter DDR-Bildungschancen, die er voll nutzte, hängt ihm die Herkunft an, führt zu Skrupeln und Unsicherheiten. Die nach außen gekehrte Gelassenheit sollte den inneren Gegensatz dazu, die tiefverwurzelte Unsicherheit verdecken.

Bei antistalinistischen Polemiken und Diskussionen, die wir planten, konnte es geschehen, daß Pfeiffer, bevor er sich zur Teilnahme entschloß, erschreckt die Augenlider hochriß, eine ungesteuerte, rein reflexhafte Bewegung, die das Gegenteil dessen war, was er erstrebte, eigentlich wünschte er die Augen zu schließen, Abwesenheit zu simulieren, nicht da zu sein, nicht ansprechbar.

Pfeiffer und ich blieben stets auf Distanz. Wir mochten uns, doch mit Vorsicht. Einer sah im andern den Widerpart, obwohl das keiner dem anderen war. Jeder registrierte die Chancen und Realisationen des anderen mit jener Neugier, die von Eifersucht nicht ganz frei bleibt. Als die beiden Senioren der Gruppe, wir zählten bei Studienantritt jeder volle siebenundzwanzig Jahre, stellten wir eine Spezies der abgeklärten, weisen Greise dar, was Pfeiffer vom Typ und Gehabe her besser gelang als mir.

Ich brachte über Pfeiffers Altenburger Premiere eine recht positiv gehaltene, aber stark vergagte Besprechung in der *Weltbühne*, und dem kaltschnäuzigen Theaterautor unterlief der Fauxpas, daß er, sich mit einem seiner Schauspieler verwechselnd, die Rolle spontaner Freude spielte und mich, als ich am Morgen nach dem Erscheinen des Heftes ins Seminar trat, heftig umarmte.

Im „Nachtlogis“ zu Altenburg

von Gerhard Zwerenz

Vor etwa Jahresfrist schrieb ich eine Glosse, Hans Pfeiffers dramatischen Erstling „Nachtlogis“ betreffend, der infolge medizinischer Schwierigkeiten und trotz schon begonnener Proben vom Landestheater Greifswald wieder zurückgestellt worden war. (IX/14.) Nun brachte das Landestheater (irgendwie scheint sich das Stück besonderer Gunst aller Landestheater zu erfreuen) Altenburg das „Nachtlogis“ heraus, und ich faßte gern die Premierengelegenheit beim Theaterschopfe, um endlich einmal in jene sagenhafte Alt-Residenzstadt zu fahren, wo — wie es überall heißt — nicht nur beachtliches Theater, sondern solches auch noch in einem beachtlichen Hause gespielt wird.

Aber nun heißt es Spaß beiseite, denn das „Nachtlogis“ ist eine ernste Sache (außerdem nimmt man uns sonst womöglich nicht ernst!), obwohl Pfeiffer bei allem Ernste glücklicherweise auch noch einigen Humor untergebracht hat, z. B. die Sentenz: Wer keine Frau hat, geht mit sich selbst zu Bett!

Doch nun zur Sache. Existiert da im alten England seit was weiß ich wie lange ein Gesetz, das Sektionen nur an hingerichteten Mördern erlaubt. Zwar kann dies weder Seine Lordschaft noch Herrn Zuckerbäcker Sowieso in Rage bringen (Tote zerschneiden — fffch-hach!), wohl aber den Prof. Stone, einen hilfsbereiten Arzt und besessenen Anatomen. Stone arbeitet an einem anatomischen Atlas, welcher der medizinischen Welt und damit also auch den Kranken tüchtig weiterhelfen würde, wenn — er fertig wäre. Daß er's nicht wird, liegt an jenem Jus Unverstand, das sich anbei sehr bald als Jus Privilegium entpuppt, indem nämlich an seiner weiteren Gültigkeit zwar nicht das englische Unter-, wohl aber das Oberhaus Interesse nimmt. Prof. Stone benötigt jedoch für seine Arbeit mehr Subjekte, als er durch das seine Forschungsarbeit hemmende Gesetz erhalten kann, und so gerät er schließlich in die Hände zweier dunkler Existenzen, Burke und Hare mit Namen. Zuerst beraubten die beiden die umliegenden Friedhöfe und brachten die frischen Leichen zu Stone, gegen gute Bezahlung, versteht sich. Schließlich werden die Leichendiebe bequemer, eröffnen ein Nachtlogis und helfen in diesem nächtlicherweise der Sterblichkeit etwas nach. Sie verdienen nicht schlecht dabei, während sich andererseits zwischen Prof. Stone und seiner Tochter ein (allerdings etwas mühseliger) Konflikt anbahnt. Stone verschließt nämlich die Augen und mehr vor dem Zustand, in dem ihm die Subjekte geliefert werden. Seine Tochter, die ihm bei der Aufstellung des Atlas hilft, merkt indes, was vorgeht, und verläßt in Panik das Haus, um — auf dem Weg über das Nachtlogis — gleichfalls als Subjekt auf dem Sektionstisch ihres zusammenbrechenden Vaters zu landen.

Man sieht also, eine ziemlich gruselige, historisch sogar wahre Kriminalgeschichte, und dazu auch nicht ohne wenig Vorbilder. Aber das ist nicht schlimm und kann gar nicht anders sein. Tragisches Grundelement des

Ganzen: Vom Drang besessen, der Menschheit zu helfen, durchbricht Stone ein Gesetz, achtet aber nicht darauf, daß er nicht nur das eine verderbliche Gesetz durchbricht, sondern auch noch indirekt zum Mörder wird, bis sogar die eigene Tochter sein Opfer ist. Eine Parallele mit verbrecherischen KZ-Mördern scheidet hier schon insofern aus, als diese wahrlich nicht vom Drange beseelt sind, der Menschheit zu helfen. Dennoch, sowie auch unabhängig von aller Historik, erhebt sich die Frage nach der Verantwortung des Wissenschaftlers. Stone wollte nicht wissen, woher seine Subjekte kamen, das machte ihn schuldig; manche Physiker wollen heute nicht sehen, wohin ihre Forschungsresultate gehen, das kann sie schuldig machen!

Mir scheint, der Autor hätte nun den Konflikt zwischen Stone und seiner Tochter zum tragenden Handlungskonflikt machen müssen. Leider geschah dies nicht, die Tochter bleibt blaß, der Konflikt wird nicht ausgetragen. Statt dessen führt Pfeiffer eine ganze Weltgeschichte an Verbrechen, Dummheit und Laster vor. Nach dem Tod der Tochter Anne beginnt nämlich das Drama erst, bzw. es beginnt nun eigentlich ein zweites Drama. Die beiden Verbrecher Burke und Hare werden eingesperrt, doch finanzielle Verflechtungen zwischen Hare, dem einen Verbrecher, und verschiedenen anderen Herren und auch Gerichtsherren fördern ein zweites monströses Gesetz ans bestochene Tageslicht: Wer in einem ansonst nicht klärbaren Kriminalfalle durch freiwilliges Geständnis Klarheit schafft, geht straffrei aus! Das feine Gericht führte die Verhandlung so, daß der weniger schuldige und finanziell weniger mit anderen Herren liierte Burke zum Tode verurteilt wurde, während der „geständige" Hauptverbrecher Hare frei ausging. So hat denn die ganze Angelegenheit 14 Bilder, und das will ohne Drehbühne etwas heißen. Das 14. Bild könnte dabei fast einen Abend allein ausfüllen.

Abgesehen von der dramatischen Verknüpfung, die ich als Fehlkonstruktion betrachte, geht es auf der Bühne interessant und zugleich lehrreich zu. Pfeiffers Sprache liebäugelt mit Brecht. Das führt oft zu nichts Gutem, anders bei Pfeiffer, wenn da zwischen patriotischen Phrasen Geld gezählt wird — das ist profund. Sarkastischer Humor besonders im 2. Bild beweist, daß Pfeiffer auch das Zeug hat, seine Gestalten sympathisch darzustellen, leider muß der Zuschauer ansonsten gar zu atemlos von Empörung zu Antipathie und wieder zurück hopsen, und die Schauspieler haben's somit verdammt schwer. Vom Bühnenkönnen Pfeiffers, aber auch von des Akteurs Können, überzeugte besonders das 13. Bild. Hare ist in der Zelle und hört draußen das Zurüstungsklopfen am Galgen. Was hier gespielt wird, wie Hare, hervorragend gegeben von Ivan Malré, voller Verzweiflung agiert, schließlich auf seine Chance aufmerksam gemacht (Joachim Pape als Rechtsanwalt Forster: vorzüglich!), Hoffnung schöpft, plötzlich an seinen Kumpan Burke denkt, ihn schließlich verrät, das ist ein Spiel, das man nicht so leicht vergißt.

Überhaupt scheint sich das Altenburger Ensemble des so interessanten wie in seinem Aufbau fragwürdigen Stückes voller Sorgfalt angenommen zu haben. Da viele Spieler gebraucht wurden, gab es kein Pardon. Intendant und Dramaturg und was weiß ich wer noch, alles agierte mit. Und nicht schlecht, obwohl es Pfeiffer ihnen allen miteinander recht schwer gemacht hat. Ivan Malré haben wir schon genannt, ein Darsteller, den man öfter sehen möchte. Heinz Schwarzlose als Burke spielte einen waschechten Verbrecherwirt; schade, daß er sich in der Verhandlung gar zu dürftig verhalten mußte. Mit viel Einfühlung gestaltete Wilm Noch den Prof. Stone; ich gestehe aber, in der Beurteilung dieser Gestalt sehr unsicher zu sein, die Darstellung des Stone unterliegt zwangsläufig derartigen Schwächen und Widersprüchen, daß man das Stück zumindestens mehrmals gesehen haben müßte, um ein konkretes Urteil abgeben zu können. Dies muß überhaupt gesagt werden, zumal es sich um eine Premiere handelte, und stellenweise auch Unsicherheit und Versprechen sich einschlichen. Auf alle Fälle aber sollte man versuchen, am Bühneneingang ein Schild mit der Aufschrift: „Für thüringisches Mittelsächsisch Zutritt verboten!" anzubringen; denn im 5. Akt war der Tod des irischen alten Zimmermanns aus Sachsen eigentlich belustigend.

Abgesehen von diesen Kleinigkeiten lohnt sich ein Besuch in Altenburg tatsächlich schon wegen des beachtlichen Ensembles, das hiermit um Entschuldigung gebeten sein soll, wenn es in meinen Ausführungen gar zu schmal wegkommt. Der Grund ist einmal „siehe oben", und zum andern, weil anläßlich eines dramatischen Erstlings der Autor besondere Rechte haben muß. (Trotzdem sei noch das verständnisvolle Bühnenbild von Wolf Hochheim erwähnt, das sich vorzüglich — im 1. Bild etwas zu duster — in die Handlung einnistete.)

Ich möchte Pfeiffers „Nachtlogis" nicht überschätzen, und es handelt ja auch nur von einem Anatomieprofessor (nicht von einem Atomprofessor, wie die National-Zeitung meinte), aber ob heutige Anatomen in ihm nur abgelebte Probleme zu sehen vermöchten? Ich glaube es nicht. Doch sei's drum, Pfeiffer hätte seinen Anatomen noch bedeutend besser handeln lassen können, wenn der nicht neben dem alten englischen Gesetz auch noch gegen einige dramatische Gesetze verstoßen müßte. Und das ist der Haken, den der Autor beseitigen muß, geht er nun an seinen dramatischen Zweitling.

Im übrigen applaudierte das altenburger Publikum zwar nicht gerade frenetisch, was angesichts solcher Leichengeschichten wohl auch gegen den gütigen Geschmack verstieße, aber bemerkenswert lange. Auf der Bühne verbeugten sich verdiente Akteure und ein dankbar-erleichterter Autor, der zur Feier des Tages extra seinen drittbesten Anzug umgehängt hatte.

Autoren, zieht bei euren Premieren wenigstens eure zweitbesten Anzüge an, nicht jedem steht das Brechtige!

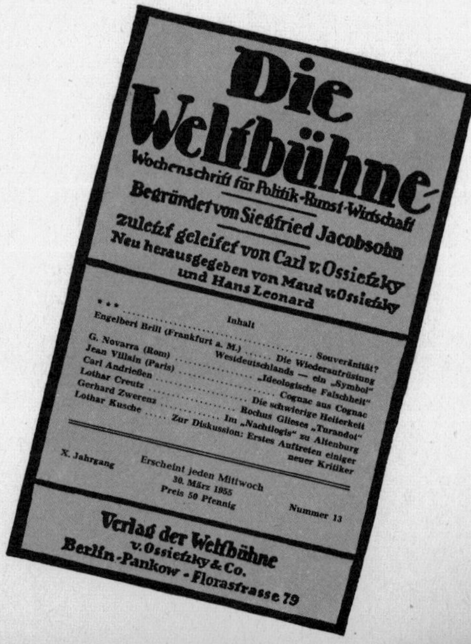
Die Weltbühne
Wochenschrift für Politik · Kunst · Wirtschaft
Begründet von Siegfried Jacobsohn
zuletzt geleitet von Carl v. Ossietzky
Neu herausgegeben von Maud v. Ossietzky und Hans Leonard

Inhalt

* * * .... Souveränität?
Engelbert Brill (Frankfurt a. M.) ...... Die Wiederaufrüstung Westdeutschlands — ein „Symbol"
G. Novarra (Rom) .... „Ideologische Falschheit"
Jean Villain (Paris) .... Cognac aus Cognac
Carl Andrießen .... Die schwierige Heiterkeit
Lothar Creutz .... Bochus Glieses „Turandot"
Gerhard Zwerenz .... Im „Nachtlogis" zu Altenburg
Lothar Kusche ..... Zur Diskussion: Erstes Auftreten einiger neuer Kritiker

X. Jahrgang
Erscheint jeden Mittwoch
30. März 1955
Preis 50 Pfennig
Nummer 13

Verlag der Weltbühne
v. Ossietzky & Co.
Berlin-Pankow · Florastrasse 79

Die Vorstellung, die für die anderen Anwesenden berechnet war, mißlang. Hans Pfeiffer, der Theaterautor, war ein miserabler Schauspieler, besonders bei spontanen Gängen. Es wirkte als spielte ein Großvater den jugendlichen Liebhaber.

Die Meute kicherte.

Vielleicht war die Geste auch aus anderen Gründen zu ungewöhnlich. Wir lebten schlicht und formlos, sparsam in Bewegung und Mimik. Die Umarmung eines Mannes durch einen Mann hatte in unserer spröden Welt keinen Platz und wirkte peinlich. Es umarmten sich öffentlich noch nicht einmal Liebende, und einander mehr oder weniger verbundene Paare gab es viele in den Gruppen, doch fanden vor Zeugen keine Zärtlichkeiten zwischen ihnen statt.

Der Puritanismus schreibt seine Regeln mit unsichtbarer Schrift, aber alle können sie lesen. Man spürt einfach, wieviel Verhaltensneutralität zur gewünschten Norm gehört. Der »gute Geschmack« der herrschenden Partei-Klasse vertrug sich nicht mit Charme, Spontaneität, offenen Bekenntnissen zu Gefühlen. Das Herz war etwas, das überwunden werden mußte. Spontanes trat lediglich in seiner vermaledeiten Form, als feindliches Gespenst der Spontaneitätstheorie auf, die zwar von der hochgeschätzten Märtyrerin Rosa Luxemburg mit herkam, doch eben zu deren Fehlverhalten zählte, wie Lenin kritisch angemerkt hatte.

Im übrigen gab es gegen die Verführung zum Emotionalen Lenins unübertreffliches Rezept aus den Gesprächen mit Klara Zetkin, als er sagte, er wolle, höre er die Appassionata, den Menschen die Köpfe streicheln, obwohl man eigentlich auf sie einschlagen müsse.

Womit Lenin, soweit es die Kampfsituation angeht, den Nagel auf den Kopf traf. Nur enthält das Eingeständnis menschlicher Wärme und Zärtlichkeit und der Hinweis, sich ihrer enthalten zu müssen, die Gefahr der Reduktion, sobald man aus der kampfbedingten Verhaltensweise eine das gesamte Leben begleitende Vorschrift macht und das Gefühl aus den Umgangsformen gänzlich entfernt.

Vielleicht war Lenins Warnung, an die russische Adresse gerichtet, auch angebrachter wegen der russischen Neigung zur romantischen Gefühlsseligkeit, eine Lanze für den Rationalismus also. Diese möglichen geografischen Bedingtheiten aber wurden nicht bedacht, blieben unerörtert. Das Korsett sollte akzeptiert werden, gleich ob es saß oder drückte. Die Reflexion überkommener Prinzipien war tabuisiert, Moral metaphysisch verfestigt, obwohl gerade ihre historische Bedingtheit immer wieder gepredigt wurde.

Von Pfeiffer hätte ich am ehesten angenommen, er verschwände irgendwann Richtung Westen, spätestens nach Studienabschluß. Seltsamerweise gingen viele andere fort, und Pfeiffer blieb. Immerhin eroberte er sich doch einen festen Platz an den Bühnen des Landes. Diese Chance setzte bereits einen öffentlichen Kniefall voraus.

Hans hatte seine Vergangenheit, seinen Lehrer Ernst Bloch und seine Freunde und Genossen öffentlich zu verdammen. Ich las davon in der Presse: »Es ist ja andererseits auch so, daß mancher nun glaubt, selbst dem Vortrupp um 1000 Jahre voraus zu sein, und sich so von der Arbeiterklasse und damit von der Wirklichkeit hoffnungslos isoliert.« Welche Worte Pfeiffers die *Berliner Zeitung* vom 10. 6. 1958 überliefert, wobei sie anzumerken weiß: »Pfeiffer selbst hat eine zu Stagnation und literarischer Unfruchtbarkeit führende Krise unter dem Eindruck der Blochschen Philosophie, mangelnder Verbindung zur Arbeiterklasse und dem Mangel an klarer Parteilichkeit durchmachen müssen.«

Was zweifellos eine seltsame Umdeutung der Realität ist; denn solange Pfeiffer am Institut bei Bloch lernte, war von einer Krise nichts zu spüren gewesen, wie ich genau weiß. Kritisch wurde es für ihn erst, als die Partei jede Kritik und kritische Erörterung nicht nur untersagte, sondern mit den Machtmitteln des Staates unterband. Jetzt setzte die »literarische Unfruchtbarkeit« des armen Pfeiffer und anderer ein, und auch das weniger aus persönlichen Gründen; am Schreiben waren die Genossen ja nicht gehindert, wenn die allgemeine Atmosphäre der Verfolgung auch nicht gerade zur Förderung von Kreativität und Arbeitslust führen mochte; der springende Punkt war und blieb jedoch die Weigerung der Partei, die fertigen Produkte jener Genossen wie Pfeiffer überhaupt wahrzunehmen.

Wenn der Staat alle Publikationsorgane in seiner Hand vereinigt, angefangen von kleinsten Blättchen über die Theater bis zum

Fernsehen, so kann er die Aufführung und Realisation literarischer Werke natürlich mit Leichtigkeit verhindern. Krisen erscheinen dann zwar als persönlich bedingte Vorgänge, sind aber in Wirklichkeit meist nichts als die bloßen Folgen administrativer Maßnahmen.

Nach Pfeiffers öffentlicher Selbstkritik war die Welt seines Theaters wieder in Ordnung, die großmütig verzeihende Mutter Partei drückte den zurückgekehrten Sohn innig an den Busen. Pfeiffer, laut *Berliner Zeitung*: »Geholfen haben mir die Sprache der objektiven, das heißt die Klarheit der sozialistischen Perspektive, die neuangeknüpften engen Beziehungen zur Arbeiterklasse.«

Wenn das keine eindrucksvolle Reue ist. Was immer man darunter verstehen mag, »die Sprache der objektiven... sozialistischen Perspektive« wußte ihre tiefen Einsichten schon zu vermitteln, auch wenn ich mich mitfühlender Rührung nicht erwehren kann, stelle ich mir meinen klugen, sachlich genauen, keineswegs an Informationsrückständen leidenden Genossen vor, wie er den Reue fordernden Parteizensoren vom Podium aus öffentlich zu Füßen fällt. Stattgefunden hatte die hehre Bußfeier im gewohnten Rahmen einer Leipziger Großveranstaltung. Ich war ein Jahr früher noch, meine Polit-Lyrik verteidigend, den führenden Herrengenossen wenig reumütig entgegengetreten und mußte dafür über die Klinge springen.

Jetzt hatten sie Pfeiffer dafür aufgeboten, kein Zweifel, die Regisseure der Ideologie bewiesen in gewissen Aufführungen neuerdings geradezu Stilgefühl, man spielte im übrigen in gleicher Besetzung; denn wenn für den zum Teufel gegangenen Zwerenz der vor Ort gebliebene Pfeiffer anzutanzen hatte, so sollten doch die anderen Rollen originalbesetzt bleiben, also über »1000 Angehörige der künstlerischen und wissenschaftlichen Berufe ... der Sekretär des ZK, Paul Fröhlich ... und der Leiter der Kulturkommission des Politbüros Prof. Alfred Kurella ...«

So die Aufzählung in der Presse, die, auch allen anderen Reumütigen Verzeihung signalisierend, auf Pfeiffers Bitte um Vergebung eingehend, ihren Bericht beschloß: »Er war nicht der einzige Diskussionsredner, der, als um Mitternacht die Diskussion abgebrochen werden mußte... anderen, noch zögernden den Weg gewiesen hatte. Diese Entwicklung zu beschleunigen, werden weitere Aussprachen helfen.«

Da saß ich Ketzer und Abtrünnling nun hungernd und grollend im feindlichen Westen, mit dem mich, weiß der kapitalistische Teufel, nicht mehr als die bloße Tatsache der Asylgewährung verband, die ich mir gegen zähe, erbitterte Widerstände erkämpfen mußte und fühlte erschüttert mit, wie bitter Partei-Hilfe werden kann. Von Reflexion und offener, ehrlicher Erörterung keine Spur. Die Verführungen zur Selbstkritik der ganzen Partei, die durch Chruschtschows unbedachte Äußerungen über und gegen Stalin und die Stalinschen Methoden am Erwartungshorizont aufgetaucht waren, gehörten der Vergangenheit an. Ihnen nachgegeben zu haben, kam Disziplinlosigkeit gleich. Ihnen nachgeben zu wollen, war strafbar. Eine kritische Selbstanalyse fand ebensowenig statt wie die Durchleuchtung der eigenen Organisation. Es hatte zwar die seltsamen Verbrechen Stalins gegeben, doch waren sie aus dem heiteren und heilen Himmel gekommen. Die Partei war intakt geblieben. In irgendeine geheimnisvolle, unsichtbare, transzendente Materie aufgelöst, hatte sie Stalins Willkürregime überdauert, ohne Schaden zu nehmen. Man kann ein paar Millionen Menschen und Parteimitglieder einsperren, drangsalieren, liquidieren, an der Heiligkeit und überirdischen Wahrheit der Partei änderte das kein Jota. Analyse und daraus folgende Praxis hatten ihre Richtigkeit, soweit es sich um die Verhältnisse im Kapitalismus handelte, ging es dagegen um die Zustände im Sozialismus, entwirklichte sich auf gespenstische Weise das Instrumentarium wissenschaftlicher Gesellschafterkenntnis zur alleinzig geltenden höheren Einsicht oberster Parteiführer, die ihrerseits zur gesellschaftlichen Analyse keinerlei theoretischen Wissens bedurften, sondern, kraft Osmose, des göttlichen Geistes teilhaftig wurden und ex cathedra verkündeten, was zu geschehen habe.

Wer nicht fest daran glaubte, wurde der Inquisition überstellt, als Parteiangehöriger seiner Mitgliedschaft, als Schriftsteller seiner Zunge beraubt, welcher Terminus technicus in seiner überkommenen Bildhaftigkeit nichts anderes bedeutet als Partei-Omnipotenz.

Einen Schriftsteller an der Veröffentlichung hindern heißt ihn seiner Zunge berauben.

Ingrid bestätigt den Eindruck des merkwürdig Fleischlosen, Fühllosen, Leidenschaftslosen, den Hans Pfeiffer erregte. In der Tauwetterzeit aber wurden auch andere Seiten sichtbar. Morgens vor dem Logik-Seminar, einem Fach, das gewiß nicht zu besonderen Emotionen anregt, beobachtete sie eine überaus herzliche Begrüßung zwischen dem Dramatiker, der das Seminar leitete, und Inge Sellnick.

Inge bildete mit Hans Röder das Dauerverlobtenpaar, sie gingen schon seit sechs Jahren miteinander, als sie ans Philosophische Institut kamen, ein geradezu provozierend ausgedehntes und haltbares Verhältnis, wie vielen schien, doch auch tröstlich, mochten ringsum Ehen wanken, innige Beziehungen kein Semester überstehen, Mann und Frau auseinandergeraten wegen des plötzlich auftretenden Bildungsgefälles, entweder nahm er oder sie das Studium auf und entfremdete sich damit vom bisherigen Lebenspartner – das leuchtende Gegenbeispiel unerschütterlicher Stetigkeit bildeten die Dauerverlobten Inge und Hans, was um so verwunderlicher schien, da Inge ein rasanter Typ war, schwarzhaarig, blauäugig, großnasig, freundlicher gesagt: kühn im Profil, doch im Wuchs gut proportioniert; leider schminkte sie beim Lippenmalen oft die Zähne mit, was den sonst überaus geduldigen Verlobten zur Weißglut bringen konnte. Du siehst aus, sagte er, wie eine Ratte mit blutigen Zähnen. Doch dieser kosmetische Überschwang ließ sich jeweils rasch beheben, sonst war Inge top, und ihre langen schwarzen Wimpern, die während der kühlen, rationalen Vorlesungs- und Seminarstunden den saugenden Schlafzimmerblick nur mühsam zu kaschieren vermochten, flatterten aufgeregt, als sie ihren Logik-Seminarleiter, den angehenden Dramatiker Hans Pfeiffer, morgens im Institut begrüßte.

Was für ein inniger Treff, sagte Ingrid. Mensch, antwortete Inge, wir haben uns doch erst vor drei Stunden getrennt, Hans hat die ganze Nacht aus seinem neuen Stück vorgelesen!

Das mochte als Information noch nicht viel bedeuten, doch hinter »uns« steckten nicht nur Inge Sellnick und Hans Röder, sondern auch die blonde Irma samt ihrem Fritz, einem ehemaligen braven DDR-Ehemann, den die scharfe Essenerin, von der dortigen KPD-Gruppe zum Philosophiestudium nach Leipzig delegiert, der Ehefrau abspenstig gemacht hatte und seither so fest umschlungen hielt, daß ein anderer westdeutscher Genosse, der Essener Van der Treek, seufzend erzählte, jedesmal wenn ich in den Westen zum Urlaub fahre, muß ich dem armen Fritz ein Aphrodisiakum mitbringen, Irma saugt den Mann völlig aus – in dieser Konstellation war Pikantes nicht ausgespart, was Irma überhaupt an sich hatte, wo sie auch auftauchte, mit wehendem offengetragenem Blondhaar, zwar künstlich gebleicht, doch sehr wirkungsvoll. Ach Irma, im GST-Lager (*G*esellschaft für *S*port und *T*echnik) schenkte sie Ingrid einen kaum benutzten dunkelroten West-Lippenstift, ein Kleinod für jedes DDR-Mädchen, außer dem seltenen Rouge offerierte die blonde Irma der dunkelhaarigen Ingrid noch einen Platz in ihrem Bett, was Ingrid ablehnte, entweder weil sie sich über die Tragweite des Angebots klar oder nicht klar war, jedenfalls dankte sie herzlich für den Lippenstift. Inge Sellnick war wohl zugänglicher, das Tauwetter lockerte den Puritanismus, vielleicht gab man sich auch ungezwungener und lebensfroh, von Liebesspielen zwischen Irma und Inge war die Rede, wobei der bedauernswerte ausgepowerte Fritz zugesehen haben soll, froh, momentan entlastet zu sein. Für die prüde DDR waren das, alles in allem, recht weitgehende Arrangements, mochte das eine oder andere auch nur Gerücht oder Legende sein, wie z. B. Irmas hartnäckig erzählte Story von eindeutigen Annäherungen, die Bloch riskiert haben soll, was sie nun ihrerseits, warum eigentlich, entrüstet von sich gewiesen haben will.

Irma erregte immer viel Aufsehen, bei ihren Semesterferienreisen in die westdeutsche Heimat wurde sie stets an der DDR-Grenze von pflichtbewußten Genossen Polizisten festgehalten, die ein Signalement gelernt hatten: Blondes Gift, aufregende Figur – bestimmt Spionin! Die linientreue und kurvenreiche DDR-Philosophiestudentin kam um keine Kontrolle herum. Himmeldonnerwetter, fluchte Irma nach den Ferien, die müßten mich doch nun bald mal kennen.

Irma und Inge, Fritz und Hans und dazu Hans Pfeiffer also gaben sich des Nachts work-in-progress-Lesungen hin, was sonst noch fortschritt, ließ sich schwer einschätzen, jedenfalls konnte der kühle Pfeiffer wohl auch auftauen.

Einmal veranlaßte er Erika Lorenz, Ingrid ein Paßbild zu stehlen. Dieses Foto packte er zusammen mit einem Medizin-Fläschchen ins Weihnachtspäckchen für Zwerenz, erläutert durch folgenden Vers: »Läßt dieses Bild dein Herze klopfen, nimm dagegen Hoffmannstropfen.« Ingrid hieß mit Mädchennamen Hoffmann.

Pfeiffer überließ uns auch, sicher mit hinterhältiger Freude, ein Exemplar von Silones Roman »Fontamara«, gerade für eine Nacht, die unsere Hochzeitsnacht war. Gedruckt waren die Kapitel in Rotation, groß wie eine Zeitung, uns erstarrten die Arme beim Lesen, aber wir hörten nicht auf damit, am nächsten Morgen, so hatte Pfeiffer beteuert, brauche er das begehrte West-Druckwerk unbedingt zurück, wir lagen und lasen die ganze Nacht und kamen zu nichts anderem, was so fürchterlich nicht war, da wir ohnehin schon fast vier Jahre quasi zusammenlebten. Pfeiffer aber schien die Vorstellung, uns bei anhaltender Lektüre zu wissen, sehr zu amüsieren. Dramatiker sind wohl besondere Menschen.

Hans Pfeiffer, so klug wie gerissen, lebte verborgen und getarnt unter vielen Häuten. Je nachdem, wie die Gesellschaft beschaffen war und wieviel Offenheit sie zuließ, schlüpfte er aus einer oder mehreren Tarnhäuten heraus. Als die Zeiten 1958 wieder hart und streng wurden, trat Hans als kühler, unerschütterlicher, parteitreuer Dr. Selbstkritik auf. Ich weiß nicht, wie es ihm heute geht, dort drüben. Manches deutet darauf hin, mit Honecker und Stoph läßt sichs leben, gar dichten und dramatisieren. Da wird Hans Pfeiffer wohl auch wieder aufblühen; ein staatssozialistischer Lebenskünstler bedarf eben der Milieuanalyse, damit er weiß, wieviel er sich leisten kann und wo das Risiko unwägbar wird. Bloch, hörten wir, hat Pfeiffer die öffentliche Distanzierung nicht vergeben. Der Dramatiker ließ seinem Philosophie-Lehrer seine neuen Stücke zusenden; Bloch schickte sie alle ungeöffnet zurück.

4. Neuartige Therapien

Erika Giese war schwarzhaarig, etwas voll, still und traurig. Wir fuhren mit der Straßenbahn in den Norden der Stadt, wo sie wohnte, und als ich sie berührte, begann sie zu zittern. Erika Giese arbeitete in einem Werk, wo alkoholische Getränke hergestellt wurden. Ich verstand nie recht, handelte es sich um eine Brauerei, Brennerei oder was Chemisches. Immerhin gab es Unmengen Alkohol dort, und auch berühmte Sorten, die man sonst im ganzen Land nicht auftreiben konnte. Das Mädchen vertrug jede Menge scharfen Schnaps, ohne auch nur die geringste Wirkung zu zeigen. Wurde einfach nicht betrunken. Begann noch nicht einmal zu wanken, zu ermüden, mit schwerer Zunge zu reden. Wahrscheinlich hätte man ihr statt Blut Alkohol in die Adern füllen können, ohne daß sich auch nur die kleinste Veränderung einstellte.

Mich erschreckte diese Wahrnehmung.

Erika besaß einen enormen Willen. Verließ die geheimnisvolle Fabrik, bestand die Sonderreifeprüfung, tauchte ein Jahr später am Philosophischen Institut auf, befreundete sich mit Ingrid, nahm jetzt statt Unmengen Alkohol Unmengen Philosophie zu sich und blieb ebenso unerschüttert. Die Mädchen hockten zusammen, tagsüber in Vorlesungen und Seminaren, abends und nachts in Erikas möbliertem Zimmer, das war größer. Erika warnte Ingrid vor mir, Gerhard frißt einen Menschen auf mit Haut und Haar. Dann lernten die Mädchen die Grundzüge des Dialektischen und Historischen Materialismus und nähten sich dabei Kleider – gleichzeitig Basis und Überbau pflegend, mitunter legten sie soviel vom knappen Stipendium in Stoff und Knöpfen an, daß sich beide zusammen nur noch eine Mensa-Karte leisten konnten und beim Mittagessen auf jede eine halbe Portion entfiel. Das war nicht weiter fürchterlich, es gab vor allem Dickmacher-Mahlzeiten, Nudeln, weiße Bohnen, Kartoffeln, sämige Suppen, wenig Fleisch. Ingrid war nicht eben unterernährt und bekam bei der halbierten Studentenspeisung ein paar Pfund runter, Erika verringerte ihr Gewicht nicht um ein Gramm. Sie brachte ansehnliche Kilos auf die Waage und hielt sie. Vielleicht hatte der in ihrer Werktätigen-Periode genossene Alkohol sich auf geheimnisvolle Weise in nicht abbaufähiges hochprozentig resistentes Fleisch verwandelt. Erika brauchte gar keine Nahrung zu sich zu nehmen, sie wahrte ihr Gewicht. Dabei machte sie keinen unangenehmen Eindruck, wirkte weder besonders plump noch im geringsten unästhetisch, war straff und stramm. Die beiden Mädchen gingen jede Woche in die Sauna und zur Massage, das konnten sich in der gesundheitsbeflissenen DDR sogar finanziell nicht gutbetuchte Studentinnen leisten, Sauna 1,50, nochmal die gleiche Summe für eine Seifenmassage – beim Nachhausekommen schwärmte Ingrid von Schwitzbad, Nacktschwimmen, Durchgewalktwerden auf dem Marmorblock und von Erikas Brüsten, voller, straffer Busen, der seine Festigkeit in allen Lagen behielt, ein erfreulicher Anblick.

Sehr erfreulich, bestätigte ich.

Erika Giese und ich blieben nach unserem Liebesverhältnis während ihrer Schnapsfabrikperiode befreundet auf jene besondere, schwer erklärbare Weise, die Annäherung und Entfremdung einschließt, ohne davon im tiefsten Kern berührt zu werden. Im Grunde wünschen wir uns stets solche Freundschaften, nein: Befreundungen, doch sind sie selten, denn sie bestehen aus einer existentiellen Zuneigung, der die tagtäglichen Geschehnisse mit ihren Zufällen und Schwankungen einfach nichts anhaben können. Soll eine grundlegende Änderung eintreten, muß schon etwas Einschneidendes und sehr Tiefreichendes geschehen.

Der Benjamin unserer Seminargruppe hieß Richard Lorenz. Er kam aus dem ärmsten, entlegensten Teil des Thüringer Waldes, glänzte intellektuell und hatte ständig psychische Schwierigkeiten.

Reihum bemühten wir uns, Richard Hilfestellung zu leisten. Die Studenten übernahmen Vaterrollen, die Studentinnen Mütterrollen. Ingrid war noch keine zwei Tage am Philosophischen Institut, da lud Richard sie ins Theater ein. Schillers *Jungfrau von Orleans* stand auf dem Programm, es war eine ungeheuer lange Aufführung, nach der dritten Pause hatten Richard und Ingrid den unabweisbaren Eindruck, das Stück sei nun zu Ende, sie fanden zwar, es habe einen offenen Schluß, ließen sich aber ihre Mäntel geben, bloß die anderen Leute warteten, strömten nach dem Klingelzeichen brav zurück an ihre Plätze und so setzten sich auch die beiden nochmal in die Reihe und verharrten bis zum bitteren Jungfrauenende.

Nach dem Theaterbesuch trafen sich Richard und Ingrid nur mehr in der Uni, die Interessen verlagerten sich. Ingrid und ich rückten näher zusammen, und Erikas Freundschaft mit Richard nahm bald andere Formen an. Äußerlich paßten sie wenig zueinander, doch symbolisierte sich in der Ungleichheit des Paares die innere Beziehung.

Die unerschütterliche Gelassenheit Erikas wurde für den stets nervösen, aufgeregt flatternden Schmalhans Richard zum Ruhepunkt.

Der gleichmäßig zu Herzen gehende Ausdruck von Trauer in den Augen Erikas schien dem Beobachter einen konkreten Sinn zu erhalten, konnte der doch ein Zeichen der Sorge um Richard sein.

In den Jahren 1955/56 litt Richard unter seltsamen Krankheiten. Da er keinen Hehl daraus machte, nahm die gesamte Seminargruppe an seinen Gebrechen teil. Verrückte Geschichten kamen in Umlauf. Bei Richard wüchsen bestimmte Knochen unproportional weiter, zum Beispiel die Fersen, die hornähnliche

Auswüchse hervortreten ließen, das Fleisch durchstießen und das Tragen von Schuhen erschwerten.

Die Ärzte versuchten sich in neuen Heilmethoden. Auch daraus entfilterten sich sonderbare Stories, die bei uns kursierten.

Seltsames war zu hören, als Richard von einer mehrwöchigen Schlafkur ans Philosophische Institut zurückkehrte.

Schlaftherapie war gerade eine medizinische Hoffnung geworden und besonders in der Sowjetunion im Schwange, deshalb fanden auch in der DDR viele Experimente damit statt.

Richard machte in seiner Schlafklinik erstaunliche Erfahrungen. Die Irren dort hatten den politischen Wechsel auf ihre ganz eigene Weise mitvollzogen. Keiner gab sich noch als Napoleon, Hitler, Kaiser von China aus, statt dessen fand man dreimal Wilhelm Pieck, zweimal Walter Ulbricht, fünfmal Mao und einmal Stalin.

Im Grunde besagten diese Nachrichten nichts Besonderes, denn die Geisteskranken entnahmen das Material, dessen ihre Krankheit sich bediente, selbstverständlich den greifbaren Informationsmedien. Schrieben die Zeitungen von Hitler, identifizierte sich der kranke Geist mit diesem Mann, berichtete die Presse über Pieck, bemächtigte sich der Labile, Schizophrene dieser Person.

Die Plausibilität der Erfahrungen, die Richard in der Klinik gemacht hatte, wirkte auf uns in der Zeit aufkommenden Tauwetters, da die Götterdämmerung Stalins sich abzeichnete, mit unvermittelter Wucht. Immer wieder ließen wir Richard von seinen Erlebnissen erzählen.

Irre, die sich der Namen und Gestalten lebender Führer bemächtigten, bezeugten einmal die Faszination, die von den hochgestellten Personen ausgehen mochte, und kratzten andererseits am Image der Führer, denn die Identifikation eines Irren mit einem hehren Zeitgeist war ja zugleich unerlaubte Annäherung. Der Kranke, der zu wüten begann, redeten ihn Pfleger, Ärzte und Mitpatienten nicht ehrfurchtsvoll mit »Genosse Stalin« an, ertrotzte und erzwang eben damit die mindestens verbale Entweihung der Größe.

Profanisierungen ungeahnten Ausmaßes zeichneten sich ab. Doch offenbarte sich die Entheiligung gleichzeitig als Heiligung. Wer in die Gestalt eines großen Führers floh, suchte die Teilhabe seiner endlichen kleinen Person an der absoluten, die Gegenwart transzendierenden Gestalt, wollte sein wie dieser oder jener ER, der weit droben über den Zuständen und Zuständigkeiten thronte, wollte teilhaben am Wort des Herrn. Ja, das hatte wohl als innerste Triebkraft zu gelten, der grenzüberwindende Akt, die einzelne, kleine, geringzuschätzende, unwürdige, winzige Individualität, diese persönliche Misere sollte zurückgelassen werden als alter Adam, einzufahren galt es in den gewaltigen, übermenschlichen Adam, der sprechen konnte und durfte und dem nichts untersagt war. Teilhabe an dem großen Führer war Teilhabe an seinem Recht auf Sprache. Als kleiner Bürger war man verdammt zur Sprachlosigkeit, verurteilt, keine eigene Meinung zu haben, wo aber doch, sie zu verheimlichen, mindestens zu tarnen; erst die Identifikation mit der Großgestalt gestattete ungehemmte Sprache, reden durfte man wieder als Mensch, dem kein Gitter zwischen Gedanke und Ausdruck geschoben war, beides auseinanderhaltend, daß kein Unglück geschehe, wie es geschehen mußte, redete einer einfach los. Die Sprache war dem einfachen Bürger gegeben, damit er sie im Zaume halten könne, und mit ihrer Hilfe seine Gedanken, die stets und wie naturgegeben unbotmäßig sein mochten. Ist man einer der Großen jedoch, enthält Unbotmäßigkeit keinen Sinn, denn der Große ist keinem untertan, also zwingt ihn auch keine höhere Disziplin, von derjenigen abgesehen, die er benötigt, den Kreaturen tief unter ihm beizubringen, wie sie zu leben und zu sprechen hätten. Gewiß, ein jeder Irrer, der sich Stalin nannte oder Ulbricht, verlangte von den Pflegern nichts anderes, als von jedem verantwortlichen Bürger verlangt wird, daß sie Größe respektieren. Kein Zweifel, der Unterschied zwischen den Verhältnissen in einer normalen bürgerlichen oder sozialistischen Gesellschaft und denen in Irrenhäusern ist der, daß hier die Pfleger sich so verhalten wie dort die freien Bürger im Staat. Keinen besonderen Ärger zu bekommen mit den Großen, gehen sie auf deren Wünsche ein. Wo sie nicht darauf eingehen, beginnt Subordination, in den Staaten Revolution genannt und durch Panzer und Kanonen heilbar, in den Irrenhäusern per Injektion, Zwangsjacke und Schläge behebbar; doch bleiben Unterschiede, das unterworfene Volk in den freien Staaten sieht sich hernach weiterhin seines Namens und seiner Sprache beraubt, der Kranke jedoch, der sich zur großen Gestalt stilisiert, darf unter dem irren Schutz des irren Namens weiterhin aussprechen, was er will. Seine Freiheit als die eines Idioten ist im Intellektuellen durch keine fremde Instanz beschränkt, ihr Radius entspricht ganz der eigenen Machtvollkommenheit, die zwar eine angemaßte ist, doch eben als angemaßte auch legal; denn eine andere gibt es nicht. So befehlen und dekretieren die großen Kranken noch angeschnallt von ihren Lagern aus, die Sicherheitszellen emanieren zu Befehlszentralen, die die Majestäten schützen; die Pfleger, auf Dauer unwillig, ihre Schützlinge niederzuhalten, Spritzen zu setzen, ruhigzustellen, gehen auf die Wünsche dieser Obrigkeiten ein, damit Frieden herrsche und den Irren ein Wohlgefallen.

Die Landesanstalt, von der unser Gewährsmann berichtete, enthielt neben Stalin und mehreren Ulbrichts auch zwei Adenauer, und wie groß und mächtig Dialekt zu wirken versteht, ergibt der Umstand, daß beide Adenauer rheinländisch und alle Ulbrichts sächsisch sprachen und Stalin sogar ein paar Brocken Russisch. Denn: Wer sich die Größe nimmt, dem wird auch Sprache dazu gegeben.

Richard schien wirklich gestärkt und gesundet zurückgekehrt zu sein. Lag es nun an den Folgen der Heilschlafbehandlung oder an den unbeabsichtigten Nebenwirkungen der anderen Eindrücke, die der Patient in der interessanten Klinik sammeln konnte, die Genesung war einfach unübersehbar. Richard trat viel sicherer und bestimmter auf, redete, ohne sich wie früher zu verhaspeln, arbeitete länger und angestrengter, äußerte feste Meinungen, wo er vorher aus nichts als Relativierungen bestanden hatte. Wahrscheinlich wuchsen ihm auch die Fersen nicht mehr durch Fleisch, Socken und Schuhe. Die Stabilisierung schien, zumindest vorübergehend gesichert.

Derart innerlich gefestigt, setzte sich Richard hin und verfaßte einen Leserbrief an eine Zeitung, in dem er davor warnte, die Ent-Stalinisierung als lediglich subjektiv-persönliches Phänomen aufzufassen, es müsse vielmehr darum gehen, »Strukturen zu erfassen und zu ändern«.

Der Leserbrief, abgesandt anläßlich einer der vielen seichten in Mode gekommenen Pressediskussionen, enthielt nichts Neues. Wir nahmen ihn im Institut kaum zur Kenntnis. Daß die Frage der Ent-Stalinisierung bei uns auf das unmarxistische Gleis der rein subjektiven Geschichtsauffassung geschoben werden sollte, war uns ebenso klar wie die Absicht, die dahintersteckte. Der Marxismus erwies sich eben nicht nur in der Form kapitalistischer Analyse als scharfes Instrumentarium, er taugte auch zur innermarxistischen Analyse und rief hier den Gegner auf den Plan. Strukturfragen sollten unerörtert bleiben, verlangten die Nutznießer des Stalinismus, denn damit wären ihre Privilegien in Gefahr geraten.

Dies alles war in den internen Diskussionen und am Institut so sonnenklar, daß der Satz in Richards Leserbrief in seiner Signalwirkung nach außen von uns einfach nicht erfaßt wurde. Im Westen dagegen stürzten sich alle Kommunismus-Spezialisten und Zeitungen auf diesen Satz. Ein Zeichen aus dem Inneren des Marxismus! Man schien sich endlich verstanden, wenn nicht verständigt zu haben. Die Westpresse entdeckte den Reformkommunisten Richard Lorenz. Binnen weniger Wochen wurde er zu einem der meistzitierten Männer.

Die Parteiorganisation der Universität reagierte darauf mit zunehmender Gereiztheit. Die unverhoffte Prominenz eines bis dato völlig unbekannten Kommilitonen und Genossen verwirrte sie. Glücklicherweise fiel uns nicht schwer, die Provokation herunterzuspielen. Der Prominente war schließlich eben erst aus der psychischen Heilbehandlung zurück, sein Leserbrief konnte Ausdruck der Verwirrung sein, in die Klinik eingeliefert wurde er zu den höchsten Hochzeiten Stalins, entlassen wurde er, als Chruschtschow die Demontage des Mythos vom unantastbaren Josef Wissarionowitsch hurtig vorantrieb; wochenlang war Lorenz nicht an der wissenschaftlichen Arbeit und der Schulung in der Parteigruppe beteiligt gewesen, war offenbar Fremdeinflüssen ausgesetzt gewesen, hatte sich in der Psychiatrischen Klinik möglicherweise infiziert, man weiß doch, welche unsicheren Kantonisten Ärzte sind, wer weiß, was diese Psychiater mit dem Genossen Richard angestellt hatten, jedenfalls konnte die Partei, falls sich die im Westen überhaupt nicht beruhigen wollten, die Krankengeschichte des »Reformkommunisten« ins Spiel bringen.

Die aufgeregten Parteifunktionäre beruhigten sich.

Da kam ein Brief von Erika und Richard Lorenz. Sie wohnten nur wenige Häuser weiter. Das Schreiben kam aus Westberlin. Die beiden hatten geheiratet und waren geflüchtet.

Eine Welt brach zusammen. Ich mußte vor sämtlichen Parteigremien erscheinen und mich rechtfertigen. Weil Ingrid und ich mit den Republikflüchtigen persönlich eng befreundet gewesen waren, weil ich Richard stets geholfen und entschuldigt hatte, weil wir in Leipzigs Altstadt gewissermaßen Haus an Haus gewohnt hatten.

In die Enge getrieben, fand ich bald heraus, daß mir jeweils nur eine Lösung wirklich half. Nach stundenlangen Erörterungen, Streitereien, Beschimpfungen und Beschuldigungen seufzte ich tief und murmelte vor mich hin: Sollen die im Westen doch sehen, wie sie mit dem Irren fertigwerden!

Der Satz, nicht zu laut gesprochen, mußte ganz als seelische Spontanreaktion erscheinen.

Er wirkte voll.

Meine gestrengen Gegenüber baten um Wiederholung meiner Worte. Ich leistete Widerstand. Sie beharrten desto eigensinniger darauf.

Ich wiederholte, sehr widerwillig, doch deutlich, was ich gesagt hatte.

Die Lösung verblüffte für einen Moment, dann zog triumphierendes Leuchten in die Augen der besorgten Genossen. Die tiefe Wahrheit meines Ausspruchs duldete keinerlei Einwand.

Mein Satz hüpfte die Hierarchie von der untersten bis zur allerobersten Stufe hinauf, und ganz ohne Zwischenpausen. Die Partei ließ sich auf keine öffentliche Diskussion mehr ein. Der davongegangene Richard Lorenz wurde von heute auf morgen zur Unperson erklärt und nirgendwo erwähnt.

Im Westen geisterte er noch einige Zeit mit seinem Strukturensatz durch die Presse und fand schließlich ein Ehrengrab in mehreren Büchern, in denen er als Beweis für oppositionelle Bewegungen in der DDR und den Ostblockländern figurierte.

In dem Maße, wie diese Publikationen vergessen wurden, schwand auch die Erinnerung an den vielzitierten Leserbrief und seinen Autor. Der unterdessen an der Marburger Universität einen Platz als Wissenschaftler gefunden hat.

Ich traf das Ehepaar Lorenz später in verschiedenen bundesrepublikanischen Städten.

Als ich Erika in Frankfurt besuchte, lebte sie in der Günthersburgallee in einer Dachwohnung zusammen mit Elisabeth Lenk, der geschiedenen Frau des Soziologieprofessors Lenk, die sich später als Übersetzerin und Kennerin französischer Literatur einen Namen machte und durch verschiedene politische Aktivitäten auszeichnete.

Wir gingen zu dritt ins Lokal essen. Bei Tisch hörte ich schaurige Geschichten über Richards Entwicklung. Offensichtlich gefiel er sich darin, seine frühere Sensitivität und Nervosität durch exemplarische Beispiele emotionaler Dickfelligkeit vergessen zu machen. Vorübungen dazu hatte er schon in Leipziger Zeiten absolviert, alle ansehnlichen und hübschen Möbel von den gemeinsamen zwei Zimmern versammelte er in seinem Wohnraum, für Erika blieb der schäbige Rest. Kam er auf einen Sprung zu ihr, blieb er angeekelt in der Tür stehen und sagte: Wie unästhetisch es bei dir aussieht, fürchterlich!

Das überbot er im Westen haushoch. Von einer Abtreibung unter abscheulichen Begleitumständen erzählte Erika, von viel Blut und einem Riesenfötus, der herausbrach gleich einem Ungeheuer, währenddessen Richard im selben Zimmer auf seinem Bett lag und unbekümmert schlief, als ginge ihn das alles nicht das geringste an.

Der endlich herbeigeholte Medizinstudent vom gleichen Flur habe den schlummernden Ehemann erst mit Schulterrütteln aus seinem friedlichen Schlaf wecken müssen.

Ich weiß nicht, inwieweit diese Schilderungen der Wahrheit entsprechen. Die beiden jungen Frauen berichteten ziemlich übereinstimmend, doch auch mit deutlichen Zügen sado-masochistischer Freude davon. Die Intimität der Geschichte schien sie nicht zu kratzen, oder sie sahen darin lediglich den Ausdruck ihrer Meinung, das Elend der Frauen könne nur durch Entwürdigung der Männer gesühnt werden, eine Kampfmaßnahme, die im nachmaligen Emanzipationsfeldzug vieler Frauen noch oft auftauchen sollte.

Bei einem anderen Besuch in der Günthersburgallee-Wohnung rief plötzlich Richard an; ich freute mich, ihn zu sehen, er kam auch gleich herbei, und wir fuhren in die Innenstadt. Mit Vollgas jagte er mit mehr als hundert Sachen durch die Straßen. Erika saß neben dem Fahrer und suchte beruhigend auf ihn einzuwirken. Ich wartete im Fond auf das unabweisbar kommende Ende.

Es bahnte sich auch an, glücklicherweise in Gestalt einer Polizeistreife. Wir stiegen aus. Die beiden Polizisten waren mit Richard beschäftigt. Ein Stück weiter auf der anderen Straßenseite entdeckte ich wartende Taxis. Ich fragte Erika, ob sie mitwolle. Ich kann Richard jetzt nicht allein lassen, sagte sie. Ich nahm ein Taxi, ließ mich zur Günthersburgallee zurückbringen und stieg in meinen Wagen um.

Als wir von dort losgefahren waren, hatte es einen Streit gegeben, ob wir Richards oder meinen Wagen nehmen sollten. Richard wollte mit seinem fahren. Wahrscheinlich wuchsen ihm vor lauter Ungeduld wieder die Fersen durchs Fleisch. Er hatte darauf gebrannt, uns mit Höllengeschwindigkeit durch die Stadt schicken zu können. Vielleicht beabsichtigte er, uns wirklich in den Orkus zu senden. Daß er selbst dabei mit draufgegangen wäre, muß ihm gleichgültig gewesen sein. Vielleicht hatte er auch gerade eine depressive Phase, und der Tod war ihm gleichgültig.

Einige Zeit später ist Erika Lorenz verschwunden. Es heißt, sie sei in die DDR zurückgegangen und habe nichts als ihre Schreibmaschine mitgenommen. Es soll da, erinnern Ingrid und ich dunkel, aus Erikas Berliner Frühzeit eine Jugendliebe gegeben haben, jemand, der vielleicht Frank hieß, ihn heiratete die geschiedene Frau Lorenz, auch ein Kind soll in der neuen Ehe geboren worden sein. Privat mag sich für unsere gute Freundin Erika alles zum besten gewendet haben, sonst hatte sie wohl zuerst ziemliche Probleme. Vielen politischen Befragungen unterwarf man die Rückkehrerin, in aller Ausführlichkeit erforschte man ihre West-Erfahrungen. Schließlich hatte sie in Frankfurt lange Zeit bei Adorno gehört. Frau Adorno thronte in den Vorlesungen stets in der ersten Reihe, hatte Erika an Ingrid einmal geschrieben, die Professorengattin sei ganz in zweierlei Grün gekleidet gewesen, doch wird das die DDR-Behörden weniger interessiert haben; erheblicher war gewiß, ob sie dem klugen Teddy Adorno ideologisch gerade mehr oder weniger grün waren.

Seit der Rückreise in die DDR ist indessen nie mehr ein direktes Lebenszeichen von Erika zu uns gelangt.

5. Mythen der Kindheit

Immer, wenn ich von Leipzig nach Crimmitschau kam, nahm ich mir ein paar Stunden Zeit, fuhr mit dem Fahrrad die zwei Kilometer lange Straße nach Gablenz, umrundete die beiden Teiche, warf einen Blick auf das Haus gleich neben der Kirche, in dem ich geboren worden war.

Die seltsame Sprache der Großmutter.

Es lautet, sagte sie, statt es läutet.

Die Löte, sagte sie, statt Leute.

Abends, wenn es dunkel wurde, begann sie von Bayern zu erzählen, Oberfranken, Markleugast, wo sie hergekommen war, aus einer Familie, über die man flüsterte.

Die Großmutter hatte ihre Mutter bei der Geburt verloren. Der Vater wieder geheiratet. Die Leichenfrau.

Großmutters Halbschwester Maria übernahm traditionsgemäß das Amt der Leichenfrau von ihrer Mutter.

Großmutter war in jungen Jahren Hopfen lesen gegangen, hatte an Prozessionen teilgenommen, nach Basilika Vierzehnheiligen, war zu Fuß die Strecke von Bayern nach Sachsen gelaufen, beim Rittergut in Stellung gewesen, hatte auf dem Feld gearbeitet, wo einer neben ihr Kartoffeln ausbuddelte, der Franz hieß.

Sie legten sich zueinander. Als ein Kind kam, wurde geheiratet. Franz ging in die Fabrik. Kesselschmiede. Gutsche & Co. Wurde Hammerschwinger. Schwerhörig vom Lärm. Hatte schwarze Finger, abgebrochene Fingernägel, harte Hornschwielen an den Händen. Mein Großvater. Der die Stieftochter der Leichenfrau von Markleugast geheiratet hatte.

Die Halbschwester Maria, die bayerische Leichenfrau, kam eingefahren ins Dorf mit dem Mietwagen und allen Verwandten. Die Zweizimmerwohnung im Haus neben der Kirche über den beiden Teichen war zu eng für die vielen Menschen, die das »r« rollten, laut lachten, nach Leichen rochen, wie ich mir einbildete. Oder roch ichs wirklich.

Sie alle rochen nach Leichenfrau.

Sie strichen mir mit ihren nach Leichen riechenden Händen zärtlich übers Haar.

Ein guter Junge, dieser Junge!

Irgendwie war nach diesem Krieg etwas anders geworden. Im Rittergut siedelten sich Neubauern an. Wohnten im Herrenhaus, den Gesindegebäuden, in ausgebauten Scheunen neben- und durcheinander, kamen schwer in Stiefeln daher, maßen einander mit mißtrauischen Blicken und verglichen ihren Landbesitz.

Um die beiden Teiche mitten im Dorf kümmerte sich niemand. Das Wehr verfiel, Schilf wuchs die Ufer entlang, dann ins Wasser heraus. Die Uferwege schwemmten ab. Kaum konnte man noch um die Teiche herumgehen. Der Weg unter der Pfarre, wo ich aufgewachsen war, bekam riesige Schlaglöcher und verwandelte sich bei Regen in ein Schlammgebiet. Erna, die Hausbesitzerin, stand vor ihrem Scheißhäusel, stemmte die Arme in die Hüften und musterte die Mondlandschaft.

Was soll das bloß noch werden?

Den Kopf schüttelnd, murrend, zog sie sich am Geländer die Steinstufen hoch ins Haus und in die Wohnung.

Sie thronten nebeneinander auf dem Kanapee, die beiden Halbschwestern aus Oberfranken, die Leichenfrauschwester, nein, Leichenfrauhalbschwester, hatte einen riesigen wogenden Busen. An den die Männer zudrückend griffen wie zum Versuchen. Die Leichenfrauhalbschwester hatte eine tiefe, männliche Stimme, ein glucksendes Lachen und feste Hände. Leichenfrauhände.

Damit sargte sie die Toten ein.

Ich schnupperte an den Händen. Sie rochen nach 4711, aber ich wußte nicht, was das ist: 4711.

Als die Großmutter gestorben war, wurde sie fest in Decken eingewickelt und blieb drei Tage und Nächte im Waschhaus liegen. Es roch ebenso wie die Hände der Leichenfrauhalbschwester.

4711 sagte meine Mutter.

Da wußte ich, wie 4711 roch.

Später in Köln ragte am anderen Ufer des Rheins ein Turm auf. Der 4711-Turm, sagten die Kinder.

Ich wußte wie der 4711-Turm roch.

Ganz Köln roch an manchen Tagen wie die Großmutter im Waschhaus. Drei Tage und drei Nächte hindurch und danach noch lange, als sie längst schon auf dem Friedhof lag.

Vorm Grab der Großmutter am Bergfriedhof zu Gablenz bei Crimmitschau in Sachsen machte es tief aus meinem Innern heraus ganz laut und deutlich: Hicks.

Ich nahm mich zusammen.

Wieder machte es Hicks.

Ich preßte nach innen, verstopfte Schlund, Gaumen, Mund.

HICKS! machte es.

Der Onkel neben mir wandte seinen massigen Bayernleib, beugte sich schwer vor und musterte mich erstaunt.

Dreißig Jahre später, an seinem Sarg auf dem Friedhof in Nürnberg stehend, erklang wieder das HICKS aus meinem Inneren.

Der schwarze gußeiserne Dreietagenofen im Wohnzimmer.

Zu jeder Etage zwei schwere gußeiserne Flügeltüren.

Dahinter Blechtöpfe, Tiegel, Kannen.

Im Winter summte der Ofen.

Im Winter blubberte der Blechtopf voll Wasser.

Der Blechtopf mit Wasser stand immer in der untersten Etage direkt über den rötlichen ausgebeulten, vom Feuer getroffenen Eisenplatten.

In den obersten Etagen heizte hindurchgeführter heißer Rauch.

Nur die unterste Etage heizte mit der Flamme.

Das Wasser im Topf.

Das Summen im Ofen.

Frühmorgens rollte die schwerleibige Großmutter von meiner Seite.

Wälzte sich aus dem Bett.

Öffnete die knarrende gußeiserne Ofentür.

Drinnen lagen dünngespaltene Holzspäne. Darüber stärkeres Feuerholz.

Darüber halbe Briketts.

In die ausgesparte Öffnung stopfte Großmutter brennendes Zeitungspapier.

So macht man Feuer an.

Feueranmachen hieß das. Warm wurde es. Feueranmachen war die erste und wichtigste Tätigkeit des Tages.

Wie das Glockenläuten vom Kirchturm nebenan.

Nur wichtiger, wärmer, heiliger.

Es lautet, die Löte gehen in die Kirche, sagte die Großmutter und kroch ins Bett zurück an meine Seite.

Ich ein Teil von ihr.

Großmutter war die Welt.

Manchmal war Großmutter krank.

Lag mit großen geröteten Augen in der Kammer im Bett, starrte gegen die Decke.

Fliegen summten um die Lampe.

Der Großvater schlief auf dem Kanapee im Wohnzimmer.

Er kam in die Kammer, trat ans Bett, legte seine riesige harte Hand auf eine von Großmutters großen Brüsten und machte kreisende Bewegungen. Massage.

Wird schon wieder werden, wird schon wieder werden.

Tags darauf stand Großmutter auf am Morgen. Feueranmachen.

Vor der Tür linkerhand, wenn man von drinnen heraustrat, wenn man von draußen eintrat rechterhand, befand sich die Ofenbank, auf ihr zwei emaillierte Eimer voll Wasser.

Das Wasser wurde in den beiden Eimern von der Pumpe geholt.

Die Pumpe stand, aus Holz, mit eisernen Ringen eingefaßt, zweihundert Schritt entfernt vor dem Eingang der Dorfschule.

Die Prozessionen des Wasserholens.

Guten Morgen, guten Tag, guten Abend.

Schäumendes kaltes Wasser. Wohlschmeckend.

Es kommt vom Friedhof her, wurde geflüstert.

Der Großvater diese mächtigen Vorschlaghämmer schwingend in der Kesselschmiede von Gutsche und Kompagnon.

Wunden an seinen Händen.

Narben.

Seine Schwerhörigkeit.

Das kommt vom Krach in der Fabrik, sagte die Mutter.

Man erschrak, schrak zusammen, draußen an der Fabrik vorübergehend.

Drinnen holte der Großvater aus mit dem Vorschlaghammer.

Blechgedröhn.

Eisenlärm.

Stahldonner.

Großvaters Fäuste fest und tödlich.

Er war im Metallarbeiterverband.

Regengeräusche.

Ich stand am Fenster.

Übers Wasser der Teiche jagten die Schauer. Wasserhühnerschreie. Die schlanken hohen schnellwüchsigen Pappeln am Pfarrweg bogen sich im Sturm.

Das Geflitter der Blättermassen. Das Tropfentrommeln. Der Wind um die Hauswand pfeifend.

Warm ist es in der Stube. Der Ofen summt.

Komm essen, sagt die Großmutter sanft.

Erzählungen erlauscht. Sie haben die Großmutter auf den Tisch gelegt. Der Doktor ist gekommen, hat ein Messer genommen, die Großmutter aufgeschnitten auf dem Tisch.

Blut die hölzernen Tischbeine runterrinnend.

Ein Mädchen haben sie herausgeholt aus der messeraufgeschnittenen blutenden Großmutter.

Deine Mama, Junge.

Es wurde alles auf dem Tisch erledigt.

Wir saßen um ihn herum. Das Essen stand auf dem Tisch. Wachstuchdecke.

Du mußt tüchtig zulangen, Junge, sagte die Großmutter ruhig, man weiß nie, wann wieder Krieg sein wird. Dann gibts nichts zu beißen. Du mußt richtig essen, mein Kleiner.

Ich schlang in mich hinein.

Die Großmutter lag mit dem Rücken auf dem Tisch. Ich griff und schluckte.

Die Tischbeine hinab rann das rote Blut meiner Mama.

Das Werden eines Bewußtseins.

Mythos der Geburt.

Die Mythen der Begräbnisse.

Die Leichenfrau aus Bayern, die mir übers Haar fuhr. Tot war ich unter dem Anhauch der Berührung.

Was ist mit dir, mein Junge?

Das Werden eines Bewußtseins.

6. Frühe Aufklärungsversuche

Ich habe es leicht, ich bin ein Heide. Zwar hat man auch mich, wie üblich, kurz nach der Geburt zwangsgetauft. Doch meine Laufbahn als getaufter Christ war kurz. Mit achtzehn Jahren trat ich aus der Kirche aus. Ich hatte seither nie, auch nicht im geringsten, das Gefühl, etwas zu entbehren oder wieder eintreten zu müssen.

Ich kenne eine ganze Anzahl Menschen, die es außerhalb der Kirchen und Staatsreligionen aushalten. Doch will ich hier nur von mir und meinen ureigensten persönlichen Erfahrungen reden. Ich hatte es insofern leicht, als meine Eltern nur nominelle Christen waren. Die Mutter entstammte einer katholischen Familie, der Vater war evangelisch getauft. Nach der Hochzeit in der protestantischen Dorfkirche in Sachsen betrat mein Vater nie mehr in seinem Leben eine Kirche. Meine Mutter besuchte sie noch einmal – zu meiner Konfirmation im Jahr 1939.

Vielleicht muß ich hinzufügen, daß vor dem Krieg bei uns daheim in Crimmitschau, einer Stadt von damals knapp 30000 Einwohnern, die drei Kirchen auch sonntags nur spärlichen Zulauf erhielten. Man war, in den Textilarbeiterstädten Westsachsens, weitgehend entkirchlicht, ließ die Kinder gerade noch taufen und konfirmieren, heiratete meist nur standesamtlich, und erst die Beerdigung fand wieder im kirchlichen Rahmen statt. Die Religion hatte lediglich ornamentale Funktion. Gott war kein Problem, die Religion gab es als Unterricht in den Schulen, ansonst war das Ganze für die protestantische Mehrheit völlig ohne Komplikationen.

Die katholische Minderheit verhielt sich radikaler. Der Gemeindesaal, der ihr als Bethaus diente, war jeweils gedrängt voll. Da es sich bei den Katholiken zumeist um aus Bayern eingewanderte Dörfler handelte, die um die Jahrhundertwende als »Sachsengänger« vom Süden über Fichtel- und Erzgebirge ins protestantische Königreich Sachsen gekommen waren, wo die Industrialisierung besseren Lohn versprach, hatte »Bayern« und

»katholisch« für uns den gleichen Geschmack: die Bayern waren katholisch und die Katholiken Bayern. Jedes Jahr im Frühsommer feierte der Bayernverein sein Fest, da zogen diejenigen, die sich sonst im Gemeindesaal zur Messe versammelten, ihre bayerischen Trachten an und marschierten jodelnd und mit Blasmusik durch die Straßen der Stadt.

Meine Großeltern mütterlicherseits stammten aus Bayern und Böhmen, hatten aber den Kirchgang schon früh aufgegeben. Mein Großvater, ein böhmischer Stellmacher, war als junger Bursche nach Sachsen gekommen und hatte bald auf Kesselschmied umgesattelt. Er trat der Gewerkschaft, dem »Metallarbeiterverband« und der SPD bei und sah in der Kirche eine Institution der Obrigkeit. Als Hitler 1933 an die Macht kam und ich, zu Besuch bei den Großeltern, daherschwätzte, was uns in der Volksschule eingebleut worden war, erhielt ich von meinem Großvater die erste politische Belehrung. Ein Jahr später wiederholte sich das beim Tod Hindenburgs. Ich plapperte die Schulweisheit nach, Hindenburg sei ein großer Mann und Heerführer, und mein Großvater gab mir eine Ohrfeige. Es war die einzige, die ich je von ihm erhalten habe, und sie tat ihm auch sogleich leid, sein böhmischer Jähzorn hatte ihn überwältigt. Hinterher erfuhr ich, Hindenburg sei, wie alle Heerführer, ein Arbeiterfeind und Menschenschlächter. Ich habe die handfeste Lehre zeitweise mißachtet, aber nie gänzlich vergessen.

Wenn ich an die Begegnungen mit Kirche und Religion in meiner Jugend zurückdenke, erinnere ich nicht-enden-wollende, ungeheure Langeweile. Der Religionsunterricht interessierte mich anfangs sehr. Ich las die Religionsbücher durch, weil mir die biblischen Geschichten gefielen. Um so öder waren dann die Unterrichtsstunden. Hier und auch im Konfirmandenunterricht kam es darauf an, Bibelsprüche, Kirchenlieder und Katechismustexte auswendig zu lernen, brav stillzusitzen, auf Kommando aufzuspringen und auch sonst mit jeder Faser frommen Gehorsam zu bekunden. Ich bekundete diesen Gehorsam, weil ich keine Lust verspürte, mich verprügeln zu lassen. Beim Religionsunterricht in der Schule regierte der Rohrstock. Der Pastor, der den Konfirmandenunterricht erteilte, versuchte anfangs, ohne Schläge auszukommen. Er war etwas verwachsen, sehr unsicher und völlig außerstande, den Unterricht aufzulockern. Manche schliefen ein und wurden mit Maulschellen geweckt. Bald wußte sich der arme Mann überhaupt nicht mehr zu helfen. Es gab Schläge bei jeder Kleinigkeit, ob man sich nun nicht genügend vorbereitet hatte, beim Aufsagen der Texte steckenblieb oder auch nur einfach unruhig wurde und die Hände auseinandernahm.

Ich bin im Konfirmationsunterricht nie geschlagen worden, es fiel mir leicht, die frommen Lieder und Verse auswendig zu lernen und herzusagen. Nach meiner Konfirmation habe ich keine Kirche mehr betreten.

Für mich war die Kirche eine kalte, dunkle Anstalt voller langer Schatten und schwarzgekleideter Menschen, die unverständliche Worte murmeln, auf kuriose Weise singen, sich den Anschein geben zu jubeln, ohne wirklich jubeln zu wollen, den Eindruck tiefer Trauer erwecken, aber nicht traurig sind, sondern mürrisch, lustlos und rechthaberisch. Ich erinnere quälende Langeweile, unverständliche Disziplin, komische Gebote, die erklärt und erläutert wurden, wodurch sie noch komischer und unvernünftiger wurden. Für mich war die Kirche ein Bauwerk, meist in der Mitte der Ortschaft, von Gräbern umgeben und alten Häusern, in denen gebeugte arme Frauen wohnen, die man jeweils auf dem Kirchgang antrifft; Kirchenvolk, von gedankenloser Wehmut und sklavischer Demut gezeichneter Nachwuchs für die Gräber rings um den Kirchenbau.

Nichts habe ich mit dieser Kirche zu schaffen. Für mich ist es eine Zumutung, vom Staat einmal auf einen solchen Kirchenfriedhof verbannt zu werden. Das sage ich, weil ich es so empfinde, das sage ich nicht im Affekt und nicht mit Leidenschaft. Die Kirche ist als Einrichtung für mich keine Provokation. Über sie nachdenkend oder schreibend finde ich keinen Anlaß, die Stimme zu erheben. Das Wort »Gott ist tot« zählt für mich ebenso zur Historie wie das gegenteilige »Gott lebt«. In Brechts Kalendergeschichten wird ein Mann vor Gericht gefragt, ob er die weltliche oder religiöse Eidesformel sprechen wolle. Er antwortet: »Ich bin arbeitslos!«

So in einer gänzlich anderen Lebenssphäre, abseits von gängigen Fragen und Antworten habe ich mich eingerichtet. Die Probleme dieses oder jenes Glaubens können von historischem, philosophischem, psychologischem oder politischem Interesse sein. Als Glaubensfragen, auf ihren Inhalt bezogen, sind sie für mich nicht vorhanden. Kein »Du sollst« oder »Du mußt«, keine Androhung von Strafe für meinen prinzipiellen Unglauben tangiert mich. Ja, ich muß auch das Wort Unglaube relativieren, denn es wäre als Entgegensetzung zum Glauben von diesem noch zu sehr beeinträchtigt und bedingt. Nicht der Glaube und nicht der Unglaube bewegen mich, sondern das absolute Nichtbetroffensein. Ich bin in die Kirche eingetauft worden, ohne daran beteiligt gewesen zu sein. Ich bin aus eigenem Entschluß bei meinem ersten Urlaub als Soldat ausgetreten, weil es einen Irrtum zu korrigieren galt. Nicht den meinen, wohlgemerkt, eher den der Eltern, der Konvention, der Gesellschaft und der Kirche, die sich in der Kindstaufe, dieser rituellen Vergewaltigung, am wenigsten fair verhält, weil sie bewußtlose Menschen kassiert, um sie dann im Prozeß ihrer Bewußtwerdung beeinflussen zu können.

Ich sage dies alles ohne Polemik, ohne beeindruckt, engagiert zu sein, mit einem Achselzucken, mit dem man lang Vergangenes abtut. Man springt nicht zweimal in den gleichen Fluß. Man investiert nicht Energien in den gestrigen und vorgestrigen Tag. Was bleibt, ist die gesellschaftliche Rolle der Kirche, der Einfluß ihrer Lehren, ihres Denkens, ihre Konditionierung der Menschen. Hier allerdings ist die Problematik nicht vergangen. Die Kirchen, beide Kirchen, konditionieren den *gehorsamen* Menschen, den Ausführer und Ausüber, den Untergebenen und auch den Fanatiker. Sie konditionieren den Menschen auf seine Brauchbarkeit hin in der Gesellschaft der Unterdrückung, der Ausbeutung und Kriege. Ich habe nicht den geringsten Anlaß, mich mit einer Kirche auf die Erörterung ihrer Glaubensartikel und religiösen Statuten einzulassen. Ich habe allen Anlaß zu untersuchen, auf welche Weise die Kirche die Gesellschaft in ihrer Unmenschlichkeit bestärkt und stützt und sich zu ihrer Voraussetzung und Verursachung, zumindest Mit-Verursachung macht. Was die Kirche über den Glauben sagt, ist ihre Sache. Was die Kirche mit dem Glauben und den Gläubigen macht, ist ihre Sache nicht mehr, sondern auch die meine. Die Kirche, die ich kennenlernte und auch heute noch kennenzulernen gezwungen bin, insofern sie ein Herrschaftsinstrument der Ausbeutergesellschaft ist, konditioniert die Gläubigen zum Gehorsam, nicht zur Geistes- und Tatfreiheit. Demut und Gehorsam werden gepredigt und erzwungen, ganz so, als seien diese Haltungen an sich von sittlichem Wert, ganz, als käme es nicht auf die Bezugspunkte an. Ganz, als lebten wir nicht im Jahrhundert eines Massenmordes, der die massenmörderischen Waffen ebenso zur Voraussetzung hat wie die eintrainierte psychische Mordbereitschaft des Gehorsams, den man der Obrigkeit schulde, von der es immer heißt, sie sei von Gott, wiewohl sie von den Menschen ist, von den Reichen und Mächtigen nämlich, den Herstellern der Explosivstoffe, den Verwaltern des Todes, den Austeilern der Vernichtung.

Ich lese von herrlichen Widerstandshandlungen gläubiger Christen. Oft kann ich nicht unterscheiden, was Kirchenpropaganda ist und was der Nachprüfung standhält. Erlebt habe ich dergleichen nicht. Das mag daran liegen, daß man als kleiner einfacher Soldat eben nur den kleinen einfachen Soldatenalltag kennt. In diesem Soldatenalltag war die Kirche ein williges Hilfsmittel des Staates, seinen Krieg zu führen. Darin unterschied sie sich nicht von Kanonen und Panzern. Bei Bestattungen »gefallener Helden« hinter der Front traten Militärgeistliche auf in schlichten Uniformen und mit schlichten Predigten. Im Lazarett besuchten sie den Verwundeten und spendeten Trost. Er war ja billig zu haben. So predigten sie Demut und Ergebung, wo sie Widerstand und Aufruhr hätten predigen müssen.

Heute hört man viel von geschichtlicher Verstrickung. Billige Argumente sollen teure Versicherungen ergeben. Ich nehme jedem kleinen Christen, jedem Mann aus dem Volk seine Unzuständigkeit ab. Ich nehme sie nicht einer Kirche ab, die die Mittel und Hilfsmittel aller Zeiten für sich nutzbar macht und dann mit dem Argument des einfachen, kleinen Manns aus dem Volk kommt. Auf diese Kirche trifft Kants Definition der Aufklärung, die »Ausgang aus selbstverschuldeter Unmündigkeit« sei, im negativen Sinne zu. Was bei den Massen nicht stimmt, weil deren Unmündigkeit eben nicht selbstverschuldet, sondern gesellschaftlich arrangiert und produziert ist, stimmt bei den Kirchen, die ihre Gläubigen in angestrengter und mörderischer Unmündigkeit zu halten suchen, und zwar bewußt, willentlich, absichtsvoll geplant und gezielt.

So stampft dieses vorsintflutliche Ungeheuer durch die Geschichte, immer Jahrzehnte hinter den Einsichten der Gegenwart her, immer die Neuerer zu Ketzern erklärend, immer auf seiten der Reaktion, die man »bewahrend« nennt, obwohl gerade sie von allen neuen Erfindungen jeweils nur diejenigen maximal nutzt, die, statt zu bewahren, vernichten.

Als ich Philosophie studierte, habe ich auch theologische Vorlesungen mitgehört. Es war dies zehn Jahre nach dem Ende des letzten Weltkrieges. In den theologischen Kollegs war davon nichts zu spüren. Die Vorlesungen glichen denen in Germanistik. Wer den Hörsaal noch mit Hoffnung betreten hatte, verließ ihn ohne sie. Solche Hörsäle sollten Dantes berühmtes Motto an der Eingangstür tragen: Ihr, die ihr hier eintretet, laßt alle Hoffnung fahren.

Meine Überzeugung war: Es gibt in diesen Kirchen nur eine einzige anständige Haltung: »den Helm abreißen und auf den Boden schmettern«. Gern hätte ich dies als meine sichere, auch weiterhin gesicherte Überzeugung hier festgehalten. Ein Text macht sich gut, ist er konsequent gerundet, geht die Lehre aus ihm hervor wie die Summe aus der Addition mehrerer Glieder.

Ich muß meine Überzeugung aber am Ende relativieren. Revolutionäres Partisanentum hat heute auch die Kirchen ergriffen, obwohl ihre Institutionen derartige Ehrenrettungen nicht verdient haben. Ich kann nicht an eine mögliche religiöse Erneuerung glauben. Immerhin verdienen die Erneuerer, seien sie jung oder alt, allen Respekt. Man muß den Helm also nicht unbedingt niederschmettern; man kann ihn auch fester binden.

7. Frontwechsel

Wie es anfing damals.

Zeitweilig ging ich als Kobold. Schwebte unsichtbar zwischen den anderen, verflüchtigte mich über ihren Köpfen, belauschte ihre Reden und Gedanken. Einen hatten wir in der Volksschulklasse, der die besten Aufsätze schrieb. Sie waren sehr schön und lieb und stets, wie der Lehrer, Herr Kahlert, es wünschte. Ich schrieb dem Streber unflätige Urteile unter die Aufsätze. Er fiel fast in Ohnmacht, als es hieß: AUFSATZHEFT RAUS!

Er hatte es wie immer als erster bereitliegen, schlug die Seiten auf und erbleichte.

Ein Stöhnen.

Was ist mit dir? fragte Herr Kahlert.

Der Aufsatzheld wankte zum Pult, sein Schreibheft anklagend vorweisend.

Der Lehrer blätterte, las, runzelte die Stirn, las.

Geh auf deinen Platz zurück!

Wir schrieben zwei Stunden lang Aufsatz.

In der Pause rief mich Herr Kahlert zu sich.

Ganz leise zwischen den Lippen hindurch kam das:

DU WARST ES!

Ich ebenso leise: Ich wars.

Er musterte mich nachdenklich.

Tu's nicht wieder, hat doch keinen Zweck.

Ich antwortete nicht.

In die Schulbank zurück. Setzen.

Was wollte er von dir? Sie umringten mich.

Es ging um meinen Aufsatz, log ich.

Bumm – Bumm – Bummbummbumm – klang die Landsknechtstrommel. Ein brauner Lindwurm kroch die Glauchauer Landstraße entlang. Sie hatten den Berg umgangen, waren außen um die Stadt herummarschiert und kamen nun wieder herein.

So weit das Auge reichte – nichts als Jungen in Braunhemden, kurzen Hosen, Kniestrümpfen.

Truppweise kamen sie. Fähnlein nannten sie einen Trupp. Voran flatterte ein schwarzes, dreieckiges Fähnchen. Wimpel sagten sie dazu. Jedem Fähnlein voran schritt ein Dreiertrupp von Trommlern.

Der Gleichschritt hallte an den Häuserfronten.

Man schrieb das Jahr 1935.

Ich zählte zehn Jahre. Seit zwei Jahren hieß Deutschland Hitler-Deutschland. Erstmals wagten sie sich in großer Formation durch unseren Vorort, den »Berg«.

Die Führer blickten entschlossen und grimmig drein. Die Jungen marschierten gleichmütig. Der Dreiklang der Trommeln gab den Takt des Marschtritts an. Staub lag über den Kolonnen.

Unsere Huckelmeute sammelte sich bei Fleischer Herold, Ecke Glauchauer Landstraße–Blücherstraße. Wir starrten fassungslos auf den Lindwurm.

Sowas hatte es noch nie gegeben.

Wir prügelten uns mit anderen, die Huckelmeute gegen die Hainstraßenmeute. Man schlug einander mit Fäusten und Knüppeln. Stürmte die gegnerischen Lager, flüchtete in panischer Angst, wurde verprügelt, sammelte Verstärkung, nahm Rache an anderen, die ebenfalls flohen.

Ich hatte Nachmittagsunterricht in einem der oberen Räume der Bergschule. Von dort konnte man über die ganze Stadt hinweg auf die östlichen Felder sehen, die sich zwischen dem Berg und der Hainstraße erstreckten.

Von beiden Seiten rückten geschlossene Kampfformationen aufeinander zu. Prallten zusammen, vermengten sich, schließlich bewegte sich die Gruppe langsam Richtung Hainstraße. Wir vom Berg jubelten über den Sieg. Der Lehrer antwortete mit Backpfeifen, wir mußten uns in die Ecke stellen.

Da verharrten wir, erregt und erhoben. Drüben am Horizont flohen die Hainstraßenhunde bis in den schützenden Zöffelpark. Sieg!

Das war 1935 gewesen. Schon ein Jahr später gab es keine Huckelmeute mehr und keinen Hainstraßenfeind. Alle marschierten wir zum Dreiklangschlag der Landsknechtstrommel: Bumm – Bumm – Bummbummbumm.

Männer verschwanden. Mama brachte die Nachrichten aus der Fabrik mit. Bald war es diese, bald jene Frau, der sie den Mann weggeholt hatten. Manchmal kamen die Männer zurück. Meist blieben sie lange fort. Manche kehrten gar nicht zurück. Umerziehungsaktionen, wurde geraunt.

Sie bringen sie ins Lager und machen sie dort kaputt, sagte Mama, aber du darfst nirgendwo davon reden, ja? Auch nicht in der Schule.

Nicht in der Schule darüber sprechen? Unser Lehrer trug als einziger nie Uniform. Wir verachteten ihn deshalb. Ich verachtete ihn ebenfalls.

Ich fühlte, mit ihm könnte ich reden. Ich redete nicht mit ihm und verachtete ihn.

Ab 1936 trugen wir alle Uniform. Nur die ganz Armen nicht, die sich keine kaufen konnten.

Einmal traf ich Großvater. Er ging vor mir auf die andere Straßenseite. Ich lief ihm nach. Er sah mich an: So marschierst du rum?

Ich begriff gar nichts. Zählte elf Jahre. Ging in die sechste Volksschulklasse. Wurde abgerichtet zu Gehorsam, Dummheit, Treue.

Sie bereiten sich auf neue Heldentaten vor, sagte der Großvater.

Ein Jahr vor Kriegsausbruch starb die Großmutter. Der Großvater nahm sich eine andere Frau. Sie war zwanzig Jahre jünger. Daran wird er sterben, sagten die Leute.

Er starb.

Als er im Sarg lag, hatten sie ihm das Abzeichen der Deutschen Arbeitsfront angesteckt.

Die Überlebenden und die zwanzig Jahre jüngere Frau stritten ums Erbe: Kommode, Schrank, Bügeleisen, Porzellan, Wäsche, Tischdecken. Sie kämpften wie um ihr Leben. Kaum daß sie den Kriegsausbruch bemerkten. Der Polenfeldzug ritzte ihr Bewußtsein nur, sie beleidigten einander, wechselten bei Begegnungen die Straßenseiten, verbreiteten üble Geschichten.

Erbstreitigkeiten gibt es in jeder Familie, sagte Mama sanft.

Im April machte ich meine Gesellenprüfung. Im Juni wurde ich siebzehn und meldete mich kriegsfreiwillig zur Luftwaffe. Ich hätte von der Einberufung freigestellt werden können, der Betrieb galt als kriegswichtig. Ertrug jedoch die Werkstatt nicht mehr. Im August kam die Einberufung.

Ein Jahr lang wanderte ich von Ausbildungsabteilung zu Ausbildungsabteilung und hörte keinen einzigen scharfen Schuß. Kam nach Hause auf Urlaub und traf meine gleichaltrigen Schulfreunde. Wir verschwanden etwa gleichzeitig. Ich wieder zu meiner Truppe. Sie zu ihrer Truppe, man hatte sie jetzt eingezogen.

Als ich nach dem Krieg zurückkehrte, lebte kein einziger mehr von ihnen. Sie waren eingezogen und kurz notausgebildet worden. An die Front geworfen, kaputtgegangen.

Ich entwickelte einen Riecher für Gefahren.

Wir lagen in Sizilien viele Tage lang in hundertprozentig sicheren Stellungen, tiefe Erdlöcher hinter einem Hang, wohin die feindliche Artillerie aus ballistischen Gründen nicht reichte. In der Nacht zum 1. August 43 begann stundenlanges Trommelfeuer. Die umliegenden Stellungen verschwanden im Feuerhagel. Ich lag auf dem Boden meines Erdlochs und preßte den Kopf in den Dreck. Plötzlich schmerzende Stille. Die Artillerie schwieg. Jemand stolperte oben herum. Rufen und Fluchen. Steine fallen mir ins Kreuz. Vom Kompaniegefechtsstand ist ein Melder gekommen. Er soll feststellen, wo den Amis Einbrüche gelungen sind, und sucht einen Dummen, der ihn begleitet und ihm Feuerschutz gibt. Die Männer bleiben stur in ihrer Deckung liegen. Laßt den Idioten doch schreien. Wer wird so blöd sein und die sichere Hanglage hier verlassen. Wir sind Eingreifreserve. Keiner will mitkommen. Mürrisch steig ich aus meinem Loch, entsichere das Gewehr. Los, wir gehen. Es wurde die Besichtigung einer Leichenhalle. Irgendwo in dem Dampf und Nebel griffen die Amis an. Schüsse und Schreie und das platzende Gefühl in den Ohren, das entsteht, wenn die Artillerie stundenlang geschossen hat und plötzlich damit aussetzt. Die deutschen Linien bestehen nicht mehr. Wer überlebt hat, setzt sich ab. Die wenigen Gestalten wanken vorüber und verschwinden in den Rauchungetümen, die aus der Erde hervorquellen, in den Himmel hineinwachsend. Über uns ist irgendein Licht aufgegangen, die Sonne oder der Stern von Bethlehem, oder wer weiß, vielleicht steht der Himmel in Flammen. Verwundete liegen herum und brüllen. Ein MG 42 hämmert.

Die Amis antworten mit Handgranaten. Ein kurzer heftiger Artillerieschlag. Wir wenden uns zurück. Wo die Eingreifreserve gelegen hatte, am schützenden Hang in den sicheren Stellungen, dampft frisch aufgerissene Erde. Blutige Fleischstücke garnieren die Krater. Die Amerikaner sind vorgestoßen, ihre Artillerie hat die Stellung gewechselt und mit neuen Schußwinkeln den Hang erreichen können. Derjenige, der irre genug gewesen ist, die sichere Stellung aufzugeben und dem Melder nach vorn zu folgen, überlebte als einziger. Ich blicke um mich und begreife nichts. Das Gewehr über die Schulter hängend, folge ich meinem eiligen Melder stolpernd zum Kompaniegefechtsstand. Er liegt leer. Der Kompaniechef hat sich zurückgezogen. Weiter im Norden reißt der Nebel auf, ein Stück Himmel hängt ins Bild. Das Rauchzeichen des Ätna weist die Richtung. Der letzte Überlebende eines ganzen Zuges hat keine Lust, die amerikanische Armee aufzuhalten und trottet Richtung Ätna davon.

In Verlängerung über den Ätna hinaus nordwärts liegt Messina und dahinter das festländische Italien, wohin man entkommen müßte.

Es ist mir nie in meinem Leben gut gegangen; doch habe ich immer Schwein gehabt.

Einer von der Hainstraßenmeute schleuderte mir seinen Speer an den Kopf. Millimeter neben das linke Auge. Fleischwunde.

Vor Nettuno traf es mich 1944 im rechten Arm, kurz überm Ellenbogen. Der Sani kroch aus einem Backofen, wo er Schutz gesucht hatte, fischte das Geschoß mit der Kombizange aus der Wunde.

Schwein gehabt. Heimatschuß.

Entweder war die Kugel von weit hergekommen oder irgendwo abgeprallt, jedenfalls saß nicht mehr viel Kraft dahinter. Für Fleischwunden mußte man dankbar sein, sie schützten das Fell auf ihre besondere Weise, indem man zurück konnte in ein wunderbares Lazarett.

Bei Cassino überbrachte ich einer Achtacht-Flak-Abteilung neue Befehle. Rannte davon, warf mich hundert Meter seitab nieder. Eine Salve rauschte heran. Es heulte, detonierte, spritzte schwarz in den Himmel. Die Abteilung, voll getroffen, zerschmorte.

Irre Bilder stiegen in mir auf. Ich begann mir einzubilden, ich sei unverwundbar. Na, wenn nicht unverwundbar, so doch mindestens vorläufig unsterblich. Irresein kann mitunter nützlich wirken.

Ich empfand keine Angst mehr, handelte umsichtiger, vorausschauend, raffiniert. Entwickelte das dumpfe Gefühl für Gefahren zu feineren Impulsen. In Verona bombardierten die Amis die Gleisanlagen. Unter hohe, alte Berghänge waren tiefe Bombenschutzkeller gegraben, dahinein flüchteten Zivil und Militär. Wir kamen zu spät. Die Tore schlossen sich vor uns, wohl wegen Überfüllung.

Die Bomben fielen.

Ein Zirpen, Rauschen, Poltern.

Die anderen sprangen nach vorn und in einen riesigen Bombentrichter. Ich warf mich nieder. Drehte mich auf den Rücken, wie es mein Vater mir geraten hatte.

Zwei schwarze Mordpakete purzelten vom Himmel herab.

Ich sah nichts mehr.

Als ich mich ausbuddelte, die Erde abwarf, sah ich einen Hund auf drei Beinen jaulend davonhüpfen. Wo das vierte Bein gewesen war, spritzte ein schwarzer Strahl Blut stoßweise hervor.

Die eine Bombe war genau in den alten Bombentrichter gefallen. Die zweite hatte den Hang oben getroffen und riesige Erdmassen heruntergeworfen, die den Eingang des Bombenkellers verschütteten.

Im Sommer 44 wollte ich den Krieg nicht mehr mitmachen und versuchte zu desertieren. Das mißlang. Bevor unsere Truppe an die Ostfront kam, lagen wir eine Zeitlang in Oberitalien, wo sich Partisanen bemerkbar machten. Ein Obergefreiter aus Annaberg im Erzgebirge lief zu den Partisanen über und wurde von ihnen erschossen.

Die Leiche lag drei Tage später am Morgen vor unserem Quartier.

Ich hatte mit ihm abhauen wollen, in der Nacht aber verschlafen.

Schwein haben heißt: Zufälle häufen sich. Ich bin von Geburt an ein äußerst sensibles, nervöses Kind gewesen. Im Krieg, als ich merkte, die Schüsse sparten mich aus, wurde ich ruhig, überlegen, gelassen. Mein mythischer Glaube, mir könne nichts passieren, rettete mich in mancher Situation, wo nur die kopflose Reaktion fehlte, den Untergang herbeizurufen.

Vielleicht waren diese Erfahrungen mitbestimmend dafür, daß ich später in Leipzig ein Buch über den Aberglauben schrieb. Das sind so Versuche nicht zuletzt der Selbstversicherung. Man schreibt Bücher zuvörderst für sich selbst. Genaugenommen überstand ich den Krieg mit Hilfe der abergläubischen Überzeugung, fast oder beinahe kugelfest zu sein. Indem ich daran glaubte, gewann ich jene kalte Überlegenheit, die eine der Vorbedingungen fürs Davonkommen ist.

Ich stellte mir vor, wie der Haufen meiner pflichteingezogenen Klassenkameraden nach kurzer Notausbildung in den Kampf geworfen worden ist. Wie sie kopflos, chaotisch und wirr durcheinandergerieten, im Kugelhagel aufsprangen, davonliefen, abgeknallt wurden wie Hasen.

Situationen, in denen Panik selbstmörderisch werden mußte. Alte Kämpen blieben unbedingt in Deckung, und auch wenn sie keine Helden waren und keine sein wollten, linsten sie vorsichtig heraus und schossen nieder, was sich näherte. Du oder ich.

Bei den Ausbildungsübungsschießen schnitt ich anfangs sehr gut ab. Kein schlechter Schütze. Dann begann ich absichtlich Fahrkarten zu schießen, nur zur Übung mal einen Außenring.

Es ist besser, man gilt als schlechter Schütze und trifft in Wirklichkeit genau ins Schwarze. Ich achtete peinlich darauf, von den Ausbildern und Vorgesetzten nie ganz ernst genommen zu werden. Es ist ungeheuer wichtig, daß sie einen nicht erkennen.

In Warschau habe ich im Sommer 44 die Vernichtung einer Stadt mit ansehen müssen. Bei der nächsten Gelegenheit, die sich bot, desertierte ich. Blieb nachts beim Rückzug in einer Erdhöhle liegen. Am Morgen sind keine Wehrmacht und keine Rote Armee vorhanden. Der Krieg hat die Welt verlassen. Ich robbe ans Tageslicht, bin von Bäumen und Büschen umstanden. Droben glänzt das rollende Auge des fremden Himmels. In östliche Richtung trabend, lege ich lange Strecken zurück, ein einsamer Wanderer zwischen den Fronten. Endlich kommt ein Dorf in Sicht. Ich werfe mich nieder. Der Hunger treibt mir die Tränen in die Augen. Der Magen stülpt sich um. Zwei Stunden lang beobachte ich das starre Dorf. Nichts rührt sich. Ich schleiche zur ersten Kate. Die Tür ist geöffnet. Die Fenster sind zerschlagen. Drei Katen durchsuche ich und finde nicht einen Happen Brot. Dann stehe ich vor dem gedeckten Tisch. Er ist auf einfache Weise gedeckt. Keine Teller, keine Schüsseln. Eine eiserne Pfanne nur in der Mitte, und darin, ich traue meinen Augen nicht, ein knusprig gebratenes Huhn. Ich habe es verschlungen, ich habe mich an den Tisch gesetzt und das kalte Huhn auf einen Sitz verschlungen. Als ich fertig war, ging die Tür langsam auf und Radjonnow stakte herein. Er glotzte mich erstaunt an, sah die leere Pfanne und eine Welle des Zorns rötete sein gutmütiges Gesicht. So wurde ich gefangengenommen. Radjonnow, dem ich mein Leben verdanke, versetzte mir einen Schlag, daß ich über den Stuhl flog. Dann führte er mich über den Hof, wo ein zweiter Soldat gerade dabei war, einer nicht mehr ganz jungen Frau die Zeit zu vertreiben. Ich wunderte mich, wo so viele Menschen plötzlich herkamen. Der Soldat ließ die Röcke der Frau fallen. Ich mußte mich an die Wand stellen, die Arme heben.

Was tust du – Towaritsch? fragte Radjonnow. Der zweite Soldat hob die Pistole. Zorn zeichnete sein junges, rundes Gesicht: Umlegen – prosto – einfach, ohne Umstände umlegen – Radjonnow trat vor die Mündung. Er war blaß. Du wirst dich besinnen – er ist mein Gefangener. Du hast dich mit der Frau vergnügt, und ich hab Krieg geführt. Also gehört der Fritz mir. Das Weib beobachtete angespannt die Auseinandersetzung und packte den Soldaten am Ärmel. Das machte ihn wild, er riß sich los und fuchtelte Radjonnow mit der Waffe vor dem Gesicht herum.

Was willst du anfangen mit dem Njemse, he? Willst ihn vielleicht wegbringen – soll ich allein bleiben? Und unseren Befehl vergißt du, was? Mach ein Ende mit ihm, sag ich dir – prosto!

Radjonnow schüttelte beharrlich den Kopf. Seine großen Ohren röteten sich: Er ist mein Gefangener – und Genosse Stalin hat befohlen, kein Gefangener darf mehr getötet werden – ponimaju?

Der Genosse Stalin – ist er vielleicht hier, was? Hier ist niemand außer uns. – Du willst dich Stalins Befehl widersetzen? Das werde ich nicht zulassen. – Wer soll dich verstehen, Wassili, noch im vorigen Monat hast du nicht danach gefragt, bei Shitomir schickten wir die Njemses in den Himmel, da warst du nicht zaghaft, Wassili. – Damals gab es den Befehl des Genossen Stalin noch nicht, sagte Radjonnow bedächtig und schlug mit kräftiger Hand eine Mücke tot, die sich auf seiner Stirn niedergelassen hatte.

Und Radjonnow führte mich unverdrossen einen ganzen Tag lang durch das sonnendurchglühte Land. Hinter uns, als wir das Dorf verließen, vergnügte sich der zweite Soldat wieder mit der Frau. Wir trotteten den Weg entlang, die nächsten Menschen trafen wir erst am Nachmittag. Es waren drei junge Polen, und ihre von Hunger und Angst ausgehöhlten Gesichter blühten auf und glänzten eifrig, als sie sich auf mich stürzten. Ich sah, daß Radjonnow sich nicht einmischen wollte, und setzte mich zur Wehr. Bald lag ich mit dem Gesicht im Dreck. Jetzt wurde es Radjonnow zu bunt, und er jagte die drei Polen zurück. Sie ballten die Fäuste und beschimpften ihn. Radjonnow fluchte und lachte glücklich. Meine Hände und mein Gesicht bluteten. Radjonnow feuerte jauchzend einen Schuß in den Himmel; so zogen wir weiter, und meine Dankbarkeit für Radjonnow wuchs ins Grenzenlose.

Allmählich füllte sich das Land. Soldaten kamen den Weg entlang. In unordentlichen Trupps marschierten sie, die Köpfe gesenkt, Staub auf den Helmen. Ein junger Soldat mit blondem Haar sang ein Lied:

Schiroka strana moja rodnaja …

Als er mich sah, brach die kindliche Stimme ab. Ein Ausdruck tödlichen Schreckens trat in das Gesicht des Vorsängers; Radjonnow, der Gütige, winkte dem Jungen zu, er sang, zögernd erst, weiter. Mit dumpfen, erstickten Stimmen fielen die anderen wieder in das Lied ein:

Ja drugoi takoi stranui njesnaju,
gde tak woljen utschen schtelowek …

So führte Radjonnow mich die Straße hin, begleitet von Flüchen und Liedern. Ich bekam Schläge und Tritte, man schenkte mir Brot und Zigaretten, lachte mir zu und beschimpfte mich. Vor den Mißhandlungen durch Panzerfahrer bewahrte mich Radjonnow. Als die rasselnden Kolosse auftauchten, verließen wir die Straße und gingen über die Felder. Dann kam das Stabsquartier in Sicht, und Radjonnow bat mich um meine Auszeichnungen. Er fluchte zufrieden und lächelnd, als ich das Blech in seine Hand legte. Er hätte mir die Orden einfach abreißen können, aber er war ein stolzer Mann und bat mich darum. Im Stab wurde ich einer Runde höherer Offiziere vorgeführt. Sie erkundigten sich höflich nach meinem Befinden, gaben mir Wasser zu trinken und fragten, was ich von der Sowjetunion hielte. Ich war glücklich über meine Rettung. Die Herren klopften mir wohlwollend auf die Schulter, eine Ordonnanz brachte Wodka in deutschen Kochgeschirrdeckeln. Jetzt schnippte sich jeder mit dem Zeigefinger gegen die Kehle, und einer der Offiziere rief mit hartem russischem Akzent: A votre santé! So tranken wir auf die deutsch-sowjetische Freundschaft. Hernach kamen zwei junge, freundliche Offiziere mit grünen Mützen. Sie führten mich zu einer Baumgruppe seitab vom Stabsquartier. Ich mußte mich ausziehen und wurde fürchterlich verprügelt. Danach begann die Vernehmung. Ich dachte immer an Wassili Radjonnow, der jetzt wieder unterwegs war zur Front und der mich hätte töten können. Die Dankbarkeit ließ mich die Schläge kaum spüren. Was sind schon ein paar Hiebe, wenn dir ein Mensch dein Leben geschenkt hat. Ich sang das Lied der in den Kampf ziehenden russischen Soldaten, die ihr Vaterland priesen:

> Ja drugoe takoi stranui njesnaju
> gde tak woljen utschen schtelowek ...
> Ich weiß kein andres Land auf Erden,
> wo das Herz so frei dem Menschen schlägt ...

Als es vorbei war, brachte mir ein Muschik ein Kochgeschirr voll Wasser. Ich spuckte meine Zähne ins Gras, trank das Wasser, blickte in den geröteten Himmel und sprach: Welch ein Glück, ich hab diesen Krieg überstanden!

Viereinhalb Jahre lang lebte ich in Lagern hinter Stacheldraht. Dann führten sie mich vor eine hohe Kommission der Roten Armee und fragten, wie es mir in der mächtigen Sowjetunion

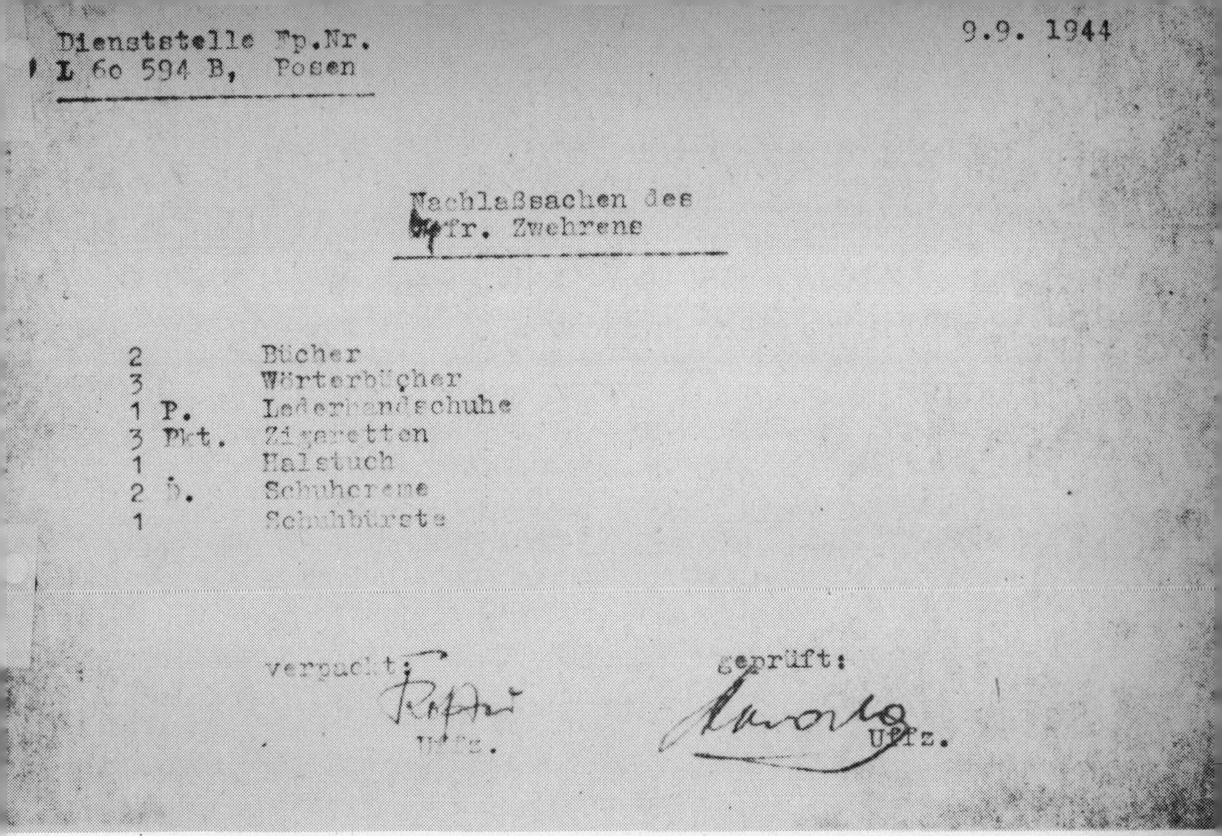

Dienststelle Fp.Nr.
L 60 594 B, Posen

9.9. 1944

Nachlaßsachen des
Gefr. Zwehrens

2		Bücher
3		Wörterbücher
1	P.	Lederhandschuhe
3	Pkt.	Zigaretten
1		Halstuch
2	D.	Schuhcreme
1		Schuhbürste

verpackt: Uffz.

geprüft: Uffz.

gefallen habe. Ich war Wassili Radjonnow noch immer dankbar, Gefangenschaft ist besser als Tod. Ein hoher Offizier erklärte mir, ich sei ein reinklassiger Proletarier. Das war nicht zu leugnen. So unterschrieb ich einen Kontrakt mit der Volkspolizei. Wir waren mehrere hundert, die so nach Hause geschickt wurden, aber in sächsischen Kasernen anlangten. Ein Krieg findet kein Ende, solange die Menschen ihn mitmachen.

8. Gespräche und Studien

Blochs bewohnten im Westen Leipzigs ein schönes Haus, gerade groß genug für die Familie, mit schattigen Büschen und Bäumen im Garten. Es gab dort draußen oft sehr angenehme Treffen. Bei offiziellen Gelegenheiten kamen Berühmtheiten wie Hans Mayer, Hanns Eisler, Alfred Kantorowicz, Peter Huchel, Wolfgang Harich; lang wurden die privaten Abende, die meist die ganze Nacht über andauerten, weil der Hausherr, einmal ins Erzählen gekommen, keine Lust hatte aufzuhören.

Wahrscheinlich traf man sich meist im Sommer, ich erinnere mich, daß ich sehr oft frühmorgens, wenn schon die ersten Straßenbahnen wieder fuhren, zur Haltestelle gewankt bin, stets von nicht nachlassendem Vogelgezwitscher begleitet.

Die Weltbühne
Wochenschrift für Politik · Kunst · Wirtschaft
IX. 48 1. Dezember 1954 50 Pfennig
Europa vor großen Entscheidungen
von Engelbert Brill
Schwäbische Eindrücke
(Reisenotizen eines Studenten, II)
„Spieglein, Spieglein an der Wand ...
Wer ist die Schönste im ganzen Land? ..."
Reportage von Jean Villain (Paris)
Zur Situation des Neuen künstlerischen Tanzes
von Marianne Vogelsang
u. a. Beiträge von
Carl Andrießen, Sarkasmus, Gert Gablenz
A. M. Uhlmann

Bei Bloch lernte ich Uhlmann, den Chefredakteur des Bibliografischen Instituts kennen, der wie ich in der *Weltbühne* schrieb. Der Mann erwies sich als äußerst nützlich, denn er hatte eine Frau, die sich darin gefiel, einen plötzlich zu besuchen und Taschen voll Kuchen, Wurst und Käse heranzuschleppen. Man mußte dafür nur mit ihr plaudern und vor allem über ihren Sohn reden, der eine Sehschwäche und dafür zum Ausgleich ungeheure Gedächtniskapazitäten aufwies; ganze Gebiete eignete er sich in kürzester Zeit an, z. B. alles über Inseln; der Geografielehrer wagte keine Aussage mehr über irgendein Atoll in der Südsee, weil ihn der zwölfjährige Uhlmann unverzüglich korrigierte.

Uhlmann senior wurde mehrmals mein Retter in äußerster Not. War mir der letzte Pfennig ausgegangen, rief ich im Bibliografischen Institut an. Eine Stunde später fuhr der Chef des Verlags im Dienstwagen vor und brachte mir zwanzig Mark. Meine Dankbarkeit wurde auch dadurch nicht gemildert, als ich später erfuhr, zwei Straßenzüge weiter wohnte Uhlmanns Geliebte, die er bei dieser passenden Gelegenheit ebenfalls aufsuchte. Der Mann wußte einfach die solidarische Aktion mit der angenehmen zu verbinden. Ich bewahre der Familie noch heute ein gutes Andenken.

Frau Uhlmann traf ich fünfzehn Jahre später im Westen, wo sie als Rentnerin ihre Verwandten besuchte. Ich erfuhr, der Mann war schon lange tot, der Sohn hatte eine gute Stellung, sie schrieb noch immer für eine Frauenzeitschrift in der DDR. Ich bestellte

Grüße an gemeinsame Bekannte. Das Wiedersehen war aber für beide Seiten nicht so ganz angenehm. Ich weiß nicht, weshalb. Vielleicht weil ich etwas zuviel und dankbar vom verstorbenen Mann redete. Es mag in dieser Ehe Unstimmigkeiten gegeben haben, die ich damals nicht bemerkte und auch jetzt beim Erinnerungsaustausch nicht berücksichtigte. Meine Dickfelligkeit tat mir hernach sehr leid.

Blochs Leidenschaftlichkeit bei den Vorlesungen hatte meist verborgene und verwegene Gründe. Anfangs ließ ich mich noch irritieren und suchte die Ursachen im jeweils Vorgetragenen, wo sie gewiß auch manchmal zu finden waren, doch begriff ich bald, der Professor litt ebenso wie viele andere darunter, daß wir nicht alles sagen konnten, was wir dachten. Es gab verbotene Gedanken und welche, die zwar nicht verboten waren, doch tunlichst vermieden wurden.

Bloch verabscheute überdies das Abgeschlossene, die feste, ewig sichere Wahrheit. Als ich von dem Vertrag berichtete, den ich gerade unterschrieben hatte und der mich verpflichtete, ein Buch über den Aberglauben zu schreiben, schüttelte er mißbilligend den Kopf und erzählte eine alte chinesische Fabel, die den Rang der Wahrheit relativiert, indem sie viele mögliche Wahrheiten aufstellt.

Bloch argwöhnte, ich würde manches als Aberglauben hinstellen, was in Wirklichkeit »offen« sei, also unerforscht, noch nicht erkannt. Nun verstand ich seinen Argwohn durchaus und fühlte mich eben, weil ich die Verführungen des Themas sah, auch gewarnt. Zwar mochte es zutreffen, daß man bei der Arbeit am Manuskript nicht immer sorgfältig trennen konnte zwischen alten wertlosen oder ideologischen Verdunkelungen und lediglich falsch interpretierten Phänomenen, für die der materialistische, naturwissenschaftliche Zugang noch fehlte; gewisse Risiken aber mußte man bei den Untersuchungen schon eingehen, dafür bezeugte Bloch doch sonst Verständnis.

Er reagierte aus gutem Grund mit verstärktem Argwohn, weil der oberflächliche Materialismus, von Bloch verächtlich »Aufkläricht« oder, ganz hart, »Abspülicht vom Aufkläricht« genannt – er konnte sich nicht genug tun damit, dessen Lächerlichkeit zu demonstrieren –, überall anwuchs. Der Grimm darüber verstärkte die sarkastischen Neigungen Blochs, seine Kunst, in anmerkenden Nebensätzen Grundsätzliches unterzubringen, Zweifel durch Stimmanhebung, Aufmerksamkeit durch verringerte Lautstärke zu bewirken, erregte meine Bewunderung.

Bloch war ein Mann, der die Kunst beherrschte, in Palimpsesten zu sprechen. Das war auch nötig. Die Gesellschaft unterlag ständiger Kontrolle, was den einzelnen veranlaßte, sich persönlich möglichst wenig zu öffnen. Selbst gute Bekannte blieben sich privat besser fremd. Obwohl ich viel mit Bloch sprechen konnte und auch oft draußen bei ihm zu Besuch weilte, wußte man voneinander kaum Privates. Das lag nicht nur am Abstand zwischen Professor und Studenten oder an dem der Generationen. Die Subjektivität war unzeitgemäß und verkam. Schon Blochs Gewohnheit, Klischees oder die lieben feststehenden Wahrheiten zu hinterfragen, bereitete fortwährenden Ärger und setzte ihn dem Vorwurf bürgerlichen Subjektivismus aus. So schleppte bald jeder ein Schneckenhaus aus Vorsicht, Taktik und Argwohn mit sich herum, in das man sich jederzeit zurückziehen konnte. Ein elendes Leben voller Scheu und Mittelmaß.

Als ich Bloch in Leipzig kennenlernte, war er ein Mittsechziger, schon sehr stark kurzsichtig und hinter dicke Gläser verbannt, ja halb bis ganz blind, je nach Laune und Stimmung, ansonst aber erstaunlich gut bei Kräften, bestens in Schuß, ein Bär von Mann; Bär nannte ihn auch seine Frau Karola, die als Architektin in Berlin arbeitete und nur übers Wochenende nach Leipzig kam, oder manchmal zwischendurch, da hörte sie sich die eine oder andere Vorlesung von Bloch mit an. Bloch war kraftvoll in seinen Bewegungen, heftig geradezu, wenn er in Rage war, und das geschah oft, beim Vortrag, im Seminar, im Kolloquium. Wenn er ging, ging er wie ein Möbelpacker, wenn er stand, stand er wie aus Erz oder Blei gegossen, man gewann unwillkürlich den Eindruck eines großen Gewichts, wozu der mächtige gedrungene Oberkörper beitrug, doch hielt Bloch sich nicht aufrecht, beim Gehen bildete sich der Ansatz eines Buckels, was den Eindruck von einer etwas vornübergeneigten Kopfhaltung noch verstärkte; das kommt wohl vom vielen Sitzen am Schreibtisch und vom stundenlangen, tagelangen, nächtelangen Schreiben, dachte ich; auffällig wirkten auch zwei andere Eigenheiten, der verwischte Haaransatz auf der Stirn, der keine feste Grenze bildete, und der kurze Hals,

der zwischen gedrungenem Körper und eindrucksvollem Kopf fast zu verschwinden schien, welche Annahme aber wohl falsch sein mochte, jedenfalls berichtete mir Jahre später eine junge Frau, die jetzt in Frankfurt wohnt, früher in Berlin gelebt hatte und mit Blochs zu einer Gruppe von Intellektuellen gehörte, die schon früh, als derlei noch ganz ungewohnt war, von der DDR nach Albanien gereist war, um Ferien zu machen, Bloch habe beim Schwimmen immer sehr kurios ausgesehen und seinen Kopf weit über die Wasseroberfläche gehalten. Wir hatten den Eindruck, meinte die Dame, der Philosoph gehe zu Fuß und mache einen langen Hals, damit ihm nicht etwa ein Tropfen Wasser in den Mund gerate.

Ob nun aber langer Hals oder nicht, das gefurchte Prophetengesicht des Gelehrten zog die Blicke sowieso derart auf sich, daß für Nebenbetrachtungen weder Zeit noch Gelegenheit blieb.

Das Gute bei Bloch war, man konnte ihm jede Frage stellen, ohne etwas aussparen zu müssen, mußte sich allerdings auf chassidische Antworten von orientalisch-märchenhafter Länge und Vieldeutigkeit gefaßt machen, was die Parteifritzen in reine Verzweiflung stürzte. Sie waren, obgleich sie sich Dialektiker nannten, an computerhafte Ja-Nein-Antworten gewöhnt, und alles Differenzieren war ihnen ein Greuel. Bei Bloch löste jede Anfrage einen weltgeschichtlichen Exkurs aus, und man durfte klugerweise bei ihm nur antreten, hatte man die darauffolgende Nacht auch bis zum Morgengrauen frei.

Eine Zeitlang begeisterte mich die polyphone Erzählweise Blochs derart, daß ich es Harich verübelte, als er trocken bemerkte, der Hoffnungsphilosoph sei in der Analyse nicht stark. Es bedurfte längerer Auseinandersetzungen mit mir selbst, bis ich die Berechtigung des Vorwurfs einsah, der sich allerdings im Grunde einigermaßen wieder aufhob, weil er zugleich an die Grundelemente von Blochs Denken und Sprechen rührte, an jenes seltsame Literaturidiom, mit dem gedacht wurde, das expressionistische Sprachmuster eben, das bei Bloch sogar vorexpressionistisch sein mochte, jedenfalls formulierte der frühe Bloch bereits so, als es noch keinen Expressionismus gegeben hatte.

Man konnte diese Sprache entweder akzeptieren oder verwerfen, was zwangsläufig alternative Folgen mit sich brachte. Verwarf man diese Ausdrucksart und -weise, gelangte man auf die rein logische Ebene, jedenfalls Richtung Empirismus und, in weiterer Verarmung, auf den Vulgärmarxismus. Verweigerte man sie aber nicht, mußten auch hier die Folgen bedacht werden, denn sie führten in das unbekannte Land jenseits von Logik und immer schon Gewußtem.

Fragte sich nur, ob der Marxismus beweglich genug blieb und vor allem genügend Toleranz aufbrachte, die schwer in herkömmliche Kategorien zu fassende Persönlichkeit Blochs zu akzeptieren, der mit seinen weitausholenden komplizierten und höchst diffizilen Überlegungen und Wortkaskaden den auf zensoristische Nachprüfbarkeit und Überwachung getrimmten Parteikadern wie ein einzig Buch mit sieben Siegeln erscheinen mußte. Irgendwann, so stand zu fürchten, würden sie sich genasführt vorkommen oder konterrevolutionäre Gedanken wittern und zuschlagen.

Indessen machte die holzschnitthafte, schon rein vom Äußerlichen her einprägsame Figur des Alten jenen zugleich volkstümlich wie alttestamentarisch-gelehrtenhaften Eindruck, der sich leicht in Witzen und Anekdoten niederschlägt. Ein solcher Mann an den Ufern der Pleiße mußte die sächsischen Glossierguschen in unermüdliche Bewegung setzen.

Über Bloch waren bald jede Menge Geschichten und Anekdoten in Umlauf: Auf einer Reise nach Warschau bekommt Bloch den in typischer Stalinarchitektur errichteten Bau des Kulturhauses zu sehen. Das Gebäude haben die Sowjets errichtet und den Polen geschenkt, wird stolz verkündet.

Bloch dazu: Auch das kann meine Liebe zur Sowjetunion nicht erschüttern!

Die Reisegesellschaft fährt innen im Lift hoch und steht auf dem Dach.

Dies ist der schönste Blick, den man in ganz Warschau haben kann! erklärt Bloch.

Die Polen sind verwundert, in ihrem Patriotismus getroffen und von dem großen deutschen Philosophen leicht enttäuscht. Wie kann ein moderner Mensch sowas sagen, an diesem Ort! Wo Warschau so viele unübertreffliche Ausblicke zu bieten hat.

Darauf Bloch: Es ist wirklich der schönste Blick, denn von hier aus kann man nirgendwo den Warschauer Kulturpalast sehen!

Auch Blochs Kurzsichtigkeit sparen die Anekdoten nicht aus. Auf einem Empfang der Universität in Auerbachs Keller kommt ein älterer Professor vorbei, der ein großes, ausfächerndes Hörrohr in Händen hält. Bloch winkt dem Schwerhörigen und ruft: Herr Ober! Der Schwerhörige beugt sich zu dem sitzenden Bloch nieder, das breite ausladende Ende seines Hörrohrs vor Blochs Mund haltend, und ruft: Wie bitte? Was sagten Sie?

Der Philosoph klopft seine Pfeife auf dem Hörrohr aus und sagt: Ein gutes Bier bitte, Herr Ober!

Zu den Witzen, die Bloch selbst mit Vergnügen kolportierte, gehörte der von dem Parteifunktionär, der in der Fabrik vor Arbeitern einen Vortrag über Marx hält. Nachdem er alles gesagt hat, fragt er: Ist noch jemandem etwas unklar – dann erbitte ich Fragen.

Daraufhin meldet sich ganz hinten ein schüchterner kleiner Mann und sagt: Eigentlich ist mir alles klargeworden. Ein wunderbarer Vortrag. Nur eine winzige Frage hätte ich noch: Ist denn der Mars nun eigentlich bewohnt oder nicht?

Die Kunst von Witzen und Anekdoten wie der guten Rede besteht darin, mehr zu sagen, als man wörtlich mitteilt. Verständlicherweise profitiert diese Redekunst von Zuständen, die offenes Denken und Argumentieren behindern, ohne sie diktatorisch zu unterdrücken, in welchem letzteren Fall der Rede wiederum eine solche oberflächliche Eindeutigkeit und Eindimensionalität abgefordert wird, daß sie zur bloßen empirischen Mitteilung schrumpft. Zweifellos verlangten die Vulgärmarxisten, die allerorts zunahmen, eine solche Überschaubarkeit von Reden und Schreiben, denn ihre eigene Art zu denken, war derart polizistisch, in den Kategorien von Unterwerfung und Ordnung verlaufend, daß sie jede Variation und Differenzierung bereits als konterrevolutionär empfanden und zu ahnden verlangten; glücklicherweise aber übernahmen diese Fanatiker nicht absolut die Macht.

Ich stellte bald eine merkwürdige Verschiebung, meine Studien betreffend, fest. Im Gefangenenlager hatten sich die meisten apolitisch und apathisch verhalten. Eine Minderheit schwenkte auf Antifa-Kurs ein und verbesserte dadurch ihre materielle Lage. Ich hielt mich politisch völlig zurück und begann zu lesen. Die politischen Bücher von Marx bis Stalin waren meist zu bekommen,

Romane öfter ausgeliehen. Auch in den dann folgenden Jahren bei der Volkspolizei und in den Tbc-Sanatorien las ich reichlich politische Literatur. Im dritten Semester am Philosophischen Institut der Leipziger Universität verlor ich allmählich das Interesse daran und begann die bürgerlichen Autoren zu lesen. Zuletzt vernachlässigte ich die marxistischen Klassiker einfach aus dem schönen Grunde, weil ich wenig Neigung verspürte, sie wieder und wieder vorzunehmen. Jetzt entdeckte ich Freud, Psychologie, Tiefenpsychologie. Mit Hilfe eines speziellen Ausweises, in dem bescheinigt stand, ich benötigte unter Verschluß gehaltene Literatur zu wissenschaftlichen Zwecken, las ich mich durch Berge von Büchern hindurch.

Zwei Semester später gelangte Ingrid ebenfalls an den im »Gift«-Schrank der Bibliotheken verschlossenen Freud. Sie machte ihre Jahresarbeit über die *petites perceptiones* bei Leibniz; der Weg von ihnen zum Unbewußten bei Freud war klar – also erhielt auch sie eine Sondererlaubnis zum Freud-Studium. Man durfte die auf dem Rücken mit einem roten Punkt versehenen Bücher nicht mit nach Hause nehmen, die Genehmigung bezog sich nur auf die Lektüre innerhalb der Bücherei-Lesesäle.

In Leipzig wurde mir bewußt, daß ich mich in meinen Lesegewohnheiten stets anders verhalten hatte als meine Umgebung. Ich befand mich immer eine Runde weiter.

In den Gesprächen mit Bloch entdeckte ich endlich, was uns anderen fehlte: die bürgerliche Subjektivität.

Ich weiß, wie mißtrauisch man ihr gegenüberstehen sollte, mir sind auch ihre Schattenseiten bekannt. Dennoch, ich nahm mir in Gedanken einen Genossen nach dem anderen vor, Studenten und Wissenschaftler, welche von ihnen waren Persönlichkeiten, solche also, die zu reflektieren verstanden, über ein individuelles Ich verfügten, nicht einfach eine Schlucht darstellten, aus der das Echo dessen herausdrang, was vorher hineingerufen worden war; gab es solche Persönlichkeiten bei uns noch?

Wobei ich mich fragte, ob sie wirklich nicht existierten oder ob sie sich unter dem Druck der Situation, in der wir uns gemeinsam befanden, nicht zu offenbaren wagten. Die individuelle Verarbeitung der Welt konnte allzu leicht als unbotmäßiges Verhalten oder konterrevolutionäres Spekulieren, gar klassengegnerische Agitation mißdeutet werden.

Die Enthaltung von individueller Reflexion führte leicht zur Reflexionsunfähigkeit. Man äußerte sich nie subjektiv, schrieb kaum Briefe, wenn aber doch, so stand darin nichts weiter als nackte Mitteilungen und einige wenige Floskeln.

Erblindete der innere Spiegel aller äußeren Realität? Wurde subjektive Kreativität hinwegzensiert, notfalls von der eigenen inneren Kontrollinstanz?

Wir begannen untereinander »offiziell« zu reden, in Kürzeln und Chiffren, die Politisierung breitete sich aus, auf unterstem Niveau.

In der Mensa saß ich mit Genossen vom Franz-Mehring-Institut zusammen, die über die eingenommenen Mahlzeiten im Jargon von Polit-Ökonomen sprachen. Ich argwöhnte, sie würden bald gar nicht mehr schmecken, was sie verzehrten. Bei uns am Philosophischen Institut kursierte ein Ausspruch des Parteisekretärs, der in dieser Weise aus seinem »trauten« Heim berichtete: »Heute morgen hab ich die Genossin Putzfrau gefragt, ob der Genosse Säugling diesmal seine Milchflasche leergetrunken hat.«

Ingrid und ich lachten, als wir das hörten, aber eigentlich war's ja mehr zum Heulen. Solche Extreme waren nicht die Regel, doch verunstaltete die quantitative Bewertung des gesamten Existenzbereichs das Leben zur bloßen Leerformel. Worte waren lediglich Agitation. Die Weisheiten lagen in den Büchern der Klassiker verborgen, aus denen es sie zu bergen und anzuwenden galt.

Eine Zeitlang setzte ich gegen diese gähnende Langweile das bürgerliche Individuum. Freuds Technik der freien Assoziation faszinierte mich weniger wegen der tiefenanalytischen Möglichkeiten als wegen der literarisch-poetischen.

Es gab springende Quellen im Menschen, die tief verborgen waren und die es freizusetzen galt. Riesige, urquellhafte Wortströme konnten aufgespürt und nutzbar gemacht werden. Ein inneres Sprechen war in uns gefangen. Selbst die Sprachlosen sprachen, ohne davon zu wissen. Also galt es Techniken der Selbstbefreiung zu entwickeln. So etwa dachte ich, und in einigen wenigen Fällen traf man Gleichgesinnte, die ebensolche Entdekkungen gemacht hatten. Das Leben an der Uni schenkte gewisse Vorteile. Unter dem Tarnmantel Wissenschaft ließ sich tatsächlich auch wirkliche Wissenschaft betreiben. Eine spannende Folgerung.

Die Enttäuschung folgte. Freuds Patienten rekrutierten sich aus der Wiener Mittel- und Oberschicht. Ihre Rede-Fantasien enthielten das verbale Material ihrer Klassengewohnheiten und Klassenängste. Sollte es Vergleichbares beim Proletariat gar nicht geben? Darüber mußte wenigstens nachgedacht werden.

Vielleicht war es so, daß die Proletarier schwerer zur freien Assoziation gebracht werden konnten, weil sie unter Artikulationsschwierigkeiten und Sprachverriegelungen litten. Ihr freies Assoziieren mußte dann ebenso wie ihr inneres Sprechen mehr ein Stammeln sein. Oder aber funktionierte ihre Sprache, wenn äußere Hemmungen beseitigt waren, besser, in der Art etwa, wie manche Medien funktionieren, die in Trance durch Wortwahl, Aussprache, Argumentation die Existenz einer gebildeten Persönlichkeit verrieten, während sie sich im wachen Zustand als banale Zeitgenossen aufführten und in nichts, aber auch gar nichts andere Qualitäten ahnen ließen?

Ich hatte Mitte der fünfziger Jahre, als ich darüber nachdachte, keine Ahnung davon, daß die gleiche Fragestellung zwanzig Jahre später ungezählte Wissenschaftler und ganze Wissenschaftszweige beschäftigen würde.

Für mich stellten sich diese Probleme auch lediglich literarisch. Es ging mir hauptsächlich um Darstellungstechniken, Sprachmethoden, Informationsmöglichkeiten im literarischen Genre. Wollte man die traditionelle Arbeiterliteratur aus dem engen Bezirk der Reportage herausführen, mußten andere Artikulationsenergien legitimiert werden. Was Stalin in seinen Arbeiten über die Sprache von deren klassenloser Funktionalität gesagt hatte, war literarisch verwertbar. Vorausgesetzt, man nahm keine bürgerlichen, sondern proletarische und sozialistische Inhalte, hatten bereits erarbeitete Schreibtechniken auch im Sozialismus Zukunft, es sei denn, man wollte sich in der Darstellung differenzierter Fragen enthalten. Warum zurückfallen in einen früheren, roheren Zustand? Weshalb entzivilisieren, wenn Sozialismus doch Fortschritt sein mußte?

Die herkömmlichen Ergebnisse sozialistischer Literatur waren aus dem Mangel und der Not geborene Kampfprodukte. Entfielen diese Gründe, mußte sich dann nicht ein ganz erstaunlicher Reichtum in Literatur und Kunst entfalten? Wenn er sich aber nicht entfaltete, woran lag das dann? Wo waren die Fehlerquellen?

Hans Pfeiffer trieb ähnliche Lektüre wie ich. Das bürgerliche Bewußtsein gibt es nicht, sagte er. Sie haben nur merkantiles Bewußtsein. Sie rechnen, wenn sie denken. Alles andere pferchen sie in den Keller ihres Leibes. Verdrängung nennen sie es. Nun kommt der Onkel Seelendoktor, bittet auf die Couch und rät zur freien Assoziation. Sie assoziieren und sind beruhigt. Die einen zum Erleiden, die andern zum Tun. Sie rechnen wieder. Ihre Potenz ist hergestellt.

Ich sagte: Das bürgerliche Bewußtsein ist ein Unbewußtsein. Wir aber suchen es einfach wegzuzensieren.

Irgendwann, sagte Hans Pfeiffer, werden sie es im Westen auch wegzensieren. Es wird ihnen hinderlich sein bei der Produktionserweiterung.

Er lächelte verunsichert hinter seiner randlosen Brille hervor. Du bist das typische Einzelkind, sagte ich. Ja, sagte er, du auch. Wir verstanden einander.

In den Parteiversammlungen hatte ich oft den Eindruck, ein Treffen von Einzelkindern zu erleben, die auf der Suche nach Geschwistern sind. Das mochte an der allgemeinen Situation liegen, gleichzeitig aber auch an der Beschaffenheit der Universität – man war hier wie dort draußen in der Stadt und noch mehr im Lande als Kommunist stets recht einsam. Dies legte Trotzreaktionen nahe, und ich erlebte heftige Ausbrüche, wenn der eine Genosse wild schrie, er wolle sich mit einem Knüppel an die DDR-Grenze stellen und jeden Flüchtling auf den Kopf schlagen, oder wenn eine Gruppe vor Lachen wieherte, weil sie gehört hatte, der Jazz-Spezialist Reginald Rudorf sei bei einem Vortrag von Arbeitern zusammengehauen worden. Die Prügelei war von der Partei arrangiert. Solche Arbeiter kannte man.

Die Perversion der Diktatur des Proletariats wurde nicht wahrgenommen. Die mangelnde Unterstützung durch die Masse der Bevölkerung machte sich leicht in Zornesausbrüchen Luft.

An einem Frühlingsabend 1953 nahm Walter Ulbricht vom Balkon eines Hauses im Leipziger Osten den Vorbeimarsch der FDJ ab. Als wir vorübermarschierten, schrien diejenigen vor Begeisterung am lautesten, die bei jeder Gelegenheit für hartes Durchgreifen waren. Es bestand ein Zusammenhang zwischen ihrem Enthusiasmus und ihrer Aggressivität.

Das aber gehörte schon wieder zum großen Gebiet der Psychologie und durfte in den Gesellschaftswissenschaften keinen Platz haben. Es hätte demobilisierend wirken können.

9. Ein Freund

Erich Loest war, als ich ihn kennenlernte, schon ein bekannter Schriftsteller. Er trug seinen Ruhm nicht ohne Stolz; war jedoch nicht eingebildet oder überheblich, sondern ein guter Kollege. Man konnte sich auf ihn verlassen.

Loest pflegte alle zwei Jahre ein neues Buch vorzulegen, und obwohl sich gegen seine Romane viel einwenden ließ, waren sie doch immer interessant und spannend, so daß sie ihre Leser fanden.

Loest hatte harte Jahre hinter sich. Er gehörte zu den Autoren, die das Risiko des Bücherschreibens voll erfahren hatten. Es gab eine Zeit, da litt Loest bitterste Not. Das war nach dem 17. Juni 1953, als man ihn aus dem Schriftstellerverband ausschloß.

Wenn Loest später davon erzählte, merkte ich, daß ihn die Umstände des Ausschlusses selbst weniger beeindruckt hatten. Worüber er nicht hinwegkam, war die Erfahrung absoluter Verlorenheit. Im Herbst 1953 lebte in der großen Stadt Leipzig kaum noch ein Mensch, der es wagte, mit ihm zu sprechen.

Loest schrieb sich mit einer ungeheuerlichen Willensanstrengung aus dieser Misere heraus. Der neue Roman hieß *Die Westmark fällt weiter.* Er war spannend, umfänglich, schwach in der Sprache und rigoros antiwestlich.

Ich habe über diese Umstände nie mit Loest gesprochen. Ich meinte aber, er sei weniger auf das Buch als auf den damit verbundenen coup de théâtre stolz. »Ehrenwort, das Buch geht«, pflegte Erich verschmitzt lächelnd zu versichern.

Sein Lächeln war gut. Es war ein echt sächsisches Lächeln, die Maske des kleinen Mannes, der seine Klugheit verbergen muß. Nur in Loests braunen Augen verriet sich diese melancholische Klugheit. Ich habe einmal geschrieben, Loest sei seinem Lied auf die Kehle getreten. Da muß ich hinzufügen, es blieb ihm nichts anderes übrig. Erich Loest ist einer der vielen, die keine oder nur eine unechte Wahl hatten: die zwischen dem Verstummen und der Sklavensprache. Für einen bekannten Mann, für moralische Autoritäten mag dabei nur das Verstummen bleiben. Für die Jungen im

Anfang bietet sich die Sklavensprache an. Die heimliche Tragödie eines Partisanentums, das seine besondere Moral hat.

Loest war verheiratet und hatte drei Kinder; das jüngste wurde 1957 geboren, am 8. Mai, dem »Tag der Befreiung«. Ein halbes Jahr nach der Geburt dieses Jungen wurden Vater und Mutter verhaftet.

Frau Loest soll bald wieder freigelassen worden sein. Sie litt lange Zeit mit ihren Kindern große Not. Ich bedauerte, daß meine Bücher nicht in der DDR erscheinen konnten, ich hätte dann wenigstens eine Möglichkeit gehabt, vom mir zustehenden Honorar auf legale Weise Geld für Frau Loest abzuzweigen.

Ich war Mitte der fünfziger Jahre bei Loests häufig zu Gast. Es ging sparsam zu in ihrem Haushalt. Zum Abendbrot gab es oft Bratkartoffeln. Einmal tischte Loest rigoros die Reste der Woche auf. Seine Familie und er wollten am nächsten Morgen verreisen, also wurde zuvor alles Angefangene bis zum letzten Gramm verwendet. Auf der Tafel standen zwölf bis zwanzig kleine Schüsselchen, Ingrid, die zum ersten Mal mit eingeladen war, traute ihren Augen nicht. »Indische Reistafel«, flüsterte sie verwundert. War aber nicht, es gab Restefeste. Ein Löffelchen Rotkohl, ein paar Häppchen Karpfen in seinem Kochwasser, drei Möhren und sieben Erbsen, 30 g Blutwurst, ein wenig Quark mit Schnittlauch, eingekerbte Brotkanten, gefällig zu Brocken geschnitten, daß man nicht gleich merkte, wie trocken sie schon waren, einen halben Kopf grünen Salat und ein halbes kleingeschnittenes hartgekochtes Ei, dazu massenhaft gute Laune. Man kann die Nahrung weitgehend rationalisieren, erzählten wir scheinheilig bei der Mahlzeit, es gibt Trockenverpflegung, pro Portion nur so groß wie eine halbe Streichholzschachtel. Im Westen produzieren sie jetzt Tabletten gegen Hunger, da spart man sogar das Geschirr, die Pillen kann man den Gästen gleich auf dem Löffel präsentieren. Stoisch ertrug Loest, wie wir lästerten, Essen darf bei mir nicht umkommen, sagte er.

Er mochte ein Geizkragen sein, hatte ein dickes Bankkonto, während meine finanziellen Verhältnisse während des Studiums immer angespannt waren, es gab indessen ein Gebiet, wo Erich nicht sparte: bei Getränken.

Loest konnte nächtelang saufen, ohne mehr an Wirkung zu zeigen als einen eigentümlich schweren Gang. Wie ein Bär tappte er dann durch die Zimmer, das Lächeln maskenhaft vor dem

Gesicht, in den Augen unüberwindbare Schwermut. Nach Mitternacht legte er regelmäßig eine Schallplatte auf, die er hütete wie seinen Augapfel, das berühmte Trompetensolo aus *Verdammt in alle Ewigkeit*. Wir schmiegten uns in die modernen gemütlichen Sessel, die Wohnung war sehr anheimelnd, und lauschten dem seltenen, weil westlichen Ohrenschmaus.

Loest war oft beruflich unterwegs. Als Delegierter des Schriftstellerverbandes bereiste er die Volksdemokratien. Wenn er zurückkehrte, waren seine Augen schwarz vor Trauer. Wir ließen uns erzählen, wie es in jenen Ländern aussah. Loest war ein guter Berichterstatter. Am genauesten informierte er uns über die Getränke, die man ihm angeboten hatte. Was und wieviel einer trinken kann, wurde für Loest zu einem untrüglichen Zeichen. Die größte Achtung bezeugte Loest dem ihm persönlich völlig unbekannten Ernst Rowohlt, von dem wir lasen und hörten, er sei ein gewaltiger Säufer vor dem Herrn, der zum guten Schluß zudem noch die Gläser verspeiste. Loests literarische Vorbilder waren Hemingway, Faulkner und James Jones. Als *Verdammt in alle Ewigkeit* erschien, besorgte sich Loest heimlich ein Exemplar der in der Bundesrepublik publizierten Ausgabe.

In jener Zeit fragte die *Weltbühne* bei mir an, ob ich James Jones besprechen wolle. Ich wußte nicht, daß Loest den Roman besaß und sagte sofort zu, um in den Besitz des Buches zu kommen.

Als meine Rezension, sehr lang und ausführlich, erschien, kam Loest sofort zu mir, seinen Jones unter dem Arm. Ich hatte die Besprechung geradezu enthusiastisch gehalten. Loest aber ging mein Lob noch nicht weit genug. Wir stritten uns einige Zeit, und dann nahmen wir jeder unser Exemplar James Jones unter den Arm und rannten ins Kaffeebaum. Da hockten wir uns am Tisch gegenüber und lasen uns gegenseitig aus *Verdammt in alle Ewigkeit* vor. Die Gäste an den Nachbartischen, meist Leipziger Altbürger, eingesessene Handwerksmeister und Geschäftsleute, spitzten die Ohren.

Sie hielten uns offenbar für verrückt. Da wir aber so vertraut sächselten, nahmen sie es uns nicht übel. Selbst ein Mann mit Parteiabzeichen nickte uns gönnerisch zu. Loest bestellte dem »Genossen« daraufhin ein Bier.

Loest hatte viele Feinde in der Partei; es waren darunter ein paar einflußreiche gefährliche Gegner wie der später zum Leiter der Kulturabteilung ins Zentralkomitee berufene Siegfried Wagner. Bei aller naturgemäßen und seinem Charakter entspringenden Opposition war Loest Kommunist, unbeirrbar und unerschütterlich.

Es beunruhigte mich deshalb sehr, als ich sehen mußte, daß Loest nach Beendigung des Tauwetters im Herbst 1956 vor allem wegen seiner Freundschaft mit mir angegriffen wurde. Ich fürchtete, seine einflußreichen Gegner würden die Gelegenheit nutzen, Loest abzuhalftern, womit ihnen jetzt das gelänge, was sie nach dem 17. Juni 53 nicht hatten vollenden können.

Auf manchen Versammlungen wurden wir beide angegriffen, auf anderen wurde Loest auffallend geschont. Zwischendurch gab es eine kurze Zeit des Waffenstillstands.

Im Frühjahr 57 erschien ein junger Mann bei mir, zeigte seinen Ausweis und erklärte, er sei beauftragt, mich für den Staatssicherheitsdienst anzuwerben. Es war am Vormittag, Ingrid mußte jeden Moment kommen mit Butter und frischen Brötchen, wir wollten zusammen frühstücken. Tatsächlich hörte ich sie – während mir der Besucher eben vorschlug, nach Ostberlin zu gehen, wo man mir eine Wohnung beschaffen wolle – draußen mit der blinden Wirtin reden. Ingrid öffnete meine Zimmertür, ich stand schnell auf und ging ihr entgegen. Du, da ist einer vom Staatssicherheitsdienst bei mir, ich hole dich, wenn er weg ist, flüsterte ich hastig. Ingrid erschrak, warf einen Blick durch die halbgeöffnete Zimmertür und zog ab mit Brötchen und Butter. Ich ging zurück zu meinem sonderbaren Gast, der sich erkundigte, wer das gewesen sei. Ich gab Auskunft. Der Besucher entwickelte mir, daß ich einige Zeit später von Ostberlin aus dann nach dem Westen gehen solle.

Meine Lage war äußerst unangenehm. Der Parteiausschluß drohte, die Vorwürfe, die ihn herbeiführten, konnten anschließend als strafbare Handlungen gegen die Republik hingestellt werden, dazu bedurfte es nur einiger staatsanwaltschaftlicher Formulierungskunst. Es wäre also denkbar gewesen, daß man meine bedrängte Lage ausnutzte und mir mit solchen Vorschlägen ins Haus fiel, wie sie mein Morgen-Besucher vortrug.

In der Presse stand schon zu lesen, Leute wie mich müsse man verhaften.

Ich wagte also nicht, einfach abzulehnen, sondern bat um Bedenkzeit. Auf die Frage, was man denn in Westberlin von mir erwarte, sagte der Mann, mit einer verächtlichen Kopfbewegung auf den Schreibtisch weisend, wo ein neu erschienenes Buch von mir lag: »Sie schreiben Ihr Zeug weiter!«

Am selben Abend fand eine Versammlung der Parteigruppe im Schriftstellerverband statt. Ich referierte über Hegels Ästhetik und erwähnte in der anschließenden Diskussion, ein Mann, der sich als Mitarbeiter der Staatssicherheit ausgegeben habe, sei bei mir gewesen, um mich anzuwerben. Nach Lage der Dinge müsse ich annehmen, es könne sich auch um einen westlichen Agenten handeln. Am folgenden Tag wurde ich zum Leiter des Leipziger Staatssicherheitsdienstes gebracht, der mich anbrüllte, ich hätte den Staatssicherheitsdienst diffamiert. Ich protestierte und stellte richtig, daß ich den westlichen Geheimdienst am Werke vermutete.

Mein Besucher stellte sich nie wieder ein. Ich weiß bis heute nicht, ob er wirklich ein echter Staatssicherheitsdienstmann war. Es konnte durchaus auch ein westlicher Agent gewesen sein. Ein Erlebnis, das ich später in Westberlin hatte, deutet darauf hin.

Loest hielt in all dieser Zeit zu mir. Einmal waren in der Leipziger Bezirksparteileitung an die hundert führender Genossen versammelt worden. Auch kulturelle Prominenz war anwesend. Ich kam verspätet, weil man erst, als die Versammlung schon begonnen hatte, feststellte, daß das Objekt der Auseinandersetzung in der Eile des Gefechts gar nicht benachrichtigt worden war.

Mitten im Kreuzfeuer allgemeiner Feindschaft wagte es Erich Loest, aufzustehen, mir entgegenzugehen und die Hand zu geben. Was eine solche Geste in dieser Lage bedeutet, kann nur ermessen, wer ähnliche Verhältnisse kennt.

Loests Geste belastete mein Gewissen schwer. Ich fühlte mich mitschuldig an seinem späteren harten Schicksal. Ich fürchte, man hat meinen Freund entgelten lassen, was man mir nicht mehr antun konnte.

Als Loest schon verhaftet war, erschien, offensichtlich verspätet, in der zentralen Studentenzeitung ein Artikel von dem

GERHARD ZWERENZ

Die Mutter der Freiheit heißt Revolution

Die alte Erde hält den Atem an,
heißer Brodem der Revolution
erfüllt wieder die Räume.
Die Menschen schreien nach Zeitung,
Babys schauen erstaunt,
Bettler schmecken Hoffnungsträume.

Mißratne brüten Rache,
ein Vertrockneter weint Jauche,
Aufgeblasne ärgern sich krumm.
Leben — ruft die Menge
und baut Brücken ins Diesseits.
Die Epigonen schreien stumm.

☆

Das Leben unter Käseglocken
der Freiheit züchtet Maden,
die im Abgeschlossenen wimmeln
und lebendigen Leibes verschimmeln.

Wenn der Ofen nicht brennt
putzt ihr sein Rohr aus
oder baut die Esse.
Aber ihr haltet nicht Messe.

Wenn Erden dursten
gießt ihr die Blumen.
Aber ihr verbrennt ihnen nicht
das frischtrunkene Angesicht.

Wenn die Revolution versandet
und die Freiheit versickert
winkt ihr mit Palmen —
seit wann singen Löwen Psalmen?

☆

Leih deine Feder keinem,
schreib dich allein,
brenn deine Flamme ab
bis auf einen Schrei:
Im Namen der Revolution!
Schiel nicht,
schau grad aus;
wo Horizonte sich wölben
wär der Blick in die Nacht
Lüge.
Red nicht, bilde,
zag nicht, gehe.
Wenn die Hand den Kompaß fühlt,
hievt der Kopf Anker
aus schlammigem Grund
und die Wellen reiten dir Kraft zu;
der Fels unterm Leuchtturm
hebt wolkenhoch sich!
Dich zieht dein Ziel
und nichts kann mehr trügen.

Wenn die Möwe kreischend ums Segel fliegt,
hör ich Warnung
und fächer mir Wind ins Gesicht,
daß die Frische bleibt
und nicht müde schlaffen die Lider.
Dumpfe Stille täuscht
und läßt schlafen,
das Boot liegt still
aber sinkend, weil Trägheit
es anbohrt.

☆

Die Revolution ist keine Mütze,
in der sich sanft schlafen läßt,
Bommeln baumelnd am Rücken.
Ozeane sind keine Pfütze,
Sand, leicht wassergenäßt,
den Buben zum Entzücken.

Aber Buben gleich habt ihr geschlafen,
lange, nur nicht so gesund.
Die Revolution fuhr auf Grund,
und das mitten im Hafen.

Ihr schliefet den Schlaf der Ungerechten.
Erwacht, und laßt uns gemeinsam
besser fechten!
Die Mutter der Freiheit heißt Revolution.
Die Freiheit ist Tochter,
Partei ist der Sohn.

Schriftsteller und Mitarbeiter des Staatssicherheitsdienstes Karl P. Houpt, in dem es u. a. heißt:

»Es gab aber auch andere, die Freiheit sagten und Anarchie wollten. Ein würdiger Vertreter dieser Kategorie war Gerhard Zwerenz, der sich inzwischen offen zu den Feinden unserer Republik bekannt hat... Doch die Partei hatte ihn bereits aus ihren Reihen ausgeschlossen, bevor er mit seiner Flucht und Hetze gegen Partei und Regierung den wahren Charakter seiner Phrasenhaftigkeit darlegte. Doch wenn heute noch über ihn gesprochen wird, so nicht etwa wegen seiner menschlichen oder künstlerischen Bedeutung, sondern weil im Zusammenhang mit ihm in den Diskussionen vor, zu und nach der Kulturkonferenz immer wieder ein Name auftaucht – Erich Loest! Nicht nur, daß Loest in der Vergangenheit als Verteidiger des Renegaten Zwerenz auftrat, auch heute noch dokumentiert er seine Zugehörigkeit zu dem Verräter. Er sollte eines wissen: Wer sich schützend vor unseren Feind stellt, ist selbst unser Feind!« (»Forum« Nr. 26 vom 21. 11. 1957) Das ist natürlich die offene Sprache des Terrors, die Drohung mit dem Zuchthaus, vorgebracht aus dem Munde eines Mitglieds des DDR-Schriftstellerverbandes.

Wer in seinem Leben einmal so bedroht worden ist, wird sich künftig jeden Sozialismus daraufhin ansehen, ob in ihm drohfreudige Schriftsteller etwas zu sagen haben. Wobei ich Houpt nicht wegen seiner Tätigkeit bei der Geheimpolizei Vorwürfe mache; sowas gibt es leider in fast allen Staaten der Welt. Riskieren wir den Zynismus: Ja, warum soll einer nicht zugleich Schriftsteller und Geheimpolizist sein. Ich habe inzwischen so manchen westlichen Mann kennengelernt, von dem ich annehmen muß, daß er Schriftsteller oder Publizist ist und zugleich für Geheimorganisationen tätig wird oder war. Ich selbst bin diesen Weg weder im Osten noch im Westen gegangen. Mein Geschmack ist es nicht.

Was ich hier betonen möchte, ist einfach, daß Loest nichts weiter vorgeworfen wurde, als daß er zu einem »Verräter«, nämlich zu mir hielte. Nun mußte ich, vom Standpunkt der SED aus betrachtet, tatsächlich als Verräter angesehen werden; denn ich hatte mich dem Zugriff der Staatsorgane entzogen und war in den Westen gegangen.

Wenn Loest aber in der DDR-Presse fortwährend wegen seiner Freundschaft zu mir angegriffen wurde, hatte man offensichtlich nichts gegen ihn selbst vorzubringen. Womit wiederum das, was man mir als Verfehlung ankreidete, zum Kernpunkt der Anklage gemacht worden ist.

Diese meine »Verfehlungen« sind einigermaßen leicht überschaubar. In den zahlreichen Artikeln, die in der Parteipresse gegen mich publiziert wurden, wird nicht in einem einzigen unterstellt, ich sei zur damaligen Zeit in der DDR irgendwie »konterrevolutionär« *tätig* gewesen. Meine Taten bestanden einzig und allein in den Veröffentlichungen jener Zeit. Ich hatte geschrieben. Man kann das noch heute nachlesen. Mag sein, manche Artikel und einige Gedichte enthielten ziemlich starken Revisionismus. Nimmt man allerdings das zum Vergleich, was damals in Polen gedruckt oder später in der Sowjetunion geschrieben wurde, so blieben meine Veröffentlichungen geradezu lächerlich zurückhaltend.

Wie konnte man aber Loest für lange Jahre einsperren, wenn seine Hauptverfehlung darin bestand, daß er sich nicht von mir distanzierte, und wenn meine Hauptverfehlungen sich winzig ausnehmen gegenüber dem, was die anti-stalinistische Enthüllungswelle in der Sowjetunion ans Licht hob?

Erich Loest wurde im Herbst 1957 inhaftiert, was erst ein Jahr später an die Öffentlichkeit drang. Im Oktober unternahm er noch eine Lesereise durch die DDR. Auf seinem Programm stand auch Dahme/Mark, wo ich kurze Zeit vor meinem Weggang aus der DDR gelebt hatte und wo Ingrid am 10. 10. unsere Tochter Catharina zur Welt brachte. Loest hatte an Ingrids Wochenbett gesagt: »In Leipzig werden sie bestimmt nicht mich zuerst verhaften, dort gibts viel berühmtere Leute; solange sie Ernst Bloch noch nicht geholt haben, kann ich mich recht sicher fühlen! Außerdem, was wollen sie mir denn wirklich vorwerfen?«

Loests Optimismus war unangebracht, am 24. Dezember 1958 berichtete *Neues Deutschland* in einer kurzen Notiz von einem Prozeß, in dem Loests Name erwähnt wurde. Das Strafmaß gab man nicht an. Es soll sich auf siebeneinhalb Jahre belaufen haben. Man warf Loest vor, er habe »konterrevolutionäre Gruppen« gebildet und die Regierung der DDR stürzen wollen. Ich kann mir nur vorstellen, diese Vorwürfe sind dem Geist des Mißtrauens, den der Kalte Krieg hervorbrachte, entsprossen, sie entbehren jeder sachlichen Grundlage.

Junge Künstler und der Weg zur Atmosphäre

Von ERICH LOEST, Leipzig

Erfrischend ist es für einen Publizisten, kann er sich unbeschwert an die Maschine setzen und das niedertippen, was er denkt und fühlt. Beklemmend wirkt es aber auf ihn, wenn er bei jedem Satz argwöhnen muß, man könnte an ihm herumdeuteln und -drehen, könnte ihn auf den Kopf stellen, um etwas anderes oder gar das Gegenteil des Gesagten herauszulesen. Und wenn ein Leipziger heute etwas zur Ergänzung des Zwerenz-Artikels (SONNTAG Nr. 43) schreibt, ist er nicht frei von Bedenken, Siegfried Wagner, Karl P. Haupt oder andere könnten es unter ein schief eingestelltes Mikroskop legen und zu einem Ergebnis kommen, das ihrer eingestandenen Voreingenommenheit gegen den SONNTAG in den Kram paßt. Trotzdem sei versucht, etwas über die Pläne des Klubs junger Künstler zu sagen.

Zwerenz hat ja so recht (wenn ich auch nicht mit allen seinen Beispielen vollkommen einverstanden bin): Um eine literarische Atmosphäre ist es in Leipzig übel bestellt. Veranstaltungen sind schlecht besucht. Gut plakatierte Lesungen in Großbetrieben mit mehreren tausend Beschäftigten müssen ausfallen, weil nur ein oder zwei Interessenten erscheinen. Hier und da existiert ein Grüppchen von literarisch Begeisterten, aber sie finden nicht zum Schriftstellerverband, oder dieser findet nicht zu ihnen. Die Arbeitsgemeinschaft junger Autoren ist rührig, kann aber nicht jedes Temperament erfassen. Ein anderes kommt hinzu: Die, die schon irgendwo Anschluß gefunden haben, möchten nicht in der Isolierung einer speziellen Fachrichtung steckenbleiben. Studenten der Theaterhochschule wollen mit denen der Musikhochschule, Studenten des Literaturinstituts mit denen der Hochschule für bildende Kunst sprechen, von deren Problemen hören und sie mit den ihren vergleichen. Die Schriftsteller wissen nicht, was die Maler malen, die Komponisten nicht, was die Schriftsteller dichten. Sie wollen es aber wissen. Und sie haben alle ein Unbehagen: Es ist lange nichts mehr von einem Leipziger Schriftsteller geschrieben worden, das echte Aufregung hervorgerufen hat. Oder gibt es irgendwo ein packendes, kühnes, ungewöhnliches Bild?

Da ist ein drittes: Studieren schließt die Notwendigkeit des Experimentierens ein. Unsere Hochschulen waren in den letzten Jahren diesbezüglich nicht sonderlich initiativ. Jetzt ändert sich das langsam, aber nach Meinung mancher Studenten nicht schnell genug. Ein paar Mädchen der Theaterhochschule möchten nun eben mal gern Thornton Wilder spielen. Sie tun es vorläufig in einem Zimmer. Es interessieren sich aber mehr Leute für ihr Vorhaben, als auf ein paar Stühlen Platz finden. Was ist also zu tun? Es genügt nicht, daß man sich zufälligerweise trifft und sich dann irgendwohin setzt, beispielsweise in „Auerbachs Keller". (Niemand, Wolfgang Böhme, will eine Diskussion an den Haaren herbeiziehen; man muß nur die vorhandene Diskussionsfreudigkeit in geeignete Bahnen lenken. Auch hat Zwerenz keinen „Vorschlag Auerbachs Keller" gemacht, sondern ein Beispiel für die gegenwärtige Unzulänglichkeit gegeben.) Und so entstand der Wunsch nach einem geeigneten Forum, nach einem *Klub junger Künstler*. Die Idee spukt schon lange in verschiedener Form in den Köpfen der Kunststudenten. Mit Hilfe der FDJ und des Kulturbundes ist es nun gelungen, die äußeren Voraussetzungen zu schaffen: Ein Haus und die nötigen Geldmittel sind vorhanden. Die Arbeit kann beginnen. Wie soll sie aussehen?

Schriftsteller sollen lesen, Schauspieler spielen, Maler und Grafiker ihre Bilder aufhängen. (Man wird sie dort auch kaufen können.) Junge Komponisten werden ihre Werke zu Gehör bringen. Die „Pfeffermüller" wollen mitmachen und die jungen Leute der Städtischen Bühnen, die kunstinteressierten Studenten des philosophischen und germanistischen Instituts und der journalistischen Fakultät. Sie werden erfahrene Künstler und Wissenschaftler zu sich bitten, um sie fragen zu dürfen. Und sie werden dabei hoffentlich lebendig und wendig, gescheit und lustig sein. Dabei darf sich nichts nach ausgefahrenen Gleisen richten. Alles, was gemacht wird, muß interessant im besten Sinne sein. Man darf sich vor möglichen Fehlern nicht scheuen und lieber sie in Kauf nehmen als Langeweile und Stagnation. Dabei muß man aufpassen, daß das ganze Vorhaben nicht abrutscht, nicht die Zusammenhänge (auch politisch gesehen) mit seiner Umwelt verliert. Zunächst wird sich das Interesse vor allem den Gebieten zuwenden, die in der Ära des Dogmatismus und des Schlagworts vom falsch ausgelegten „Objektivismus" nicht zugänglich waren. Kafka und Proust werden vermutlich öfter genannt werden als Goethe und Heine. Das ist natürlich, und es sollte niemanden erschrecken. Später wird sich alles in ein gehöriges Gleichgewicht bringen lassen, aber heute sind Lücken zu füllen. Alte Filme sollen gespielt (hierbei muß der Klub der Intelligenz helfen, der in Leipzig bereits seit längerer Zeit gut besuchte Vorführungen alter Filme veranstaltet), neue Bücher diskutiert werden. Die jungen Künstler wollen sich auch mit den Schriftstellern und ihren Werken beschäftigen, die in der Sowjetunion vor Jahren der Verletzung der sozialistischen Gesetzlichkeit zum Opfer fielen, die rehabilitiert wurden und deren Werke jetzt wieder erscheinen. Vielleicht wird ihnen jemand vorwerfen, sie wären auf „Sensatiönchen" aus. (Wie häßlich und herzlos ist es doch, tragischste Kapitel der proletarischen Geschichte mit diesem Wort zu bezeichnen!) Sie tun es, weil sie hoffen, von diesen Autoren mehr über die Sowjetunion und über das Wesen der sozialistischen Literatur erfahren zu können als von Ashajew und Babajewskij.

Da sind wenige Beispiele. Sie sind noch kein endgültiges Programm, aber sie deuten eine Richtung an, die zu dem führen kann, was viele in Leipzig wollen und was Zwerenz berechtigt ausgesprochen hat: zu einer literarischen Atmosphäre. Die jungen Künstler brauchen bei ihrem Weg Hilfe. Der Klub ist eine zarte Pflanze, sie braucht Sonne und Freundlichkeit. Kalte Regengüsse jedoch könnten ihr schwer schaden.

»Sonntag« vom 18. 11. 1956

Eng befreundet, wie ich mit Loest in dieser Zeit war, hätte ich von der Existenz solcher »konterrevolutionärer Gruppen« wissen müssen. So etwas gab es bei uns nicht. Es bestanden Freundeskreise, in denen man offen miteinander seine politischen Ansichten austauschte. Natürlich begrüßten wir damals das Tauwetter und waren gegen Walter Ulbricht, in dem wir einen Stalinisten sehen mußten. Wir äußerten uns für Chruschtschow und gegen Stalin, und so schien es uns selbstverständlich, daß wir gegen Ulbricht und für Chruschtschow sein mußten.

Unternommen haben wir nichts. Loest wurde kein »Täter«. Er hatte seine Meinung gesagt, auch geschimpft, sicher mal über Ulbricht. Aber seine Kritik blieb maßvoll. Wer seine letzte schriftliche Veröffentlichung, einen Diskussionsbeitrag in der Kulturbundzeitung *Sonntag* vom 18. 11. 56 nachliest, sieht, wie vorsichtig und zurückhaltend Loest formulierte. Er ist kein Umstürzler, kein Konterrevolutionär, noch nicht einmal ein wirklich opponierender Kommunist gewesen vor seiner Verhaftung.

Auf dem Heimweg von der Bezirksleitung ging ich bei Horst Engelmann vorbei. Er galt ursprünglich als grantiger Stalinist und war von der Partei ans Institut entsandt worden, uns hier ideolo-

gisch auf Vordermann zu bringen. Da er aber ein heller Kopf war, blieb von den Studien, Vorlesungen und Seminaren bald so viel an ihm hängen, daß er sich mehr und mehr auf unsere Seite schlug.

Körperlich ungemein grobschlächtig, zeigte er erstaunliche geistige Sensitivität.

Ich berichtete ihm von der Auseinandersetzung und beruhigte mich dabei einigermaßen, indessen der gute Engelmann sich zusehends beunruhigte. Als erfahrener Parteiarbeiter wußte er, wohin der Hase lief. Ich wußte es ebenfalls, hatte aber den Höhepunkt meiner Erregung schon hinter mir.

Draußen vor der Zimmertür spielten Engelmanns Kinder, und seine Frau, schmal, ängstlich und verhuscht, blickte kurz zu uns herein. Ich sagte eindringlich: Du, Horst, ich glaub, es ist besser, du versöhnst dich mit der Parteileitung, warum willst du alles aufs Spiel setzen, noch ist es Zeit, deine Position zu retten.

Er sah mich an, schlug die Augen nieder und murmelte: Erstens ist es dafür zu spät, zweitens würde mir niemand glauben, drittens hab ich keine Lust mehr dazu!

Später suchte er doch noch durch radikale Selbstkritik alles wieder einzurenken. Aber sie verstießen ihn von der Universität. Im Westen erzählte mir dann ein Student, er habe unseren bewährten wissenschaftlichen Assistenten mit seinem feinen Gespür für philosophische und ideologische Probleme als Bauarbeiter auf einer Leipziger Großbaustelle wiedergetroffen. Er soll ganz guter Dinge gewesen sein und recht froh, wieder wie früher Arbeiter zu sein. Von der Wissenschaft hatte er die Nase voll.

Ich weiß nicht, was aus diesem anständigen Genossen geworden ist.

Auf dem Nachhauseweg lief ich noch durch die Innenstadt. In einer Buchhandlung wurde eben das Schaufenster umgeräumt. Ich sah zu, wie die junge Buchhändlerin mit zeremonieller Feierlichkeit zwei schmale Büchlein in die vordere Reihe legte. *Der Tod in Rom* von Wolfgang Koeppen und einen Roman von Heinrich Böll. Die östlichen Lizenzausgaben mußten eben erschienen sein.

Ich rannte sofort hinein und verlangte je ein Exemplar. Beim Bezahlen stellte sich heraus, ich trug nicht genug Geld bei mir. Ich nahm den Koeppen und bat darum, mir den Böll für den nächsten Tag zurückzustellen. Die Buchhändlerin weigerte sich, man habe nicht viele Exemplare von diesen Büchern bekommen, andere Käufer wollten auch bedient sein, schließlich erklärte sie sich zur Reservierung für einen Tag bereit. Leider konnte ich den Böll dann doch nicht abholen, ein lang ausstehendes Honorar war nicht eingetroffen, weder Ingrid noch ich hatten Geldreserven, obwohl Ingrid seit einigen Monaten als Hilfsassistent in Gesellschaftswissenschaften bei den Medizinern werkelte und ein paar Mark zum Stipendium hinzuverdiente; an unserem Institut waren auch alle blank, so ging mir der Böll verloren.

Den Koeppen las ich noch in der gleichen Nacht durch. Er beeindruckte mich sehr. Tags darauf kam mir plötzlich der Gedanke, daß mich das alles sehr wenig anginge, und später tröstete ich mich darüber, daß ich den Böll nicht hatte erwerben können, mit dem Gedanken hinweg, unsere östlichen Sorgen und Kümmernisse seien sowieso von denen im Westen grundverschieden. Böll und Koeppen waren exotische Literaten, die uns nicht mehr angingen als amerikanische, französische, englische Autoren. Sie zu lesen war anregend, aber doch ein Luxus. Ich jedenfalls hatte meinen Kampf mit der Partei gerade zu bestehen, und von derlei Gefahren fand sich in den westlichen Büchern nicht der Schimmer eines Gedankens. Wie hätte es auch anders sein können.

Später, Ingrid, Catharina und ich lebten in Köln, erinnerten wir beide uns der Leipziger Gespräche. Ich hab' eine Parallele, sagte Ingrid, der Aufwand an Rebellion bei Böll ist etwa dem deiner Funktionärskritik damals in unserer DDR gleich. – Was meinst du? fragte ich. – Na hier, wenn Böll schreibt »Der Kardinal ist dumm«, entspricht das einer Feststellung in Leipzig, die hätte heißen können: Der Propagandabezirkssekretär Siegfried Wagner ist vernagelt.

Sich hinauskatapultieren aus einer Vater- oder Mutter-Ideologie, sei sie kirchlich oder kommunistisch, ist tatsächlich ähnlich in den Folgen. Aber wurde Böll damals aus dem Katholizismus ausgeschlossen? Die klerikalen Behörden waren und sind sauer auf ihn, doch sonst zeitigte die Kardinalskritik weiter keine Konsequenzen.

10. Inzest

Aus Rußland brachte man uns Ende 1948 in die Volkspolizeikaserne nach Zwickau, wo alles eingeübt wurde, was man benötigte, von wo mir aber der Absprung nach Crimmitschau gelang. Anfangs zur uniformierten Schutzpolizei.

Meist leitete ich den Verkehr, den es nicht gab. Nachts gingen wir zu zweit auf Streife. Dann kam ich zur Kriminalpolizei, wo ich telefonieren und Schreibmaschine schreiben lernte.

Der Sozialismus sah hier recht schäbig aus. Die politischen Delikte bearbeitete Nötsch, der an einer Schilddrüsenunterfunktion litt, ungeheuer dick war und entenhaft watschelte. Weil er wenig zu tun hatte und die meisten politischen Fälle von anderen Dienststellen, die in Zwickau amtierten, bearbeitet wurden, redete, rauchte und trank Nötsch ungeheuer viel und verschwand von Zeit zu Zeit zu seiner Geliebten, einer jungen Kriegerwitwe, die nicht weitab von der Dienststelle wohnte.

Neben den normalen kleineren Straftaten machten uns vor allen Dingen drei Sparten zu schaffen: Fahrraddiebstahl, Wirtschaftsverbrechen, schwere Einbrüche. Alle drei Arten waren durch die Situation erklärlich. Das Fahrrad als hauptsächliches und unentbehrliches Verkehrsmittel wurde gestohlen wie später Autos. Die Wirtschaftskriminalität reichte von kleinen Schwarzmarktgeschäften und Schiebereien bis zu den großen Enteignungsaktionen bei Fabrikanten. Die schweren Einbrüche entsprachen einerseits der wirklichen und echten Notsituation, in der sich alle befanden, andererseits waren sie die Folge regelrechter Raubzüge von Ganoven und ausgesprochenen Berufsverbrechern, die, von Leipzig und sogar Berlin kommend, die Provinz durchkämmten. Allerdings wohnten ziemlich schwere Jungs auch am Ort. Meistens aber konnte man anhand der Spuren, die ein Einbruch hinterließ, schon ziemlich sicher sagen, ob örtliche oder reisende Kriminelle die Täter waren. Die reisenden Kriminellen arbeiteten mit modernen Werkzeugen und ausgepichten Techniken und gingen ziemlich unverfroren zu Werke. Die ortsansässige Ganovenwelt arbeitete hausbacken. Sie dingfest zu machen, war nicht allzu problematisch.

Obwohl ich längst keiner Kirche mehr angehörte, wußte ich, es gibt läßliche Sünden oder auch eine Hierarchie der Sünden und Straftaten, manches mußte manchen nachgesehen werden, wenn sie ihre Strafe in übergroßen Leiden abgezahlt hatten.

Gleich in den ersten Wochen erhielt ich die Anweisung, einen alten Mann festzunehmen, der seit Monaten in einer Schrebergartenlaube hause.

Die Gartenanlage befand sich weit fort am Stadtrand. Ein Auto war nicht verfügbar. Ich schwang mich aufs Dienstfahrrad. Der Alte wurde »Käptn« genannt. Ich lud die Pistole durch, entsicherte, hielt die Waffe unter dem Jackett verborgen, als ich eintrat.

Der Käptn hörte sich meine Eröffnung ruhig an und sagte: Steck das Schießeisen weg, Junge.

Wir marschierten in die Stadt zur Dienststelle. Anfangs ließ ich den Mann vor mir hergehen. Weil er immer mehr humpelte, schloß ich zu ihm auf, wir liefen nebeneinander, das Fahrrad führte ich zwischen uns.

Als ich die Prothese knarren hörte, gab ich ihm das Rad. Er hatte es so leichter, den langen Berg hinunter und die Stadt hinein. Bremste, den Naturfuß auf dem Pedal, Rücktritt.

Meine Hand blieb am Gepäckhalter festgekrampft.

Hast du Angst, daß ich losrase? fragte er mürrisch.

Ich müßte schießen, antwortete ich.

Ich hab schon zwei Kugeln im Kreuz stecken, murrte er.

Ich vernahm ihn in der Dienststelle und brachte ihn dann ins Amtsgerichtsgefängnis. Angaben zu machen, weigerte er sich, knurrte nur immer: So ein falsches Stück – so ein verdammtes Weib.

Angezeigt hatte ihn seine Frau, wegen Inzest mit der sechzehnjährigen Tochter. Ich mußte auch Mutter und Tochter vernehmen. Die Mutter brachte mich in Wut, sie wollte den Mann einfach lossein. Die Tochter gab erstaunlich exakte Schilderungen vom Tatbestand. Sie habe schon seit zwei Jahren mit dem Vater geschlafen und ihn auch in der Laube draußen besucht. Freiwillig? Sie, ohne zu zögern: Zwischen Vater und Tochter ist nichts freiwillig. Irgendwie beeindruckte sie, gradlinig und frech.

Ich suchte den Inhaftierten auf. So ein verdammtes Stück – so ein falsches Weib – er begann mir zu erzählen. Aus seinem Leben. Mir imponierten Abenteuer wenig. Hatte selbst eben viereinhalb Jahre Rußland hinter mir, von Stacheldraht eingezäunt, die Weltbühne im kleinen, das Welttheater innerhalb der genau umrissenen Gruppe.

Ich las gerade Traven, die Ausgaben der zwanziger Jahre. Der Käptn erinnerte mich an Traven. Was mich bald für ihn einnahm. Hatte er nun seine Tochter gebohnert oder nicht. Hatte aber wohl.

Soll nun die Wahrheit ausspucken, Junge, wie?

Er spie eine Ladung Speichel gegen die Zellenwand. Dort blieb die Soße kleben, rann langsam tiefer.

Eine Handbewegung, die ganze Vergänglichkeit des Lebens andeutend. Lauter falsche Stücke – lauter falsche Weiber – lauter falsche Menschen.

Irgendwie war ich gegen ihn, der Inzest ging mir über die Hutschnur, zwischen Vater und Tochter sollte nichts passieren, ebensowenig wie zwischen Mutter und Sohn. Ich hatte viel zuviel gegen meine Eltern einzuwenden, als daß mir der Gedanke recht sein konnte; der Tatbestand dagegen ließ mich kalt.

Andererseits begann ich den Käptn zu mögen, und meine Besuche häuften sich aus nicht gerade dienstlich-amtlichen Gründen. Der alte Mann mit seinem Holzbein in der elenden dunklen Gefängniszelle dauerte mich. Es beleidigte irgend etwas in mir, ihn dort zu wissen und den armen Krüppel auch noch selbst hingeschafft zu haben.

Ärgerlich dachte ich bei mir: Hätte der alte Bock sich nicht jemand anderen als ausgerechnet seine Tochter aussuchen können?

Aber wer wollte es wohl mit dem Einbeinigen treiben? Vielleicht knarrte seine Prothese dabei wie beim Gehen. Oder er mußte sie vorher abschnallen. Welche Frau sah den Stumpf schon gern, ertrug ihn ohne Abscheu?

Ja, wenn es eine wäre, die den Mann liebte.

Wer aber liebte schon so nen Käptn?

Liefen nicht selbst die geilsten Weiber vor so einer Vogelscheuche eher davon?

Wie sah der Mann aus?

Zum Davonlaufen, wirklich. Nur ich lief nicht davon, sondern zu ihm hin. Im Gefängnis begannen sie schon drüber zu reden. Blieb auch nicht unbekannt, daß ich ihm was mitbrachte, Brot, Tabak, mal ne Flasche Roten, den er so mochte.

Tat mir eben verflucht leid, der arme Hund, schließlich hatte ich ja auch eben erst meine viereinhalb Jahre Gefangenschaft hinter mir.

Allerdings hatte ich nicht mit meiner Tochter geschlafen. Hatte Schlimmeres getan. Nämlich gar nichts. Mich nur in einen Krieg verwickeln lassen. Mit sieben Jahren akzeptiert, daß ein Hinterwäldler namens Hitler Deutscher Reichskanzler geworden war.

Mann, sagte ich erzürnt zum Käptn, wie konnten Sie nur so blöd sein und Ihre Tochter schänden?

Schänden, antwortete der Krüppel, kann ich keinen, der mitmacht. Sie hat, hör gut zu, Junge, ihn sich eingeführt. Das Mädchen wollte es, verstehen Sie?

Er siezte mich plötzlich wieder, wie am Anfang, als ich ihn abholte. Viel Feindschaft stand jetzt wieder zwischen uns, und wenn ich seine Zelle verließ, sandte er mir einen stechenden Blick nach, den ich im Rücken zu spüren meinte, ein Messer.

Dann erzählte er mir von seinen Lehrjahren auf dem Segelschiff, von alten Matrosenprügeln und versoffenen Kapitänen, vom Steuermann, genannt Affenzahn.

Der Käptn: Der hatte wirklich nen Affenzahn, na genau wußte keiner, was das fürn Zahn gewesen ist, er hatte Haken an beiden Seiten, damit hängte er den Zahn zwischen zwei andere und hatte ein vollständiges Gebiß. Aber wenn er den Zahn rausnahm, konnte er durch die Lücke auf zehn Meter Entfernung eine Hand treffen, so genau spuckte Affenzahn.

Und der Käptn spuckte seinerseits eine Ladung an die Zellenwand.

Er lachte mir ins Gesicht: Das möchtest du, daß ich jetzt durch ne Zahnlücke ausspucke, was gewesen ist, mit der Margot und mir, was?

Irgendwann werden Sie schon reden, sagte ich.

Affenzahn, wenn er nicht durch die Lücke spuckte, schimpfte durch sie, fluchte in zwanzig Sprachen, bewegte die Lippen nicht mal dabei, kam alles durch das Loch zwischen den Zähnen geflogen.

Er griente und zog die Lippen breit: Ich hab ne Menge Zahnlücken, aber da könnt ihr lange warten, bis da was rauskommt. Nur das kommt raus!

Er spie wieder gegen die Wand.

Ich begann ihn jetzt zu bewundern.

Sowas hatte ich noch nicht erlebt. Er rückte nicht raus mit der Wahrheit. Ich hoffte, er würde nie gestehen und nie verdonnert werden können.

Immer mehr schleppte ich an für den schweigsamen Einbeinigen, zu essen und zu trinken und zu rauchen, und alles erstand ich auf dem Schwarzmarkt, den ich sonst peinlich mied. Meine Liebe zu Traven, an den mich der Käptn erinnerte, kam mir teuer zu stehen.

Ich kaufte schwarze Ware sogar bei Richard Stück ein, den ich schon mehrmals hatte greifen, vernehmen, ans Amtsgericht weitergeben müssen.

Stück Richard grinste dreckig, als ich ankam. Konnte ihm nur recht sein, gab ich mich ihm derart in die Hand. Aber mein Käptn im Gefängnis sollte nicht darben.

Im Gespräch mit dem alten, kaputten, scharfen Wüterich und Witzbold stieß mir auf, daß ich gar nichts wußte. Kam mir ganz klein und schäbig vor ihm gegenüber, und er war doch der letzte verlassene Gefangene im ganzen Bau, was wirklich was heißen wollte in diesem unsäglich vernachlässigten Zellentrakt aus des vergangenen Kaisers Wilhelm Jahrhundert. Zugleich erschreckte mich die Tatsache, daß dieser vergammelte Mann ebenso hilflos und allein war und seine ganze Vergangenheit nichts nützte, außer, daß ich ihm ein bißchen half, was nicht viel war, eigentlich so gut wie nichts.

Der Käptn verfügte über geheime Beziehungen. Ein Mann trat in mein Dienstzimmer, war im Dienstwagen vorgefahren, mit Chauffeur aus Dresden, der Landeshauptstadt.

Der Mann kannte meinen Fall erstaunlich gut. Er wußte auch Bescheid über meinen kuriosen inhaftierten Schützling, jedenfalls besser als ich.

Allerhand Neues erfuhr ich. Mein Besucher und der Käptn waren einst gemeinsam abgehauen, die SS hatte ihnen hinterhergeschossen. Der eine war entkommen und jetzt ein hohes Tier in der Landesregierung. Der andere hatte ein paar Kugeln abgekriegt, war liegengeblieben und wieder gefangengenommen worden; abgesackt für immer.

Genosse, sagte mein hoher Besucher und fixierte mich abwägend, die Sache ist die, daß der alte Kiesel nicht mehr viel hergibt.

Ich schwieg und gab kein Zeichen. Mochte er nun auf mein Einverständnis oder meine Ablehnung setzen, er sollte sich jedenfalls deutlicher erklären.

Der Mann erhob sich, trat ans Fenster, blickte auf den Marktplatz hinaus, murmelte, wie zu sich selbst:

Wir sperren einfach zuviel ein.

Sich herumdrehend, fixierte er mich wieder, und jetzt war ich völlig sicher, daß mir keine Falle gestellt werden sollte.

Ich nahm eine der angebotenen Zigaretten entgegen, hielt sie in die Luft wie einen Stab und sagte:

Ich könnte ihn auf dem Transport abhauen lassen.

Er lächelte müde: Und wohin soll so ein armes Schwein abhauen? Wo sich verstecken? Wir müßten den Apparat anlaufen lassen, da entschlüpft er nicht, in seinem Zustand. In den Westen zu gehen wär für ihn einfach Dummheit. Hier hat er immerhin seine Rente als OdF.

Ja, sagte ich, im Westen kriegte er keinen Pfennig als Opfer des Faschismus.

Na – hier kann er sich auch nicht viel dafür kaufen. Hat eben ausgereicht fürs Wohnen in der Schrebergartenlaube.

Er schoß einen seiner scharfen Blicke auf mich ab, hakte nach: Sie haben ihn doch dort rausgeholt?

Auf Anweisung!

Was meinen denn Sie, ist was dran an den Beschuldigungen? Hat er seine Tochter oder hat er sie nicht?

Ich wurde kühn. Sagte: Das ist reine Glaubenssache. Auf alle Fälle will seine Frau ihn lossein. Die hat was gegen ihren Mann. Andererseits müssen wir uns an die Gesetze halten, auch wo die verrückt spielen.

Er reagierte wütend: An die Gesetze halten? Und was sind das für Gesetze, he? Was ist denn geschehen? Haben die Gesetze etwas bewirkt? Wem nützen sie? Wem schaden sie? Soll der alte Dummkopf jetzt verdonnert werden, weil das Weibstück, seine Frau, sich einen jüngeren und gesünderen Kerl ins Bett holen will? Hat sie ihre Tochter nicht vielleicht auf den Vater gehetzt, möchten die beiden Weiber den Alten nicht auf die krumme Tour fertigmachen, he?

Ein alter Dummkopf ist der Käptn nicht, sagte ich ruhig, und im übrigen können Sie ihn ja rausholen aus dem Gefängnis, wenn Sie es wirklich wollen.

Habs schon getan. Hab ihn in seine Laube gefahren, brummte er.

Ich begriff jetzt. Der hohe Besucher hatte rasch und eigenmächtig gehandelt, aber das große Sausen bekommen, wer wüßte denn, wie andere dächten, kriegten sie das zu Ohren. Also galt es, mich, den zuständigen Sachbearbeiter, auf den richtigen Weg zu bringen.

Was nicht schwerfiel. Ich war durchaus und längst der gleichen Meinung wie das hohe Tier aus Dresden.

Wir fuhren im Dienstwagen vor, baten die Frau, die ihren Mann angezeigt hatte, mit ausgesuchter, eiskalter Höflichkeit in die Kriminaldienststelle und eröffneten ihr rundheraus, sie müsse gelogen haben.

Sie brachte vor Aufregung keinen Laut hervor. Endlich setzte sich in ihrem ängstlichen Mäusegesicht ein Zug von Verständnis durch. Sie hob die Lippen an, gelbe Zähne schimmerten.

Was verlangen Sie von mir? Sie schluckte und musterte uns frecher.

Wir verlangen nur eins – die Wahrheit!

Sie begann ihren Speichel zu kauen.

Die Wahrheit ist – sie stockte und sprach nicht weiter.

Mein Begleiter starrte sie an. Den stechenden Blick hielt sie nicht aus. Die Lippen klappten ihr zu.

Hör mal, sagte der zweite Mann im Zimmer, ich hab deinen Alten schon freigelassen. Er ist unschuldig. Das wissen wir hier genau, und du weißt es ebenso. Wenn du die Scheidung haben willst, das kann man arrangieren. Nimm dir den anderen ruhig – er deutete dabei mit dem Finger zum Fenster hinaus ins Ungefähre – aber versuch nicht noch, deinen Mann fertigzumachen.

Sie hatte jetzt völlig begriffen und unterschrieb ein Protokoll, in dem sie sich selbst der falschen Aussage beschuldigte. Das Papier nehm ich mit, sagte mein Besucher aus Dresden drohend. Für den Fall, daß du dummes Zeug redest, irgendwo in der Stadt, he?

Er faltete das Blatt ostentativ und barg es in seiner Innentasche. Die Frau verschwand, artig grüßend.

Genosse, sagte mein Besucher, ich an deiner Stelle schlösse den Vorgang jetzt ab, keine Weiterleitung an die Staatsanwaltschaft. Die nochmalige Vernehmung der Anzeigeerstatterin hat ergeben, daß sie lügt.

Dann, wandte ich ein, müßten wir einen Vorgang gegen die Frau eröffnen.

Es braucht ja alles nicht ganz so glasklar zu sein, sagte er, bei dem Anfall an Arbeit, hier bei euch, kann doch niemand Anstoß an einer Nichtweiterverfolgung nehmen, wenn die Sachlage so undurchsichtig ist und immer undurchsichtiger wird.

In der Tür drehte er sich nochmal um:

Der alte Knabe hat meinetwegen ein paar Kugeln abgekriegt, wär ich doch undankbar, ließe ich ihn jetzt im Dreck sitzen, oder?

Ich zündete mir langsam die geschenkte Zigarette an, dann nickte ich.

Er hatte die Tür schon hinter sich geschlossen.

Der auf diese freundliche Weise dem arg in der Tinte sitzenden Käptn zu Hilfe gekommen war, aus Dresden, der Landeshauptstadt damals noch, später wurden die Länder aufgelöst und die DDR in Bezirke eingeteilt, hieß Schröter, war ein hohes Tier und der Bruder eines Mannes, den ich im Gefangenenlager Minsk kennengelernt hatte. Beide Brüder waren alte KP-Genossen. Johannes, der Ältere, war im Dritten Reich mehrmals verhaftet worden und ein Jahr vor Kriegsende beim Transport entkommen. Rudolf, der Jüngere, war bis 1943 im KZ festgehalten, dann in eine Strafanstalt gesteckt und an die Front geschickt worden, wo er Anfang 44 zur Roten Armee überlief. Er durfte schon Herbst 45 nach Hause zurück, und beide Brüder arbeiteten von Anfang an in verschiedenen Ämtern des Staats- und Parteiapparates. Weil sie sich aber nur schwer im Zaum hielten und oft über die Stränge schlugen, konnte man die Schröters bald in hohen Stellungen antreffen und bald in weniger hohen. Sie gehörten zu jener frühen Garde von Kommunisten, die von der Kampfzeit geprägt worden waren und sich nur schwer im jetzigen Ordnungsstaat zurechtfanden. Die kuriose, sehr privatistische Befreiungsaktion, die Johannes Schröter unternahm, wobei ich ihn das erste Mal erlebte, denn ich hatte ihn sofort erkannt, wenn er sich auch nicht ausdrücklich vorstellte als der Bruder meines Minsker Bekannten, diese nicht ungefährliche Aktion gab mir lange Zeit Stoff zum Nachdenken. Das Delikt, das vorlag, war mir nicht sympathisch, im Gegenteil, schon das Wort Inzest löste abwehrende Gefühle aus, denn ich hielt von der älteren Generation wenig, und gerade im engen Kreis der Familie waren mir die Tabus lieber als deren Aufhebung, meiner starken Antipathien halber; andererseits aber bekam ich einen Höllenbegriff von der Einsamkeit. Da hatte dieser alte, kaputte, leidende Mann dort draußen in seiner abgeschiedenen Gartenlaube vor sich hinexistiert und allein von der Tochter Besuch empfangen. Mußte man nicht respektieren, wenn er sich von ihr spenden ließ, was sie anderen jüngeren Männern ohnehin reichlich gewährte? Gewiß, ich war für derlei Liebesleben nicht zu gewinnen, und selbst dann, wenn ich, um mich zu beschwichtigen und unsere Handlungsweise zu rechtfertigen, den Fall mit aller mir zur Verfügung stehenden Gelassenheit und Kälte rekapitulierte, fühlte ich mich recht unbehaglich. Die Lösung, die wir gefunden hatten, begrüßte ich jedoch gänzlich. Mochte die Tochter ihren Vater nun in seiner Laube wieder besuchen oder nicht, es ging mich nichts an.

Die Monate darauf vermied ich, in die Gartengegend hinauszukommen, obwohl in der Nähe Bekannte wohnten. Eines Morgens wachte ich auf und erinnerte einen Traum, in dem der alte Käptn vorgekommen war. Unwillkürlich dachte ich, dachte es in mir: Hoffentlich besucht ihn seine Tochter wieder dort draußen, damit er nicht so einsam leben muß. Erstaunt setzte ich mich auf im Bett.

Keine Spur von Empörung mehr. Hatte ich etwas hinzugelernt, oder waren meine Widerstandskräfte im Zuge jenes gleichzeitig natürlichen und unnatürlichen Vorgangs, den man Erwachsensein nennt, geschwunden? Ich stellte mir auch diese Frage nicht, denn sie hätte mein Wohlwollen für den kaputten einsamen Mann womöglich gemindert. Ich wollte ihm aber wohlwollen. Die Kräfte unserer Sympathie sollten wir so selten wie möglich schwächen.

Indessen hatten die letzten dürren Jahre meine Lungen geschwächt. Man stellte Verschattungen und Geräusche fest. Ich wurde krank geschrieben und kam für ein halbes Jahr ins Sanatorium. Die Volkspolizei sandte mir das Entlassungsschreiben nach. So war ich endlich freigekommen.

11. Blut

Ein Telegramm kam. Ich fuhr mit dem Bus nach Zwickau. Neben mir saß ein Mann, schwere Narben im Gesicht, Glasauge, Stock. Wir starrten uns an. Sind Sie nicht Bernhard Viertel? Sind Sie Gerhard Zwerenz? Er war mein Hitlerjugendführer gewesen. Fabrikantensohn, kräftig, wuchtig, überzeugter HJ-Führer. Jetzt sprach er beschwörend von Gott. Man dürfe nicht abfallen von ihm.

Jeder zieht auf seine Weise Lehren aus der Katastrophe. Auf Wiedersehen.

In Zwickau wartete Rudolf Schröter auf mich, inzwischen Propagandasekretär des Kreises geworden. Nach unten gefallen. Wer wußte warum.

Dort drüben – er führte mich zum Fenster – steht die Ingenieurschule. Morgen früh wirst du antreten als Dozent für Gesellschaftswissenschaften.

Ich wehrte ab, argumentierte, fluchte, trat an am nächsten Morgen. Ging abends mit zwanzig Büchern zu Bett, stand am nächsten Vormittag mit dröhnendem Schädel vor der Klasse, erlitt eine Niederlage nach der anderen; machte den jungen Herrn Spaß, mir nachzuweisen, daß ich nichts verstand, nichts wußte, nichts darstellte. Sie hatten durchaus recht damit. Ein halbes Jahr später dozierte und demonstrierte ich sie an die Wand; wollten sie keine schlechten Noten einsammeln, mußten sie schon ochsen. Ich nahm Rache für die anfänglichen Niederlagen, blieb jedoch ehrlich, glänzte einer mit Wissen, erhielt er eine Prachtzensur, auch wenn allen bekannt war, er zählte zu den Reaktionären.

Die ehrliche Notengebung mußte in bestimmten Fällen zu Schwierigkeiten führen. Doch die Parteiorganisation an der Ingenieurschule bestand aus Genossen, die sich mit Kleinigkeiten nicht abgaben. Man war hier liberal, geradezu weltoffen. Zwei dummköpfige Schüler, die Wissen durch Linientreue ersetzten und nicht die erwarteten guten Zensuren ernteten, beschwerten sich bei der Kreisleitung Abteilung Propaganda. Schröter kam angefegt.

Na wie gehts, mein Lieber?

Er nahm am Unterricht teil. Danach griff er sich die beiden linientreuen Schwätzer. Wenn ihr der Partei helfen wollt, müßt ihr auch mehr wissen als die bürgerlichen Reaktionäre.

Sie wurden feuerrot, Schamgesichter.

Du machst dich gut, sagte Schröter zu mir.

Mag sein, sagte ich, aber es geht nicht auf die Dauer. Ich möchte studieren.

Er schüttelte heftig den Kopf.

Du bleibst hier, das ist ein Parteiauftrag.

Ich blieb, obwohl ich nicht wollte und meine Bildungslücken immer schmerzlicher empfand. Für die Gesellschaftswissenschaft im Stundenunterricht mochten meine Kenntnisse ausreichen, überhaupt gings mit dem Unterricht. Mir selbst aber genügte es nicht. Jede Frage, die ich als Lehrer zu beantworten hatte und auch beantwortete, ließ mich selbst innerlich zwei weitere Fragen stellen, die ich nicht beantworten konnte.

Nach der fälligen Kontrolluntersuchung sagte der Arzt: Sie können nicht weiterarbeiten.

Ist es schlimmer geworden?

Sie haben jetzt eine offene Tb.

Mir wurde schlecht. Offene Tuberkulose war bei mir noch nicht festgestellt worden. Die vorherigen Diagnosen bezogen sich auf sichtbare Verschattungen der Lungen, doch im Sputum hatte sich nie was gefunden.

Ich blieb daheim. Die Krankenkasse schrieb, ein Sanatoriumsplatz sei nicht frei. Es könne Jahre dauern. Ich fuhr nach Dresden zur Zentralverwaltung, fragte mich zu dem Verantwortlichen durch, trat in sein Zimmer, fand eine Maus von Mann vor, sagte:

Man hat mich im Vorjahr gegen meinen Willen zu frühzeitig aus dem Sanatorium entlassen. Man hat mich gegen meinen Willen zum Lehrer gemacht. Das viele Sprechen war nicht gut für mich. Jetzt verlange ich, daß man sich um mich kümmert.

Die Maus richtete sich auf und begann zu piepsen. Ich brüllte: Noch in diesem Monat komme ich ins Sanatorium. Ihr werdet mich gesundpflegen!

Ohne ein weiteres Piepsen abzuwarten, drehte ich um, marschierte die kaputten Straßen entlang zum Hauptbahnhof, fuhr nach Zwickau, stieg aus, ging in die Parteileitung, verlangte Schröter.

Er ist in einer Sitzung!

Holt ihn raus!

Die Sitzung ist sehr wichtig!

Soll ich dir, lieber Genosse, erst eine Ladung Blut auf deinen Schreibtisch spucken?

Erschrocken sah mich der Mann an.

Meine Lungen sind wieder kaputtgegangen wegen eurer unvernünftigen Politik! schrie ich wild.

Jetzt wurde Schröter geholt. Wenige Worte genügten. Er sagte ruhig: Das wird erledigt, mein Lieber!

Wir gaben uns die Hände. Sein guter, kräftiger, sicherer Druck.

Beim Weggehen sah ich mich schnell um. Er blickte mir lächelnd nach. Nickte. Wischte sich nicht die Hand an der Hose ab, wie ich es oft bemerkte. Einem Lungenkranken die Hand geben – man hat sich hoffentlich nicht angesteckt.

Schröter war immun.

Zu Anfang des nächsten Monats erhielt ich einen Platz im Sanatorium. Bei der Anreise mit der Eisenbahn war mir noch etwas flau. Hast die Partei für dein persönliches Wohlergehen ausgenutzt, Schmarotzer.

Ich ging zur Toilette. Spuckte ins weiße Becken. Hellrot leuchtete mir mein Blut entgegen. Keinem bist du eine Erklärung schuldig, dachte ich, zufrieden und völlig mit mir im reinen.

Draußen zog sich das blaugraue Wasserband der Elbe entlang. Es ging in den entlegensten südöstlichen Zipfel Sachsens. Du wirst dich da schön ausruhen, Junge. Bis deine Lungen nicht mehr Blut von sich geben und es brav bei sich behalten. Sie müssen es lernen. Später wirst du an die Universität gehen und studieren. Zwar fehlt dir das Abitur, doch Schröter hatte eine andere Möglichkeit erkundet: Für Leute wie dich gibts die Sonderreifeprüfung.

Bei Lichte betrachtet war die Lungentuberculose ein Glücksfall. Schröter konnte mich nicht als Lehrer in der Ingenieurschule behalten. Ich würde auf lange Zeit krank sein und einen richtigen Schwerbeschädigtenausweis mit allerhand Vergünstigungen bekommen. Da hätte ich dann also endlich genügend Zeit und Gelegenheit für ein Studium.

Blut. Im Lungensanatorium Hohwald an der sächsisch-tschechischen Grenze, unter dem Messer des Chirurgen. Mit seinem komplizierten Gerät, einem medizinischen Periskop, hatte er meine Innenräume gemustert. Sie schneiden dir, nachdem sie eine gehörige Menge ungeheuer langnadeliger Spritzen in dich hineingejagt haben, das Tableau auf, ziemlich neben der Achselhöhle, auf der Seite, wo du die Motten hast, die, wie es wissenschaftlich heißt, Tuberkel, und durch den Knorpel zwischen zwei Rippen drücken sie dir ein Rohr, in dem sind vermittels raffinierter Techniken zwei Geräte angebracht; ein Schneider und ein Auge. Der Arzt, in dich hineinblickend, kann, wenn er will, in dir drinnen elektrisch herumsäbeln; Kaustik nennt sich diese Kunstfertigkeit. Sie schneiden dir die am Lungenfell angewachsene Lunge fein säuberlich ab, damit sich die Luftfüllung, der Pneumothorax, richtig auswirken könne und die Lunge tüchtig zusammendrücke. Der Chirurg also, der mich unter sich hat, lehnt auf mir, hat seine blinkende Optik vor dem Auge und rührt mich um. Sie haben da noch so eine Art Löffel, mit dem bewegen sie deine Innereien.

Bin ich Suppe, Doktor?

Schön wärs, sagt der Doktor.

Wir unterhalten uns noch eine ganze Weile, während meiner Innereien Besichtigung. Schließlich zieht er sein Periskop raus und ruft nach einer Zigarette.

Was ist, frag ich, bin ich Ihnen nicht schön genug?

Sie ziehen das gesamte Instrumentarium aus meinem Rippenknorpel und zaubern mir, mit meinem Blut, abstrakte Zeichnungen auf den Bauch.

Wo sind Sie daheim? fragt der Chirurg.

Ich wohne in jedem ungeraden Jahrhundert in Zwickau, antworte ich.

Ihr Heimweg führte über Dresden und Chemnitz, sagt der Arzt. Das wäre der direkte Weg. Aber Sie werden einen Umweg machen. Sie werden über Hamburg fahren oder über München.

Oder über London, Paris, Rom! sage ich, während sie mir das Loch unter der rechten Achselhöhle mit fachmännischer Nachlässigkeit flicken.

Sie kommen schon noch heim, sagt der Arzt, es dauert nur etwas länger. Später erfuhr ich, die Kaustik sei bei mir nicht möglich, wegen der Blutgefäße, die hätten durchtrennt werden müssen. So blieb meine Luftlunge, mein Pneu, Stückwerk, war nie ganz komplett. Ich ging sechs Jahre lang aufpumpen. Am Ende hatte ich mich schon so daran gewöhnt, Luft unter die Rippe zu kriegen, daß sie mir fehlte, als ich nicht mehr aufgepumpt wurde. Zugleich hatte ich mich daran gewöhnt, viel im Bett zu liegen und zu schreiben, daß ich mich, als ich wieder zu den sogenannten Gesunden zählte, oft ins Bett steckte und schrieb.

Noch heute halte ich es manchmal so. Überhaupt nahm ich im Sanatorium und durch diese Krankheit ganz verrückte, malade Gewohnheiten an. Manchmal denke ich, das Sanatorium hat mich mehr geprägt, als die sechs Jahre Krieg und Gefangenschaft es taten. Man liegt die meiste Zeit, jeden Tag viele Stunden, auf dem Bock und hat Gelegenheit, über sich und die Welt nachzudenken. Oft kann man nachts nicht schlafen. Die meisten Gespräche im Sanatorium drehen sich um Frauen. Der heimliche Herrscher ist das Blut. Der Tbc-Kranke gewinnt ein inniges Verhältnis zum Blut, denn es nimmt für ihn die zentrale Stelle ein.

Seine erkrankten, leistungsschwachen Lungen sind voller Blut, und angstvoll fragt er sich, ob sie es auch halten können. Was mit ihm auch geschieht, es handelt sich um den Zustand seiner Lungen und um sein Blut; Blut im Sputum wirkt hysterisierend, ist es vorhanden, und als Versprechen weiteren Lebens, ist es nicht mehr vorhanden. Der Blick auf den eigenen Auswurf ist voll banger Erwartung, Blutrot wird Schockfarbe. Manche wünschen die Farbe so voller Inbrunst fort, daß sie den Schock nicht mehr ertragen und in Ohnmacht fallen. Von denen heißt es dann: Sie können kein Blut sehen. Blut ist zur Farbe und zum Zeichen des Todes geworden.

Sie flüchten davor.

Im Sanatorium sind Frauen die große Seltenheit. Ob, wie der Volksmund sagt, Lungenkranke tatsächlich erhöhte Potenz haben, weiß ich nicht. Sicher ist, im letzten Stadium vor dem Exitus wird der Kranke vor Entkräftung geschlechtslos. Die nicht so schwer Erkrankten aber leiden an ihrem Trieb. Solche Sanatorien sind, ähnlich Gefängnissen, große Onanieranstalten, falls sich der Männerabteilung kein entsprechend großer Frauentrakt anschließt.

Während der Liegekuren und nachts im Bett kommt es zu schmerzhaften Erektionen. Von Zeit zu Zeit hält ein Arzt Vortrag zum Thema »Geschlechtsverkehr«: der Kranke solle den Verkehr meiden, ihn jedenfalls auf ein Minimum einschränken, auch wenn er Gelegenheit finde, öfter »Beischlaf auszuüben«. Die versammelten Patienten hören zu. Atmen schwer. Nach dem Vortrag herrscht auf den Toiletten Hochbetrieb.

Ich bin vier Wochen bettlägrig und darf dann, die Temperatur ist herunter, aufstehen. Zwei Wochen später halte ich die stundenlangen Liegekuren auf den Böcken kaum noch aus, ich habe nächtliche Pollutionen, Tag- und Nachtträume eindeutig sexueller Tendenz; Ruhe und Gelassenheit, nicht ganz unwichtig fürs Gesunden, sind hin. Die Warnungen des vortragenden Arztes werden erinnert: Beim Verkehr gerate der ganze Körper in Aufruhr, der Blutkreislauf werde belastet, der Druck in den Lungen könne zu Rückfällen führen, den Heilungsprozeß jedenfalls unterbrechen. Einer fragt, ob dies nur beim Verkehr eintrete oder auch bei der Onanie. Onanieren könne gar nicht schaden, sonst wären alle schon vor die Hunde gegangen, denn außer den Abkratzenden onanierten alle.

Man darf von Zeit zu Zeit besucht werden. Schwermütige Frauen, rotbackige Bräute, emsige Freundinnen reisen an von weit her. Wer das Haus nicht verlassen kann, sucht die Hausordnung innen zu überlisten. Wer heraus darf, geht mit seinem Besuch in den Wald, von dem das Sanatorium umgeben ist. Das Wochenende, wenn Zug, Bus und Auto Frauen aus dem ganzen Lande herbeitransportieren, erschüttert den Bau bis in die Grundmauern. Erwartungsvolle Spannung breitet sich frühmorgens schon aus. Die auf jemanden lauern, liegen in den Fenstern. Wer keinen Besuch ergattern kann, fällt in tiefe Trauer.

Ich hab unverdientes, unverschämtes Glück und bin bald von Besuchen unabhängig. In unserer Stationsküche arbeitet Käthi. Eigentlich heißt sie anders, wird aber, warum auch immer, so genannt.

Käthis herausfordernde Formen und ihre laszive Art, sich zu bewegen, machen sie fürs frauenlose Sanatorium zur ständigen Provokation, sie müßte hier eigentlich verboten sein. Käthi hat einen Freund unter den Patienten. Am Nachmittag, fünf Minuten, bevor wir zum Spaziergang freihaben, entweicht Käthi pünktlich in den Wald. Kaum dürfen wir hinaus, eilt ihr Freund hinterdrein. Die gesamte Patientenschaft weiß davon, beneidet den Glücklichen, stellt sich das Treffen vor, malt sich's fantasievoll aus.

Am Tag, bevor Käthis Freund entlassen wird, gibt die Stationsgöttin mit beiläufiger Deutlichkeit zu verstehen, sie möchte am nächsten Tag mit mir spazierengehen. Kein Auge bekomme ich die Nacht über zu. Am Vormittag gegen neun Uhr verlassen die Geheilten das Sanatorium. Am Nachmittag verläßt Käthi, als sei nichts geschehen, den Bau. Die Ohren dröhnen mir, vor Aufregung kann ich mich kaum bewegen, wird es die Landschaft nicht gleich zerreißen? Das Nahen einer Explosionswelle ist deutlich zu spüren. Große Ereignisse werfen ihre wunderbaren Schrecken voraus. Kaum habe ich noch Luft in meinen Lungen, so eilig ist mir zumute, als ich der Vielversprechenden in den romantisch schwarzen Wald nachhetze. Die Großschwätzer mannigfacher Heiligtümer und diverser Abendländer in meinem Rücken denunzieren die physische Liebe als tierisch. Die einen singen ihre Kirchenlieder, und die anderen ehren die Physiologie der Liebe. Unter dem schwarzen Dreieck von Käthis Scham ließ es sich aushalten im Sanatorium. Das nenne ich: fröhlich gesunden. Glück muß der Mensch haben, auch wenn er Blut spuckt.

Käthi liebte mit der inbrünstigen Leidenschaft derer, die aus Erfahrung wissen, wie schnell alles Glück ein Ende nimmt. Das Personal des Sanatoriums setzt sich meist aus früheren Patienten zusammen, auch die Krankenschwestern und Ärzte haben durchweg ihre Tbc hinter sich. Ich habe die Erfahrung gemacht, wer diese Krankheit überstanden hat, liebt inbrünstiger und dankbarer. Zwischen solchen Schicksalsgenossen ist Erkennen ein selbstverständliches Ergebnis. Wir erkennen uns unbewußt an gewissen Zeichen. Die vergangenen Drohungen der Krankheit werden nie ganz vergessen, jede Chance ausgenutzt; es könnte die letzte sein. Wer dazu verurteilt war, auf seinem Liegebock, nur mit sich und dem störrischen Fleisch allein, Stunde um Stunde zu verbringen, ist hernach ein anderer. Ich will nicht behaupten, das tägliche Treffen mit Käthi hätte die andauernden Erektionen wesentlich gemildert. Die erzwungene Untätigkeit bei recht guter Kost, die Gewöhnung ans innere Kino sexueller Fantasien erwiesen sich als stärker; immerhin kam jene Gelassenheit zurück, ohne die von Gesundung keine Rede sein kann. Auch entrann ich dem Onanierzwang, es gab Tag für Tag etwas, auf das man sich vertrösten konnte. Die Nachmittagsstunde im Wald war mir bald wichtiger als alle Arztvisiten. Wenn wir zusammentrafen, fand keiner Zeit zu langen Begrüßungen; wortlos, die Kleidungsstücke bei den letzten Schritten hastig abstreifend, fielen wir übereinander her. Käthis Wollust, ihre freie Obszönität beschleunigen noch heute in der Erinnerung mein Blut. Dabei gabs zwischen uns keine Finessen, ja alles verlief in einer gewissen Gleichförmigkeit. Wahrscheinlich führten wir bei den vielen Treffen auch kaum Gespräche. Wir wechselten keine Worte, die Zeit davor und danach war zu knapp bemessen. Hatte Käthi ihre Regel, trafen wir uns dennoch; die Scheu der Tuberkulösen vor dem Blut schlug uns in Bann; wir befreiten uns davon. Käthi warf sich hintenüber und verfiel in einen Weinkrampf.

Obwohl alle im Sanatorium von unseren Beziehungen wußten, verhielten wir uns im Bau peinlich offiziell. Kein verstohlenes Blicketauschen, kein Treffen, kein Streicheln. Wir begegneten einander wie Fremde, welches peinliche Zeremoniell den Reiz der

Nachmittagsstunden erhöhte. Ich kann im nachhinein allen Fachleuten und Interessenten versichern, daß mich die physische Liebe während des Sanatoriumsaufenthaltes keineswegs schwächte oder die Heilung verzögerte. Im Gegenteil, der tägliche »Waldlauf« beschleunigte den Prozeß der Gesundung.

Tag der Freiheit – Tag der Entlassung. Ich gehöre zu den Glücklichen, die keine Tuberkel mehr spucken und es lange genug bewiesen haben. Keine Temperatur und kein Auswurf. Abgetötet lagen die Feinde irgendwo, oder wenigstens streng eingekalkt in Kavernen, diesen lobenswerten Kerkerzellen unserer Lungen. Auch das scharfe, gestrenge Röntgenauge ist zufriedengestellt.

Der Kleinbus soll uns zur Stadt hinunterbringen, vom Bahnhof aus soll's mit dem Zug weitergehen.

Der Todesengel schwebte die ganze Zeit über mir, unsichtbar, doch rauschend und sehr nahe. Es war wie im Trommelfeuer, die schwarzen Todesgrüße heulen ein Stück höher durch die Luft, dir wird aufgespielt, die Stratosphärenmusik der weiten Unendlichkeit senkt sich ins Endliche nieder, du begreifst, daß die Millimeter einer Kanonenrohrbewegung, das Zentimeterstück, das eine Geschützlafette oder ein Panzer mehr oder weniger weit rollt, dein irdisches Dasein entscheiden. Nicht so schlachtenlärmlaut und brüllend, mehr als Schall und Hall gab sich, was ich um mich herum im Sanatorium spürte. Ich dachte, die Gefahr käme mit den Tuberkeln, und als die Tb sich verflüchtigte, meine Gesundheit Fortschritte machte, fragte ich mich verwundert, Fortschritte wohin? Man sagt solche Worte so gedankenlos unbedenklich, mir war aber nicht geheuer in diesem Sanatorium, eine Zeitlang fürchtete ich, beim Waldspaziergang von der Kreuzotter gebissen zu werden. Tat sich aber nichts, nicht Otternbiß, nicht Tuberkeltod, ich hätte immer sicherer werden müssen, wurde aber nicht; als ich am letzten Tag den Kleinbus bestieg, der die zu entlassenden Gesundeten fortbringen sollte zum entfernten Ort und Bahnhof, zitterten mir die Knie, das ist die Aufregung, Junge, und zweimal ein halbes Jahr Sanatoriumsaufenthalt mögen die Knie schon zittern lassen. Sehen konnte ich das Todesgeschoß nicht, aber hören. Unser alter Wagen astete gemächlich ächzend einen Hang hoch, da brach es jaulend, singend, rauschend um die Kurve, die Straße von oben herab, irgendein Schicksalsfreund am Steuer riß den

Lastwagen der Roten Armee, den es aus der Kurve trug durch zu hohe sorglose Geschwindigkeit, um unser armseliges stampfendes Gefährt herum, hinter uns ins Gehölz brechend, in Busch und Baum zerbarst der andere Wagen. Wir krochen ins Freie, da lagen Trümmer und blutigrote Menschenstücke, Männer und Frauen und Möbel, sie hatten einen Umzug geplant, den Wagen vollgeladen, droben gestanden, singend, und jetzt waren Menschen und Hausrat zersplittert, ins Gehölz verteilt. EINSTEIGEN brüllte eine wilde, hysterische Stimme. Von ihrer manischen Unmenschlichkeit getrieben, krochen die kranken Gesundeten gedankenlos, wortlos, widerspruchslos, nur allzu willig in ihren japsenden Kleinbus zurück, der seine Fahrt fortsetzte. Was sollten wir dort tun, sagte der Verantwortliche drinnen im Ort am Bahnhof, benachrichtigte jetzt telefonisch Polizei und Krankenhaus. Mir zitterten die Knie nicht mehr, als ich den Zug bestieg. Das Raunen war verschwunden, der Todesengel abgezogen. Es gibt Dinge, die man überleben kann, mit Glück.

12. Ingrid Zwerenz geb. Hoffmann

Ingrid hatte ich kennengelernt an der Leipziger Universität. Ich war im dritten Semester und nahm an einer Einweisungsversammlung des Philosophischen Instituts für die eben immatrikulierten Erstsemester teil. Ein auffallend schönes Mädchen mit dunkelbraunem Haar verriet in unschuldiger Unbedachtsamkeit, daß sie eigentlich hatte Theaterwissenschaften studieren wollen, was Bloch zu bärbeißigen Kommentaren veranlaßte, weil er darin erstens eine Beleidigung der Königin der Wissenschaften und zweitens seiner eigenen Person erblicken mußte. Tage zuvor hatte er vom Katheder gedonnert, die Herren Kommilitonen, die seinen hohen Anforderungen nicht nachkommen wollten, müßten doch wenigstens bemerkt haben, daß hier kein Professor für Philosophie, sondern ein Philosoph lehre. Er konnte barsch und gar ungerecht werden in seinem gerechten Zorn. Das feine weibliche dunkelhaarige Erstsemester schien unter der Schelte des Alten denn auch zu vergehen. Meine erste Regung war qualifiziert egoistisches Mitleid. Sage niemand etwas gegen diese Regung, deren tiefe Menschlichkeit nur allzu flinkzüngig geschmäht wird. Unter dem Vorwand der Tröstung stellte ich eine Verbindung her, die indessen zwanzig Jahre alt geworden ist. Auch wenn ich mich manchmal selbst bemitleidet habe, was wäre Liebe ohne Unterbrechung bis ins Gegenteil, der Donner des alten Weisen hat mir eine Ehe gestiftet, obwohl ich eigentlich gegen die Ehe bin und nie im

Leben – nach einem ersten Experiment daheim – mehr heiraten wollte. Natürlich erhebe ich mich allmorgendlich von meinem Lager und schwöre mir, nie mehr im ganzen Leben zu heiraten. Doch eine Abwesenheit Ingrids von wenigen Tagen und manchmal Stunden wirkt bekehrend. Zum Glück gelingt es meiner Bequemlichkeit, immer neue Gründe für meine Zufriedenheit wie Unzufriedenheit zu finden, wenn nicht zu erfinden. So verharre ich, unentschlossen wie Buridans Esel und komme ganz gut weg dabei.

Ingrids Eltern wohnten in Dahme im Brandenburgischen. Sie hatte eigentlich in Ostberlin Theaterwissenschaften studieren wollen und war in Leipzig am Philosophischen Institut gelandet. Nach anfänglichem Schock faßte sie sich und zeigte gute Leistungen, wie es dem kleinbürgerlichen Elternhaus entsprach. Wir führten lange Gespräche über die Situation und Psychologie des Kleinbürgertums und zu meinem Erstaunen bemerkte ich bald, wie wenig ich mit meinen soziologischen Klischees recht behielt. In großen Zügen stimmte es zwar, aber die Flüchtlingssituation und die daran anschließende dauernde Unterprivilegierung hatten in Ingrid Erfahrungen akkumuliert, die den meinen in vielem glichen.

Zu den Ferien und manches Wochenende fuhr Ingrid heim nach Dahme. Es war eine entsetzlich langwierige Verbindung, mit mehrfachem Umsteigen, zudem teuer, wiewohl Eisenbahnfahren in der DDR recht billig ist. Unsere Verhältnisse aber waren so schlecht, daß auch diese preiswerten Reisen noch zu Buche schlugen.

Von der Finanzierung abgesehen, ergaben sich auch fortwährend andere Schwierigkeiten. Bald war eine Brücke nicht befahrbar, die Leute mußten den Zug verlassen und einige Kilometer zu Fuß gehen, dann gab es lange Verspätungen, Anschlüsse klappten nicht, und endlich hatte Ingrid ein Abenteuer mit der Roten Armee zu bestehen. Im Nachtzug von Doberlug-Kirchhain nach Uckro befand sich in Ingrids Waggon als einziger Mitfahrer ein russischer Offizier, der es unbedingt wissen wollte. Ingrid spuckte Gift und Galle, als sie nach Leipzig zurückkam. So weit geht meine Liebe zu den sowjetischen Freunden nicht, daß ich mich durch einen von ihnen vergewaltigen lasse! Was halfen da Marx, Engels und Lenin, der Schreck saß tief. Ingrid zählte beim Einmarsch der Roten Armee nach Liegnitz in Schlesien, wo sie mit ihren Eltern wohnte, zehn Jahre. Alt genug, mitzubekommen, was gespielt wurde. Jetzt, weitere zehn Jahre später, wollte ein einzelner Rotarmist seinen Krieg nochmals siegreich beenden. Zur Beruhigung fuhr ich das nächste Mal mit nach Dahme und lernte einen weltabgeschiedenen stillen Ort kennen, in den man das letzte Stück mit einer Bimmelbahn einfuhr. Die reine Idylle.

Dahme/Mark: ich ahnte nicht, daß ich drei Jahre später im Frühjahr 1957 hier Wohnsitz nehmen und im Herbst nach Westberlin verschwinden würde.

Ich sah nicht gerade wie die personifizierte Gesundheit aus. Der ständige Streit mit politischen Instanzen rieb auf. Ich verlor an Gewicht und wurde wächsern blaß. Bei den Kontrolldurchleuchtungen ergab sich zum Glück nichts Neues. Die alte Tb zeigte keine Neigung zu Aktivitäten, die vernarbte, verschwartete Lunge hielt fein still, doch ging ich noch immer aufpumpen, der nichtkomplette Pneu war inzwischen fünf Jahre alt.

Frau Franke, Sekretärin am Philosophischen Institut und Erzengel im Fachbereich Fürsorge und Mütterlichkeit, musterte mich mehrfach mißbilligend. Im Frühjahr erhielten Ingrid und ich vom Freien Deutschen Gewerkschaftsbund via der lieben Frau Franke zwei Ferienplätze in der Sächsischen Schweiz. Erholt euch schön, ihr habts nötig!

In Bad Schandau war die Elbe über die Ufer getreten. Wo sonst Feriengäste ihre Gesundheitsspaziergänge absolvierten, fuhr man Kahn. Wir gelangten per Ruderboot ins Hotel. Solche Hindernisse wunderten uns nicht mehr, der Zug nach Dresden fuhr in Leipzig fast eine Stunde später ab als vorgesehen, das war selbst für den DDR-Eisenbahnverkehr happig. Ein Steh-Zug, kein D-Zug, hatten wir gekalauert, kein Wunder, daß dafür die Elbe floß, wo sie absolut nicht hingehörte. Dies wird ein Urlaub mit Überraschungen, glaub ich, sagte Ingrid ahnungsvoll.

Im Hotel regierte eine strenge Matrone, registrierte uns unerbittlich als unverheiratet und verordnete verschiedene Zimmer. Ingrid kam mit einer jungen blonden Kindergärtnerin zusammen, ich mit deren Freund. Wir besprachen die Lage bei einer Flasche Apfelröschen, einem erfrischenden, säuerlichen Getränk, danach ordneten wir die Lage neu, die Matrone bekam das spitz und kassierte ungerührt pro Kopf fünf Mark. Der Sozialismus regelte sich also bei Kleinigkeiten auf altbekannte Art und Weise. Mich störte das, doch beschloß ich, harmonischer Ferien halber, keine Prinzipienfrage daraus zu machen. Wir wanderten durch die umliegenden Wälder, fuhren mit Elbeschiffen zwischen CSSR-Grenze und Dresden hin und her, besichtigten die Burg Königstein mit der Festung, wo Johann Friedrich Böttger vom sächsischen König arretiert worden war, bis ihm endlich das Porzellan als Weg in die Freiheit einfiel.

Ich halte nicht so sehr viel von der Natur und noch weniger von ihrer Beschreibung. Erst die völlige Abwesenheit von Natur, ihre lange Nichtbeachtung macht sie mir wieder sympathisch. Aus den großen Städten und mannigfachen Kämpfen heraustretend, werden Berg, Wald, Wiese, Fluß und Tal zum Exotischen, das einen bezaubert. Ich wunderte mich über das damals anscheinend noch recht saubere Wasser der Elbe. Wir saßen am Flußufer und starrten den Schleppkähnen und Raddampfern nach. Schwalben flogen über uns pfeilschnelle halsbrecherische Bogen. Sie fingen zwar nur Mücken, doch sah es so schön und kunstvoll aus, daß man ihnen unwillkürlich weniger profane Gründe erfinden wollte. Es wurde warm, der Himmel stand verblüffend blau über den Bergen, der reinste Kitsch in Natur, ich dachte an den politischen Knatsch in Leipzig, und die Harmonie ringsum ging mir entsetzlich auf die Nerven. Es fehlte aber noch der krönende Abschluß, ohne den einer die Sächsische Schweiz nicht verlassen darf. Wir beschlossen also, auf die Bastei zu gehen.

Mit dem Schiff kamen wir am Fuß des Berges an. Der Dampfer war mit Ausflüglern voll besetzt. Mengen von Urlaubern aus Großbetrieben. Sie hingen in schweren Trauben zusammen, redeten sich mit Vornamen an, schwangen unternehmungslustig ihre Bergstöcke und Bierflaschen. Nach dem Aussteigen beeilten wir uns, an die Spitze des vielköpfigen Ungeheuers zu kommen und schafften es auch. In Gespräche vertieft, stiegen wir gemächlich bergan, der Weg war gut gezeichnet, kleinere Treppenstücke und ansteigende Wegstrecken wechselten ab. Als es steiler wurde, hatten wir die Nachhut der vor uns eingetroffenen Dampferbesatzung eingeholt. Ein Schwarm alter Damen keuchte bergauf. Sie gingen unkorrigierbar und schwerfüßig nebeneinander, an Überholen war nicht zu denken.

An einer Biegung zweigte ein schmalerer Pfad links ab. Hundert Meter vor uns marschierten drei junge Männer.

Das ist gewiß eine Abkürzung, sagte ich beiläufig, hier können wir das Alte-Damen-Geschwader endlich hinter uns lassen.

Apropos alte Damen, sagte Ingrid, letzten Sommer war meine Tante Gustel auf der Bastei, sie ist über sechzig und kurzatmig, hat den Aufstieg aber prima überstanden, das ist also kein Problem.

Wir stiegen, munter disputierend, den drei jungen Männern nach. Indessen wurde der Weg zur Bastei immer schmaler und steiler. Ich verstehe nicht, wie meine Tante Gustel das geschafft hat, sagte Ingrid pustend, aber dann kamen wir wieder ab vom Aufstieg und seinen Problemen und redeten uns fest übers Totum. Eine Weile setzten wir uns nieder, disputierten, schöpften Atem. Danach gabs eine sanft ansteigende Wegstrecke, die vor einer mächtigen Felsplatte endete. Man mußte den Brocken irgendwie bezwingen, rechts und links war völlig unwegsames Gestrüpp. Ingrid hatte Stoffschuhe an mit geflochtenen Sohlen, sie rutschte immer wieder vom glatten Stein. Endlich gelang es mir, sie irgendwie hochzuziehen. Mein Ehrgeiz erwachte, als Jungen hatten wir daheim im Steinbruch und in der »Hohle«, einer uralten verwachsenen Bucht, Kletterübungen an Steilhängen unternommen, uns aber dabei mit Wäscheleinen abgesichert. Wäscheleinen fehlten uns jetzt, doch ersetzten wir sie durch Eifer. Das half eine Weile, bis sich, nach einem Wegstück über Felsbrocken mit spitzen Kanten, die Sohle vorn von Ingrids rechtem Schuh löste. Jetzt reflektierten wir nicht mehr auf eine Wäscheleine, ein winziges Stück Bindfaden hätte uns schon gerettet. Wir hielten Umschau. Hoch über uns erblickte ich die drei jungen Männer, angeseilt am Hang, fachmännisch einer den anderen absichernd. Von unten schauten Normalwanderer zu uns herauf, die Bergsteiger bewundernd, dazwischen wir armen Verirrten, Ingrid mit schlappender Schuhsohle. Endlich verfiel die angehende Philosophin auf eine praktische Lösung. Bevor wir von Leipzig aufgebrochen waren, hatten Erika und Ingrid als Näherinnen gewirkt und eine Art Anorak produziert, außen beige, innen mit kariertem Futter. Das Futter riß Ingrid jetzt mit Zähnen und Nägeln auf, fetzte unten einen handbreiten Streifen ab, band mit dem karierten Stoff die Schuhsohle am Oberschuh fest, das ergab eine hübsche Schleife überm Spann. So konnte sie wenigstens wieder auftreten. Ich blickte in die Höhe und mir schwindelte, als ich den Weg abschätzte, der uns noch bevor stand. Ich begriff, wir befanden uns auf keiner Abkürzungsstrecke für übliche Wanderwege, sondern am Berg auf einer zünftigen Klettertour.

Diese Erkenntnis behielt ich für mich. Ingrid war viel zu sehr mit den Schwierigkeiten des Aufstiegs beschäftigt. Sorgen bereitete mir, daß sie nicht schwindelfrei war. Außerdem ist sie etwas herzkrank und bei größeren Anstrengungen zeigen sich rote Flecke in ihrem Gesicht, Warnzeichen. Ich blickte sie besorgt an, sie wunderte sich als Flachlandmensch zwar über den seltsam strapaziösen Bergspaziergang, doch gewohnt, bei Anforderung mit Leistung zu antworten, arbeitete sie sich tapfer den Berg weiter hoch, zwischendurch immer wieder die karierte Schleife richtend, die sich in Ästen und Gräsern verfing und ständig auflöste.

Wir gelangten an einen Schacht. Er war für Bergübungen eigens angelegt und stellte wohl die Gipfelprüfung für Seilschaften dar, die dieses schräg überhängende Felsstück zu überwinden hatten. Ich war drauf und dran, sitzenzubleiben und um Hilfe zu rufen. Eine Herzkranke und ein Mann mit einem aufgepumpten Lungenflügel zur Bewährung am Berg – das ging zu weit. Indessen war eine Umkehr längst unmöglich, der Abstieg wäre noch gefährlicher geworden als der Versuch, das letzte Stück bergauf zu bezwingen. Der Berggeist wies uns einen dritten Weg. Wenn man um einen Kegel herumkletterte, kam man in einen sogenannten Fahrstuhl; eine von Felsen fast gänzlich umschlossene Schlucht erstreckte sich schlauchartig schräg aufwärts, und in diese Röhre hinein war eine Fichte geschoben. Kletterte man deren Stamm hoch, gelangte man ans obere Ende, wo der Himmel hell und ermunternd leuchtete.

Wir schafften auch dieses schwierige Stück, doch weiß ich nicht zu sagen, wie. Die drei jungen Bergsteiger, denen wir nachgefolgt waren, lagerten schweratmend und stolz ob der vollbrachten Leistung wenige Meter seitab. Uns blickten sie an, als seien wir nicht ganz von dieser Welt.

Wozu braucht man für so ’ne Kleinigkeit ’ne Bergausrüstung, erklärte ich großspurig, während wir an den Bergsteigern mit blutig aufgerissenen Händen, zerschrammten Knien, erdverschmierten Gesichtern, mühsam festgehaltener Schuhsohle vorbeiwankten.

Die Trimm-dich-Tour endete hier wirklich. Wir standen auf einer breiten, ebenen Waldwiese, ein Stück seitab führte der gebahnte, durch Stufen erleichterte Weg ans Ziel, auf dem eben die Gruppe alter Damen plaudernd näherschlenderte, der schöne Weg auf die Bastei, den wir so leichtsinnig verlassen hatten. Jetzt, nach überstandenem Abenteuer, wurde uns übel. Ingrid hatte beim letzten Aufstiegsstück begriffen, was mit uns geschehen war.

Hernach in der Berggaststätte beim Kaffee überfielen uns Lachkrämpfe. Die Leute hatten sowieso schon sehr erstaunt aufgeblickt, weil wir so derangiert und dreckig in das gemütliche Lokal gezogen kamen. Ich erkundigte mich beim Kellner und erfuhr, was wir uns unterdessen schon selbst zusammengereimt hatten. Wir waren auf eine reine Kletterstrecke abgeirrt und vermutlich die einzigen, die diesen Weg jemals ohne zünftige Bergausrüstung angegangen und geschafft hatten. Das ist der rückwärtige Hang, sagte der Ober, reine Ehrfurcht in der Stimme, dort üben die Bergvereine.

Wir brachen wieder in Gelächter aus. Der Kellner, uns mißverstehend, meinte entschuldigend: Früher sind unsere Bergsteiger oft in die Alpen gefahren, jetzt ist das wegen der Zonengrenze nicht mehr möglich. Doch besitzen wir hier in der Sächsischen Schweiz auch Hänge mit oberstem Schwierigkeitsgrad.

Und wie wir beide dem Mann zustimmten!

Erschöpft wie wir waren, schafften wir kaum den Weg zurück ins Tal und bildeten dann auf dem Schiff nach Bad Schandau die Sensation des Tages, obwohl wir uns auf der Toilette halbwegs wieder hergerichtet hatten. Ingrid trug ihre Schuhe in der Hand, die Schleife hatte nicht mehr gehalten, mir hing ein großer Triangel Stoff aus dem Hosenknie. Ein ungewöhnlicher Anblick für die friedlichen Urlauber, denen es nicht eingefallen war, nach links vom Weg abzuweichen.

Zwei Tage und Nächte schliefen wir durch vor Erschöpfung.

Zwei Eigenheiten verdankten wir den abenteuerlichen, halsbrecherischem Aufstieg »Rückwärts auf die Bastei«. Zum einen liebten wir beide die überraschenden Abkürzungen und unkonventionellen Wendungen, weshalb uns ein abzweigender, kleinerer Weg unwillkürlich als die Möglichkeit erschien, schneller voranzukommen. Zum anderen stiegen wir, ganz wie richtige Bilderbuchphilosophen, völlig in Gespräche vertieft, bergan. Peripathetiker am Fuße der Bastei. Was uns beschäftigte, war der Begriff der Totalität. Ingrid hatte eben ein längeres Gespräch mit Bloch hinter sich und ihre Vorlesungsaufzeichnungen repetiert.

In der 14. Vorlesung des Semesters war Bloch am 12.11.54 anläßlich der Aristotelischen Logik auf die Lehre von der Ganzheit (hysteron te physei) gekommen – das Ganze ist mehr als die Summe seiner Teile, durch Analyse können Summationsphänomene erschlossen werden, nicht aber die Qualität der Ganzheit, das geistige Band.

Aufmerksamkeit hat das Phänomen des öfteren erregt, etwa bei Othmar Spann in der Gestaltlehre, bei Goethe sind Anklänge in der Morphologie enthalten; der Faschismus verwarf die Analyse vollständig und sah allein die Gestalt. Im Marxismus soll sowohl die Analyse der Einzelteile als auch der allgemeine Zusammenhang beachtet werden.

Soweit gekommen, hatte Bloch eine Vorlesung in der Vorlesung begonnen, denn eben die Kategorie Totalität enthielt die wohl wichtigste Differenz zwischen ihm und Georg Lukács. Wo es nur möglich war, sprach sich Bloch über diesen Unterschied aus, den Angelpunkt seines Hoffnungsdenkens, wonach das Vorhandene und Gegenwärtige nicht abgeschlossen, sondern »nach vorn« Richtung Zukunft offen und damit entwickelbar sei.

Verständlicherweise galt für Bloch das Erkannte als ein Fertiges. Indem man Wirklichkeit auf Begriff brachte, war sie als Begriffenes abgeschlossen, ein fixiertes, fertiges Wissen. Das Prozeßhafte, die Möglichkeiten seiner Tendenzen und Weiterentwicklung gingen nicht mit in die Begrifflichkeit ein, und insofern stellt unsere Erkenntnis aufgrund ihrer festen Formeln die sich entwickelnde Wirklichkeit immer als Abgeschlossenes dar. Ingrid malte aus, wie sich Bloch echauffierte, als er darauf zu sprechen kam. Sie standen beide auf dem Flur im Philosophischen Institut, der Professor packte die Studentin am Arm, Lukács, meine Liebe, sagte er, gleitet dauernd ins Deduzieren aus Feststehendem ab. »Die Zerstörung der Vernunft« ist voll davon. Dagegen komme es darauf an, und die Dialektik verlange das, die Wirklichkeit in ihrer Bewegung und Weiterentwicklung zu erkennen und zu fassen.

In der Vorlesungsnachschrift fanden sich eine Menge Beispiele, die Bloch für seine Auffassung heranzog. Die Gestaltlehre in der Musik, wo das Ganze, die Melodie, früher da sei als die Teile und wo die noch so strenge Analyse der Teile eben nicht die Qualität Musik ergebe.

Ich versuchte Ingrid klarzumachen, daß der Streit um die Kategorie der Totalität nicht durch Rückgriff auf die marxistischen Klassiker zu entscheiden sei. Die Partei löst das Problem von Fall zu Fall nach Interessenlage. Historisch gesehen hatte sie jeweils Lukács bejaht und Bloch abgelehnt. Wie tiefreichend die Gegnerschaft war, erwies erstmals die Expressionismusdebatte von 1938. Die Totalität von Lukács stellte sich als ästhetische Parteidisziplin vor. Die Favorisierung des bürgerlichen, klassischen Romans war nichts anderes als die ästhetisch verkleidete Vorliebe für die geschlossene Form, die unbeirrbar herrschende, sich überall durchsetzende Hegelsche Totalität. Das Ganze als Totales beherrschte alles Einzelne diktatorisch: Die Kunst bedurfte des Totums als Korsett, das die auseinanderstrebenden Einzelelemente gewaltsam zusammenpreßte. Fehlte dieses Zwangsmieder, kam genau jener Expressionismus, jene Einzelteilkunst und Splitterliteratur heraus, die Bloch vertrat und verteidigte. Das bedeutete konkret in der Belletristik Brecht statt Thomas Mann, John Dos Passos statt Scholochow. Kurzum, es lief auf den der Partei abscheulichen Formalismus hinaus, ein Teufelswerk von Kunst und Literatur, dem die Harmonie fehlte, die Ausgewogenheit, das Abgeschlossene.

Lukács, der seiner früheren einsichtsvollen Arbeiten wegen zumindest einen Sinn behalten hatte für künstlerische Problematik, vermutete denn auch neben dem Zusammenhang von Expressionismus und USPD einen noch weit schlimmeren Zusammenhang von Expressionismus und Spontaneität, was wiederum auf Rosa Luxemburgs Spontaneitätstheorie verwies, die durch Lenin zur schlimmen Abweichung und von Stalin zum todeswürdigen Verbrechen erklärt worden war.

Gleichgültig, ob das alles von Lukács so gedacht worden ist oder nicht, und es war wohl in der Konsequenz nicht ganz so angelegt, hatten wir hier ein schönes Beispiel dafür, wie ein differenziertes Gedankengebäude zum dickmaurigen Kerkerbau werden kann, nimmt man nur die richtigen Vereinfachungen und Verstärkungen vor und zieht eine rigorose Wachmannschaft ein. Die Gefangenen finden sich dann schon von selbst.

Lukács vertrat die Totalitäts-Theorie übrigens nicht ganz so borniert, wie Bloch das in der Polemik darstellte, oder Lukács gestattete sich selbst Abweichungen, jedenfalls kann sein mehrfach angebrachter Verweis auf den Leninschen Satz »Die Wirklichkeit ist immer klüger als wir« durchaus selbstkorrigierend verstanden werden. Denn wenn die Wirklichkeit klüger als das Erkennende ist, so enthält die Realität eben genau jenen Überschuß, auf den Bloch hinwies, gleichgültig, wie man diesen Überschuß nun benannte.

Übrigens endete der Streit damit, daß beide Kontrahenten aus dem Kampf geworfen wurden. Lukács engagierte sich bei der

Regierung des Imre Nagy im Oktoberaufstand 1956 wiederum als Kulturminister wie schon in der Revolutionsregierung Bela Kuns und wurde dafür zwar nicht wie Nagy und Maleter an die Wand gestellt, so doch verhaftet, isoliert und erst viel später wieder öffentlich akzeptiert. Bloch durfte 1957 sein Philosophisches Institut in Leipzig nicht mehr betreten und ging später in den Westen.

Womit der Kategorien-Krieg nicht beigelegt ist, sondern in diversen politischen und ästhetischen Auseinandersetzungen unentschieden fortlebt.

Wir bewunderten Bloch seinerzeit in Leipzig, weil er seinen Standpunkt so energisch und grimmig vertrat. Die Tiefe und Leidenschaft seines Engagements ging mir auf, als ich begriff, daß es sich um einen jahrzehntealten und mehrere Generationen begleitenden wie sie entzweienden Konflikt handelte, der eben auch heute nicht beizulegen ist. Im Kern bleibt dies das Problem der sozialistischen Macht, ihrer Struktur und Herrschaftsweise wie Herrschaftsform. Im Kern haben die Kontrahenten Lukács und Bloch auch recht mit ihren extremen Stellungnahmen. Nie vor und nicht nach ihnen wurde der Gegensatz derart ausformuliert, wiewohl er sich aus dem politischen Raum in den ästhetischen verlagert hatte. Die ästhetischen Kämpfe waren eben stellvertretende Kämpfe gewesen, denn politisch ließ sich der Konflikt unter Stalins Herrschaft gar nicht mehr formulieren. Nachdem Stalin gestorben und mehr oder weniger verdammt worden ist, besteht jedoch kein Grund mehr, die Differenzen in ihrer politischen Brisanz weiterhin undefiniert zu lassen. Wer für die unbeschränkte Herrschaft der Totalität ist, spricht sich damit für einen totalitären Sozialismus aus. Wer die Totalität mindert, gerät in die Nähe jener Sozialisten, die der Spontaneität der Massen vertrauen und das Individuum in Rechnung stellen. Die Gefahren, die ein spontaner, also tendenziell antiautoritärer, jedenfalls trotzkistisch-demokratischer Sozialismus mit sich bringt, können nur gegen die Gefahren des totalitären Sozialismus, der historisch als Stalinismus erschien, abgewogen werden. Vielleicht liegt die Wahrheit irgendwo in der Mitte und muß als historischer Prozeß gesehen werden.

13. Intellektuelle und Revolutionäre

Als mein kleines Buch *Aristotelische und Brechtsche Dramatik* erschien, bekundete Alfred Kurella großes Interesse. Er war vor wenigen Jahren erst aus Moskau nach Deutschland zurückgekommen, hatte hier aber keine besondere Resonanz gefunden und sich seinerseits mehrfach abfällig über Schriftsteller und Literaturwissenschaftler in der DDR ausgesprochen, was ihm in diesen Kreisen wiederum übel angekreidet wurde.

Das erste Mal erlebte ich Kurella auf einer öffentlichen Veranstaltung während der Leipziger Messe, wo Johannes R. Becher, Kulturminister der DDR, sprach. Die Anwesenheit vieler westdeutscher Messegäste wurde von den Einheimischen dazu benutzt, tüchtig Kritik an der DDR vorzubringen. Becher stellte sich mit großem Geschick auf das kritische Publikum ein, und als jemand den Text eines im Saal angebrachten Transparents angriff, weil dieser sich nicht mit dem Friedensparolen Bechers vertrug, akzeptierte das der Kulturminister nach einem Moment der Verwirrung und versprach, das Spruchband entfernen zu lassen.

Auf dieser Veranstaltung redete auch Kurella. Er ist kein besonders guter Redner, leidet an einem leichten Sprachfehler und zog sich durch taktische Ungeschicklichkeiten den Unwillen der Versammelten zu. Als er das merkte, reagierte er gereizt, was ihn noch mehr ins Unrecht setzte.

Im kleineren Kreis und im persönlichen Gespräch konnte man jedoch einen anderen Kurella erleben. Vielleicht gibt es auch zwei verschiedene Kurella-Exemplare, eines, streng auf Parteilinie und Öffentlichkeit programmiert, den Mann, der sich verkrampft, mit gequetschter Stimme spricht und platte Parteisprüche absondert, und andererseits den Literaturkenner Kurella, der aus dem Fundus einer ausgezeichneten bürgerlich-humanistischen Bildung schöpfen kann und zu differenzieren versteht, daß es eine Lust ist, ihm zuzuhören, mit ihm zu streiten und ihn wirklich zu fordern.

Allerdings leidet Kurella am Funktionärskomplex, der in abgewandelter Form auch Theoretiker-Komplex sein kann. Selbst Literaturwissenschaftler wie Hans Mayer fühlen sich ja innerlich als kreative Schriftsteller, denen nur ein unglückliches Geschick versagte, erzählerisch produktiv zu sein und ein »Thomas Mann« zu werden.

Böse Zungen unter den Schriftstellern behaupten vom Kritiker, daß er eben deshalb jeden Roman seinem Autor verüble, das Buch als persönliche Beleidigung auffasse und entsprechend reagiere. Etwas Wahres mag daran schon sein.

Noch mehr trifft das auf jene zu, die als erzählende Autoren begonnen haben und später auf der Strecke blieben, das Feld wechselnd. Der berühmte, weithin anerkannte Kritiker, Theoretiker, Wissenschaftler trägt dann lebenslang an der heimlichen Wunde, seinen Erfolg auf einem Gebiet gefunden zu haben, wo er ihn gar nicht hatte finden wollen.

Kurella nun ist, seine Texte zeigen es, kein so übler Schriftsteller, wie die Fama behauptet; er hat lange Zeit in Paris und Moskau gelebt, sich als Übersetzer und Kenner der französischen und russischen Literatur einen Namen gemacht – allerdings kam seine Kenntnis irgendwann zum Stillstand und wich jenem eigentümlichen Ekel vor allen literarischen Neuerungen und Neuerscheinungen, den man bei bestimmten, nicht an ihr Ziel gelangten Autoren ziemlich oft antrifft.

Kurella, der über zurückliegende Poesie und Prosa erstaunlich informiert und abgewogen urteilen kann, operiert hinsichtlich neuerer Werke mit banalen Pauschalurteilen.

Eines frühen Morgens traf ich in Leipzig an der Straßenbahnhaltestelle beim Roßmarkt mit Kurella zusammen.

Kurella war bereits Leiter des Literaturinstituts und ZK-Mitarbeiter, doch der hochgestellte Mann leistete sich, was mir sehr imponierte, den Luxus, zu Fuß zu gehen und Straßenbahn zu fahren. Bei der gemeinsamen Straßenbahnbenutzung und später in mehreren Gesprächen entdeckte ich eben jenen anderen, »zweiten« Kurella, den Mann mit imponierenden Kenntnissen. Sein Interesse an mir fußte auf der Meinung, er habe in mir einen gefunden, der gegen Brecht sei. Nun behagte mir der gerade arg ins Kraut schießende Brechtrummel tatsächlich nicht, doch war dies keine Stellungnahme gegen Brecht, sondern gegen die unkontrollierten literarischen Gefühlsausbrüche. Ich selbst war durch Brecht schon in recht kuriose Situationen geraten. Als ich 1952 an die Universität gekommen war, ergaben sich in einem Seminar lange Diskussionen über die 5. Tagung des ZK der SED vom März 1951, auf der der »Formalismus in der Kunst« verdammt und die Brecht/Dessau-Oper *Das Verhör des Lukullus* streng gerügt worden war. Ich beschäftigte mich daraufhin mit Brecht und machte jene animierenden Entdeckungen, die dann eine ganze junge Generation in Ost wie West für Brecht einnahm, ja schwärmen ließ. Am »Zentralhaus für Volkskunst«, einer aktiven und verdienstvollen Bildungseinrichtung, wo ich Seminare hielt, brachte ich meine neuerworbenen Brecht-Kenntnisse so ungebremst an, daß die leitenden Genossen mich rügten und zur Ordnung riefen. Man war derzeit an diesem Institut wohl etwas zurück und noch ganz auf das 5. ZK-Plenum eingeschworen, als sich an den Universitäten eine gewandelte Einstellung zu Brecht durchsetzte, kurzum, innerhalb von zwei Jahren sprach niemand mehr vom Formalismus-Plenum, Brecht war jetzt die große Mode geworden, was ich ebenso ärgerlich fand wie die vorhergehende Kampagne gegen ihn. War ich also 1953 gerügt worden, weil ich für Brecht eingetreten war, wurde ich 1955 gerügt, weil ich nicht den Theatermacher Brecht allein gelten lassen wollte. So kann man immer in Verschiß sein, wenn auch aus ganz gegensätzlichen Gründen. Außerdem hatte ich aus rein politischen Erwägungen 1954 Bechers Drama *Winterschlacht* in der *Weltbühne* gewürdigt, listigerweise aber die Besprechung mit einer großen Empfehlung für den Roman *Tauwetter* von Ilja Ehrenburg zusammengekoppelt. Es war mir einfach richtig erschienen, diesen umstrittenen, beargwöhnten Roman, den ich literarisch wenig schätzte, dessen politische Brisanz jedoch nicht überschritten werden konnte, in der DDR publik zu machen. Becher war von meiner Besprechung so angetan gewesen, daß er mir über die Redaktion ein großes Schreiben sandte, in dem er sich artig bedankte und auf meine Argumente einging. Der Brief des Kulturministers festigte meine Stellung in der *Weltbühne* derart, daß mir im folgenden Jahr fast alles abgenommen wurde, was ich einreichte. Ein Glücksumstand, und für den nicht an Jahren, doch an Studien jungen Studenten zweifellos ein stolzes Erlebnis. Doch die Kulturschaffenden denken in wenig konkreten Kategorien. Meine Pro-Becher-Haltung und gewisse ironische oder gar bissige Anmerkungen über Funktionäre, die Brecht erst hatten fressen wollen und ihn jetzt blumig hofierten, brachten mich einfach in den Ruch der Brecht-Feindschaft. Das wiederum mobilisierte den alten Brecht-Feind Kurella und nahm ihn für mich ein.

So nahe liegen Trugschluß und Eitelkeit beieinander. Doch empfand ich die Annäherungsversuche des berühmten alten Kulturbolschewisten auch als angenehm, einmal weil sie mir Selbstbestätigung gaben, zum andern aber, weil ich meiner stets wachen Neugier frönen, mit Kurella sprechen und mich informieren konnte. Bisher war mir dieser Mann nur aus der Presse bekannt gewe-

sen, oder als Übersetzer und Buchautor. Jetzt hatte ich diesen Menschen in natura neben mir. Was die *Winterschlacht* von Becher angeht, die ja Angriff und Niederlage der faschistischen Wehrmacht vor Moskau abhandelt, so erlebten Ingrid und ich die Premiere im Leipziger Schauspielhaus mit sehr gemischten Gefühlen. Die Schauspieler deklamierten ihre Rollen mit sächsischer Feierlichkeit, und von der Winterschlacht-Bühne drang eisige Kälte ins Parkett. Wahrscheinlich hatte man richtigen Schnee und Eis auf die Bühne transportiert oder dort extra gefroren. Andererseits gewann Bechers Sprache an einigen Stellen ihre frühere expressionistische Wucht und Schärfe zurück, wenn es etwa hieß: »Für Feinde führt kein Weg nach Moskau / den Freunden aber öffnen wir das Herz...«

Solche Sätze treffen. Die Naiven erleben Weltgeschichte auf den Brettern und atmen beglückt. Die Scharfsinnigen vernehmen den blutigen Doppelsinn der Worte; die Szene wird zum Tribunal. Doch jeder erlebt ein anderes. Nach der Premiere staute sich die Menge um eine schwere Staatslimousine vor dem Theatereingang. Im Fond saß ganz allein Becher, mit starrem Gesicht, die Augen unbeweglich hinter den Brillengläsern. Kein Mensch sonst bei ihm, kein Begleiter, kein Sicherheitsdienstler, kein Chauffeur. Die Masse staute sich; alles geschah in einer unheimlichen und schon unwirklichen Stille. Vielleicht bestimmte mich diese beklemmende Beobachtung, das Stück viel positiver zu besprechen, als ich es während der Vorstellung beabsichtigt hatte. Die Einsamkeit Bechers glich der Einsamkeit Kurellas, es war die bleibende Auswirkung der Vereinzelung von Menschen, die durch Krieg,

Kampf, Emigration und unendliche Bedrohungen hatten gehen müssen. Wie sollten sie unverstellt und unverstümmelt überlebt haben können? Als Bechers Fahrer endlich auftauchte und den Wagen anfuhr, sah ich, wie Bechers Hand sich im Sitzpolster verkrampfte. In seinem massigen, aufgedunsenen Gesicht aber regte sich nichts.

Bei den verschiedenen Gesprächen mit Kurella suchte ich herauszufinden, um was für einen Menschen es sich bei ihm handelte. Obwohl ich dabei mit meiner Meinung nicht zurückhielt und also offenbar werden ließ, daß ich nicht in eine Anti-Brecht-Front einzureihen wäre (wobei mir erst später bewußt wurde, wie sehr sich hier die früheren Fronten vom Expressionismus-Streit fortsetzten, Zeit also weder Wunden noch Meinungen heilt), bot mir Kurella eine Stellung am Literaturinstitut an, was ich in aller Höflichkeit ablehnte, nicht aber, weil es sich um eine Position an dieser von Kurella geführten Einrichtung handelte, sondern weil ich beabsichtigte, mich überhaupt und unbedingt von allen Anstellungen und Ämtern fernzuhalten. Ich wollte freier Schriftsteller werden, nichts anderes. Kurella konnte mir die materielle Sicherheit eines Gehalts bieten, darauf pfiff ich, auch hätten sich gewiß in Kürze Reibungen ergeben. Ich hatte keine Lust, mich in interne Parteikämpfe zu verwickeln, sei es an der Universität oder anderswo.

Immerhin lernte ich den anderen, den zweiten, wissenden, menschlichen Kurella kennen. Den Mann, der zu betrauern ist, weil er eingesargt liegt in der harten Hülle des ersteren.

Wie viele Opfer gebracht werden müssen, auch von Überlebenden. Wie schwer es oft wird, unter den Zügen der Masken, die uns als Gesichter vorgezeigt werden, die wirklichen Gesichter aufzuspüren.

Von Johannes R. Becher erschienen Tagebücher aus der Gegenwart, die mir gefielen, auch wo ich nicht zustimmen konnte. Ich schätzte diese Art von zeitgemäßer, aktueller Auseinandersetzung, die das Subjektive und Persönliche nicht aussparte, aus Gründen, die mir anfangs weder bewußt noch klar geworden sind. Erst als ich darüber nachzudenken begann, verstand ich, weshalb ich Bertolt Brecht, Arnold Zweig und andere Klassiker der vorhergehenden Generationen nicht mehr so recht mochte. Sie lebten nur physisch in der Gegenwart und der DDR, ihre Werke aber bezogen sich auf andere Länder und Zeiten.

Mein Bedarf an Exotik war schnell gestillt. Die gegenwärtigen Verhältnisse und Konflikte interessierten mich. Je mehr ich darüber nachsann, desto deutlicher wurde, die alten Autoren führten längst veraltete Kämpfe weiter, die uns gar nicht mehr wirklich betrafen. Brecht ironisierte den in der Schweiz wohnenden Thomas Mann, Arnold Zweig ignorierte die Gegenwart mit einer schon wieder souveränen Verachtung, Lukács und Kurella schrieben ihre Anklagen gegen Brecht, Bloch, Eisler weiter, wie diese sich gegen Lukács und Kurella wandten, auch wenn die Gegner einander nicht immer beim Namen nannten.

Der Kampf, der in der Expressionismus-Debatte seinen Ausdruck gefunden hatte, tobte noch immer. Ausbrüche dieser Art erlebten wir bei Bloch oft genug, nur konnten die Zuhörer das nicht näher deuten. Die Vorgeschichte lag sehr im dunkeln. Einige wenige Kenner begriffen, weshalb Georg Lukács gleich zu Anfang in der DDR, sie firmierte noch als sowjetische Besatzungszone, so viel gedruckt wurde. Der Aufbau-Verlag, kaum gegründet, legte eine stattliche Anzahl von Lukács-Bänden vor. Die berühmten gelben Bändchen begründeten aber keine Kultur, Literatur und Kritik, wie viele damals annahmen, sondern den Kulturstalinismus, indem sie die Kulturpolitik fortführten, zu der die KPD in der Moskauer Emigration unter dem bestimmenden Einfluß Stalins gekommen war.

Im Zeichen der Volksfrontpolitik ließ Alfred Kurella die Expressionismus-Debatte damals versöhnlich ausklingen, Lukács allerdings hatte kein Zeichen der Befriedung gegeben, und Kurella war wohl nur einem Wink der Partei gefolgt, der an Solidarität mit den bürgerlichen Intellektuellen lag. Jetzt in der DDR wurden die Weichen von Anfang an genauer gestellt. Die Kultur sollte den von den Kommissaren gewünschten und vorgezeichneten Weg gehen. Lukács galt den Parteiführern dabei als Garant, was er in der Expressionismus-Debatte gewesen war. Kurella hatte sich ausdrücklich auf ihn berufen.

Wie sehr der begütigende Abschluß des Streitgesprächs auf geheime Beschlüsse, nicht aber auf den persönlichen Willen Kurellas zurückgeführt werden mußte, dämmerte mir, als ich in Leipzig mehrfach mit ihm zusammentraf.

Welch ein Widerwille gegen Brecht, welch ausgesprochener Haß gegen Bloch! Nichts war in den vergangenen Jahren vergessen worden, hier standen sich unversöhnte Gegner, nein Feinde gegenüber.

Wobei zwischen Kurella und Lukács zu unterscheiden ist. Der

zweifellos wirksamere Ungar, der bei seinen eingenommenen Positionen blieb, baute sie freilich verschiedentlich in nicht genehme Richtungen aus und nahm schließlich gar an der ungarischen Revolutionsregierung des Imre Nagy teil, so daß ihn die Rote Armee mit gefangensetzte. Da war er weg vom Fenster.

Kurellas Probleme mit der Partei blieben dagegen vergleichsweise winzig und sind der Öffentlichkeit noch nicht einmal in Andeutungen bekanntgeworden. Bekannt sind lediglich Schwankungen in Kurellas Karriere, die ihn für eine Zeitlang sogar in die Prominentensiedlung führte, wo er aber bald wieder weg mußte. Es wird berichtet, beim Auszug hätten ihm Tränen in den Augen gestanden.

Ich glaube dies deshalb, weil Parteilichkeit und Konsequenz dieses Mannes keine Grenzen zu kennen scheinen. Kurella stellte sich stets, war eine Liquidation im Bereich der Kultur vorzunehmen, bedingungslos zur Verfügung. So sind alle schmählichen Aktionen an der Kulturfront untrennbar mit seinem Namen verknüpft, angefangen bei der Expressionismus-Debatte bis hin zur Kafka-Verdammung, die als Warnung an die Dubcek-Kräfte in der CSSR zu verstehen gewesen ist und auch so verstanden werden sollte.

Kultur in diesem heruntergekommenen stalinistischen Selbstverständnis taugt dann nur noch zur Signalwirkung in den machtpolitischen Raum hinein. Der bürgerliche Intellektuelle, wie Kurella es einmal gewesen ist, sprang aus Ekel an dieser seiner Herkunft und Klassenlage in den Jungbrunnen des Marxismus und tauchte als Exekutor daraus wieder hervor. Sein Wissen und seine Bildung sind nur noch Tarnmäntel, in die er schlüpft, seine Opfer zu täuschen.

Kurellas Hauptsorge schien manchmal zu sein, daß er als Schriftsteller nicht genügend geachtet wurde. Bei allem Einfluß, den er ausübte, gelang ihm doch nicht, seine Bücher so unterzubringen, wie er wollte. Jochen Wenzel, der zum Wochenende meist aus Berlin nach Leipzig kam, wo seine Frau wohnte, berichtete Ähnliches von Johannes R. Becher. Das wunderte mich nun wirklich, denn Becher hatte noch ganz andere Möglichkeiten der Einflußnahme als Kurella. Aber er ließ seine Gedichte fortwährend an die Redaktionen senden, und war von einer Zeitung längere Zeit nichts gebracht worden, wußte er seinen Unmut zu signalisieren.

Ich lernte Albrecht kennen, der in Berlin als Sekretär beim Kulturbund arbeitete und viel mit Becher zusammenkam. Albrecht saß stundenlang bei Bier und Wodka und erzählte Geschichten. Albrecht war einer der wenigen jungen Juden in der DDR, die sich freimütig als Juden bekannten. Er war an die dreißig, wirkte mit seinem wallenden Bart wie fünfzig und berichtete von Becher mit der singenden Stimme des Rabbi, der Gestalten aus dem Alten Testament beschwört. Nach Albrechts Erzählungen war unser Kulturminister ein »ganz dekadenter Hund«, der von Drogen lebte, die Verlage und Zeitungsredaktionen mit seinen Gedichten ängstigte, von Ulbricht verachtet wurde, in der Partei nichts zu sagen hatte und am liebsten in Mecklenburg auf die Jagd ging. Albrecht wollte mehrfach dabeigewesen sein. Becher besitze ein Jagdhaus und sei in der ganzen Gegend bei den Bauern gefürchtet, weil er wild in der Gegend herumknalle. Er komme dort im großen Ministerwagen angefahren und verschwinde, drei Büchsen über der Schulter, drei Hunde an der Leine, im Wald, wo es dann nur so knalle und halle. Den Tieren geschehe dabei nichts, nur ein Junge sei angeschossen worden, so Albrecht an seinem Erzähltisch in Auerbachs Keller. Ich zweifelte anfangs nicht nur an der Wahrheit seiner Geschichten, sondern auch an seiner Stellung. Albrecht mochte ein Aufschneider sein, was ihn in meinen Augen keineswegs herabgesetzt hätte; gerade solche Märchenerzähler imponierten mir, ich berauschte mich gern an den Wortströmen solcher Typen, von denen es leider immer weniger gab. Die Verarmung unserer Welt erwies sich nicht zuletzt darin, daß diejenigen Gestalten aus ihr verschwanden, die der technisch-industriellen Brutalisierung widersprachen und jedenfalls in ihrem Sinne nicht nutzbar und verwertbar genug waren.

Bei meiner nächsten Reise nach Ostberlin ging ich zum Kulturbund. Albrechts Zimmer lag gleich neben dem des Präsidenten. Sein Name prangte auf dem Schild vor der Tür. Ich ließ mich von der Sekretärin anmelden und wurde unverzüglich empfangen. Albrecht holte eine Flasche Wodka aus dem Schreibtisch und eröffnete ohne Umschweife die Erzählrunde. Wir saßen in seinem

Dienstzimmer wie sonst in Leipzig, und Albrecht verfiel in den leicht singenden Rabbi-Ton. Ich wunderte mich sehr, wie ein so angreifbarer Mann sich in dieser Position halten konnte. Albrecht lachte dröhnend, als ich meine Bedenken vorbrachte. Ich bin schon gefeuert! Er deutete auf die Tür.

Am Monatsende mache ich sie von draußen zu!

Du redest einfach zuviel, sagte ich.

Albrecht sah mich an, Tränen in den Augen. Ich warnte ihn, seine Geschichten seien für mich ein großer Spaß, wenn er aber anderen solche Dinge erzähle, könne er leicht mißverstanden werden. Albrecht antwortete, er rede weiter wie ihm der Schnabel gewachsen sei, außerdem sei Becher ein Dichter und wisse Dichtungen sehr wohl zu schätzen. Ich solle mir nur keine Sorgen machen. Im nächsten Monat könne ich ihn im Kulturministerium besuchen.

Wie sich herausstellte, war Albrecht auf Bechers Anordnung vom Kulturbund zum Kulturministerium versetzt worden, wo er sogar eine besser bezahlte Stellung erhielt. Du siehst, rief Albrecht aus, sein Glas Wodka erhebend, mir kann gar nichts geschehen, ich bin ein Dichter!

Ich weiß nicht, was aus dem Dichter geworden ist. Er kam noch einige Male nach Leipzig. Nach seinem letzten Besuch im Herbst 1955 erhielt ich noch eine Postkarte von ihm aus Moskau, wo er öfter zu tun hatte, wie ich wußte, doch tauchte Albrecht nie wieder in Leipzig auf, und ich kam aus mehrerlei Gründen nicht dazu, im Kulturministerium nach ihm zu sehen. Albrecht entschwand einfach meinem Bewußtsein, gehörte zu den Personen, die man aus nicht ganz einsehbaren, geheimen Gründen eine Zeitlang aus seinem Gedächtnis streicht. Viele Jahre später, als Albrecht, der große, schwergewichtige, sehr jüdische Wodkatrinker und Geschichtenerzähler aus der Tiefe des Verdrängten wieder aufstieg, forschte und fragte ich ihm nach. Einige wenige meiner damaligen Leipziger Bekannten erinnerten sich an ihn. Eine junge Frau, die mehrere Jahre im Kulturbund in Ostberlin gearbeitet hatte, kannte ihn. Doch wußte sie auch nichts weiter, als daß er in Bechers Kulturministerium übergewechselt sei. Dort jedoch scheint er nie angekommen zu sein. Kein Mitarbeiter oder Kenner dieses Ministeriums erinnerte sich an einen Mann, auf den meine

Beschreibung paßt. Einen Mitarbeiter Albrecht habe es dort nie gegeben, wird mir immer wieder versichert. Leider habe ich Albrechts Vornamen vergessen. Er hieß mit Familiennamen Albrecht, nutzte diesen aber als Vornamen und ließ sich so nennen.

Übrigens hatte mir Albrecht noch berichtet, Becher könne Kurella nicht leiden, ja er schimpfe oft auf ihn. Käme Kurella aber von Leipzig nach Berlin, gehe Becher mit dem Gast sehr höflich und beinahe unterwürfig um. Möglicherweise sei Kurella mehr ein Mann der Sowjets als Becher.

Vielleicht bauen wir unsere Einschätzungen gerade dann, wenn wir ihnen große Gewißheit mitgeben, auf Sand. Versuchen wir also, gegen Verfluchungen, die unsere Stimme uns aufnötigt, anzudenken, wenn alles sonnenklar vor uns zu liegen scheint. Wütet das neue Zeitalter nicht vielleicht schrecklicher, wenn es seine Opfer bei den Fremden und Feinden sucht und findet, und weniger schrecklich, opfert es seine Bundesgenossen, die gar noch eine besondere Art von Freude darin finden, geopfert zu werden? Die Metamorphose des bildungsbourgeoisen Alfred Kurella, dem die Stalin-Tscheka einen Bruder von der Seite holte und in die Massengräber verdammte, ist sie vielleicht besser erklärlich als der gewollte, bewußte Opfergang eines Mannes, der der geschichtlichen Medusa die Unausweichlichkeit ablauschte und sich nun darbietet?

Als der junge Kurella nach Moskau pilgerte und von Lenin zum Gespräch empfangen wurde, traf ihn der Blick des Revolutionärs und verwandelte den Bourgeois bis ins Herz hinein. Alles wertete sich ihm um, alles, was er besessen hatte, warf er von sich, alles, woran er geglaubt hatte, wurde ihm unglaublich. Fortan wollte er nichts anderes sein als ein strenger Diener der revolutionären Macht, und wie selbstverständlich mußte sein ganzes zukünftiges Sinnen und Trachten sich darauf richten, so zu leben, wie die jeweiligen Machthaber lebten. Der Einzug in die Privilegiertensiedlung der DDR wurde ihm ebenso Triumph wie der Zwang, daraus zu verschwinden, zum tiefsten Fall. Man würdigte weder seine Verdienste noch sein Opfer, und dies war die einzige Schuld, die ihn treffen konnte, daß er argwöhnen mußte, irgendwo einen Fehler begangen zu haben, der ihn untauglich werden ließ für die oberste Garnitur und wieder hinabstieß in jene unteren Sphären, wo die Lauterkeit und Reinheit der Revolution nicht gegeben war.

Ihm schien so, als habe er sich dem Blick Lenins, den er nicht vergessen konnte, unwürdig verhalten. Kritik von seiten der Partei wurde ihm zur Kritik an der mangelhaften Metamorphose, er war nicht ganz und gar vom Bürger in den Proletarier verwandelt, durch eigene Schuld, wieviel mehr mußte er nun andere zu reinigen suchen, damit er sich selbst reinigte vom angeborenen Makel.

Wer von der herrschenden Klasse des Kapitals übergehen wollte zur herrschenden Klasse des Proletariats, der mußte seinen alten Adam restlos überwinden, wie anders ließe er sich abstreifen als durch fortgesetzte revolutionäre Taten und wo anders wären seine revolutionären Taten zu leisten als auf dem Felde der Kultur?

Hier, wo er kraft der Privilegien seiner Abkunft und Bildung hatte heimisch werden können, mußte er die neue revolutionäre Kultur verteidigen gegen die Verderbnis derer, die nicht wie er in Lenins Blick geraten und darin geläutert worden waren.

Der Revolutionär als unglücklicher Märtyrer, der sich der Geschichte immer erneut zur Opferung anbot, aber abgewiesen wurde. Doch wenn ihm der große einmalige Akt der Existenzvernichtung nicht gegönnt war, so brachte er sich eben portionsweise um, legte sein ICH gewissermaßen in kleinen Stücken, Scheibchen um Scheibchen unters Fallbeil. Der Revolutionär, der es nicht zum Märtyrer bringt, opfert psychisch, indem er sich vor den Augen seiner alten Klassenbrüder beschädigt und verletzt; im großen und ganzen abzutreten, gelingt ihm nicht, also stirbt er nach und nach, und jede revolutionäre Geistestat, die ein Kurella vollbringt, ist zugleich Selbstopferung, denn die bourgeoise Meute heult auf unter den Streichen, und er fühlt ebenfalls den Schmerz der Selbstverstümmelung, doch ist es das noch nicht gänzlich überwundene bürgerliche Ich, welches aufschreit und in die Schreie der empörten Bourgeoisie einstimmt. Ihr sollt noch viel zu schreien haben, Gesindel!

Und Lenins Blick über alldem. Lenins Blick leuchtet. Denn was die Klassenfeinde Untaten nennen, sind den Klassengenossen Heldentaten. So verlangt es die Dialektik der Geschichte. Man wirft sein Leben nicht weg, weil man einem Stalin diente. Man diente Stalin und wäre stets bereit gewesen, für ihn sein Leben wegzuwerfen, diesen wertlosen Plunder, die Hülle des alten Adam. Auferstehen in den Taten des Märtyrers sollte der wahrhaft neue Adam. Was gäbe so einer darum, aus dem unbefleckten Schoß einer reinen Proletarierfrau geboren worden zu sein.

Wo aber nicht, versprach Lenins Blick Reinigung, und keine geschichtliche Interpretation konnte diesen Blick ungeschehen machen. Er, Alfred Kurella, ließ keinen Aufenthalt in Moskau vorübergehen, ohne den großen Toten in seinem gläsernen Sarg aufzusuchen, und wenn er an ihm vorüberschritt, öffneten sich die Augen des Verblichenen und schenkten ihm stets aufs neue jenen Blick, der sein Leben veränderte bis auf den tiefsten Grund und letzten Atemzug.

Es soll eine Gerechtigkeit sein auf Erden.

Da ich Hans Mayer schon mehrmals erwähnte, muß ich wohl auch jenen unerquicklichen Streit erklären, der mich über lange Jahre hinweg immer wieder zwang, entsprechend zu antworten. Da ich im Nebenfach Germanistik belegt hatte, durfte ich mich schon im ersten Semester mit Mittelhochdeutsch abquälen sowie Literaturgeschichte hören. Über moderne Literatur las Hans Mayer. In den Vorlesungen schrieb ich einfach munter mit, was der Professor lehrte. Nach einem halben Jahr repetierte ich die Nachschriften und war sehr unzufrieden. Der Grund hierfür kann bei mir selbst gelegen haben. Ich bin ein Gegenwartsfanatiker. Vergangenheit interessiert mich stets nur unter dem Aspekt, was davon für die Gegenwart relevant ist. Meine Neugier richtet sich auf die Personen und Umstände meiner Umgebung. Ich will wissen, wo und wie ich lebe und was das für Menschen sind, unter denen ich lebe. Mayer aber sparte, ganz wie es in der schönen Literatur gang und gäbe ist, die Gegenwart tunlichst aus, und seine Vorlesungen über so gegensätzliche Autoren wie Thomas Mann und Bertolt Brecht verdrossen mich schon deshalb, weil die beiden in ihrer wichtigsten Gegensätzlichkeit nicht vorgestellt wurden, sondern ganz als Mayers Geschöpfe auftraten, uniformiert durch den gleichen Vortragsduktus, der aus nahezu unerträglicher Eitelkeit und einer schon penetranten Ungenauigkeit bestand, man erfuhr einfach nichts über kategoriale Basisfragen, grundsätzliche Differenzen und Konflikte. Thomas Mann wie Bertolt Brecht schwammen in einer rötlichen, süßen Soße, waren einfach Schriftsteller eines irgendwie verkündeten demokratischen Antifaschismus, ich fragte mich nur immer, was zum Teufel die beiden eigentlich unterschied und was sie gegeneinander aufgebracht hatte. Spuren der Abneigung waren unleugbar, bei Brecht in den *Hundert Gedichten* fanden sich diese Zeilen: »Der Dichter gibt uns seinen Zauberberg zu lesen/ Was er (für Geld) da spricht, ist gut gesprochen!/ Was er (umsonst) verschweigt: die Wahrheit wär's gewesen./ Ich sag: der Mann ist blind und nicht bestochen.« Solcher scharfer Sentenzen wegen konnte ich für Brecht geradezu schwärmen, auch wenn dies sonst nicht meine Art von Literaturauffassung sein mochte. Hier jedoch, so spürte man, lagen in der Tiefe die wirklichen Konflikte, nur erfuhr man davon wenig oder nichts. Literaturgeschichte wurde als Feuilleton geboten, wie ein improvisiertes Klavierspiel. Ungeheure Dinge gingen vor, in der Wirklichkeit und ebenso in der literarischen Widerspiegelung, doch den jungen Studenten übte man bei den zelebrierten Dichter-Feiern in Hörsaal 40, Alte Universität, Ruine-Fragment, Blindheit ein; mußten hier die Vorlesungen auch so rudimentiert werden? Es gab einige Studenten, die ein wenig besser Bescheid wußten als die Masse, wir saßen nach den Vorlesungen ratlos und blickten einander an. Kaffee Haag, sagte Pfeiffer und lächelte entschuldigend. Die reinen Parteihörer wiederum vermißten in den Vorlesungen ihren Parteibarden Kuba und die anderen Dichter des Proletariats, von denen das Proletariat nichts wissen und lesen wollte. Nein, in dieser Hinsicht konnte man Mayer keinen Vorwurf machen. Wahrscheinlich vermochte er mit der obrigkeitsfrommen Parteibelletristik einfach nichts anzufangen. Das ehrte ihn gewiß. Warum aber bot er von der bürgerlichen Literatur nur Oberfläche?

Was gab es doch für interessante Autoren und Bücher in Ost und West und nicht zuletzt in der Vergangenheit. Wo blieb die revolutionäre Literatur der zwanziger Jahre? Freilich hätte man da auch auf gewisse politische Situationen eingehen müssen.

Statt dessen vernahmen die Studenten viel über die persönliche Sphäre von Hänschens »Bekannten«, und das eben setzte die immense Zuhörerschaft in immer erneutes Staunen, ja Verzükkung, der Vortragende kannte die hehren Dichter, hatte sie persönlich erlebt, wechselte Briefe mit ihnen.

Eine Zeitlang ging ich in diese Vorlesungen, so wie man eine Zeitung liest, mit deren politischer Grundlinie man überhaupt nicht übereinstimmt, man wird zum Protestleser. Ich wurde bei Hans Mayer zum Protest-Hörer. Allerdings war ich dem eloquenten Professor gegenüber voreingenommen durch einen Vorfall von so kurioser Art, daß ich mich anfangs weigerte, sowas als wahrscheinlich anzusehen.

Bis dies geschah, störte mich die unübersehbare Eitelkeit Hans Mayers nicht im geringsten; was mich irritierte, war die Tatsache, daß sie im Zentrum seiner Existenz zu stehen schien und alles andere darum herum kommandierte. Ich hatte früh begriffen, daß sich menschliche Größe in einem meist nicht ganz offenbaren, oft ziemlich verborgenen Zielstreben zeigte. Menschen von Bedeutung stellten ihr Leben vor eine hohe Aufgabe, die sie zu erfüllen trachteten, und ich begann den berühmten, vielberedten Germanisten mit Mißtrauen zu beobachten, lagen die Dinge in seinem Fall nicht etwa so, daß dieser Mann mit seinen vorzüglichen Gaben der Eloquenz am Ende ganz und gar auf diesen tristen Nenner zu bringen war? Eitelkeit als innere Achse einer ganzen Persönlichkeit?

Wahrscheinlich war das nicht die volle Wahrheit, immerhin kam ich ihr wohl nahe, und weil nun etwas eintrat, das mich sowohl amüsierte wie beleidigte, behielt ich nicht Stärke genug dafür übrig, das andere, das diesen Gelehrten auszeichnete, auch noch zu sehen; in einem Akt vielleicht verständlicher, sogar gerechtfertigter und doch nicht gutzuheißender Notwehr reduzierte ich meinen Gegner eben auf diese Null-Ebene hin: Eitelkeit sei seine einzige, allerdings umfassende Eigenschaft.

Bei Recherchen für einen Artikel der *Weltbühne,* traf ich mit einem Assistenten von Hans Mayer zusammen, der mich mitten im Gespräch mit einem Ausruf der Bestürzung unterbrach und fragte, ob ich auch unter dem Pseudonym Gert Gablenz publiziere. Ich bejahte. Der Assistent führte einen Freudentanz auf. Ich erfuhr, er war von Hans Mayer verdächtigt worden, unter diesem Pseudonym einen Artikel gegen Hans Mayer verfaßt zu haben. Überglücklich sauste der arme Junge davon, dem Professor zu berichten, der ihm seine Unschuld einfach habe nicht glauben wollen und ihn immer wieder zu sich zwecks peinlicher Befragung bestellte.

Daheim suchte ich den fraglichen *Weltbühnen*-Artikel vom 1.12.54 heraus und las ihn erst mal selbst nach:

Die Weltbühne

Nummer 48

1. Dezember 1954

IX. Jahrgang

Ein Viech auf der Geige!

Alfred Allwissend ist ein Viech auf der Geige, ein vierdimensionaler Könner, ein Genie, das nur deshalb noch keine Auszeichnung bekam, weil es trotz der Tatsache, daß es ein Genie ist, auch noch einen Beruf hat. Jawohl und leider! Auch Alfred Allwissend ist gezwungen, sich seinen täglichen Lebensunterhalt vermittels mühseliger Berufsmühe zu verdienen. Da sieht man wieder mal, daß sich bei uns auch ein richtiges Genie nicht geniehaft entwickeln kann!

Also wie gesagt, Alfred Allwissend hat einen Beruf. Und was für einen! Er ist nämlich Mitarbeiter von Professor Dingsda. Und weil also Alfred Allwissend Mitarbeiter bei Professor Dingsda ist, hat er wenig Zeit, auch wenig Zeit für seine Genialität — schade, jammerschade! A. A. ist eben gewissermaßen nur nebenberuflich Genie, hauptberuflich muß er die profane Wissenschaft unterstützen. Schade, jammerschade!

Alfred Allwissend weiß alles. Wer erfand den ersten Knopf, wer den letzten? Wieviel schadhafte Stellen hatte Hitlers Gebiß? Weshalb lieben saure Gurken den Parademarsch? Alfred Allwissend weiß alles!

Alfred Allwissend kennt alles! Wenn er Zeitung liest, meint er: Na so was, das hat der X hier ganz falsch behandelt, das ist doch in Wirklichkeit ganz anders! Und da hat das natürlich in Wirklichkeit auch ganz anders zu sein; denn es gibt nichts, was A. A. nicht weiß; nichts, was A. A. nicht kennt; nichts was A. A. falsch gemacht hat. Alfred Allwissends Meinung ist das Kriterium der objektiven Realität, nach ihm hat sich der Lauf der Gestirne zu richten, und der liebe Gott bittet ihn um Urlaub, wenn er mal seine Großmutter besuchen will. Wenn A. A. es für richtig befindet, muß die HO auf dem Saturn Bockwürste verkaufen.

Leider hat A. A. ja nun so wenig Zeit, weil er doch Mitarbeiter von Professor Dingsda ist. Er kann deswegen auch leider nichts schreiben, wiewohl er manchmal so gern möchte; denn welches Genie möchte das wohl nicht? Ein echtes Genie hält es ja im Grunde nie lange aus, läßt sich nie auf die Dauer von mittelmäßigen Talenten in den Schatten der wissenschaftlichen Kleinarbeit drängen, vielmehr ist es im Urgrund seines phänomenalischen Wesens begründet, daß es eines Tages hervorsteige und der staunenden Mitwelt verkünde: Seht ihr Banausen der minderbemittelten Durchschnittlichkeit, jetzt breche ich an das Licht...

Aber noch ist es nicht ganz soweit. Alfred Allwissend ist vielmehr wohldiszipliniert, und solange nicht die Deutsche Akademie der Künste in Verbindung mit der Deutschen Akademie der Wissenschaften von sich aus an Alfred Allwissend herantreten und ihn bitten, doch der Vorwärtsentwicklung der Menschheit zuliebe in das volle Genielicht des Tages zu treten, solange bleibt A. A. noch in der wissenschaftlichen Kleinarbeit, wenn er sich deshalb auch außer einigen gelegentlichen kritischen Bemerkungen nicht richtig in das Schlachtengetümmel der öffentlichen Meinung stürzen kann. Weshalb eigentlich nicht? Nun, Alfred Allwissend ist doch Mitarbeiter von Professor Dingsda, das müßte doch nun aber schon so langsam bekannt sein! Wo er doch so ein nebenberufliches Genie ist!

Unsere Gesellschaft ist eben noch viel zu konservativ, wirkliche Könner setzen sich noch viel zu schwer durch. Und solange das so ist, muß unser A. A. eben noch unerkannt schmachten. Wo er doch so ein Viech auf — ja auf welcher Geige eigentlich? — auf dem Kontrabaß ist, dem Instrument derjenigen, die es prinzipiell besser wissen und brummen, wenn irgendwo wer neue Töne erklingen läßt!

Gert Gablenz

Man sieht, es handelte sich um Äußerungen sachter, sanfter Unzufriedenheit mit gewissen Vorgängen, allerdings in sehr verallgemeinerter, witziger Art. Polemik gegen Hans Mayer hatte mir völlig ferngelegen. Eine gewisse Parallelität zu ihm fiel mir erst jetzt, nachdem ich die Moritat von der Verfolgung des Assistenten durch seinen Herrn Professor vernommen hatte, ins Auge.

Wie kann ein so angesehener Wissenschaftler sich nur derart einfältig aufführen, dachte ich verwundert und meinerseits einfältig.

Wenige Wochen später nahm mich Bloch beiseite und fragte, was ich Hans Mayer angetan hätte, der sich einfach nicht beruhigen könne. Ich gab Bloch das betreffende Heft der *Weltbühne* zu lesen. Hans Mayer kennt einfach alles, sagte Bloch halb belustigt, halb ärgerlich. Wahrscheinlich erging's ihm jetzt nach der Lektüre wie mir auch, erst im nachhinein, weil wir nun wußten, Mayer fühlte sich getroffen, erkannte man eine gewisse, wenn auch ziemlich weit hergeholte Berechtigung dafür. Ich hatte Mayer, ohne es zu wollen, schwer gekränkt, und er verzieh mir nie.

Heute weiß ich, durch viele Erfahrungen gewitzigt, wie sehr Polemiker, Satiriker und Ironiker unter solchen Mißverständnissen zu leiden haben. Die Exempel Heine und Tucholsky seien erinnert. Eine Polemik, die mit konkreten Namen operiert, macht dem Polemiker lediglich die Genannten und deren Anhänger zu Feinden. Ironie und Satire aber, die scheinbar abstrakt vorgehen, treffen in Wirklichkeit Unmengen konkreter Ziele; viele fühlen sich angegriffen, was sie dem Autor verübeln.

Darin eben besteht die unheimliche, wichtige und notwendige Wirkung solcher Literaturen, aber auch der Bumerang-Effekt. Der Satiriker zieht sich viele Todfeindschaften zu, das muß er wissen, kalt in Rechnung stellen und sich nicht wundern, wenn die Rache massiv in sein Haus zurückschlägt.

Vielleicht muß der Satiriker zu einem Gutteil masochistisch veranlagt sein und also Freude an den auf ihn zurückwirkenden Schmerzen empfinden können. Mein Masochismus mag nicht ausgeprägt genug gewesen sein, weshalb ich mich immer nur zeitweise als Satiriker ins literarische Leben vorwagte. Doch Heine und Tucholsky betrieben neben Satire und Polemik auch ihren literarischen Ausgleichssport, und sei es mit naiven Liebesgedichten. (So kann man aus der Literaturgeschichte lernen, Angriff und Rückzug, Überfall und Tarnung miteinander zu verbinden.) Sei's drum, ich hatte Hans Mayer gar nicht nahetreten wollen, ja hatte ihn noch nicht mal ins Visier genommen, als er sich getroffen fühlte; verständlicherweise kannte er sich viel besser als ich ihn.

Allerdings war ich nicht so souverän, die nun einsetzende Verfolgung durch den Professor zu ignorieren. Meine Eitelkeit war nicht gering genug, um unverletzlich zu sein, ich begann zurückzuschlagen, und nicht ohne Bosheit, die durch Reste völlig unbourgeoiser Naivität noch giftiger wirken mußte.

Eines Nachts, als ich mit dem Zug von Leipzig nach Crimmitschau fahren wollte und im Wartesaal saß, entdeckte ich Hans Mayer, der sich angeregt mit zwei Volkspolizisten unterhielt. Entgegen seiner sonstigen Gewohnheit war Mayer ausgesprochen schäbig gekleidet. Ich registrierte das verwundert, weil es meinen bisherigen Erfahrungen ganz und gar widersprach und Mayer auf mich stets den Eindruck eines überaus sorgfältig gekleideten Mannes gemacht hatte. Ich begriff nicht, wie schwer es der alternde Einzelgänger hatte, sah wohl nur die öffentliche Gestalt, den hohen Umgang mit dem Kulturminister, die ehrfurchtsvollen Artikel in der Parteipresse. Für mich war Hans Mayer ein Mann der Obrigkeit, mein plebejisches Mißtrauen gegen die da oben, mein anarchischer Widerwille fanden in Mayer ein dankbares Objekt, und mich empörte, wenn ich den Literaturwissenschaftler wieder bei einer Unredlichkeit ertappte; denn Unredlichkeiten waren es für mich, wenn in den Vorlesungen und Seminaren Dinge unterschlagen wurden, die der offiziellen Linie zuwiderliefen.

Ich begann den Professor zu verachten, und wußte doch nichts von seiner komplizierten psychischen Situation. Ungerechtigkeit beantwortete ich mit Ungerechtigkeit, es war beschämend. Spiegelbildlich führte ich jene Pose der Feindschaft und elitären Überheblichkeit vor, die Mayer mir vorexerzierte. Nicht im geringsten ahnte ich, daß ich mich damit auf das schmähliche Niveau der oberen Mittelklasse begab, wo derlei Intrigen zur normalen Umgangsform gehörten. So büßte ich wohl die moralischen Werte meiner Klasse ein, leichtfertig und gedankenlos wechselte ich vom proletarischen Habitus der Aufrichtigkeit, des offenen Kampfes, wenn es sein mußte, der festen Solidarität, wenn es sein konnte, in die Haltung derer, die aufgrund anderer Klassenerziehung nie erfahren haben, was ein Leben durch Aufrichtigkeit hinzugewinnen kann.

Die Krankheit Bourgeoisie, die das Universitätsleben durchdrang, alles und jeden infizierend, fand in mir einen günstigen Nährboden. Jede neue Nachricht, die Bosheiten des Hans Mayer betreffend, ließ mich wiederum mehr an Bosheit gewinnen.

Beinahe wäre ich, auf diese Weise, ein ganz normaler bürgerlicher Wissenschaftler geworden, hätte ich mich nicht zunehmend in Händel mit der Partei verstrickt und eben daraus die Schlußfolgerung gezogen, auf keinen Fall den üblichen Weg des Akademikers zu gehen. Nein, ich wollte nicht lebenslänglichen Gehorsam leisten müssen.

Ohne die beginnenden Kämpfe mit der Partei hätte ich mich wohl kaum zu diesem Entschluß durchgerungen. Mit einem anständigen Abschlußexamen und Doktorhut versehen, leistete ich heute wahrscheinlich irgendwo in den provinziellen Weiten der Deutschen Demokratischen Republik meinen Dienst an Partei und Staat. Eine Alternative?

Manchmal, in besonders schwierigen Situationen, spüre ich leise Wehmut und Versuchung; ihr nachgebend, mir ein solches Leben in sozialistischer Geborgenheit vorstellend, sage ich: Wäre jener andere Weg nicht viel leichter zu gehen gewesen?

Zur Tauwetterzeit kursierte bei uns ein Witz. Ein Engländer, ein Amerikaner und ein Russe unterhalten sich über die anzuwendende Technik beim Löwenfang. Der Engländer sagt, er miete sich einen landeskundigen Fährtenleser, zwei Gewehrträger, einen persönlichen Diener und spüre den Löwen auf. Der Amerikaner sagt, er setze sich auf einen Baum, lasse den Löwen von tausend Treibern herantreiben und knalle ihn ab. Der Russe sagt: Wir machen viel einfacher. Fangen Hasen und vernehmen ihn so lange, bis er zugibt, Löwe zu sein.

Was haben wir über diesen Witz, seiner Treffsicherheit wegen, gelacht. Oft fragte ich mich insgeheim, wie ich über diesen blutigen Scherz überhaupt lachen könne. Weil sich das Rätsel nicht lösen ließ, mich derlei Komik aber nachhaltig beschäftigte, schrieb ich einen langen, nie gedruckten Essay über das Lachen, den ich in der Schublade verschwinden ließ, weil ich von einer

Verwirrung zur nächsten fortschritt und immer nur begriff, daß wir als Lachende uns fremder sind als sonst. Vielleicht ist das Lachen überhaupt eine Fluchtbewegung, was zu denken den ganzen Vorgang noch fürchterlicher macht. Christa, meine Schwägerin, muß unwillkürlich lachen, erhält sie eine Todesnachricht. Eine Abwehrhaltung. Schöne Menschen sind wir, mit unseren Witzen.

Die komische, für mich aber folgenschwere Fehde zwischen Hans Mayer und mir hielt auch an, als ich die DDR verlassen hatte. 1959 kam der Literaturwissenschaftler zur Tagung der Gruppe 47 nach Schloß Elmau. Ich suchte ihn dort mehrfach zur Rede zu stellen, doch wich er jeweils geschickt aus. Endlich traf ich ihn allein, als er eine Schüssel mit Speiseeis vom Hotelbau wegtrug. Ich trat ihm mehrfach in den Weg, und er wischte um mich herum. Mit den Worten: »Ich muß jetzt mit Ihnen sprechen!« hinderte ich ihn am Weiterlaufen. Notgedrungen blieb er stehen, die Schüssel in beiden Händen, riß den Mund auf, als bereite es ihm größte Mühe, Luft zu schöpfen, und begann mich anzubrüllen. Die Erregung verdarb ihm alle Eloquenz. Nur Ausdrücke wie »Unverschämtheit – flegelhaftes Benehmen, gehen Sie sofort aus dem Weg!« standen dem sonst so differenzierenden Formulierer zu Gebote. Ich verhielt störrisch dicht vor Mayer und dem Speiseeis und rasselte meine Beschuldigungen herunter. Beim Geburtstag von Georg Maurer habe Mayer in Leipzig auf mich laut und lange geschimpft, obwohl er genau wußte, welches Kesseltreiben die Partei gerade veranstaltete, seine Vorwürfe seien mir dann beim Staatssicherheitsdienst genüßlich zitiert worden, überhaupt sei er wohl ein Stasispitzel, was Leo Bauer öffentlich behaupten durfte, in der Beilage der Zeitschrift *Parlament* vom 4.7.1956, wie Mayer ja genau wisse, doch gehe er gegen Bauer nicht gerichtlich vor, obwohl er bei seinen vielen Reisen von der DDR in die Bundesrepublik doch genug Gelegenheit dazu habe. Es sei für ihn gewiß bedauerlich, daß der in Ostberlin einst inhaftierte, von den Sowjets zum Tode verurteilte, dann nach Workuta verbannte Leo Bauer zurückgekehrt sei, womit er, Mayer, wohl nicht gerechnet habe. Ich zitierte dann noch Stellen aus Briefen, die Mayer an andere geschrieben hatte und in denen sich Behauptungen fanden, die mich, als ich davon hörte, einfach sprachlos gemacht hatten.

Als ich in meiner Anklage einhalten und Luft holen mußte, gab Mayer ein Geräusch von sich, als ginge ihm seinerseits die Luft aus. »Pffff« machte es, dabei hielt er die Lippen gespitzt und mit beiden Händen noch immer die Schüssel mit dem langsam sich verflüssigenden Speiseeis vor den Bauch.

Ich habe jetzt keine Zeit, stieß er endlich hervor, ich muß dieses Eis zu Ingeborg Bachmann bringen. Hans Werner Richter und Joachim Kaiser warten auch darauf!

Mit diesen Worten setzte er sich wieder in Bewegung. Ich blieb reglos stehen, der Professor spazierte um mich herum und stapfte einer Baumgruppe zu, hinter der die hohen Dichter wohl aufs Gefrorene lauerten.

Hans Mayer ging allerdings nur wenige Schritte und hielt dann inne. So, mit dem Rücken zu mir gekehrt, sagte er: Wir sollten uns doch einmal richtig aussprechen!

Ich weiß nicht, was ich ohne diese seine Bereitschaft zu einem Treffen unter vier Augen getan hätte. Jedenfalls war ich zu den finstersten Aktionen entschlossen.

Die Tagung endete Sonntag. Wir verabredeten uns für den kommenden Montagmorgen. Ort des Treffens wurde Mayers Hotel in München, ich glaube, der Württemberger Hof. Mich wunderte zwar, daß Mayer als nicht ganz unbekannter Bürger der DDR sich derart öffentlich mit einem von der DDR hart befehdeten Abtrünnigen und Emigranten zu treffen wagte, doch sagte ich mir, er würde seinerseits schon wissen, was er tun könne und was nicht. Vielleicht erstattete er nach Rückkehr genauen Bericht bei den zuständigen Instanzen, wie man das von Westreisenden auch gemeinhin erwartete, und so nahm ich die Gelegenheit munter wahr, Hans Mayer und durch ihn hindurch meiner so heiß- und haßgeliebten DDR, diesem vormaligen Vaterland gehörig die Meinung zu geigen. Wir ließen beide tüchtig Dampf ab und verspeisten jeder ein normales Hotelfrühstück mit Wurst und Käse als Zugabe, sowie zwei Spiegeleier auf Schinken. Vielleicht macht Auseinandersetzung hungrig, uns beide machte sie auch friedlich, die Aussprache zog sich in die Länge, wir begannen zu trinken, und da ich mich so vehement abreagiert hatte, dauerte mich der arme Professor, der zurückkehren mußte in die DDR und den Hörsaal 40, wo die germanistischen Jungmannen und Jungmänninnen schon mit praller geiler Neugier darauf warteten, die neuesten Klatschnachrichten in puncto West-Literatur zu vernehmen. Ich versicherte Hans Mayer, er sei eigentlich viel zu gut dafür, diesen Gänsen und Gänserichen dozieren zu müssen, er gehe ständig unter sein Niveau und habe überhaupt ein besseres Schicksal verdient... Wir schieden im besten Einvernehmen.

Das hielt nicht lange an. Ich bekam bald einen Brief zu Gesicht, an einen Studenten mit Namen Bilke gerichtet, in dem Mayer nach Lektüre meiner *Ärgernisse* allerhand merkwürdige Vergleiche zog, die sprachliche Leistung des Buches hervorhob und doch gleichzeitig Céline und gar Goebbels ins Spiel brachte. Auf diese Verlautbarungen hin begann auch ich den Krieg wiederum, der noch lange andauerte und erst nach Mayers Flucht aus der DDR damit endete, daß Blochs uns in Tübingen zusammenbrachten, was sie in der DDR schon mehrfach versucht, doch erfolglos abgebrochen hatten.

Jetzt, im alten Universitätsstädtchen, kam es zu einem recht intensiven Silvestertreffen. Walter Jens und seine Frau nahmen teil, Ingrid und ich übernachteten im Zimmer von Blochs Sohn Jan, der in England studierte oder arbeitete, und alle empfanden es als den einzigen Mißklang der Nacht, daß Hans Mayer eine halbe Stunde vor Jahreswechsel abrupt aufstand und sich artig verabschiedete. Karola versicherte, das halte Mayer immer so, und sie kennten diese Marotte schon von Leipzig her.

Ich verstand den notorischen Einzelgänger besser, als er wohl annahm. Die üblichen Neujahresgesten und Worte waren ihm seit langem derart zuwider, daß er sie nicht miterleben mochte und lieber fortging.

Nach diesem Treffen wechselten wir noch einige Briefe. Sein letzter war eine erstaunlich freundliche Eloge für ein kurzes Stück Lyrik von mir. Es lautet:

Die alten Dichter

Als sie jung waren
zogen sie wild vom Leder.
Zu wild,
wie sie später meinten.

Alt geworden,
sind sie klug und weise –
und werfen den Jungen
die Knüppel ihrer Weisheit
zwischen die Beine.

Da die Zeilen aus den *Ärgernissen* stammen, sah ich in diesem Brief so etwas wie eine angedeutete Wiedergutmachung und antwortete mit höflichem Dank.

Das liegt nun schon wieder mehrere Jahre zurück. Wir haben uns seither nicht mehr gesehen und nicht mehr geschrieben.

Das Wichtigste im Verhältnis Schüler–Lehrer ist, daß der Schüler oder Student hinreichend Grund sieht, der Gerechtigkeit des Lehrers zu vertrauen. Nichts schwächt die Bereitschaft zum Lernen und aufrichtigen Leben mehr als die Zweifel in die Gerechtigkeit des Mannes auf dem Katheder. Oft liegt die Entscheidung darüber verstreut in unzähligen kleinen Vorgängen, was die Ausführungen des Lehrers und die Aufnahme durch den Schüler betrifft, und hieraus bildet sich über längere Zeiträume hinweg ein Urteil, das entscheidet, ob die Universität oder Schule mit oder ohne Erfolg besucht werden konnte.

Nachdem Hans Mayer in den Westen gegangen war, druckte »Neues Deutschland« am 5. 11. 66 einen Beitrag von dem DDR-Autor Dieter Noll, in dem es hieß: »Machen wir uns nichts vor, wir waren im Begriff, uns ganz schön unterwandern zu lassen. Das reicht weit zurück. Zum Beispiel: Der Theoretiker und Playboy der Gruppe 47, Hans Mayer, ehe er dem Lockruf des Lastenausgleichs folgte, hat lange Zeit in unseren Reihen Qualitätsbegriffe verbreitet, die er auch nicht einen Deut zu ändern brauchte, nachdem er sich jenem von der Ford-Foundation finanzierten Literaturclub zur Verfügung gestellt hatte.«

Da sieht man, wie die DDR-Stalinisten Angst haben, bürgerlich unterwandert zu werden, während die BRD-Bürger umgekehrt fürchten, kommunistisch unterwandert zu werden, welchen Sorgen man von beiden Seiten munter mit allerhand Berufsverboten und Spitzeldiensten zu begegnen sucht.

Wie immer bei solchen Anwürfen bemühe ich mich, denjenigen,

der sie vorbringt, auch dann zu verstehen, wenn ich seine Meinung weder teile noch seine Argumente für klug halte. Im Fall Noll aber handelt es sich wohl um den Revancheakt eines jener DDR-Autoren, die von Mayer nicht beachtet worden waren.

Gemeinhin generalisieren sie ihren Unmut dann dahingehend, daß der Professor die bürgerliche Literatur der proletarischen vorziehe. Nun waren manche Produkte der DDR-Literatur derart karg und offensichtlich von der Partei hofiert, daß die Beschäftigung damit in der Tat schwerfiel. Andererseits legten Mayers Eitelkeit und Aufführung den Vorwurf des Playboytums mindestens nahe, was aber noch nichts über seine wissenschaftliche Qualifikation sagt, die ich ihm niemals absprechen würde, auch wenn ich ihn als den Übersetzer von Sartres Autobiografie *Die Wörter* wesentlich höher stelle denn als Literaturtheoretiker; das sind alles schon wieder Fragen des Geschmacks und selbstredend auch persönlicher Affektionen.

Bedenk' ich's recht, ist mir nur, als sei Mayers Hauptschwäche eben darin begründet, daß er eine Menge von unscheinbaren kleinen Fehlern begeht, die von der Masse des bloß modisch gestimmten Publikums nicht wahrgenommen werden mögen, die schärferen Geister aber nachdrücklich verstimmen, ja abstoßen müssen, weil sie nicht mehr von der Gerechtigkeit dieses Lehrers überzeugt sein können, ja ihr immer mehr mißtrauen. Hierin liegt auch begründet, daß die Vorwürfe von DDR-Autoren gegen Mayer einen Kern der Berechtigung enthalten. Die Kommunikationsbereitschaft des Professors war jeweils nur scheinbar gegeben, bei wirklichen Diskussionen, wo sich auch Gegenmeinungen artikulierten, dominierte schnell der autoritäre Charakter dieses Mannes, der das doch gar nicht nötig gehabt hätte.

Freilich wurde irgendwann gegen jeden der ihrer Abkunft nach bürgerlichen Schriftsteller und Wissenschaftler das große Geschütz proletarischer Parteilichkeit aufgefahren. Brecht geriet in dieses Feuer ebenso wie Mayer, Bloch, Kantorowicz, Wieland Herzfelde, Johannes R. Becher und andere, die sich aber ihrerseits auch öffneten und Einblicke gewährten in ihre Überlegungen.

Man muß ja nicht unbedingt bis zum reuigen Kniefall gehen und Selbstkritik üben, man kann sich aber selbst verifizieren, indem man seine Überlegungen, auch seine inneren Konflikte preisgibt, wenigstens andeutet und sich nicht immer gleich wie der Papst von Rom aufführt: ex cathedra.

Bleibt noch anzumerken, daß die proletarische Masche Brechts oder selbst das sarkastische Naturell Blochs besser in die DDR-Landschaft paßten als der Habitus Hans Mayers. Dieser kluge, belesene, hochsensible Mann war einfach ins falsche Land und falsche Jahrhundert geraten und litt an einem antiquierten Begriff von Kultur.

Als er noch in Leipzig lebte, rügte er mich in einem Brief an einen Bekannten mit den Worten: »Z. ist begabter, als ich dachte... Bedauerlich nur, daß ich hinter der Attitüde des anarchischen Literaturrabauken den ängstlichen Spießer entdecke, der sich stets fragt: darf ich das eigentlich sagen? Hemmungslos, wo es nichts kostet, aber Strauß, Schröder, Globke, Kooperationen, Verleger wie Witsch etc. kommen wohlweislich nicht vor. Und der Sieburg auch nicht, aber Zeus, weil man gegen den darf...«

Das sind nun politische Anwürfe, die ich mir auf der Zunge zergehen ließ. Nichts von den Mayerschen Worten stimmte, gerade ich machte aus meinem Herzen keine Mördergrube und griff ohne die geringste Rücksicht auf mich und die Folgen an, wo ich nur konnte. Nichts leichter, als dies mit meinen Veröffentlichungen zu belegen.

Darf ich, nachdem der große Kritiker nun fast ein Jahrzehnt im Westen als Lehrstuhlinhaber installiert war, ganz bescheiden anfragen, wo der Professor in all den vielen Jahren die radikale Kritik an westlichen Zuständen und Figuren geleistet hat, die er mir vorwarf, schuldig zu bleiben? Er ist wohl mit dieser BRD genauso versöhnt, wie er es mir fälschlicherweise aus der sicheren DDR heraus vorwarf.

14. Heimfahrten

Fuhr ich nach Crimmitschau, stieg ich dort in meiner eigenen Vergangenheit aus. Diese Textilfabriken-Städte veränderten sich in den ersten Nachkriegsjahrzehnten gar nicht, es gab keine Investitionen für sie, denn die Schwerindustrie hatte Vorrecht. Lediglich die drei großen Maschinen- und Apparatebauwerke vergrößerten sich, in den Textilbetrieben blieb dagegen alles beim alten, und einen gleichgrauen Eindruck erweckten alle diese Städte dort an Pleiße und Mulde.

Das Gebiet Westsachsen und Südwestsachsen war aufs Abstellgleis der Geschichte geschoben worden, hier fanden keine größeren Bewegungen mehr statt. Früher hatte es eine Menge schneller Eisenbahnverbindungen gegeben, Berlin–München, Leipzig–Rom war auf den Schildern zu lesen, diese Züge fuhren nicht mehr, oder es fuhren nur noch wenige, die sächsisch-bayerische Grenze war zur Staatsgrenze geworden mit geradezu hermetischer Abriegelung. Einmal fuhr ich weiter nach Reichenbach und Plauen, ganz nahe der Grenze, und hier schien alles noch farbloser, öder und vergessener zu sein. Je entfernter von Berlin und Leipzig, desto provinzieller und ärmlicher war die Gegend. Man lebte in ständiger Betäubung.

Ähnlich erging es mir, dachte ich an meine Verwandtschaft und Familie. Meine Eltern und Großeltern hatten nie wirklich gelebt, jedenfalls nicht im Sinne tatsächlichen Erlebens, ich konnte sie mir noch nicht einmal als Zuschauer des Welttheaters vorstellen, vielmehr schienen sie von allem Geschehen weit entfernt, innerlich unbetroffen und gänzlich abgesondert zu existieren und existiert zu haben. Die großen Gedanken der Epochen wurden von ihnen nicht mitgedacht, ihre Gefühle nicht mitgefühlt, nur die Hungerzeiten, die Schlächtereien und Tragödien durften sie mit erleiden. Die Erfahrung persönlicher Deklassierung erweiterte sich über Familie, Ahnen, Schichten ins Klassenhafte. Es gab Tage, da spürte ich einen solchen wütenden Trotz, daß ich hätte einen Mord begehen können, wäre es mir gelungen, darin den geringsten

Sinn zu erblicken. Die emotionale Bereitschaft war da, nur die Sinnlosigkeit der Tat ließ sie ungeschehen bleiben. Ich wünschte mich in die alten Zeiten großer Revolutionen zurück, damit das Gefühl der Deklassierung sich in folgenreichen Aktionen entladen und fruchtbar werden könnte. Doch die Wünsche blieben im blasigen Reich bloßer Sehnsüchte, und noch nicht einmal die Literatur gestattete gewisse formale Realisationen, denn hier hatte die Partei ein feingesponnenes Netz vorgesetzt, das nur durchließ, was den Kommandeuren paßte, und zurückhielt, was sie für nutzlos erklärten.

In solchen Situationen erweiterte sich die Ähnlichkeit zwischen meinem Vater und Walter Ulbricht übers zufällig Physiognomische hinaus ins Allgemeinpolitische. Mit bleichmachender Enttäuschung sah ich mich vor den Schranken stehen, die die weitgehend bewußtlose Staatsmacht errichtet und niedergelassen hatte, damit nur keiner weitergehen könne. Überall waren Schranken niedergelassen, begannen verbotene Ländereien, und die Gründe des Verbots wurden noch nicht einmal zu erklären versucht. Man untersagte einfach, setzte die Grenzzeichen und erwartete stillen demütigen Gehorsam, den ich nur als demütigend empfinden konnte, eben weil mir der Ausweg der Bürger und Kleinbürger verschlossen blieb, die jetzt Herrschenden schlechthin zu hassen und zu verachten.

Vor dem Haß und der Verachtung hielten mich meine inneren Einverständnisse zurück, ich war nicht ein von der Geschichte lediglich Betroffener, eher fühlte ich mich als Bestrafter, meiner Teilnahme am faschistischen Krieg wegen, die wohl auch Desertion, langjährige Gefangenschaft und Gefangenenarbeit nicht zu tilgen vermocht hatten.

Ich jedenfalls begriff unsere Nachkriegsgeschichte als Folge der Taten, die wir verantworten mußten. Rote Armee, Sozialisierung und Übergangsgesellschaft waren die Zeichen einer Veränderung, die man nicht einfach ungeschehen machen konnte und die sich auch keineswegs durch Mißachtung aus der Welt schaffen ließen, hier gab es nur eine einzige Konsequenz, die darin bestand, dieses Nachkriegsschicksal als selbstauferlegtes mit durchzustehen und eben durch eigene Energieleistungen allmählichen Steuerungseinfluß zu gewinnen.

So etwa war mir zumute, und nie wäre ich auch nur im geringsten auf die Idee gekommen, gerade darin mit keinem anderen als Walter Ulbricht übereinzustimmen, dessen Wirksamkeit darauf hinauslief, die Moskauer zu übermoskauern und sich innerhalb der gegebenen Abhängigkeit stark und unverzichtbar werden zu lassen, bis die Gegebenheiten immer größere Selbstbestimmung ermöglichten, streng innerhalb des östlichen Paktsystems natürlich. Man war ja Kommunist.

Mir kam ebensowenig in den Sinn, daß von all diesen großen unerreichbar fernen Funktionären und Politikern einige wenige doch ihre inneren Vorstellungen besaßen, sich hatten nicht auf bloße Echo-Wände reduzieren lassen, wobei der Machtkampf nun zwischen diesen wenigen mit persönlichem Bewußtsein stattfand, welchen Kampf wiederum Ulbricht für sich zu entscheiden vermochte, der seine Widersacher, die Schirdewan, Zaisser, Herrnstadt, Oelsner ins Abseits und Aus verwies, ohne sie doch, wie Stalin getan hatte, umbringen zu lassen.

Hier fanden auf den obersten Rängen Kämpfe statt, die ich nicht für möglich gehalten hatte, weil die Anforderungen der strengen Parteidisziplinierung auch diejenigen als eindimensional erscheinen ließen, die es nicht waren, sich jedenfalls zur Wehr setzten dem Zwang gegenüber, es sein zu müssen.

Was ich in diesen Jahren als Sozialismus erblickte, reichte für meine Begriffe keinesfalls aus, auch nicht als Übergangsgesellschaft, denn ich war in Kenntnis der Heiligen Schriften selbstherrlich genug, mir ein Urteil zu erlauben, wobei ich die äußeren Mangelerscheinungen ziemlich geringschätzig, die Mängel der tatsächlichen Verfassung, der Mitbestimmung der Massen, der intellektuellen und künstlerischen Produktionen dafür aber um so höher hob; wer sehen konnte, mußte einfach erkennen, hier etablierte sich eine Gesellschaftsordnung, die den Menschen unter Kuratel stellte und ihm Ödnisse zumutete, vor denen Marx zum Konterrevolutionär und Engels zum opportunistischen Sozialdemokraten geworden wäre.

Mag sein, ich war bereit, meine erwiesene Gutgläubigkeit noch eine Weile auszudehnen, sie auch, wo nicht mehr vorhanden, noch zu heucheln, doch hatte ich meine inneren Reserven inzwischen zu weit vorgezogen, als daß sie hätten wieder völlig demobilisiert werden können. Irgendwann mußten diese Fragen gänzlich ans Licht gebracht und genau geklärt werden, wozu auch gehörte, daß die künstlerischen und intellektuellen Produktionen des Westens selbst bei uns auf so heißes Interesse stießen, während der DDR-Eigenbau einen großenteils kalt und ungerührt ließ. Waren nicht doch vielleicht die falschen Direktiven in Umlauf, die falschen Menschen auf den Kommandobrücken? Langeweile und Gähnen hätten ins Wappen dieser Genossen gehört, die für die Kulturfront Verantwortung trugen; abgewürgt wurde das Leben unten an der Basis, wenn es und wo es sich nur zu zeigen wagte.

Sozialismus zum Pseudonym für Ödnis geworden?

Wenn das ein Übergang war, wie lange dauerte er?

Und wohin führte ein solcher Übergang?

Freunde aus früheren Zeiten traf ich daheim in Crimmitschau nur selten. Die meisten waren gefallen, andere weggezogen, viele in den Westen. Die wenigen Bekannten grüßten einander mit beiläufigem Kopfnicken. Man war zu sehr verunsichert und wußte nie, was vom anderen zu halten sei.

Manchmal ging ich in die Textilfabriken, wo noch Arbeiter anzutreffen waren, die ich von früher kannte, als ich für Gustav Krause Kupferschmiede und Apparatebau gearbeitet hatte. Ich wußte noch, wo Rohre liefen oder Ventile saßen, die von mir stammten, und sah mir meine damaligen Leistungen nachdenklich an. Die Arbeiter fragten, wie es mir gehe und wo ich mich herumtriebe. Wenn ich sagte, ich studiere in Leipzig Philosophie, sahen sie verblüfft und erschreckt beiseite. Richtige Unterhaltungen wie früher kamen kaum noch zustande. Ich war aus der damaligen Zeit und meiner früheren Lebenssphäre herausgewachsen, und gerade dies wollte ich nicht akzeptieren.

Bei Kurt in Gablenz, der erzählt, sie bauten drinnen bei Wagners jetzt riesige Wasserkessel für China. Ich denke zurück. Ich habe die ganze Weltgeschichte in Produkten erlebt. Anfangs baute Kurt Ölbehälter für die Synthetik-Werke in Böhlen. Im Krieg Panzer für die deutsche Wehrmacht. In den ersten Nachkriegsjahren Wasserturbinen für ein sibirisches Kraftwerk. Und jetzt arbeiteten sie für China.

Manfred, mein Schwippschwager, er war der Mann meiner Kusine, erzählte Ähnliches von seinem Betrieb, der Großmetallwarenfabrik Trützschler & Co. Sie schienen den gesamten Osten zu beliefern. Fragt sich nur, was wir uns dafür einhandeln, sagte Manfred schmallippig.

Sie sahen mich alle auffordernd an. Für sie war ich derjenige, der ihnen, weil er Philosophie studierte, den Unsinn dieser Welt zu erklären hatte.

Wie sollte ich ihnen sagen, daß ich selbst mir immer weniger zu erklären wußte und meine Ratlosigkeit größer und größer anwuchs? Ich überlegte, wie das Innenleben dieser Leute, meiner Verwandtschaft, aussehen mochte. Hatten sie ein subjektives Bewußtsein? Ein bürgerliches, kleinbürgerliches, proletarisches? Ich kannte sie alle sehr genau, doch getraute ich mir solche Fragen nicht recht zu beantworten. Was anderes als die Negative der sie umgebenden Gegenstände füllte das Innere meiner Verwandten und Bekannten aus. Sie arbeiteten tagsüber in den Fabriken und abends im Schrebergarten, sie kannten Geburt, Hochzeit, Tod, saßen in den Gasthäusern und schimpften laut auf die Regierung, wenn sie es sich gefallen ließ, und leise, wenn sie härter durchgriff; so rundete sich ihr Leben. Wäre ich nicht viel besser daran, ich nähme an ihrem Tageslauf noch teil und gehörte hier dazu? Welcher Teufel hatte mich geritten, diesen Radius der Übersichtlichkeit und Einfachheit aufzugeben und einzutauschen gegen die unabsehbaren Gefahren, Ärgernisse, Überflüssigkeiten, in die ich mich jetzt zunehmend verwickelt sah?

Ich beneidete die Verwandten, wenn ich sie erlebte, doch wenn ich im Waggon saß und die Stadt verließ, war ich heilfroh, davonfahren zu können.

Mir schien, als laste über diesen Städten und Fabriken, aus denen ich herkam und von denen ich geprägt war, ein bedrükkendes Schweigen, dem zu entkommen man erst einmal das ganz einfache Sprechen riskieren mußte. Im Eisenbahnabteil sitzend, während die Lokomotive die Wagen Richtung Leipzig davonzog, sagte ich ganz einfache Sätze vor mich hin, als gälte es, mir zu beweisen, daß ich Sprechen gelernt hätte und dem Schweigen entkäme, wenn ich nur wollte.

Arbeiter werden gefangengehalten innerhalb der Fabrikmauern und innerhalb der Unverständlichkeiten, die man ihnen anerzieht und einübt, bis keine Verständigung mehr möglich ist zwischen ihnen. Wenn sie aber zu Taten übergehen, läßt man schießen.

Der Zug. Wenn er an Böhlen vorüberfuhr, drang die Nachricht als schlechte, den Atem bedrängende Stickluft durchs Abteilfenster. Ich dachte immer: Hier ist dein Vater gestorben. Hielt Ausschau nach dem Werkstor, wo es geschehen war.

Übers Wochenende fanden Eishockeyturniere statt. Ich fuhr nach Crimmitschau. Am Samstag spielte Crimmitschau gegen Frankenhausen in Frankenhausen. Der Sieger sollte am Sonntag im Crimmitschauer Eis-Stadion gegen Weißwasser spielen. Die drei Mannschaften standen an der Spitze der DDR-Liga.

Am Samstag strömte die halbe Einwohnerschaft der Stadt nach Frankenhausen. Die Crimmitschauer siegten mit Mühe.

Am Sonntag barst das Stadion vor Zuschauern. Weißwasser siegte. Die Leute sprühten Funken vor Wut, trotz der Kälte. Sprech-Chöre skandierten Verwünschungen. Ein paar uniformierte Volkspolizisten verschwanden hilflos gestikulierend in der Menge, die übers Eis brandete. Hockeyschläger zerspellten. Spieler rannten davon und stürzten zu Boden. Sportfunktionäre flüchteten. Durch den Lautsprecher dröhnte eine Stimme. Was wollt ihr, diesmal haben wir verloren, das nächste Mal werden wir gewinnen. Sie erlebten heute die beiden besten Eishockeymannschaften der Deutschen Demokratischen Republik.

Die Hymne erklang. Das Gerangel erstarb.

Mürrisch hielten die Leute inne.

Recht hatte die Stimme schon. Waren wirklich die beiden besten Mannschaften der Republik. Bei nächster Gelegenheit würde man es denen aus Weißwasser schon zeigen.

Auch wenn man nicht erster wurde, zweiter war auch ganz schön. Zweitbester der ganzen DDR. Das war schon was.

Sie sehnten sich danach, über die Grenzen des Alltags hinauszugelangen. Berühmt zu werden, wenigstens im Stadtkollektiv des Eishockey.

Am Montag brachte die Zeitung nur eine winzige Meldung über die Spiele. Die Zeitung wurde fernab in Chemnitz-Karl-Marx-Stadt gedruckt. Lange Leitung bis dahin. Warten wir ab. Am Dienstag erschien ein Riesenbericht. Gingen auf den Tumult gar nicht ein. Nur ein mahnender Satz am Rande. Einige undisziplinierte Elemente hätten Unruhe zu stiften versucht, seien aber nicht zum Zuge gekommen.

Großes Lob an die Zuschauer. Die freuten sich, Zeitung lesend. Man war doch sportlich gesonnen, in dieser Stadt. Stand an der Spitze der Eishockeybewegung. Sollten uns die anderen in der Republik erstmal nachmachen.

Wir leben hier in einer Eishockeyhochburg, jawohl.

Kießling, der erfolgreiche Trainer erfolgreicher Mannschaften stammte aus Frankenhausen. Später ging er in den Westen, wurde dort Trainer der BRD-Nationalmannschaft.

Schade um den Mann. Würde aber denen im Westen auch nichts nützen, auf die Dauer gesehen. Sie könnten, von der Geschichte zum Absterben verurteilt, nur verlieren.

Im Lauf der Zeit verstand mich meine Verwandtschaft daheim immer weniger. Nur noch selten bestieg ich den Zug von Leipzig nach Crimmitschau, wenn ich aber doch heimfuhr, kürzte ich die Aufenthalte unerbittlich auf einen Tag oder wenige Stunden ab. Von Entfremdung konnte dabei nicht gesprochen werden. Ich redete daheim den ortsüblichen Dialekt, vermied Fremdworte ebenso wie Hochdeutsch. Die Lebensumstände hier interessierten mich nicht weniger, sondern mehr als früher, denn sie wirkten auf mich geradezu exotisch. Ich fühlte mich einfach nicht mehr als zugehörig, obwohl ich gerade die Vertrautheit beizubehalten suchte. Das alte von Generation zu Generation weitergereichte Mißtrauen gegen Fremde und Angehörige der Oberklasse machte mit mir keine Ausnahme, der von diesem Mißtrauen begleitete Ausschluß blieb aber nicht frei von Zeichen der Anteilnahme. Diese Leute begriffen nicht, wie man sich von ihnen und dem Arbeiterstand wegbewegen konnte. Zwar gab es neuerdings gewisse Aufstiegsenergien und Aufstiegserfolge in ihren Kreisen, doch richtete sich das auf die sichtbare Umgebung. Ein Arbeiter, wenn er wirklich Köpfchen hatte, wurde Vorarbeiter, Meister oder ging zur Ingenieurschule nach Zwickau und baute seinen Fachingenieur, man konnte auch Lehrer oder Arzt oder Pfarrer werden, wenngleich dies schon fast ins Unerlaubte führte, jedenfalls zur Abtrennung von der Arbeiterschaft, bei der man klugerweise bleiben sollte. Es gab gerade unter den guten Webern welche, die »ihr Geld verdienten« und »ein Auskommen« fanden, das war so ehrenwert wie richtig. Wer was anderes wollte, suchte »höherhinaus« zu gelangen und bewies damit nur Unvorsichtigkeit und Unklugheit.

Nachrichten in Presse und Funk, die mich betrafen, vernahmen meine Verwandten mit einer Mischung aus Erstaunen und Mißbilligung. In die Zeitung geriet man nur über Annoncen bei Geburt, Hochzeit, Tod oder als schwarzes Schaf, wenn einer was angestellt hatte.

Auf jeden Fall bedeutete es nichts Gutes, wenn die Presse über einen schrieb, und wenn es über mich anfangs auch nichts Schlechtes zu lesen gab, so mußte man abwarten, da konnte sich noch allerhand entwickeln.

Nun dauerte es tatsächlich nicht lange und die Zeitungen druckten Polemisches. Meine Verwandten wunderten sich nicht. Sie hatten das immer befürchtet. Wer sich so weit von ihnen entfernte, mußte zu Fall kommen. Ihr Mißtrauen gegen bürgerlichen Aufstieg war altüberliefert und festgefügt, und die feinen Unterschiede – wir lebten jetzt in keinem bürgerlichen Staat mehr, mein Berufsweg konnte also auch kein bürgerlicher, allenfalls ein sozialistischer und sozialer sein – beachtete keiner. Nicht Erklärungen zählten, sondern die augenscheinlichen Wirklichkeiten. Die Erfahrungen vergangener Jahre, Jahrzehnte, Jahrhunderte legten jedenfalls nahe, sich klein zu machen, zu ducken, unauffällig zu leben, weder beruflich noch, Gott bewahre, politisch hervorzutreten.

Man hatte es oft genug mitangesehen, bei den Nazis wie den Kommunisten kamen diejenigen, die sich in die Politik begaben, nur zu leicht darin um. Dann schon lieber so clever leben wie etwa Kurt, der ein ganzes Leben lang zwischen Gablenz und Crimmitschau hin und her marschiert war; bis zur Firma Wagner & Co am südlichen Ende von Crimmitschau, fast in Neukirchen, waren es ca. 5 km, die fuhr er bei gutem Wetter mit dem Fahrrad, bei schlechter Witterung ging er zu Fuß, frühmorgens 5 km hin und abends 5 km zurück, was einem gesunden Arbeiter nicht schadet, im Gegenteil, ihn trainiert und fit hält für die Werkelei in zwei Schrebergärten und zusätzliche Langstreckenspaziergänge durch Wald und Flur, bei denen kaum jemand Schritt halten konnte. Kurt hatte in seinen lebenslangen unermüdlichen Fußmärschen die Gegend im Umkreis vieler Kilometer genauer kennengelernt als irgendein anderer Bewohner von Gablenz.

So wie Kurt waren sie alle mehr oder weniger, die Mehrzahl der Ortsansässigen bestand aus Arbeitern, die Minderheit von Bauern sah sich in Kollektivwirtschaften zusammengefaßt, wo es ihnen nach kurzer Zeit besser ging als vorher, doch spielten die Bauern dort sowieso keine große Rolle, die Dörfer waren seit vielen Jahrzehnten in der Hauptsache billige Wohnsitze für die Angehörigen der Crimmitschauer Betriebe, ein auf dem Lande lebendes Industrieproletariat mit den typischen Zusatzverdiensten, man bestellte kleinere Gärten oder Feldstücke, hielt Kleinvieh, bezog Kartoffeln, Milch, Eier, Butter unter Umgehung des Handels direkt vom Bauern, traf einander in den drei gemütlichen Dorfkneipen, wo auch die Vereine ihren Sitz hatten: Gesangverein, Turnverein, Kegelclub. Da saßen sie seit Anbeginn der Welt und wollten hier auch sitzen bis zum Weltende, Sangesbrüder, Skatbrüder, Turnbrüder, Kegelbrüder, ein Helles, Karl, man sagt nicht Herr Wirt zu einem, mit dem man in die Schule gegangen ist und sich duzt, man nennt einander beim Vornamen, war miteinander grundsätzlich auf Leben und Tod verbunden, es gab immer einen Karl, der ins Krankenhaus gebracht worden war, einen Ernst, der Ärger hatte mit seiner Frau, eine Marta mit offenen Beinen, eine Paula mit Unterleibsbeschwerden, man nahm dortzulande stets Anteil an Glück und Unglück des Nachbarn, und alle waren einander Nachbarn in diesen Fünfhundert-Seelen-Dörfern, in denen es auch vorherrschende Sippen gab mit Namen wie Strauß, Tittel, Brenner, welche Familiennamen dann vorgestellt wurden: Tittel-Kurt, Strauß-Paul, Brenner-Max, wozu jeweils der bestimmte Artikel trat, also nicht »Brenner-Max ist gestorben«, sondern »der Brenner-Max ist gestorben«.

Allerdings brachte der Sozialismus doch einige Neuerungen ins Dorf, wie ich zuletzt bemerkte. Allgemein beklagten alle Bewohner ihr Los lauter als früher, obwohl es ihnen im Durchschnitt sozial deutlich besser ging. Zwar fehlte bald dieses, bald jenes, auch konsumierte man fleißig das Westprogramm im Fernsehen und ließ sich von den Werbesendungen irritieren, weil man die Texte und Bilder für bare Münze nahm und nicht wie die Westbewohner sich skeptisch dagegen verhielt, womit der Fernsehapparat zum ständigen Quell der Unzufriedenheit werden mußte; sah man von diesen Problemen aber ab, war der Anstieg der Lebensqualität einfach nicht zu leugnen.

Hinzu traten andere Fakten, die es früher nicht gegeben hatte. Einer aus dem Dorf studierte Jura und amtierte danach als Richter in Zwickau. Kam er übers Wochenende heim, saß er abends in seiner Stammkneipe, umringt von den Dörflern, denen er den Sozialismus predigte. Sie meinten zwar, sie hätten nichts davon, immerhin respektierten sie den Richter aus Zwickau.

Oder der Lehrer Manfred Liebold, mein Schulfreund, der als Junge nie lernen wollte und als schlimmes Rauhbein gefürchtet war. Er hatte später begriffen, wie nützlich Lernen für ihn sein kann, war als Junglehrer nach Gablenz gekommen, wo man nur noch die ersten vier Klassen unterrichtete, die Älteren brachte der Bus nach Crimmitschau. Manfred Liebold richtete sich als Schulmeister ein, entdeckte sein Interesse für die Jagd und durchstreifte in seiner Freizeit eifrig mit dem Gewehr Wald und Flur.

Früher war der Förster ein gefürchteter Mann gewesen, auch der Rittergutsbesitzer hatte gejagt, jetzt nutzte der Jäger seine Leidenschaft und seine Kenntnisse, er gebe den besten Naturkundeunterricht in der Schule, den je einer zustande gebracht hatte, hieß es. Ein Jäger mit pädagogischem Eifer. Wie schön.

Der Arbeiter, der an die Universität kommt und sich Zugang verschafft zu den Bildungserlebnissen des Bürgertums, ist dem Getto des Unartikulierten entronnen und begründet eine neue Kaste zwischen Arbeitern und Bürgern. Er gehört nicht mehr zu den einen und noch nicht zu den anderen, es sei denn, er unterwirft sich einem fremden Willen oder dem bloßen eigenen Egoismus, statt die Spannung zwischen den beiden tödlich verfeindeten Klassen auszuhalten.

Der aus der Arbeiterklasse stammende Intellektuelle in Ost wie West bildet die erste Generation derer, für die uns der Name fehlt, und deren Heimatlosigkeit uns doch zunehmend Kulturleistungen ganz eigener Art erbringt. Die Rückkehr in die unartikulierte Geborgenheit des proletarischen Mutterleibs ist dem ans Reflektieren Gewöhnten, der den Genuß der Wahrheitserforschung und ihrer unsicheren Techniken zu schätzen gelernt hat, verbaut. Das vollständige Überlaufen in die westliche Bourgeoisie dagegen wäre ein Aufgehen in ihre bewußtlosen Verdauungspraktiken, welcher Akt nur minderen Geistern und Charakteren gelingt, die das Spezifische des Menschen zu unterschlagen geneigt sind, eben weil es ihnen nicht schwerfällt.

Derlei Abfälle sind zu verschmerzen. Aufsteiger, die kraft ihrer Energie nur zu Ebenbildern der schon in den obersten Etagen angesiedelten Gottheiten denaturieren, denunzieren die Menschheitsgeschichte und deren Kultur, angefangen bei der ehrwürdigen Entelechie des Aristoteles bis heran zur moralisch unverzichtbaren Lehre von der Progression im modernen Marxismus.

Nicht alles, was aufsteigt, ist besser. Aber auch: Nicht alles Bessere steigt auf. Die sich oben unterschiedslos mit den bewußtlos Schwelgenden vereinen, bestärken die Revolutionäre in ihrer Sicherheit, daß nur Blut und Eisen die Oberklasse zu reinigen verstünden, und sie realisieren damit die Vorbedingung ihrer Ermordung, weil Gerechtigkeit Teil geschichtlicher Prozesse zu sein pflegt, auch wenn es epochenweise nicht den Anschein hat. In der Tiefe der Dinge wirkt eine moralische Ökonomie, die massenhafte Ungerechtigkeiten der Oberklasse mit Blut abwaschen läßt.

Dies ist meine geradezu feste und unerschütterliche Überzeugung geworden, wenn ich meine Erlebnisse in beiden politischen Hemisphären überblicke. Diejenigen, die, in Ost wie West aus dem Proletariat sich emporarbeitend, bedenkenlos zur herrschenden Klasse überlaufen, sei diese drüben die Partei oder im Westen das Profitbürgertum mit seinen Zulieferämtern, sind vor der Geschichte die Versager und im moralischen Sinne das eigentliche und wirkliche Lumpenproletariat. Was Marx so nannte, war jene gesichts- und charakterlose Unterschicht der völlig Deklassierten und Deformierten, die eben deshalb zu jeder Schändlichkeit bereitstanden. Mit dieser Unterschicht muß man rechnen, doch ist ihre Verfügbarkeit viel weniger verwerflich als die Verfügbarkeit jener Aufsteiger, die es besser wissen müßten und dennoch nur ihre egoistischen Vorteile wahrnehmen.

15. Ein Stern am Himmel

Über dem wuchtigen Gebäude des Staatssicherheitsdienstes leuchtete bei Dunkelheit eine am oberen Ende der Funkantenne angebrachte Lampe, die Erich Loest auf den Namen Stasirius taufte, »weil doch jeder Stern am hohen Himmel seinen Namen haben müsse«.

Leiter des gesamten Gebietes der Staatssicherheit war ein schwarzhaariger, hakennasiger älterer Genosse, einer von jenem galgenvogelhaften Aussehen, daß man nicht weiß, soll man sich entschließen, ihn als umtriebigen Zigeuner zu sehen, mit dem Sympathie zu empfinden selbstverständlich wäre, oder müßte man den windigen Burschen seiner augenscheinlichen Unberechenbarkeit und abwegigen, gefährlichen Hintergründigkeit halber mehr fürchten.

Mir fiel der Hakennasige dadurch auf, daß er sich bei Versammlungen stets innerhalb der obersten Führungsgruppe hielt, dort aber jeweils am äußersten Rande. Er gehörte dazu und gehörte nicht dazu, verbreitete aber eine Atmosphäre der Unsicherheit und Strenge.

Bei einem Gespräch in der Bezirksleitung der Partei, als ich bereits ganz offiziell zu den nächsten Opfern zählte, zeigte der Oberpolizist mir eindeutig seine Schokoladenseite. Wahrscheinlich war er beauftragt, mit mir jenes Vertrauensverhältnis herzustellen, das die Arbeit des Vernehmers mit dem zu Vernehmenden erleichtert.

Oder sie reagierten aufgrund vorliegender Erfahrungen. Von der Partei bedrängte Bürger wurden leicht zu Anlaufstellen westlicher Geheimdienste, weshalb die östlichen Behörden gut taten, das Angstklima, das die Staatssicherheit umgab, ins Freundlichere aufzuhellen.

Der in Gefahrensituationen geratende DDR-Bürger sollte sich nach Möglichkeit vertrauensvoll an die »Staatsorgane« wenden, womit eindeutig die »Staatssicherheit« gemeint war, die von solchen Vertrauensbeweisen ja profitierte, wenn eben der Verfolgte sich zum Denunzianten machte und damit Rehabilitationsfähigkeit erwies. Freilich wandten die östlichen Stellen wie ähnliche Dienste im Westen auch gewisse Tricks an. So konnten als westliche Geheimdienstler getarnte Ostagenten Verbindung mit dem Opfer aufnehmen, und der arme Kerl hatte dann die Wahl und Qual; meldete er den Kontakt der Staatssicherheit, konnte sein, daß er sich damit als »ehrlicher Bürger der DDR« zeigte, es konnte aber auch sein, er verriet einen westlichen Agenten und wurde damit für beide Seiten erpreßbar. Meldete er aber nichts, so hatte er sich, ging es um einen wirklichen Westagenten, dem Westen in die Hand gegeben, handelte sich's aber um einen den Westagenten nur spielenden Ostagenten, bewies er seine Bereitschaft zum Verrat und war mit Sicherheit geliefert.

Der Hakennasige bestellte mich, als die Kampagne gegen Zwerenz auf vollen Touren lief, in die Staatssicherheit. Beim Einlaß in Empfang genommen, wurde ich über viele Treppen in ein Wartezimmer eskortiert, von dem aus ich eine gute Stunde später in den Dienstraum des Kommandanten gerufen wurde, der aber offensichtlich nicht sein eigentlicher Arbeitsort war, sondern ganz den kahlen Eindruck eines weiteren Wartezimmers entstehen ließ.

Möglicherweise arbeiteten sie immer mit diesen Tricks, und man kriegte den eigentlichen Dienstraum des Chefs nie zu Gesicht. Sie hielten doch sehr auf Absicherung, diese Institutionen, von denen man weiß, wie international ihre Erfahrungen, Leistungen, Gewohnheiten sind.

Der Chef plauderte nur mit mir. Es belustigte ihn irgendwie, daß ich da vor ihm saß, er schien in mir auch nicht im geringsten einen Feind zu sehen, allerdings auch nicht den Genossen, der ich nominell noch war, und ebensowenig den Arbeiter, der ich meiner Herkunft nach gewesen bin. Für den Chef schien ich nichts anderes als ein etwas außer Rand und Band geratener Schriftsteller zu sein, der sich beim Universitätsstudium und in seiner einsamen Einmannarbeit am Schreibtisch von den großen Erfahrungen der Arbeiterklasse entfernt hatte und irgendwie schon bewegt und bewogen werden konnte, zurückzukehren und heimzufinden, aus welchem Grunde man freundschaftlich mit ihm umging, in die Reden aber ein paar feine versteckte Drohungen einflocht, die ihre tiefere Wirkung schon nicht verfehlen würden.

Inhaltlich bestand das Gespräch aus endlosem Blabla. Doch hütete ich mich, daraus die falschen Schlüsse zu ziehen. Es handelte sich nicht mehr um eine erste Warnung. Das verstand ich durchaus.

Weil sich mein Fall nach diesem Besuch bei der Staatssicherheit sehr in die Länge zog, benutzte ich dann den Umstand, daß mich jemand daheim aufsuchte, der sich als Abgesandter des Staatssicherheitsdienstes von Berlin ausgab und auch auswies und mich rundheraus fragte, ob ich für geheimdienstliche Arbeiten im Westen bereit sei, dazu, wieder mit dem Hakennasigen in Kontakt zu treten. Allerdings suchte ich zu meinem Schutz Öffentlichkeit herzustellen und sprach von dem Ansinnen auf der Parteigruppenversammlung des Schriftstellerverbandes in der Annahme, ein anwesender Spitzel würde schon funktionieren.

Das geschah auch. Die Stasi holte mich bereits tags darauf zu sich.

Alles verlief in auffälliger Eile. Ich wurde über die Gänge in ein Wartezimmer gebracht, das wohl nicht das von meinem vorherigen Besuch gewesen ist, brauchte auch keine Minute zu warten, und stand schon vor dem Gewaltigen, der in seinem Sessel erst sitzen blieb, mich zornig anblickte, mir keinen Platz anbot, statt dessen aufsprang und wütend zu schimpfen begann.

Von all der Schelte blieb mir nur im Sinn, was er über seine Mühen verlauten ließ, wonach es ihm sehr schwergefallen sei, meinen Angaben entsprechend bei den verschiedenen Dienststellen nachzuforschen, ich könne mir überhaupt nicht ausmalen, in welche umfangreichen Aktionen ich ihn verwickelt hätte, doch jetzt sei alles klar, er wisse nun über meine Bösartigkeit hinlänglich Bescheid, keine irgendwelche Stelle in der gesamten DDR habe irgend jemanden mit einem solchen Auftrag zu mir geschickt, ich müsse mir das aus den Fingern gesogen haben oder das ganze Manöver verfolgte von vornherein keinen anderen Zweck als die Diskreditierung des Staatssicherheitsdienstes.

Ich wies auf den Umstand hin, in Ingrid einen Zeugen zu haben, sowie darauf, daß ich eine westliche Finte vermutete.

Er unterbrach mich sofort mit schneidender Stimme, blickte auf den Schreibtisch, hob den Kopf, funkelte mich an:

Ja, Ingrid Hoffmann, eine schöne Zeugin!

Es war mir klar, er spielte auf unser enges Verhältnis an und entwertete dadurch von vornherein jede mögliche Aussage von Ingrid.

Immerhin war er sich seiner Sache nicht sicher, hätte er Gewißheit besessen, daß ich eine Lüge erzählte, hätte er wohl alles darangesetzt, Ingrid zu vernehmen, und sie dabei zum Eingeständnis der von ihm als feststehende Wahrheit betrachteten Umstände gebracht. Doch eben: was war hier die Wahrheit? Wäre er überzeugt gewesen, daß ich ihn anschwindelte, hätte Ingrids Vernehmung und eine größere einvernehmliche Aktion in der Wohnung unbedingt erfolgen müssen. Da dies alles unterblieb, ahnte der Hakennasige zumindest, daß an meiner Geschichte etwas dran sein mußte.

Jetzt hielt er mir ärgerlich vor, daß ich die Sache im Schriftstellerverband publik gemacht hatte, statt direkt zur Stasi zu kommen. Bei einem weiteren derartigen Vorkommnis sollte ich mich unverzüglich bei ihm melden, er werde dann sofort alles Weitere veranlassen.

Als ich diese Unterredung hinter mir hatte, war ich unsicher, was von dem Hakennasigen zu halten sei. Er war mir seines Gebrülls wegen unsympathisch, andererseits kalkulierte ich doch jetzt mit größerer Wahrscheinlichkeit ein, daß ich einem Westagenten aufgesessen sein könnte. In diesem Falle vermochte ich die Sorgen des Hakennasigen direkt zu verstehen.

Wir lebten seit Jahren im Zentrum eines verdeckten Krieges. Die gegnerischen Geheimdienste arbeiteten mit allen Mitteln.

In meiner Beurteilung dieses Staatssicherheitsmitarbeiters schwankte ich ebenso wie in meiner Einschätzung der DDR. Fühlte ich mich ihr näher, entschuldigte ich auch den Hakennasigen, ergrimmte ich ihr gegenüber, bezog ich den Hakennasigen in diesen Grimm ein, der bald für mich zur Personifizierung von DDR und SED wurde, denn es denkt, haßt, fürchtet, argumentiert und polemisiert sich soviel besser, setzt man an die Stelle eines Abstraktums eine lebendige Person.

Ich stellte mir vor, der Hakennasige habe unter Hitler im KZ gesessen. Dann war seine heutige Arbeit zumindest subjektiv ehrlich und gerecht, soweit es sich um die Sicherung seines Arbeiter & Bauernstaates handelte. Hatten aber, hinwiederum, nicht auch gerade die in Stalins Diensten stehenden GPU- und NKWD-Schlächter bei subjektiv ehrlichem Gewissen ihre Taten begangen?

Wo verlief also die Grenze, jenseits deren subjektive Ehrlichkeit keinen Anspruch auf Achtung mehr erwarten konnte?

Kam es demgegenüber nicht vielmehr und allein auf die objektive historische Funktion eines Staates und einer Partei an, für die jemand arbeitete?

Doch wenn dem so sein sollte, wurden dann nicht eben wieder jene Stalinschen Schlächter und Folterer zu akzeptablen Menschen, weil die historische Funktion der Sowjetunion darin bestand, den Sozialismus zu garantieren, und sei es nur als Ansatzpunkt für Weiterentwicklungen, und weil die SU ihren unschätzbaren, gar nicht zu überschätzenden Anteil an der Bekämpfung und Niederwerfung des Hitler-Faschismus geleistet und sich darin bewahrheitet hatte?

Wer wollte denn darüber rechten, ob die Rigorosität des Roten Terrors nicht eine Voraussetzung für den Fortbestand der Sowjetmacht gewesen ist, wie diese Erhaltung wiederum zur Garantie für den Untergang des nationalsozialistischen Deutschland wurde. Folgerte man derart zwingend, so erschienen die Stalinschen Verfolgungen und Verbrechen in einem ganz anderen Licht, denn dann waren sie tragische Verstrickungen, die man geschichtlich als milieubedingte Fehler und Entgleisungen einzuschätzen hatte, nicht aber als Perversionen des Sozialismus, die seine Werte wesentlich berührten.

Wer konnte sich dabei noch auskennen? Es kam hier alles auf die Sicht an.

Ich befand mich aber in der Situation des Gejagten, und das Wild philosophiert nicht darüber, wo die tieferen Gründe und schönen Leidenschaften seines Jägers liegen.

Es flüchtet, schlägt Haken, sucht Verwirrung und wenig Spuren zu hinterlassen. Von den Verfolgern gehetzt, zahlt allein Schnelligkeit sich aus. Und Tarnung, wo das Gelände sie zuläßt.

Die Gestalt meines Vaters ist mir unauslöschlich eingeprägt. Das lastende Schweigen während der Mahlzeiten. Wir saßen zu dritt um den Küchentisch, Vater und ich einander gegenüber an den Schmalseiten. Er war breitschultrig und kaute mit vollen

Backen, was meine Mutter nie ertrug und sie über viele Jahre hinweg zu mahnenden Bemerkungen anstachelte. Was soll denn der Junge von dir denken. Was soll denn der Junge von dir lernen. Er kaute ungerührt mit vollen Backen und antwortete nicht. Einmal hatte er erklärt, seine Mutter habe ihm gesagt, man solle so essen und den Mund ruhig vollnehmen, das sei für einen Schwerarbeiter das beste. Daran hielt er sich bis zu seinem zweiundfünfzigsten Lebensjahr. Dann starb er.

Die Gegenwart meines Vaters verordnete lastendes Schweigen. Er, selbst ein großer Schweiger, verlangte das auch von seiner Familie. Doch sprach er das Verlangen nie aus. Allein durch seine schweigsame Gegenwart forderte er von uns, auf diese Weise zu leben und zu schweigen. Diesem muskulösen, kauenden, schweigsamen Mann gegenübersitzend, gewöhnte ich mir fortwährendes Räsonieren an. Lautwerden lassen durfte ich meine Worte nicht. Also tupfte ich sie nur in Gedanken hin, als inneres, unhörbares, doch um so eigenwilligeres Sprechen. Ich gewöhnte mich über viele Jahre meiner Kindheit und Jugendzeit hindurch daran, gegen das fordernde, überfordernde, brutal mein ganzes Leben verlangende Schweigen anzureden. Ich saß und kaute und schlang und bestand nur aus Gegenworten. Unsere Rede und Gegenrede blieben lautlos und unhörbar, dennoch war ich überzeugt, der Vater wüßte von meiner Widersetzlichkeit, denn sein Schweigen schien mir immer wütender zu werden. Ich antwortete mit verstärktem Räsonnement. So blickten wir einander an, ohne uns wirklich ins Auge zu nehmen, blickten mehr aneinander vorbei oder durch den anderen hindurch und befanden uns doch im ständigen Kampf, schienen Brot zu kauen, kauten in Wirklichkeit wütende Worte, beschimpften einer den andern, verfluchten, drangsalierten, verletzten, töteten ihn und erlitten Drangsal, Verletzung, Tod, sprachen dennoch weiter, vom Fleisch fallende knochige Totenköpfe mit mahlenden Kiefern, nackten Zähnen, leeren Augenhöhlen.

Was soll denn der Junge von dir lernen, schreit die Mutter verzweifelt dazwischen. Wir antworten ihr nicht, haben genug miteinander zu tun.

Gegenüber dem Staatssicherheitsdienst fühlte ich mich in die Küchentisch-Situation zurückversetzt, hockte der mit vollen Bakken kauenden Übermachtgestalt des Vaters gegenüber, die allein durch ihr Vorhandensein, die Tatsache ihrer bloßen Existenz Übergewicht und Übermacht hatte. Dagegen war nichts zu unternehmen. Ich unternahm trotzdem, was ich immer unternommen hatte, räsonierte vor mich hin. Leise oder laut, hörbar oder unhörbar. Meine Stimme jedenfalls sollten sie nicht unterkriegen. Selbst wenn ich nur unhörbar flüstern konnte, so flüsterte ich eben. Zum Schweigen brachten sie mich niemals. Das war das einzige, was ich völlig sicher wußte. Sonst nichts.

Das riesige Gebäude der Staatssicherheit verwandelte sich in meinen Tagträumen in die wüste Großgestalt des Vaters, in dessen Innerem ich hauste, gefangengehalten im Kerker aus Knochen, Muskeln und strömenden Blutmassen, diesem Wanst aus Ziegelsteinen und Übermacht, wo ich mich nicht anders zur Wehr setzen konnte als durch Schreie. Eingesargt in die Unwirklichkeit von Träumen, die desto wirklicher peinigen, focht ich meine idiotischen Kämpfe aus, deren Niederlagen in den staatlichen Fünfjahrplänen vorausbestimmt und festgelegt waren. Dieser Generation von Eltern und Urahnen entkam keiner, denn sie hatten ihrerseits ihre Niederlagen nicht vergessen und nicht verschmerzen können, und die Lehre, die sie daraus zogen, bestand darin, ihre Nachkommen vor Niederlagen zu bewahren, indem sie sie von vornherein daran gewöhnten, Schmerzen mit Dankbarkeit hinzunehmen und Freiheitsbeschränkungen als Glück zu empfinden. Wehe demjenigen, der die sorgsame Fürsorglichkeit dieser Eltern nicht annehmen wollte. Gleich verbannten sie den Undankbaren in die schrecklichen Gebäude und Lager, vor denen sie selbst jene Angst empfanden, die den Menschen anhält, anderen zu geben, wovor man selbst glücklicherweise bewahrt wurde, oder, wo nicht, entkommen konnte.

Noch heute verspüre ich einen heimlichen Anflug von Neid, erlebe ich, wie in bürgerlichen Familien Eltern und Kinder kommunizieren. Das lastende Schweigen der Älteren und Stärkeren wird nicht zur ersten und privaten Lebenserfahrung solcher Kinder. So lernen sie früh artikulieren und argumentieren. Das Arbeiterkind macht von frühester Jugend an ganz andere Erfahrungen. Seine Eltern wie die gesamte Welt setzen ihm die stumme Feindschaft ihrer übermächtigen Existenz entgegen. Da kann einer nur entmutigt aufgeben und zum bloßen Ebenbild dieser schweigsamen Unterdrückung erstarren. Genau dieser Mechanismus besteht in den entsprechenden sozialen Gruppen heute noch. Silvester 73/74 sind wir in einem großen Wohnhaus in Sachsenhausen zu Gast. Ingrid kommt mit einer jungen Sozialpädagogin ins Gespräch, die eine Vorklasse in der Ackermann-Schule beim Gallusviertel betreut. Vorklassen setzen sich zusammen aus Kindern, die die Testprüfung zum Schulbeginn nicht bestehen konnten. Ihnen mangelt es an Ausdrucks- und Aufnahmefähigkeit. Vor allem aber wagen sie nicht, zu reden. Kaum ein vollständiger Satz ist ihnen bei Beginn der Betreuung zu entlocken. Sie entstammen sozial unterprivilegierten Familien, entweder säuft der Vater oder kümmert sich nicht um die Angehörigen, dann muß die Mutter arbeiten gehen und hat keine Stunde Zeit für Sohn oder Tochter. Oder die Frau steht von Anfang an allein mit den Kindern und muß den Lebensunterhalt aufbringen. Die Folgen zeigen sich bei den ersten Anforderungen, die eine Institution an die Kinder richtet, also die Schule. Sie reagieren mit Schweigen und lernen erst nach Wochen und Monaten in der Lehrerin eine Bezugsperson zu sehen, der gegenüber sie sich äußern können; sie wird ihnen Vater, Mutter, Umwelt, Lerninstanz. Erleichtert wird dies durch die Tatsache, daß die Lehrerin nicht wie üblich 35–45 Kinder pro Klasse betreuen muß, sondern nur eine Gruppe von 10 oder 12 Jungen und Mädchen. Die Erfolge, sagt die Sozialpädagogin, sind ganz gut, von den zehn, die ich jetzt habe, schaffen acht bestimmt nächstes Mal den Sprung in die erste Schulklasse. Zwei werden hängenbleiben, die muß man dann nochmal mit durchziehen; sie starten dann allerdings mit einem Rückstand von zwei Jahren in den Schulbildungsgang.

Auch von Aggressionen berichtet die Lehrerin; wenn die Kinder überhaupt keinen Fortschritt beim Lernen spüren, flüchten sie in Lärm und Schlägereien. Widersetzlichkeit ist heute wie damals ein Ventil, sich von innerem oder äußerem Druck zu befreien.

Ich weiß nicht, erinnere ich mich meiner frühesten Kindheit, welchem Umstand ich meinen inneren Widerspruchsgeist verdankte. Er war einfach da. Weil ich den Vater nicht fragen konnte, fragte ich die Großmutter, bei der ich aufwuchs. Sie antwortete nach bestem Wissen; wußte sie nicht weiter, seufzte sie: Du fragst mehr, als der Pfarrer und der Doktor zusammen beantworten können. Ich begriff, es gab kluge Leute, die Kenntnisse hatten, man mußte sie nur finden. Wenn man aber erst lesen gelernt hatte, wurde es einfacher, denn jetzt ließ sich in Büchern nachforschen. Ich las mit Vorliebe Bücher, die Wissensstoff auf engstem Raum versammelten. Ein Lexikon gabs, von dem ich ganze Seiten auswendig hersagen konnte. Das Wissen und die Worte benötigte ich für meine heimlichen Ansprachen und Polemiken, wenn ich am Abendbrottisch dem stummen Vater gegenüber saß. Hier zeigte sich nämlich, man kam mit dem eigenen Fundus auf die Dauer nicht aus, die inneren Hohlräume mochten zwar vieles an Überraschungen, Träumen, Fantasieladungen bergen, sie mußten dennoch mit äußeren Stoffen angereichert werden, dann ließe sich wieder um vieles treffender argumentieren. Die Worte, die ich während des Abendessens in meine Kau- und Schlingbewegungen hineinpackte, sollten explosiv und ungeheuer wirksam sein, wozu es fremder Materialien und ständig neuer Eindrücke bedurfte. Auch widerstrebte mir, mich in meinen Feindseligkeiten bloß zu wiederholen. Man soll sich seine Polemiken nicht zu leicht machen. Ich entwickelte ein Gefühl für sprachökonomische Abkürzungen und jene verbalen Schönheiten, die aus Überraschung resultieren, der Redner ist sich selbst der beste Richter, betreibt er seine Kunst nur nachhaltig und leidenschaftlich genug; ich hatte aber wenig Zeit, denn hinter der massigen Vatergestalt tauchten die vielen anderen großen Wesen und Unwesen auf, gegen die angesprochen werden mußte – ein Lebenswerk, meine Herren!

Nehmen wir nur die vielen geheimen Dienste, die in allen Ländern am schnellsten wachsen und die Budgets ebenso aufzehren wie die direkten Rüstungsausgaben – gleichen diese Geheimdienste nicht den massigen, schweigend dasitzenden, verächtlich, doch beständig auf die Nachkommen niederblickenden Vätern? Sie sprechen nicht mit uns, es sei denn drohend oder anwerbend.

16. Querschläger

Jochen Wenzel kam übers Wochenende von Berlin nach Leipzig. Schmal, atemlos, die Worte in gehetzter Eile hervorstoßend, berichtete er die letzten Berliner Begebnisse.

Nachrichten aus der Hauptstadt. Die Hauptstadt war für uns Ostberlin. Westberlin, noch durch keine Mauer abgetrennt, existierte für uns kaum. Mag sein, die Berliner gingen hinüber und herüber, für uns DDR-Genossen dagegen war Westberlin längst Ausland geworden. Man hatte dort nichts zu suchen. Nur die Bürger fuhren hin, versorgten sich mit Westwaren, modischen Kleidungsstücken, allerlei Klimbim, den ein richtiger Genosse sowieso nicht nötig hatte.

Berlin war für uns Ostberlin.

Wenzel erzählte von einem zufälligen Zusammentreffen mit Wolfgang Harich auf offener Straße. Sie seien beide erstaunt gewesen, Harich mehr erschreckt.

Wie betrunken sei Harich dahingegangen.

Sie setzten sich rasch in eine Berliner Eckkneipe, und Harich brachte noch immer keinen vernünftigen, zusammenhängenden Satz heraus.

Endlich erfuhr Wenzel, Harich sei eben von Ulbricht gekommen, der ihn durchs Telefon zu sich bestellt habe. Er sei auch sofort empfangen worden, habe Ulbricht an dessen Schreibtisch gegenübergesessen und sei von diesem aufgefordert worden, seine Meinung zur politischen Lage zu äußern.

Harich redete, bis ihm Ulbricht ins Wort fiel und voller Erregung auf die Polen und Ungarn zu schimpfen begann. Das schwächste Glied seien jeweils die Intellektuellen, bei denen die Konterrevolution deshalb auch ansetze. Das war in Polen so und ist in Ungarn so.

Ulbricht warnte Harich davor, den eingeschlagenen Weg weiter zu verfolgen. Er sei bei dem Gespräch in starke Erregung geraten, aufgesprungen und hin und her gelaufen.

Er scheint in allen Punkten orientiert zu sein, habe Harich über Ulbricht bemerkt.

Ich erfuhr erst später von den westlichen Aktivitäten Harichs, der in der Bundesrepublik allerhand Gespräche geführt hatte und auch mit dem SPD-Ostbüro in Verbindung getreten war. Eine unerhört leichtsinnige Handlungsweise, mit der er sich und andere schwer gefährdete und die Loyalitäten, die auch ein opponierender Politiker einzuhalten hat, mißachtete. Außerdem waren die geheimen Apparate beider Seiten von jeweils gegnerischen Agenten völlig durchsetzt, Geheimhaltung überhaupt nicht gesichert; wenn Harich im Westberliner SPD-Ostbüro vorsprach und gar noch Papiere ablieferte, mußte er einfach damit rechnen, daß über die vielen geheimen Kanäle Nachricht nach Ostberlin gelangte.

Ich hätte Harich nicht für so realitätsblind gehalten, doch unterlag er wohl wie viele andere seiner moralischen Empörung derart, daß er keinen klaren Gedanken mehr fassen konnte, ging es um das Stalin-Problem.

Wir hatten alle lange Jahre über mehr oder weniger Bescheid gewußt oder doch gewisse Dinge geahnt, uns aber zur Parteidisziplin verpflichtet gefühlt. Chruschtschows Enthüllungen bewiesen nur, wie sehr wir uns in den Irrgärten unserer Gutgläubigkeit und blinden Parteitreue verlaufen hatten.

Wenn es schon sein mußte, daß wir die Irrenden waren, so sollte künftighin auch dafür gesorgt werden, Wiederholungen zu vermeiden. Kein hoher Parteiführer sollte mehr schalten und walten können, wie er wollte, Kontrolle oberer Instanzen durch untere Gremien mußte stattfinden, die Verselbständigung von Führern institutionell verhindert werden.

Unter diesen Umständen wirkte es doppelt beschämend, wenn ausgerechnet Ulbricht, der immer wieder vom weisen Führer Stalin gesprochen hatte, jetzt jüngere Genossen des Stalinismus beschuldigte, wie im *Neuen Deutschland* mitgeteilt wurde.

Kein Zweifel, die Stalinschen Getreuen suchten ebenso unverfroren wie kühn sich selbst als arme Opfer hinzustellen und die Schuld an den Fehlern der Vergangenheit anderen aufzuhalsen.

In welchem Zustand befindet sich eine Partei, kann derart mit ihr Schindluder getrieben werden.

Allerdings muß ich zugeben, daß ich aus der Nachricht von der Warnung, die Ulbricht Harich zukommen ließ, als er ihn zu sich beorderte, nicht die richtigen Konsequenzen zog. Weil ich von Harichs kuriosen und prinzipiell unpassenden wie untaktischen

Westkontakten nichts wußte und in meiner Arglosigkeit annahm, der Mann handele ebenso vorsichtig und vernünftig wie wir in Leipzig (was allerdings nicht völlig zutraf, die Ausnahme bildete einer, der seinerseits Verbindungen mit dem Westen anknüpfte und sich derart dem polizeilichen Zugriff aussetzte), sah ich in Ulbrichts Wutausbruch lediglich den Versuch einer Einschüchterung.

In Wirklichkeit verfügte der Genosse Walter längst über genauere Informationen. Das Gespräch mit Harich sollte tatsächlich die erste Warnung sein. Wie stets in unklaren, prekären Situationen suchte Ulbricht den einfacheren Weg zu gehen. Solange verschiedene Machtfragen noch nicht hinreichend geklärt sein konnten, taktierte der Parteivorsitzende hinhaltend.

Als diese Vorsichtsmaßnahmen entfielen, griff er zu. Harich wurde verhaftet und erhielt zehn Jahre, eine Strafe, wie sie heute gegen Staatsfeinde auch in der BRD in dieser Höhe und Härte verhängt wird. Jochen Wenzel wurde ebenfalls verhaftet und verstarb kurze Zeit später, wie ich hörte, an Nierenkrebs.

Der Prozeß gegen Harich, Steinberger, Hertwig begann am 7.3.57 vor dem 1. Strafsenat des Obersten Gerichts der DDR. Der Vorsitzende hieß Ziegler, der Staatsanwalt Melsheimer. Wie ich erfuhr, ist mein Name während der Verhandlungen mehrfach genannt worden. Doch hat man mich selbst nie wegen Harich befragt oder vernommen, obwohl ich über alles mögliche vernommen worden bin. Da ich während der Dauer des Prozesses gerade von Leipzig nach Dahme umzog, bekam ich nur mit, was *Neues Deutschland* und *Leipziger Volkszeitung* veröffentlichten. Im Rundfunk hörte ich nichts, weder von Ost- noch Westsendern. Später im Westen informierte ich mich in Archiven und studierte die Pressemeldungen. Mir schien, die Meldungen der DDR-Presse hielten sich ziemlich genau an die wirklichen Ereignisse. In den Westblättern dagegen überwogen die Spekulationen und Flunkereien. *Die Welt* berichtete von einem revolutionären »Testament« Harichs und überschrieb ihren Artikel mit der Schlagzeile: »Harichs Vorbild war Karl Liebknecht«. Da Harich im Osten einsaß, behandelte ihn der Westen als Held und selbst Karl Liebknecht kam zu Ehren. Beriefe sich aber ein Revolutionär im Westen auf Karl Liebknecht, überhäufte man beide mit Schimpf und Schande.

Das war überhaupt das Schlimmste, in Ost wie West mußte man nun auf unabsehbare Zeit mit der Lüge leben. Kaum hatte eine alte große Staatslüge abgedankt, schon war eine neue errichtet worden. Nur besaßen wir jetzt anstelle der alten einzigen deren zwei: DDR und BRD würden fortan gegeneinander loslügen, was das Zeug hielt. Man brauchte keine allzu großen Fantasiekräfte, sich vorzustellen, welche Verwüstungen das im Inneren der Menschen anrichten müßte.

Schwer fiel mir auch die Vorstellung, Wolfgang Harich für zehn Jahre in den Gefängnissen verschwinden zu sehen. Nie, nicht damals und nicht in der jüngsten Zeit brachte ich die Gelassenheit der Mehrheit meiner Mitbürger auf; Menschen in den Gefängnissen zu wissen beunruhigte mich zu allen Zeiten allein schon vom Gedanken her. Vielleicht liegt der Grund darin, daß ich mit neunzehn Jahren für viele Jahre in Lagern verschwand und auch später mit Gefangenen zu tun bekam. Ich wußte zu gut, was wirklich vorging.

Außerdem ertrugen die Menschen ihre Haftzeiten mit sehr unterschiedlichen Gefühlen. Es gab unter den Häftlingen Stoiker und Nervenbündel. Harich rechnete ich zu den letzteren. Er war zu grazil und nervös, als daß er hätte viel aushalten können. Sein reger Intellekt und seine lebendige Fantasie mußten ihn die Haft noch viel schwerer empfinden lassen, als sie in Wirklichkeit war. Das wird wohl nirgendwo genügend beachtet, dieser Unterschied in der Konstitution. Für den einen bleibt die Haft ein zwar schwer, doch immerhin erträgliches Zeitkontinuum. Für andere bekommt jeder Freiheitsentzug kafkaeske Züge. Ja, man mußte zwischen verschiedenen sensiblen Potentialen unterscheiden. Für die Kafka-Naturen stellten sich Haftpsychosen auch in der Freiheit ein. Sie bedurften der Gefängnisse gar nicht, für sie nahm die Welt die Form schwerster Haft an, und sie litten darunter. Freilich verfügte Harich über den unschätzbaren Vorteil eines reich gelebten Lebens. Er, der langjährige Star-Kritiker der Ostberliner Stadthälfte, war stets auch ein wandelndes Skandalon gewesen, den eine Schauspielerin nicht grundlos öffentlich ohrfeigte – es geschah wegen einer üblen Kritik, die Harich über sie geschrieben hatte –, doch zahlt Gerechtigkeit sich manchmal auf Umwegen heim. Vielleicht verläuft unser aller Leben mehr auf Umwegen als in direkten Verbindungen. Von den Bildern seiner Vergangenheit zehrend, könnte Harich sogar die schwere Strafe überdauern, war zu hoffen.

In dieser Meinung, daß Harich die Haft einigermaßen gut überstehen würde, obwohl er seiner Konstitution und seinem Charakter nach darunter mehr als ein anderer litt, bestärkte mich eine Entdeckung. Ausgehend von Bloch, den ich einen Philosophie-Erzähler nannte, erfand ich für Leute wie Harich die Bezeichnung Kritiker-Erzähler. Wie Bloch es fertigbekam, einen Philosophen und sein Denken in einer kurzen, prägnanten Fabel zu verdeutlichen, so gab es eine kleine Anzahl von kritischen Theoretikern oder theoretischen Kritikern, die Ähnliches zustande brachten. Ihre lang anhaltende Beschäftigung mit Büchern, Theaterstücken, Filmen verlieh ihnen die Fähigkeit resoluter Verallgemeinerung und Verkürzung. Die dicken Bücher schrumpften in ihrem Geiste auf wenige Sätze zusammen, die gleichwohl die Essenz des Buches ausdrückten. Stunden währende Theateraufführungen wurden diesen Menschen zu kleinen Sketches, ein Film verflüchtigte sich ihnen zu dieser oder jener Episode, die Schlüsselcharakter annahm. Menschen dieses Schlages unterschieden sich grundsätzlich von jenem anderen Typ des Feuilletonisten, der das plausible Verkürzen eben nicht beherrschte und statt dessen in langwierige Ausführungen flüchtete. Wenn auch beide Typen von Theorie und Kritik ausgingen, die sie an konkreten Kunstwerken zu erproben suchten, so kamen sie doch zu völlig entgegengesetzten Resultaten. Die Gefahr bei Harich bestand darin, daß er, mit dem Marxismus in Berührung gebracht, auf dessen Begriff von »Praxis« hereinfiel, und zwar eben auf die gewohnt privatistische Weise. Intellektuelle bürgerlichen Zuschnitts mißverstehen den kollektiven Charakter des marxistischen Praxis-Begriffs leicht individualistisch. Wenden sie sich nun der so mißverstandenen Praxis zu, geraten sie ins Abenteurertum. Der Marxismus wird ihnen zur Anleitung für ihr individuelles Handeln, ganz wie es marxistischen Anfängern, besonders wenn sie dem Bürgertum entstammen, naheliegt. Für Harich glich der Marxismus einem zu Ende gelesenen Buch, er kategorisierte das Resultat, und schon lag ihm alles klar vor Augen: Er wollte den durch Ulbrichts SED in Mißkredit geratenen Sozialismus retten, indem er mit der westlichen SPD Verbindung aufnahm. Nahm er aber diese Verbindung auf, setzte er sich auch gleich noch mit dem SPD-Ostbüro, mit Rudolf Augstein und einigen anderen hohen Herren und Stellen in Verbindung. Warum denn geizen.

Kein Zweifel, Harich hatte sich als echter Kritiker-Erzähler verhalten und auf gut intellektuelle und individuelle Weise versucht, seine politischen Ansichten praktisch werden zu lassen. Seine Handlungsweise glich seinem Denken. Ein Stoff war bewältigt, eine Stellung bezogen, nun kam es drauf an, die Situation entsprechend zu ändern.

So hatten Abenteurer zu allen Zeiten gehandelt. So handelten auch Einzelgänger zu allen Zeiten. Nur mischten sie sich tunlichst nicht in die Geschäfte großer Firmen ein. Es ging immer nur das eine oder das andere. Entweder war man Einzelgänger oder Firmenvertreter. Doch als Einzelgänger Firmen zu vertreten, und auch noch gegen deren erklärten Willen, überstieg die Möglichkeiten; was einzusehen wohl wiederum die Möglichkeiten Harichs überstieg. War er nicht immer durchgekommen als Einzelkämpfer? Hatte er nicht immer kleine Scherze riskiert, auch gegen die Partei? Damals, noch bei der von der sowjetischen Besatzungsmacht herausgegebenen Zeitung *Tägliche Rundschau* seinem Artikel jeweils zwei-drei auffallend unpassende Sätze angefügt – Wegschneideschwänzchen – die Zensoren schnitten ab und ließen dafür andere Stellen stehen, auf die es dem Autor ankam. Es ist aber ein Unterschied, ob einer schreibt oder handelt. Gleich werden die Scheren größer.

Harich und Ulbricht beschäftigten mich, jeder auf seine Weise, lange Zeit. Mit Harich war ich bei Blochs bekannt geworden. Das letzte Mal trafen wir uns Mitte Oktober 1956 in Ostberlin beim Aufbau Verlag, wo ich ihn aufsuchte. In die West-Aktionen Harichs war ich nicht verwickelt. Unsere Devise hieß, die Entstalinisierung könne nicht im Bündnis mit dem Klassenfeind betrieben werden. Soweit ich in Leipzig etwas Einfluß hatte, wurde diese Meinung geteilt, weshalb die Vernehmungen des Staatssicherheitsdienstes in dieser Richtung nichts erbringen konnten. Es kam nur zu einer einzigen Verhaftung, die die Ausnahme betraf. Der undisziplinierte Wirrkopf, der sich nicht an unsere Abmachungen gehalten hatte, setzte sich dem Stasi-Zugriff aus. Die später nach meinem Weggang erfolgte Verhaftung von Loest und anderen hat ihre besonderen Gründe.

Mir schwebte vor, die Diskussion des Stalinismus-Komplexes

innerhalb der DDR und der DDR-Medien voranzutreiben. Die Entstalinisierung sollte strukturell wirksam werden können, ohne die Grundlagen des Sozialismus anzutasten. Sozialisierung der Produktionsmittel und Arbeitermacht waren keinesfalls abzuschaffen, sondern durch Demokratisierungen zu festigen. Selbstverständlich konnte das niemals gegen die Sowjetunion durchgesetzt werden, nur mit ihr, jedenfalls mit den dortigen Antistalinisten.

Bevor die Verhaftung Harichs öffentlich bekannt wurde, entsandte das ZK fürsorglich zwei Mitglieder nach Leipzig zu Bloch, die ihn von der Inhaftierung seines »jungen Freundes«, wie er ihn meist nannte, informierten. Die beiden Mitarbeiter verabredeten mit Bloch telefonisch einen Termin und aßen, bevor sie in den Westen hinausfuhren, in der Stadt zu Mittag. Leipzig und Ostberlin waren in diesen Wochen nach der Niederwerfung des ungarischen Aufstands eine einzige Gerüchteküche. Man wußte nie, waren Nachrichten, die man zu hören kriegte, echt oder in gezielter Absicht ausgestreut, vielleicht auch Zufallsresultate von Schwätzern.

Ich erfuhr im Institut von dem für Nachmittag angesetzten Besuch der zwei ZK-Mitglieder bei Bloch und hörte gleichzeitig, in Berlin seien Genossen verhaftet worden. Unwillkürlich brachte ich diese Information mit dem ZK-Besuch zusammen und schlußfolgerte: Sie haben Harich festgenommen und wollen jetzt Bloch dazu überreden, sich von Harich zu distanzieren. Mein erster Gedanke war, bei Blochs anzurufen und ihn zu warnen. Das verwarf ich, denn das Telefon wurde bestimmt abgehört.

Einen Moment schwankte ich, ob ich selbst hinausfahren sollte, aber mir fehlte der rechte Mut dazu. Mein Verhältnis zu Bloch war seit der scharfen Reaktion der Partei auf einen Artikel von mir, den der *Sonntag* gedruckt hatte, nicht so gut wie sonst.

Als Jochen Wenzel aus Berlin anreiste und mich gebeten hatte, ihm ein Gespräch mit Bloch zu vermitteln, hatte der alte schlaue Fuchs zwar nach längeren telefonischen Einreden, die ihn bei den Mithörern vom Staatssicherheitsdienst, deren Ohr wir mit größter Wahrscheinlichkeit vermuteten, abdeckten, in den Besuch eingewilligt, mich aber am Telefon mit seiner unnachahmlichen Art von Ironie gerügt und das auch draußen beim Treffen selbst wiederholt. Ob ich neuerdings das Wiener Feuilleton pflegen wolle – ich weiß nicht, ob die Lauscher vom Stasirius diese Ironie überhaupt mitbekommen haben und als leise Distanzierung zu werten wußten. Weniger leise distanzierte sich Hans Mayer von mir, als er bei Georg Maurers Geburtstag meinen Artikel laut und deutlich verdammte. Ich bekam beim Staatssicherheitsdienst dann ja auch Mayers negative Einschätzung triumphierend vorgehalten, während man Blochs spöttisch-sensible Kritik nicht im geringsten erwähnte.

Übrigens waren die Partei und die Staatssicherheitsorgane durch die vorangegangene Entstalinisierungsperiode Chruschtschows doch stark beeinträchtigt und verunsichert worden. Man legte allenthalben Wert darauf, »gemäß der sozialistischen Gesetzlichkeit« zu verfahren. Die vorherige Willkür war stark eingeschränkt, wenn nicht überhaupt verschwunden. Ja, ich würde die Behauptung riskieren, daß die polizeiliche und juristische Verfolgung etwa dem im Westen geltenden Maßstab entsprach, jedenfalls, was den Spielraum angeht, der für juristische Interpretationen und Schlußfolgerungen bleibt. Das hat sich später, wie die Verurteilung Loests zeigt, wohl wieder etwas verschlechtert, aber nie mehr die brutale Willkür der Stalin-Ära erreicht, ein Fortschritt, den man durchaus nicht geringschätzen sollte. Nur durch die strikte Beachtung der sozialistischen Gesetzlichkeit ist das zögernde Vorgehen gegen uns zu verstehen. Unter Stalin wären wir wohl alle blitzschnell und für immer in den Lagern und Kerkern verschwunden. Jetzt lenkte die Partei zwar ihr Propaganda-Feuer auf uns, ließ aber erst einmal nur jene inhaftieren, denen wie Harich auch wirkliche Vergehen gegen die DDR-Gesetze nachzuweisen waren. Wir anderen profitierten zunächst von einer in Anbetracht vorheriger Härte geradezu unglaublichen Toleranz.

So charakterisierte der DDR-Staatsanwalt Melsheimer mich im Prozeß gegen die *Sonntag*-Redakteure als den »Prototyp eines Aufweichlers«, doch ließ man den so Bezeichneten nicht einfach verhaften; ich hatte zwar eine Menge auszustehen, blieb aber in Freiheit und lebte in Leipzig und hernach in Dahme/Mark nahe Berlin relativ ungeschoren, wenn man die ärgerlichen Vernehmungen durch den Staatssicherheitsdienst abzieht. Das kostete mich unendlich viel Nerven, doch verhielt man lange Zeit auf diesem Beobachtungsstatus.

Zunächst behielt ich sogar meine Parteimitgliedschaft, jedenfalls bis Frühjahr 1957, erst dann schickten sie mir einen Genossen, der mich morgens von Dahme in die Kreisstadt Luckau zu begleiten hatte, wo mir, im dortigen Haus der Parteileitung, der Parteiausschluß verkündet und der Ausweis genommen wurde. Dem vollziehenden Genossen war dabei gar nicht wohl, er zog ein bekümmertes Gesicht und entschuldigte sich geradezu. Über meinen Fall war er nicht weiter orientiert, hatte nur Anweisung zum Ausschluß. Mir schien, dieser Mann gehörte nicht zu den Scharfmachern, überhaupt zeigte sich in dieser Zeit, welche guten, einsichtigen Kräfte die Partei enthielt. Was könnte eine Renaissance des Sozialismus erreichen, wenn sie in den Genossen den starken Willen zur Humanisierung des Menschen und der Verhältnisse anspornte, statt Männer, Frauen und Jugendliche, wie es im Stalinismus geschieht, immer wieder einzuschüchtern und zu dukken.

1954 bei dem Aufmarsch im Osten Leipzigs sah ich Walter Ulbricht zum ersten Mal. Er ragte mit Kopf und Brust über die Balkonbrüstung und hob in gewissen Abständen eine Hand, mit der er mehrmals auf und nieder fuhr, etwa zwischen Halshöhe und Stirn und dabei lächelte, ohne wirklich zu lächeln. Die abendliche Dämmerung, in der die untergehende Sonne und die Strahlen von Scheinwerfern sich kreuzten und durchdrangen, bewirkte ein Schattenspiel, in dem der bärtige Ulbricht noch fuchshafter aussah, als man es gemeinhin vom Kino her kannte. Die widerstrebenden Gefühle in meinem Inneren kulminierten. Ulbricht war mir, seiner Ähnlichkeit mit meinem Vater halber, von Anfang an nicht ganz geheuer gewesen. Nach dem Tode meines Vaters nahm ich in der Wohnung meiner Mutter das Bild des Verstorbenen von der Wand, schnitt mir ein Büschel Haare ab und hielt es dem fotografierten Papa unter die Nase, dabei überfiel mich so heftiger Widerwillen, daß ich mehrfach davon träumte.

Auch ohne diese fatale Ähnlichkeit fand ich Ulbricht schwer erträglich. Nicht sein Sächsisch, das ich ja gewöhnt war, störte mich, sondern seine Art, sich zu geben und zu sprechen. Allerdings mischte sich in diesen meinen vom ersten Blick an vorhandenen Widerwillen das gegensätzliche Gefühl von Respekt, den ich freilich in der DDR nicht artikulieren konnte, weil ich den offiziellen Lobpreisungen nicht traute und auch die offizielle Biografie, die Johannes R. Becher geschrieben hatte, für verlogen hielt, was sie in der Tat war.

Die wirklichen Leistungen Ulbrichts konnte man nicht anerkennen, weil man die Höhen und Tiefen dieses Lebens nicht kennenlernen durfte. Mein Respekt bezog sich denn auch ganz unklar und mehr im Gefühlsmäßigen bleibend auf die Tatsache der einfachen Herkunft Walter Ulbrichts. Der Vater ein Flickschneider, die Mutter Arbeiterin, Walter selbst Tischlergeselle. Diesen unteren Lebenshintergrund kannte ich aus persönlicher Anschauung gut genug, um die Diskrepanz zwischen der ärmlichen Herkunft und der jetzigen Machtstellung ermessen zu können. Dieser bärtige Fuchs dort oben mochte über Leichen gegangen sein und ging es wohl noch, doch was verlangte unsereins eigentlich von sozialistischen Politikern – konnten sie denn so himmelweit von den bürgerlichen Politikern unterschieden sein? Engel in einer Welt der Teufel? Relativierte man aufs Vernünftige hin, strich den utopischen Anspruch also ab, mochte Ulbricht noch ein ganz passabler Politiker sein, der nicht mehr Opfer forderte, als es zur Machterhaltung gerade brauchte. Mein ganz persönlicher Ekel vor dieser Machtstellung und Machterhaltung war wirklich nur mein persönliches Problem. Der Haß, den die Bourgeoisie und ihre Propagandatrupps schürten, konnte nicht mein Haß sein. Was also blieb übrig von meiner Aversion gegen Ulbricht, wenn ich sie kühl zu analysieren begann? Wenig mehr als die Ähnlichkeit des Parteiführers mit meinem Vater, eine physiognomische Zufallserscheinung, dazu jener Hochmut, der Kritiker wie mich meinen ließ, dieser Mann dort oben stehe nicht auf der Höhe seiner Zeit, eine andere Persönlichkeit könnte den Posten weitaus besser wahrnehmen. In Wirklichkeit hatte sich die Geschichte in diesem Mann ihren treffendsten Ausdruck gesucht. Das Austarieren seiner Macht mit dem anfangs viel größeren und auch für ihn lebensgefährlichen Potential der Sowjetunion, diese notwendige, nirgendwo artikulierte, aber stets zu bewältigende Diplomatie interner Couleur, die doch so viel mehr sein mußte als bloße

Verhandlungstaktik, das Spiel mit vielen Bällen, jongleurhaft geradezu, vollbrachte der Polit-Artist eben als einziger; die anderen, die es ebenfalls versuchten, scheiterten.

Nein, jener unklar zu erkennende, von Lichtreflexen und Schattenbündeln getroffene Mann, der eine Hand hob und senkte wie eine automatische Puppe, vermengte automatische Handlungen mit nicht automatischen und erzwang sich gegen Ende mehr Spielraum, als die Genossen in Moskau ihm jemals einzuräumen beabsichtigt hatten. Jedenfalls arbeitete hinter dieser Stirn ein präziseres Gehirn, als sich der wenig exakten, wenig genauen, wenig luziden, vom Parteijargon verunstalteten und ihn ritualisierenden Sprache und Aussprache entnehmen ließ. Zwar mochte die Sprache wirklich der materielle Ausdruck des Gedankens sein, doch blieb wohl ein Rest –, oder die Lebenserhaltungstechniken, die von denen angewandt worden sein mußten, die Stalins Säuberungen überstanden, hatten etwas hervorgebracht, was Sprache und Denken deckungsungleich werden ließ, wie man ja auch von Diplomaten sagte, bei ihnen sei die Sprache dazu da, die Wahrheit zu verdecken; ja, hier war einer zur Macht gelangt, der sich durch Sprache nicht ausforschen ließ, nur einen winzigen Teil seiner Person in dem realisierte, was er sagte, und sich statt dessen unheimlich weite Regionen aufsparte, in denen er insgeheim lebte und arbeitete, wo nicht dachte, so doch fühlte mit einem so feinen Sinn, wie man angesichts der Grobschlächtigkeit der sichtbaren Person einfach nicht ahnen konnte.

Gewiß, wenn seine Macht bedroht wurde, antwortete ein menschenverachtender Zynismus, die blanke Grimasse der Gewalt zeigt sich in prekären Situationen, wenn er, über opponierende Studenten etwa meinte, die brauchten einen Schlag ins Genick. Wirkliche Genickschläge und tödliche Genickschüsse etwa kriegten die Studenten dann doch nicht ab, in anderen Ländern jedoch, in den westlichen mehr noch als in östlichen, kam es zu wesentlich brutaleren, sehr blutigen und tödlichen Gewaltaktionen, die der schlaue Fuchs aus dem ärmsten Viertel Leipzigs zu vermeiden wußte.

Er überragte seine Feinde und Freunde, der Tischlergeselle, und seine Kampferfahrungen hatten die der anderen nicht weniger übertroffen, das alles war von ihm in Witterung umgemünzt worden, wovon der schlaue, auch verschlagene Ausdruck seines wenig sympathischen, aber doch charakteristischen Gesichts zeugte. Die ihm Boshaftigkeit attestieren, mochten nicht ganz unrecht haben, doch woher soll ein Politiker wie er, dem die Feinde nichts als Niederlage und Tod wünschen und nichts als Hohn und Kampf entgegenbringen, während ihm die Freunde gleichfalls fortwährend Wachsamkeit abringen, den Zuspruch aber auf wenige abgenutzte, lächerliche Floskeln herunterschraubten, die er dann auch gebrauchte, woher hätte er also die Kraft nehmen sollen, auch noch eine neue Sprache zu erfinden, nein, er verstand sich aufs Taktieren und Tarnen, der Floskelgebrauch, die traumhaft sichere Verwendung des Parteijargons sicherte ihm Macht, und auf dieser Ebene hatte er genug Erfahrungen, Schläge und Rückschläge einsammeln müssen, bis er fit wurde zum gleichwertigen Widerstand, die Macht konnte ihm so leicht keiner entwinden, wenn ihn auch die Praktiken ihrer Erhaltung nicht im ausreichenden Maße befriedigten, er hatte selbst früher unter der Machtanwendung der Herrschenden gelitten, und wenn er von ihnen lernte und seinerseits Gewalt anwandte wie auch List, so stellte er sich mit ihnen auf gleiche Stufe, war also nicht der Schwächere, was zunächst sehr wichtig war, doch eben war er auch nicht wesentlich anders und besser, wie er eigentlich zu sein hatte, soweit dic sozialistische Lehre das verlangte und verkündete, hier eben blieb er wohl vor dem wünschenswerten Ziel stehen, und das machte ihm zu schaffen, er wäre wirklich auch gern moralisch besser gewesen, wie er sichs in jungen Jahren erträumt hatte, und wenn die Verhältnisse dies nicht zuließen, so richtete er sich danach, mit einem Rest Unzufriedenheit im Herzen, der sich als Bosheit äußerte: die von seiner Macht Getroffenen schrien auf, wie er seinerseits früher getroffen aufgeschrien hatte. Er mutete anderen zu, was ihm von anderen zugemutet worden war. Die Freude an der Erfahrung, jetzt der Stärkere zu sein, konnte nur ins Boshafte entgleisen, denn der Mensch ist das Produkt seiner Umstände, und wie sollte er nicht ein Quentchen Genuß empfinden angesichts der Niederlage jener anderen, die ihm die Niederlagen zudachten?

Ja, seine westdeutschen Feinde schmähten ihn. Er sei nicht frei, ein Büttel der Sowjets. Als ob sie frei wären und keine Büttel der

Amerikaner. Als gäbe es nach diesem verlorenen Krieg noch irgendwo irgendwelche freie Deutsche. Sie verübelten ihm vor allem die Anerkennung der Oder-Neiße-Grenze. Er habe Schlesien, Ostpreußen, große Teile Pommerns und Mecklenburgs verschenkt. Als hätte er verschenken können, was ihm nie gehört hatte. Mochten sie nur schimpfen und geifern, Freiheit war noch immer Einsicht in Notwendigkeit. Über kurz oder lang, wohl mehr über lang, doch mit Gewißheit, würden sie eines Tages ebenfalls die verlorenen Ostgebiete als verloren anerkennen. Wer zuerst erkannte, was die Stunde der Geschichte geschlagen hatte, handelte sich den Zorn der Kurzsichtigen ein. Nein, kurzsichtig war er nicht, hatte stets gewußt, wohin der Hase lief. Politik war ihm in Fleisch und Blut eingegangen, zum zweiten Leben geworden, vielleicht zum ersten. Witterungen mußte man haben in der Politik. Er hatte die Deutsche Wehrmacht oft genug erlebt, von der drübigen, anderen Seite aus, der Front der Roten Armee, er hatte sie gesehen, die waffenstarrenden Feuerlinien des deutschen Imperialismus. Hatte ihnen alles nichts genutzt, nicht die Panzerkolonnen, nicht die Flugzeuggeschwader, nicht die riesigen Industrien im Heimatland, nicht die Fanatisierung der Massen, die Arbeiter einbegriffen, ja auch die deutschen Proletarier besaßen keine Witterung für Politik, selbst die meisten ehemaligen Kommunisten, die abgeschworen und dann in der Uniform des Klassenfeindes Sowjetrußland überfallen hatten, selbst sie waren durch die Schule des Marxismus gegangen, ohne wirklichen Gewinn daraus zu ziehen. Mag sein, die Arbeiter bekamen einfach nicht mit, was gespielt wurde, die Intellektuellen aber verloren sich in ihren versponnenen Theorien und Konstruktionen, statt ihren Sinn für Machtfragen zu schärfen. Gewisse Unterlassungen kommen Todesurteilen gleich, die der Unterlassende sich selbst verhängt. Die Deutschen schafften das einfach nicht, es lag nicht im deutschen Denken, selbst die Genossen in Moskau waren völlig unvorbereitet, als der Stalinsche Terror losraste. Natürlich war es Terror gewesen, ein roter, höchst notwendiger und zugleich höchst überflüssiger Terror. Doch war man, als Emigrant, machtlos dem Wüten sowjetischer Genossen ausgeliefert, die mit Marx und Engels nichts anzufangen wußten, aber mit Pistole und Gewehr. Was konnte man tun in dieser Zeit? Verbindungen halten auf

Teufelkommraus, sich nicht in Panik fallen lassen, verkriechen, isolieren, nein, nichts davon, sosehr man auch danach verlangte, der Bestürzte und Enttäuschte giert nach Ruhe und Zurückgezogenheit, wenn er aber überleben wollte, mußte er heraus und nach vorn fliehen, Aktivitäten bezeugen, Kämpfe bestehen, den Mächtigen zur Hand gehen, was war er zu Dimitroff gelaufen, auch wenn er ihn hatte nicht mehr ausstehen können, den Angeber, der zuletzt die Verbindung zur Wirklichkeit einbüßte, eine Schande für die Unternehmungen, die die Internationale plante und die doch von vornherein der Realitätsblindheit solcher Genossen wegen zum Scheitern verurteilt gewesen waren.

Nein, sie konnten ihm alle nicht das Wasser reichen, die Feinde nicht und die Genossen nicht, außer dem einen vielleicht, der Ausnahme, dem Widerspenstigen, Abtrünnling, Verräter, Frontenwechsler, dem Renegaten, nein, er würde sich hüten, noch einmal über ihn zu sprechen, aufzudecken, wie er über den dachte, diesen Mann, den man am besten gar nicht nannte, seinen Namen verschwieg, zur Unperson verurteilte, wiewohl er doch immer wieder beim Namen genannt und von der Unperson zur Person gemacht werden mußte, ja, das war die einzige Form von Weiterleben ohne die Partei. Der Renegat hatte gewählt. Wie nur war ihm das Wunder geglückt? Gehörte zum obersten ZK-Leistungsgremium, hatte in Moskau noch alle Chancen gehabt, war eine Gefahr selbst für ihn, Walter, gewesen, und sprang ab, die Fronten wechselnd, bohrte sich, ein scharfer Splitter, in die Sozialdemokraten, den Ableger der verdammten Zweiten Internationale, die keine Internationale war, was der andere genau wußte, wie hätte er es nicht wissen sollen, war doch einer mit scharfem Blick, Durchblick, wie hatte sich dieser infame Renegat nur so hochbringen können drüben in Bonn, das mußte man respektieren, gelernt hatte der andere, nicht weniger als er selbst, umzugehen mit der Macht verstand er, brauchte nur viel länger, in den innersten Zirkel vorzudringen, war in der KP schon ganz schön drin gewesen, hatte vielleicht nicht die starken Nerven gehabt, die einer brauchte damals in Moskau, oder waren es nicht die Nerven, waren es andere Faktoren, aber welche denn? Bedenken? Skrupel? Konnte einer wie jener andere dort drüben oder er selbst Bedenken sich leisten? Man kalkulierte die Machtfrage, schob

Bedenken beiseite, um nicht selber beiseite geschoben zu werden. Ja, er hatte sich in einem unbedachten Augenblick, seltsam, daß ihm sowas noch passieren konnte, hatte sich jedenfalls mißverständlich ausgedrückt, den Renegaten betreffend, anfangs nur vor der Unterschätzung des anderen warnen wollen und hatte gesagt, das sei kein Strauß, viel Geschrei und wenig Wolle, der Renegat mache, wenn er schreie, gewiß auch viel Wolle, war dann ins Erzählen gekommen von Moskau, Hotel Lux, Sitzungen mit Dimitroff, bei der Internationale, hatte den Renegaten charakterisiert und nicht genügend nachdrücklich verdammt, war plötzlich aufgeschreckt, der Gesichter wegen, die ihn umgaben, was ging vor hinter diesen glatten Stirnen? Er war sofort zu sich gekommen, hatte eine Kunstpause eingelegt, Atem geholt, unbarmherzig zugeschlagen, Anklagen herausgeleiert, eine nach der anderen, jede schärfer und parteitreuer als die vorherige, nein, an Verrätern ließ man keinen guten Faden, was nichts an seiner heimlichen Meinung änderte, oder wars Hochachtung, gewiß, soweit durfte die Objektivität nicht gehen, er verachtete den Verräter wirklich und tatsächlich, kannte nur seine Qualitäten und Stärken dazu und sah den kapitalistischen Staat dort drüben genau auf den Punkt zusteuern, wo sie dem Verräter das Steuer überlassen mußten, oder wenn nicht das Steuer direkt, dann das Gehirn des Steuermanns, konnten die ja doch wohl nicht verkraften, einen vormaligen führenden Kommunisten als ersten Mann in der Regierung, würden sie sicher einen anderen dafür nehmen, der andere aber wäre auf den Renegaten angewiesen, und wo nicht, wäre er dumm und wir könnten uns hier in der DDR ins Fäustchen lachen, nein, den Gefallen würden sie uns wohl nicht tun, dennoch mußte man darauf hinarbeiten, den Renegaten nach besten Kräften zu schwächen und ihm zu schaden, hatte allerhand Möglichkeiten dafür, sollten die Geheimdienste sich was einfallen lassen, waren doch sonst nicht so einfallslos, die Burschen, auch lagen Papiere des Renegaten in den Safes, auf die man zurückgreifen konnte, wäre schon spaßig, zu sehen, wie er zu tanzen begänne, der liebe Genosse aus Dresden, seltsam, da standen sie nun, zwei uralte KP-Leute aus Sachsen, sich als Feinde gegenüber, Leipzig gegen Dresden, na ein richtiger Prolet ist der andere sowieso nie gewesen, kam aus dem Angestelltentum, der Kleinbürgerei, kein Wunder, daß er absprang, Kleinbürgern hatte er nie ganz vertraut, immer eine oberste letzte Kontrollinstanz irgendwo eingebaut, Kontrolle hatte Lenin stets angeraten, er selbst meinte: Mißtrauen ziert den Proletarier, die Bourgeoisie mochte sich noch so zivilisiert geben, von einem Moment zum anderen verwandelte sie sich in einen blutgierigen Wolf, der Kleinbürger übertraf die bourgeoisen Herrschaften noch in seinen fatalen Schwankungen. Was der Renegat alles so genau wußte wie er selbst, der die Geheimberichte mit Schmunzeln las, hatte wirklich nicht die besten Nerven, der Dresdner, es gingen ihm zu oft die Pferde durch, schimpfte zu gern und zu laut, Schimpfen war eine Gefahr, man verwandelte sich in einen ganz ehrlichen Menschen dabei, nie war einer so sehr er selbst und ganz ohne Verstellung wie beim Schimpfen, da saß der Dresdner drüben in seiner Bonner Baracke,

wütete mit den Genossen, hieß sie Hund und Esel und die Partei ein einziges Trauerspiel, hätte eben nicht Klassenfront und Klassenpartei wechseln dürfen. Aus einer Kuh macht man keinen Ochsen. Es gibt nur eine einzige Kaderpartei auf der Welt, und das ist die kommunistische. Chancen hatte ein Arbeiter nur in der Arbeiterpartei, und es gab in ganz Deutschland nur noch eine einzige Arbeiterpartei, die andere dort drüben deklarierte sich selbst als Volkspartei, wofür man ihr dankbar sein mußte, dankbar sein mußte auch dem tüchtigen Renegaten, der an der Volkspartei tüchtig mitschaffte und wußte, er machte sie damit zunehmend unfähig zur sozialistischen Politik und Aktion.

Ah, er ließ sich oft Filme vorführen im Regierungskino, den Streifen anhalten bei bestimmten Stellen, das brauchte er fürs Studium des anderen, auch der anderen um den anderen herum, doch richtig an kams ihm nur auf den Renegaten, wenn man ihm, Walter, Boshaftigkeit nachsagte, aus den Gesichtszügen ablesend, was würde man wohl dann vom Renegaten reden müssen, diesem Meisterfratzenschneider, das Schiefmaul, den Wortespucker? Wie soll man den nun nennen, der da Turnstunde abhielt mit seiner Mimik, na, gewesener Genosse, wenn dir die Worte im Halse stekkenbleiben, kann sein, du hast gerade nicht genug Luft oder dir liegt ein Gedanke quer im Hirn, den du so nicht rausbringen möchtest, man kennt das, kanns nachfühlen, gewisse Schwierigkeiten hemmen uns beide, wenn auch auf entgegengesetzten Seiten, er brauchte hier in der DDR nicht der Öffentlichkeit so oft was vorzukaspern wie der andere dort drüben, den sie mit tausend Fallen umstellt hatten und dem sie ewig zusetzten, bis ihm Temperament und Pferde durchgingen und alles damit noch viel schlimmer wurde, ja nichts wächst so im Quadrat wie die Häme, ihn überfiel beim Zusehen mitunter ein Anflug von Mitleid, den anderen betreffend, aber der erntete nur, was er gesät hatte, und wie standen sie jetzt da? Er hier hatte einen Staat geschaffen, ganz nach seinen Wünschen und Ängsten, seinen Vorlieben und Abneigungen, der andere dort drüben mußte erst noch zeigen, was er schaffen würde und ob sie ihn nicht einmal ganz ernsthaft ins Messer laufen ließen, daß er stürzte und sich nicht wieder zu erheben vermochte.

Ja, seine Sache hier in der Republik war historisch entschieden. Die Sache des andern dort drüben stand noch in den Sternen des imperialistischen Himmels, dieser Renegatenhölle.

17. Hilferufe einer wilden Stimme

Krümme den Rücken und widersprich nicht, lautet die orientalische Weisheit, die als Alternative zum gekrümmten Rücken den kopflosen Hals anzubieten weiß. Des Alleinherrschers Macht gebietet über Leben und Geist, Opposition liegt schon in der Äußerung einer eigenen Meinung, man hat keine zu haben, denn Gedanken führen zu Abweichungen, und Abweichungen sind strafbar. Die den Orientalismus in den Marxismus eingeführt haben, nutzten die schmachvolle Schwäche der derzeit größten Sozialdemokratie, der deutschen. Im Streit zwischen Rosa Luxemburg und Lenin, der theoretisch und politisch unentschieden endete, siegte Lenin mit den beiden russischen Revolutionen 1917 – aus wars mit den pluralistischen Prinzipien, demokratische Vielstimmigkeit wurde dem Programm des proletarischen Sieges geopfert, der hieß mit Vornamen bald Wissarionowitsch und schickte die Mitrevolutionäre in die Erschießungskeller. Seine Majestät, der Genosse Alleinherrscher, vertrug nicht nur keinen Widerspruch, keinen fremden Gedanken, ihm war auch die bloße Fortexistenz von Kampfgenossen schon ein Greuel, den er mit jenen Greueln beantwortete, die ihm den Marxismus zur blutigen Wahnidee verfremdeten. Mag sein, daß im Lande Iwans des Schrecklichen die kapitalistische ursprüngliche Akkumulation nicht anders als über die Knochen von Millionen Häftlingen erreicht werden konnte, mag sein, die ausgebliebenen außerrussischen Revolutionen machten den alleinigen Weg der Sowjetunion in den Sozialismus zur alternativen Lösung und Stalin zum diensthabenden Scheusal, mag sein, daß die Geschichte nach Opfern nicht fragt, und nur nach Resultaten; der Marxismus aber verlor bei dieser Transformation seinen Gebrauchswert. Wie sollten die Völker fortan diese Aderlaßmaschine mit Hoffnung, Freuden, revolutionärem Elan übernehmen und bedienen, da doch jedem Sehenden offenbar werden mußte, er legte sich das Instrument selber an. Nein, die orientalische Lösung war keine, der despotische Marxismus widerrief sich selbst, indem er seinen Gebrauchswert einbüßte und hernach den Tauschwert, weshalb die Rote Armee zum Verkäufer ernannt werden mußte, militärisch ging es nur noch zu oder gar nicht. So bieten sie seither ihren orientalischen Sozialismus feil, doch wer kauft die Ware, die aus sich keinen Kaufreiz enthält. Koexistieren muß jeder, auch jeder Sozialist mit dem autoritären Sozialismus, abkaufen und abnehmen aber durfte man ihn nicht.

Anfang 56 war ich zu der sicheren Überzeugung gekommen, daß ich nicht weiterhin SED-Mitglied würde sein können, jedenfalls nicht auf Dauer in einer Partei, die auch nach dem Schock des 17. Juni 1953 zu bleiben schien, wie sie gewesen war. Das Prinzip des demokratischen Zentralismus, nach dem die Partei organisiert war, verdeckte lediglich das wirkliche Prinzip bedingungsloser Subordination. In den Spitzengremien mochten von Zeit zu Zeit Meinungsdifferenzen auftauchen und sogar Machtkämpfe toben, dies alles grenzte sich jedoch ein auf die kleine Garnitur der Spitzenfunktionäre, alles andere hatte widerspruchslos zu gehorchen, Basiseinflüsse waren nicht vorgesehen in diesem Programm und konnten sich höchstens brachial, also programmwidrig Bahn brechen.

Auf zweierlei Wegen kam ich zu dieser Einsicht. Einmal durch das theoretische Studium und zum anderen gefühlsmäßig, indem ich mich jetzt meiner Emotionen nicht mehr schämte, wie das anfangs der Fall gewesen war. Sie rechnen ja eben damit, daß man sich seiner nicht sicher ist, alle Anti-Empfindungen und nicht konformen Regungen und Erwägungen suchen sie auf das Konto mangelnden Klassenbewußtseins abzubuchen. Es gehört längere Erfahrung dazu, das seltsame Wesen Klassenbewußtsein als sehr wandelbares Vehikel zu erkennen, das jeweils immer das ist, was die gerade am Ruder befindliche Führerriege darunter versteht.

Einmal soweit gekommen, hatte die Partei für mich alle Faszination verloren. Nur das Faszinosum Sozialismus war intakt geblieben. Natürlich zeigte ich diesen inneren Zustand nicht offen, doch begann ich über die Wege nachzudenken, die mir mit dieser meiner inneren Verfassung noch gangbar blieben. Ein Studienabschluß mit philosophischem oder ideologischem Lehrberuf, in welchen Bereichen auch immer, lag außer Betracht. Ich wollte nicht eine Politik lehren, von deren praktischer Ausprägung ich nichts hielt. Meine mir zur Verfügung stehenden Tarnungsenergien durften außerdem nicht überstrapaziert werden. Ohne es mir gänzlich bewußt zu machen, wie programmgemäß ich vorging, sicherte ich meine Existenz als freier Schriftsteller, sondierte bei Verlagen und Redaktionen, handelte Verträge aus.

Wegen meiner Tbc hatte ich es hierbei leichter als andere, auch half mir die klassenmäßig einwandfreie Abstammung. Da ich mich hütete, die ins Grundsätzliche reichende Zweifel zu offenbaren, sah man in mir immer noch einen relativ parteitreuen Genossen und wertete meine verschiedenen Konflikte mit der Partei lediglich als rüde Unbotmäßigkeiten oder auch bloße Äußerungen revolutionärer Ungeduld eines cholerischen Temperaments. Insgesamt standen meine Chancen, von der Universität abzugehen ohne die Verpflichtung, irgendwo in ein festes Arbeitsverhältnis treten zu müssen, was eigentlich die Regel war, nicht schlecht.

Mitten in diese schwierige, umfassende Kurskorrektur platzte die erste Nachricht von der sensationellen Geheimrede Chruschtschows auf dem XX. Parteitag in Moskau.

Mit einem Mal sah ich die Dinge ganz anders. Kam hier nicht doch vielleicht eine sozialistische Renaissance in Sicht? Die Ausführungen Chruschtschows trafen ins Zentrum. Wenn so etwas jetzt möglich war, müßte dann nicht auch eine grundlegende Reform des Kommunismus möglich, ja unausweichlich werden?

Würde es einmal wieder einen Sozialismus ohne orientalisches Herrschaftsgebaren geben? Die Chancen dafür schienen nicht schlecht zu stehen.

Es gibt grobe Unehrlichkeiten, deren wir uns nicht schuldig machen dürfen; wo aber doch, rächt sich das Material, mit dem wir arbeiten, das Wort reagiert mit Verweigerung. Es schweigt sich in uns aus. Ich habe oft darüber nachgedacht, ob die Literaturkritiker, die auf nichts als Reglementierung und Unterdrückung von Literatur zielen, was keineswegs nur den Osten betrifft, nicht welche sind, die sich einer ebensolchen großen Unredlichkeit geopfert haben, was sie ihr ferneres Leben hindurch zu Worte-Verfolgern macht. Sie rächen sich an Autoren, denen die Worte nicht versiegen und nicht durch eigene Schuld fortgenommen sind.

Ich verhielt mich aber mindestens in Ansätzen unredlich, schwindelte mich um die Folge meiner Leipziger Erfahrungen herum. Ja, es war so, daß die Wochen und Monate, die ich dort in meinem Studentenzimmer der Seepiepe verbrachte, schreibend, doch gehalten, das Geschriebene nicht wegzugeben, mein ferneres Denken, Fühlen, Arbeiten bestimmt haben.

Im fernen Moskau war eine ungeheure Aufdeckung von Wirklichkeit geschehen, die uns alle in den kommunistischen Ländern unwillkürlich, auf geradem Wege, ganz direkt und spontan hätte ergreifen müssen, damit die Läuterung sinnvoll werde und die Wiederholung des Übels ausgeschlossen bleibe.

Dies gerade wollten mächtige Kräfte der Partei verhindern, und deshalb geschah die Information über die Moskauer Ereignisse langsam und tropfenweise, statt schnell und konsequent. Die führenden Politiker unserer Partei waren in ihren intellektuellen und seelischen Kräften dem nicht gewachsen, was der ukrainische Bauer sich und seiner Partei zugemutet hatte. Mochten sie das Klugheit und Diplomatie nennen, so war es doch in Wirklichkeit nichts als die Gemeinheit der bloßen zynischen und menschenverachtenden, also vom Kern her ahumanen Macht-Erhaltung. Welche, die sich zu führenden Genossen hinaufgelogen hatten, suchten jetzt um jeden Preis oben zu bleiben und nicht etwa, wegen Schuldteilhabe, wieder hinabgestoßen zu werden. Das Parteiestablishment schloß sich zusammen zu einer Notgemeinschaft für die weitere Pfründen- und Klassen-Bewahrung.

Einige wenige Genossen vermochten wenigstens zu ermessen, was vorging in diesen Wochen und Monaten. Auch kam die Nachricht über westliche Zwischenstationen doch ins Land, man begann Bescheid zu wissen, doch wenn die Genossen einander trafen, verhielten sie sich, als sei nichts gewesen. Nur einander sehr Vertraute vertrauten sich auch jetzt flüsternd an, was sie bewegte. Als Partei blieb die Partei ein Block aus Stein.

Klar war uns nichts, gewußt haben wir manches, geahnt vieles, aber die erste Meldung in der Zeitung über den XX. Parteitag der sowjetischen Bruderpartei umfaßte nur wenige nichtssagende Zeilen.

Dann fiel mir ein westdeutsches Blatt in die Hand, und ich las einen großaufgemachten Bericht über die Geheimrede Chruschtschows, seine Anklagen gegen Stalin und den Personenkult.

Ich setzte mich in meiner Studentenbude hin und schrieb ein paar Zeilen nieder, die von selbst zu Versen wurden, Monate später in der Kulturbundzeitung *Sonntag* erschienen und noch einmal Monate später als Teil einer Anklage gegen mich dienten.

Ich wurde, mit meinen Entstalinisierungsversen, zum Parteifeind erklärt, was ich nie so ganz verstehen konnte, was ich allerdings immer dann, wenn die Partei erneut ganz unverständliche Dinge tat, beinahe verstand.

Wie wehrt man sich gegen eine Partei, die einem Herz und Hirn umfangen hält? Gegen diejenigen, mit denen man sympathisiert, an deren Seite man gekämpft hat, mit denen einen Solidarität verbindet: die versachlichte Menschenliebe, von der so leicht und schön zu reden und die so schwer zu leisten ist.

Dem Moloch Organisation ausgeliefert, den Moloch zu nennen, schon Ungeheuerlichkeit bedeutet.

Ursprünglich war die Partei als Kampfformation von Genossen, brüderlichen Kampfgefährten also, gedacht, von Menschen, die aus Einsicht oder solidarischen Gefühlen einander gegenseitig stärkten und bestärkten. Wenn einer zurückstehen wollte in Aktionen und Unternehmungen, so mußte er frei genug sein, dies zu können, denn die Übernahme von Zwang und blinder Pflicht schwächte die Vereinigung in der Kraft ihres Zusammenhalts.

Organisationen aber entwickeln ihre eigenen Gesetze und ihre eigene Moral. Bald wurde es dem einzelnen Genossen unmöglich gemacht, sich zu distanzieren. Mitgliedschaft in der Partei gilt als verpflichtetes Leben. Nicht mehr die eigene Instanz von Gewissen, Intellekt und Willen wird ausschlaggebend, sondern demütigender Gehorsam, auch eigener Einsicht entgegen. Wenn sich aber keiner mehr dem abstrakten Anspruch der Organisation zu entziehen vermag, hat die Abstraktion gesiegt, die Partei sich verselbständigt zum Leviathan.

Das Gedicht, das mir zum Verhängnis werden sollte, war das Produkt einer schlaflosen Nacht. Die lieben Genossen in Ostberlin und Leipzig nahmen den XX. Parteitag und Chruschtschows Anklagen gegen Stalin einfach nicht zur Kenntnis. Nachdem sie

GERHARD ZWERENZ

Die Mutter der Freiheit heißt Revolution

Die alte Erde hält den Atem an,
heißer Brodem der Revolution
erfüllt wieder die Räume.
Die Menschen schreien nach Zeitung,
Babys schauen erstaunt,
Bettler schmecken Hoffnungsträume.

Mißratne brüten Rache,
ein Vertrockneter weint Jauche,
Aufgeblasne ärgern sich krumm.
Leben — ruft die Menge
und baut Brücken ins Diesseits.
Die Epigonen schreien stumm.

☆

Das Leben unter Käseglocken
der Freiheit züchtet Maden,
die im Abgeschlossenen wimmeln
und lebendigen Leibes verschimmeln.

Wenn der Ofen nicht brennt
putzt ihr sein Rohr aus
oder baut die Esse.
Aber ihr haltet nicht Messe.

Wenn Erden dursten
gießt ihr die Blumen.
Aber ihr verbrennt ihnen nicht
das frischtrunkene Angesicht.

Wenn die Revolution versandet
und die Freiheit versickert
winkt ihr mit Palmen —
seit wann singen Löwen Psalmen?

☆

Leih deine Feder keinem,
schreib dich allein,
brenn deine Flamme ab
bis auf einen Schrei:
Im Namen der Revolution!
Schiel nicht,
schau grad aus;
wo Horizonte sich wölben
wär der Blick in die Nacht
Lüge.

Red nicht, bilde,
zag nicht, gehe.
Wenn die Hand den Kompaß fühlt,
hievt der Kopf Anker
aus schlammigem Grund
und die Wellen reiten dir Kraft zu;
der Fels unterm Leuchtturm
hebt wolkenhoch sich!
Dich zieht dein Ziel
und nichts kann mehr trügen.

Wenn die Möwe kreischend ums Segel fliegt,
hör ich Warnung
und fächer mir Wind ins Gesicht,
daß die Frische bleibt
und nicht müde schlaffen die Lider.
Dumpfe Stille täuscht
und läßt schlafen,
das Boot liegt still
aber sinkend, weil Trägheit
es anbohrt.

☆

Die Revolution ist keine Mütze,
in der sich sanft schlafen läßt,
Bommeln baumelnd am Rücken.
Ozeane sind keine Pfütze,
Sand, leicht wassergenäßt,
den Buben zum Entzücken.

Aber Buben gleich habt ihr geschlafen,
lange, nur nicht so gesund.
Die Revolution fuhr auf Grund,
und das mitten im Hafen.

Ihr schliefet den Schlaf der Ungerechten.
Erwacht, und laßt uns gemeinsam
besser fechten!
Die Mutter der Freiheit heißt Revolution.
Die Freiheit ist Tochter,
Partei ist der Sohn.

sonst jedes Moskauer Hüsteln mit eifrigen Hustenanfällen beantwortet hatten, schwiegen sie sich jetzt einfach aus. Wozu war man aber ein Literaturarbeiter und, wie mein frischtverdammter Genosse Stalin formuliert hatte, Ingenieur der menschlichen Seele, fände man nicht Mittel und Wege, die Verschwörung des Schweigens zu durchbrechen?

Das Stück Lyrik, das nachher soviel Aufsehen erregte und Ärger einbrachte, ist als Produkt zweier Arbeitsgänge entstanden. Der ersten, quasi wilden, jedenfalls sehr spontan-kreativen Produktionsphase folgte eine Überarbeitung nach rein taktischen Gesichtspunkten.

Ästhetisch gesehen, war ich mit einigen Worten und Zeilen nicht völlig zufrieden. Besonders der Schluß ärgerte mich, der zu stark abwiegelte. Doch war er unbedingt notwendig, als positives Schwänzchen, womit ich sehr recht hatte, wie sich später zeigte.

Ich hockte in meinem katzenumschlichenen Dachzimmer in der Seepiepe, hämmerte meine Zeilen in die Tasten, strich durch, faßte neu und ging verbissen und voll Nervosität und grimmig anhaltender Schlaflosigkeit zum Angriff auf die Spätbastionen des DDR-Stalinismus über.

Günstige Umstände erlaubten, daß das Gedicht schon wenige Monate später gedruckt wurde, und zwar im *Sonntag*, der Kulturbundzeitschrift, in der einige aufgeweckte Genossen saßen, die ebenfalls erfaßt hatten, was in Moskau geschehen war.

Auf den Abdruck meiner antistalinistischen Strophen hin geschah erst einmal lange Zeit gar nichts, was mich bewog, eine Unzahl anderer Manuskripte zu verfassen, keine Lyrik mehr, deren Wirksamkeit mir nicht weiter gegeben schien.

Aber was ich auch schrieb, wie verbissen ich auch vorging, ich rannte gegen Wände aus Watte. Es gab nirgendwo Widerstand, doch man verwickelte sich immer mehr in die weiche Masse, die in großen Mengen den Aktionsradius ganz hübsch einschränken kann.

Dann kam es im Herbst 1956 zur ungarischen Oktoberrevolution und deren Niederschlagung durch die Rote Armee. Jetzt verwandelten sich die Wattewände in welche aus Stahl. Die Partei präsentierte die Rechnung. Irgendeine unsichtbare Instanz hatte gewacht, alle antistalinistischen Schriften emsig mitgelesen.

Westdeutscher Militarismus - Hauptgefahr für den Frieden in Europa

Aus dem Referat des Genosser Fröhlich

auf der 6. Bezirksleitungssitzung der SED

Rede des Genossen Fröhlich am 20. Februar 1957 gegen Bloch, Harich, Zwerenz u. a.
Kopie nach der "Leipziger Volkszeitung"

Es gibt keinen dritten Weg

Auf dem 30. Plenum des Zentralkomitees wird gesagt, daß der Kampf für den Aufbau des Sozialismus in der Deutschen Demokratischen Republik die Hauptvoraussetzung für den Kampf um die Wiedervereinigung Deutschlands auf friedlicher, demokratischer Grundlage ist. Wir müssen allen Menschen erklären, daß das Verhalten zur DDR der Prüfstein für jeden ist, der es mit dem Sozialismus und mit der friedlichen Wiedervereinigung Deutschlands ehrlich meint. Die Propaganda und Agitationstätigkeit muß in diesem Sinne nach Westdeutschland zunehmend verstärkt werden.

Wir können sagen, daß der größte Teil der Parteimitgliedschaft und auch andere Bürger in unserem Bezirk diese Lebensfrage unseres Volkes verstanden haben. Dennoch muß man sehen, daß es Schwankungen gibt, nicht nur in kleinbürgerlichen Kreisen, sondern auch bei einem Teil der Intelligenz, und auch bei einigen Arbeitern. Sie sehen die Perspektiven noch nicht richtig. Deswegen kommt es nicht selten vor, daß sie, ohne es zu wollen, zu Verteidigern der monopolkapitalistischen Gesellschaftsordnung werden. Was zeigt uns das? Das zeigt, daß unsere politisch-ideologische Arbeit verstärkt werden muß und daß wir die irrigen Auffassungen beseitigen müssen. Es gibt nur zwei Möglichkeiten: entweder beim Aufbau des Sozialismus bei der friedlichen demokratischen Entwicklung in Deutschland mitzuarbeiten oder den Weg des westdeutschen Monopolkapitals zu gehen. Einen dritten Weg gibt es nicht. Das wurde auf dem 30. Plenum mit aller Klarheit gesagt.

Geht man von unseren prinzipiellen Erwägungen aus, so kann es nicht schwerfallen, zu sehen, auf welcher Seite man stehen und kämpfen muß: auf der Seite des Friedens und der Demokratie, auf dem Boden der DDR. Das muß man unterstreichen, wenn wir das Verhältnis der SED zu den kleinbürgerlichen Schichten, zu den anderen Parteien im Bezirk betrachten. Das 30. Plenum hat darauf eine prinzipielle Antwort gegeben. Wichtig ist vor allem, daß die kameradschaftliche Zusammenarbeit im Block der demokratischen Parteien und in der Nationalen Front noch mehr gefördert wird und die guten Ergebnisse dabei stärker propagiert werden.

Die konzentrierten Angriffe der imperialistischen Ideologen gegen die DDR und gegen das Lager des Sozialismus werden nicht selten mit Thesen des XX. Parteitages der KPdSU drapiert, die vielfach nach bourgeoisen Klasseninteressen ausgelegt werden. So haben wir in letzter Zeit Empfehlungen erhalten, daß wir in der DDR den „jugoslawischen Weg" gehen müßten. Genosse F r i e d r i c h vom VEB Medizintechnik Leipzig sagt z. B.: „In Ungarn kommen erst dann geregelte Verhältnisse, wenn der jugoslawische Weg beschritten wird." Wir müssen aber offen sagen, daß in Jugoslawien in manchen prinzipiellen Fragen vom Marxismus-Leninismus abgewichen wird. Deswegen können wir solche Empfehlungen auch nicht annehmen.

Ich sage auch ganz offen, daß man nicht erst ein Staatsexamen oder den Doktor gemacht haben muß, um zu erkennen, daß es sich in solchen Fällen um feindliche Ideologien handelt. Wenn man aber ein klares Verhältnis zu seiner eigenen Klasse hat und alles vom Klassenstandpunkt aus betrachtet, kann man solche „Theorien" sofort richtig bewerten.

Die Ereignisse in Ungarn lehren doch, daß zersetzende Kritik, ideologische Schwankungen der Konterrevolution dienen. Schriftsteller, Journalisten und andere Ideologen haben mit ihren feindlichen Diskussionen den ungarischen Werktätigen das Dach über dem Kopf angezündet. Sie sind heute verhaftet als direkte Agenten und Macher der Konterrevolution in Ungarn. Leider zu spät!

Die entscheidendste Lehre aus Ungarn ist: Es gibt keinen dritten Weg! Jetzt gibt es gewiß viele Genossen und Bürger, die klarer sehen. Mancher wird seine in den Tagen der ungarischen Konterrevolution gegen uns gerichtete politische Tätigkeit damit zu entschuldigen versuchen, daß er unklar war. Das hat uns auch Frau B l o c h geantwortet. Die Grundorganisation hat aber vollkommen richtig gehandelt, als sie diese Frau aus der Partei ausschloß, denn sie hatte Verbindung zur Harich-Gruppe. Genosse Z w e r e n z probierte in der Zeitung „Sonntag" seine schriftstellerische Begabung dahingehend aus, daß er noch mehr kritische Artikel gegen unsere Deutsche Demokratische Republik produzierte als es Julius H a y in Ungarn tat. Solche Leute nennen ihr Auftreten „Entfaltung des wissenschaftlichen Meinungsstreites". Wir jedoch sagen: Konterrevolution hat absolut nichts mit Wissenschaft zu tun.

Für ideologische Klarheit

Zur Stärkung unserer Arbeiter-und-Bauern-Macht ist es notwendig, daß sich vor allem die Genossen in den ausübenden Organen der Staatsmacht noch mehr Kenntnisse der marxistisch-leninistischen Staatstheorie aneignen. Das 30. Plenum des ZK fordert von unseren Rechtswissenschaftlern, daß sie einen stärkeren Kampf gegen die bürgerlichen und pseudowissenschaftlichen Theoretiker auf dem Gebiete des Staates und des Rechtes führen.

Das Wiedererstehen des deutschen Militarismus und Imperialismus bringt in Westdeutschland viele Veränderungen in der kapitalistischen Staatsmacht mit sich. Der Kampf gegen faule Theorien unter den Losungen vom „Rechtsstaat", von der „Freiheit" und „Demokratie" muß unverzüglich aufgenommen werden. Er kann jedoch nicht so ausgefochten werden, wie das z. B. von der Akademie für Staat und Recht geschehen ist, die die schädlichen und falschen Auffassungen Kardelj' druckt und verbreitet. Für Marxisten ist es wohl das erste und wichtigste Kriterium, alle Ereignisse und Handlungen vom Klassenstandpunkt aus einzuschätzen. Offenbar haben manche Genossen diesen Kompaß verloren. Sie sollten bei Lenin lernen. Er sagt: „Wenn nicht sofort sichtbar ist, welche politischen und sozialen Gruppen, Kräfte und Persönlichkeiten bekannte Vorschläge, Maßnahmen usw. verteidigen, dann muß man immer die Frage stellen: Wem nützt das? ... Nein, in der Politik ist es nicht so wichtig, wer gewisse Ansichten unmittelbar vertritt. Wichtig ist, wem diese Ansichten, diese Vorschläge, diese Maßnahmen nützen". (W. I. Lenin, Werke, Bd. 19, S. 33, russ.)

Ende Januar hatte das Büro der Bezirksleitung mit den Kulturschaffenden im Bezirk Leipzig eine Konferenz. Dort sagte Genosse Herzfelde, daß die Ausführungen des Genossen Chruschtschow über Stalin seit dem XX. Parteitag einem außerordentlichen Wechsel unterliegen, im Ton, aber zum Teil auch im Inhalt. Darauf muß man dem Genossen Herzfelde eine Antwort geben, weil das wahrscheinlich die Meinung vieler der auf dieser Konferenz anwesenden Genossen war. Das muß man annehmen, denn diese Darlegungen stießen nicht auf den energischen Widerstand der Genossen Kulturschaffenden. Es blieb dem Genossen Siegfried Wagner überlassen, zu diesen Dingen die richtige Auffassung der Partei zu sagen.

Die Beschlüsse des XX. Parteitages sind nach wie vor gültig. Gerade durch die Erfahrungen des letzten Jahres wurden sie nochmal eindeutig unterstrichen. Offensichtlich hat sich Genosse Herzfelde nicht genügend mit dem Wesen der Beschlüsse des XX. Parteitages der KPdSU, mit den Grundfragen und den Grundsätzen der internationalen Arbeiterbewegung und unserer Partei beschäftigt. Derartige Auffassungen stimmen mit den Wunschträumen derjenigen überein, die den festen Kurs der KPdSU ummünzen möchten in eine Politik der Labilität und der Schwankungen. Die Erfahrungen der 40jährigen Sowjetmacht beweisen, daß solche Wunschträume wie Seifenblasen platzen.

Parteifremde Auffassungen sind auch anderswo vorhanden, und zwar an der Bibliothekarschule, an der Hochschule für Grafik und Buchkunst und einigen anderen Schulen. So haben sich Genossen Zwerenz und Loest im vergangenen Jahr weniger mit der Politik der Partei beschäftigt, um so mehr aber haben sie unter der Flagge des Kampfes gegen den Dogmatismus Auffassungen in die Partei getragen, die im wesentlichen mit denen der Konterrevolution und des ungarischen Petöfi-Kreises sowie der Gruppe Harich übereinstimmen. In der Zeitschrift des Kulturbundes, „Sonntag", fanden sie dafür eine Plattform. Mit diesen Auffassungen wird sich nunmehr die Grundorganisation der Schriftsteller im Bezirk Leipzig auseinandersetzen müssen mit dem Ziel, die Durchsetzung der Linie der Partei in der Parteiorganisation des Schriftstellerverbandes zu sichern.

In der Bezirksbibliothek hat Genosse Engert in den letzten Monaten die ideologische Koexistenz verherrlicht und beruft sich dabei auf Lukacs. Er führt zersetzende Angriffe gegen die führende Rolle der Partei, gegen die Sowjetunion und gegen den Sozialismus. Er tat dies in Aussprachen mit Schülern der Bezirksschule und der Bibliothekarschule des Ministeriums für Kultur in Sondershausen, aber auch in privaten Kreisen, in Gesprächen mit Bibliothekaren und anderen.

Auch an der Hochschule für Grafik und Buchkunst in Leipzig gibt es im Kreise einiger Genossen Dozenten und Studenten Diskussionen, die gegen die Grundsätze unserer Partei und gegen die Prinzipien des Marxismus-Leninismus verstoßen. So ist der Student Brillka der Meinung, daß der Marxismus-Leninismus überholt sei, er negiert die führende Rolle der Partei der Arbeiterklasse. An Stelle der DDR fordert er einen „Sozialstaat" Damit meint er den kapitalistischen Unrechtsstaat.

Probleme des Klassenkampfes

Als die Dokumente des XX. Parteitages der KPdSU bekannt wurden, entbrannte eine heftige Diskussion unter den Funktionären und Mitgliedern der Partei über die Fragen des Klassenkampfes. Die Thesen des XX. Parteitages und die Festlegungen der 3. Parteikonferenz zu dieser

Frage wurden nicht allseitig erläutert. Deshalb gibt es auch heute noch so manche Unklarheit.

Der Aufbau des Sozialismus in der DDR vollzieht sich natürlich nicht ohne Klassenkampf, der sich aber in erster Linie gegen Agenten, Spione und Saboteure richtet. Das ist jedoch nur die eine Seite. Selbstverständlich ergibt er sich auch bei uns aus der Klassendifferenzierung. Wir dürfen doch nicht vergessen, daß wir Großbauern und private Unternehmer haben. Diese Kräfte versuchen wir zu gewinnen und umzuerziehen, soweit sie am sozialistischen Aufbau interessiert sind. Aber die ganze Umerziehung vollzieht sich unter den Bedingungen des Klassenkampfes.

Die Lage in der DDR ist deswegen besonders kompliziert, weil Deutschland gespalten ist. Das 30. Plenum des ZK sagt, daß der Aufbau des Sozialismus in der DDR sich unter den Bedingungen der Spaltung Deutschlands, der offenen Staatsgrenzen zwischen zwei unterschiedlichen [illegible], also unter den Bedingungen der realen Gefahr einer zunehmenden Verschärfung des Klassenkampfes vollzieht. Die These des Genossen Stalin, daß sich beim Aufbau des Sozialismus der Klassenkampf verschärft, kann in gewisser Hinsicht, angewandt auf unsere gegenwärtige Lage, als richtig angesehen werden. Sie ist jedoch nicht gültig für eine Zeit – und das ist die Kritik des XX. Parteitages –, wo die Ausbeuterklassen und ihre ökonomische Basis liquidiert sind, was in den Jahren 1936/37 in der UdSSR der Fall war.

Für bestimmte Etappen der Uebergangsperiode vom Kapitalismus zum Sozialismus hat die These der Verschärfung des Klassenkampfes ihre volle Gültigkeit. Die Arbeiterklasse hat deshalb die Pflicht, alles zu tun, um den Machenschaften der ihr feindlich gesinnten Kräfte zu begegnen. Solange die Ausbeuterklasse nicht liquidiert ist, wir meinen nicht physisch, sondern sozial und ökonomisch, solange irgendwelche Elemente dieser Art bestehen, wird nicht nur kapitalistische Ideologie erzeugt, sondern besteht unter den gegenwärtigen Bedingungen auch die reale Gefahr einer Verschärfung des Klassenkampfes.

Zu den Aufgaben der Kampfgruppen

Zunächst etwas zu dem Prinzip der Freiwilligkeit. Manche Genossen sind damit nicht einverstanden. Aber wer so argumentiert, muß sich sagen: Es ist doch nicht möglich, daß wir mit Genossen, die eine unklare Auffassung haben, die Stabilität der Kampfgruppen erhöhen. Im Prozeß der Ueberzeugungsarbeit wird sich zeigen, wer auf dem Boden der Partei und damit auf dem Boden der Klasse steht. So nur verstehen wir das Prinzip der Freiwilligkeit. Das Prinzip der Freiwilligkeit ist jedoch kein Freibrief für opportunistisches Verhalten und für den Hang zur spießbürgerlichen Bequemlichkeit.

Die Existenz der Kampfgruppen allein hat so manche schon mit Termin festgelegte Aktion des Gegners von vornherein zum Scheitern gebracht. Die Harich-Gruppe in Berlin hat das auch zu spüren bekommen, als sie an der Humboldt-Universität provokatorische Demonstrationen gegen die Volkskammer organisieren wollte. Sie wurden durch die bewaffneten Kräfte der Arbeiterklasse, die Kampfgruppen, davon überzeugt, daß man nicht gegen die Volkskammer demonstrieren kann. Das gilt auch für einige Studenten und reaktionäre Kräfte, die uns so etwas sozusagen als Weihnachtsprogramm auf den Tisch legen wollten. Es zeugt von der Stärke der Arbeiter-und-Bauern-Macht, daß sie dazu niemanden anders gefunden haben als diese Gruppe um Harich.

Wohin es führt, wenn kein ideologischer Kampf gegen solche Gegner des Marxismus beginnt, wenn man stattdessen mit den Mitteln des Revisionismus die prinzipiellen Fragen des Klassenkampfes revidieren will, das zeigen die Ereignisse in Ungarn. Das gilt aber auch für die Leute hier in Leipzig, die Reklamegeschrei für Harich veranstalteten, weil ihnen die Formulierung in der Nachricht über die Verhaftung der Harich-Gruppe zu anstößig wirkte. Das nahmen solche Leute auch zum Anlaß, von intelligenzfeindlichen Maßnahmen zu sprechen. Das war sozusagen ihre Masche, ihr Aufhänger. Aber wir kämpfen nicht gegen die Intelligenz. Der Marxismus-Leninismus ist vielmehr eine zutiefst wissenschaftliche Angelegenheit. Wir stehen auf dem Boden der Wissenschaft und werden niemals den Kampf gegen Träger der Wissenschaft führen. Aber gegen Leute, die unter dem Deckmantel der Wissenschaft bei uns konterrevolutionäre Tätigkeit organisieren, gibt es nur eine Schlußfolgerung: Sie müssen eingesperrt werden. Mit ihrem Gerede, daß die Verhaftung Harichs sich gegen die Intelligenz richtet, wollen sie nichts weiter als solche Banditen wieder aus dem Gefängnis herausholen.

Wir begrüßen den Brief der Parteileitung der Philosophischen Fakultät an Herrn Prof. Bloch, in dem begonnen wird, sich mit ihm über philosophische Fragen auseinanderzusetzen. Herr Prof. Bloch ist ein hochgebildeter Mann – ich spreche ihm das nicht ab – aber wenn er das Grundlagenstudium des Marxismus-Leninismus als Schmalspurmarxismus bezeichnet, dann ist das sehr ernst, denn dieselbe Terminologie findet man auch in westdeutschen Zeitungen und bei all den Philosophen und Apologeten, die gegen unsere Partei und unseren Arbeiter-und-Bauern-Staat auftreten.

(Weitere Materialien von der 6. Bezirksleitungssitzung bringen wir in einer der nächsten Ausgaben.)

Die für mich zuständige Macht trug zwei Namen: Fröhlich und Wagner. Fröhlich war der Erste Vorsitzende des Leipziger Parteibezirks, einer von Ulbrichts engsten Vertrauten. Wagner wiederum war Fröhlichs engster Vertrauter und Sekretär des Bezirks für Kultur.

Die beiden Genossen ließen mir durch die Zeitungen bündig mitteilen, daß sie beabsichtigten, mich verhaften zu lassen. Ich war einige Tage in Berlin gewesen, beim Schriftstellerverband und im Aufbau-Verlag bei Wolfgang Harich. In Leipzig auf dem »Unausweichlichen« angekommen, kaufte ich mir gelangweilt die *Leipziger Volkszeitung,* setzte mich in die Straßenbahn und blätterte beiläufig in dem Blatt. Den mehrseitigen Hauptteil nahm eine Rede des Genossen Fröhlich ein. Ich überflog den Text diagonal, mein Blick blieb auf einem Passus haften, in dem kein anderer als ich selbst zur Debatte stand.

Das kann ja gut werden, dachte ich.

Am Schreibtisch meines Dachkämmerchens saß Ingrid, die Zeitung vor sich.

Hast du's schon gelesen?

Die letzten Zuckungen unserer Stalinisten, wiegelte ich ab.

Wir wußten beide, es war anders. Der Ausgang der ungarischen Ereignisse würde das Rad der sozialistischen Geschichte zurückdrehen. Die Partei ginge wieder auf harten Kurs. Die genannten Namen in der Fröhlich-Rede bezeichneten die Opfer, die gebracht werden mußten, damit die Partei sich reinige.

Da war es also wieder einmal soweit. Jemand zielte auf mich. Jetzt kams darauf an, ganz ruhig zu bleiben, die Nerven nicht zu verlieren; wenn aber doch, dann kalt kalkuliert. Ich bereitete mich darauf vor, den getreuen Genossen zu spielen, der ich in Wirklichkeit auch sein wollte und gar tatsächlich war, nur eben anders, als sie es haben wollten. Sie wünschten, im Inneren ihrer Genossen sollte sich gar nichts abspielen. Leer und tot hatte dieses Innere vor ihnen zu liegen, ein sogenanntes Inneres, also genaugenommen gar nicht vorhanden. Ich kannte mich aus mit den Vorstellungen meiner vorgesetzten Parteiführer, akzeptierte die Notwendigkeit ihres Vorhandenseins, die sich direkt aus der höheren Notwendigkeit der Revolution ableitete; doch kam die Revolution ja nur über viele Ableitungen und Entfremdungen bis auf uns, war nicht mehr die gute Bilderbuchrevolution, aber eben immer noch Revolution, Mutter der Freiheit, große Worte mochten das sein, doch auch ich redete schon mehr innerlich oder schon wieder nur noch innerlich, ah, wie mußte sich einer verleugnen, hatte er erst angefangen damit, sein inneres Kino zu entdecken, jenen Filmen zuzuschauen, die nicht außen auf einer zugelassenen, zensurunterstellten Leinwand liefen, sondern auf der Innenseite des Menschen, in seinen Hohlräumen, wo Filme aber nicht laufen durften, ihrer Unerreichbarkeit, Unzensierbarkeit, Unfaßbarkeit wegen.

Man mußte also, einmal soweit gekommen in seiner menschlichen Entwicklung, unbedingt heucheln, wollte man der treue Genosse sein, der man wirklich sein wollte, dem sie abzufragen begannen, was sie argwöhnisch machte, weil sie in einer Kinderbuchwelt, einer sozialistischen Traumwelt lebten, die führenden Genossen des immerwährenden Argwohns, diese Mauerwächter des Klassenbewußtseins, das kein anderes sein durfte als ihr eigenes, jedenfalls keine weiteren Bereiche aufzuweisen hatte, wie sollten sie denn dort wachen können, wo sie sich nicht auskannten und nicht hingelangten, in jene Traumregionen, Vorstellungslandschaften, die sie nicht ahnten; eifersüchtig reagierten sie auf die geringsten Anzeichen, daß etwas von ihnen nicht Gekanntes vorhanden sein mochte bei irgendeinem in der Partei, wie denn sollten sie Verantwortung übernehmen in jenem Reich der Finsternis, wohin ihre Lampen nicht leuchteten?

Die Partei war eine Partei der Aufklärung, des Lichts, des Bewußtseins. Wie konnten daneben unaufgeklärte Gebiete Anspruch auf Vorhandensein anmelden, dunkle Seiten der Wirklichkeit sich vordrängen, Unbewußtes sich regen? Die Berechenbarkeit des Menschen gehörte zu den unverzichtbaren Bestimmungen ihres Sozialismus. Wie sollte man eine Gesellschaft in ihren Abläufen planen, wenn es Dinge gab, die nicht kalkulierbar, also auch nicht zu planen waren? Ich verstand den Kummer meiner oberen Genossen. Ihr gesamtes Weltbild nicht nur, auch ihr gesamtes Wirkungsfeld mußte ins Wanken geraten, gab ein Genosse sich so, wie ich mich hätte geben müssen, wäre ich ehrlich gewesen, mich ganz zu offenbaren.

Diese letzte Ehrlichkeit aber konnte ich ja nicht liefern, denn sie hätte den Sünden-Buße-Mechanismus in Bewegung gesetzt, ich wäre für Selbstkritik reif gewesen, die ich meinerseits wiederum nicht leisten durfte, denn was ich mir an Wissen, neuen Gefühlen und Wahrnehmungen errungen hatte, stand für meine Begriffe nicht im Gegensatz zum Sozialismus, weshalb ich auch nicht sündig werden konnte, nicht reif für Buße. Nein, die Selbstkritik wäre eine üble Lüge gewesen, lieber verschloß ich mich nach außen hin schon von vornherein, tat oberflächlicher, als mir zumute war; ich wollte den lieben Genossen nicht zumuten, einen genauen Blick in mein Inneres, mein bewußtes wie unbewußtes Denken, inneres Sprechen, meine Assoziationen zu werfen, sie hätten einen Horror bekommen und sich bekreuzigen müssen wie mittelalterliche Priester bei den Geständnissen Gefolterter. Es ging mir nicht um mich, es ging mir ums Seelenheil meiner Genossen, wenn ich nach besten Kräften auf ihre Linie einzuschwenken suchte und sie beruhigte: Ihr Sozialismus sei auch der meine, keine Frage, wieso auch nicht; war ich nicht Fleisch vom Fleisch des Proletariats? Leib vom Leib der Partei? In solchen Fällen tat ein Hinweis auf meine echt proletarische Abstammung Wunder, gerade die inquisitorischen Genossen hatten oft keine reine Abkunftslinie vorzuweisen, waren bürgerlicher, kleinbürgerlicher, verquaster Herkunft oder hatten irgendwelchen Hitler-Dreck am Stecken, vielleicht gar Karriere gemacht bei Partei oder Militär, es gab da gerade in unserer SED allerhand Typen, die mit viel gutem Willen zu Sozialisten geworden waren, aber alle ihre alten Vorurteile, Affekte, eingedrillten Faschismen mitgebracht hatten, was sie fälschlicherweise als Charakterzüge werteten, während es in Wirklichkeit nur Dressurresultate ihrer unbewältigten, persönlichen Vergangenheit sein mochten. Faschisten waren sie leicht geworden, damals, hineingewachsen in die Schulungsschübe des Dritten Reiches, wie schwer fiel so einem dann die Menschwerdung, zumal es kaum Hilfen gab, nur neue Drillschübe, Ideologisierungsrituale. Kritik, die auf selbständigem Nachdenken beruhte, wurde nach 1945 ebensowenig gefordert, gelehrt, erwartet wie vor der Zäsur. Wie hätte das Ergebnis also anders aussehen können, als es aussah? Blieb wohl nur, auf die nachwachsenden Generationen zu hoffen, die keinerlei Schuldkomplexe kannten und nicht durch die Zuchtanstalten des Nationalsozialismus geschleust worden waren. Guter Hoffnung mußte man sein. Ja, gewiß. Die Revolution fuhr auf Grund, mitten im Hafen. Die Schnaufer der Empörung füllten alle sieben Himmel. Dennoch mahlten die Mühlen der Gerechtigkeit erstaunlich langsam. Zwischen der Niederschrift meiner gottlosen Lyrik und dem Parteiausschluß lag ein ganzes langes Jahr. Die Kampagne begann mit augenscheinlichen, allerdings situationsbedingten Verzögerungen, erreichte ihren ersten Höhepunkt in der dramaturgisch wohlvorbereiteten Konferenz im Bezirkshaus, ihren zweiten Höhepunkt in einer öffentlichen Partei- und Intellektuellen-Versammlung und fiel dann zurück. Schon glaubte ich, es gäbe irgendwo Anzeichen eines neuen Tauwetters, und da kam die Eskalation.

Fassungslos erlebte ich dieses zauberische, gleisnerische Ritual der Parteireinigung, das neben anderen erst einmal hauptsächlich meiner Wenigkeit galt, ein Zirkus mit Zwerenz als Hauptattraktion. Ich begriff nicht, wozu das alles gut sein sollte. Lag zwischendurch noch immer in Wochenabständen bei meinem vertrottelten Arzt, schön auf der linken Seite, den rechten Arm übern Kopf hebend. Er warf sich auf mich, drückte mich mit der gesunden Zweizentnergewalt seines Bauernleibs nieder, setzte an, führte die Kanüle durch meinen Rippenknorpel, ich erhielt die notwendige Luft, meinen Pneu zu füllen, hatte ja einen extravaganten Pneu, keinen rundum gutsitzenden, nein, meine Verwachsungen im Innenraum gestatteten nur einen Teilpneu, ein Fragment von Pneu, also mußte ich viele Jahre lang aufpumpen gehen, lag auch jetzt im Jahre 1956 noch immer, runde sechs Jahre nach der Installation des Pneu, auf dem Doktoren-Bett, mir meine Ration an Luft zu holen.

Meist nahm ich Ingrid mit, die wartete still im Vorraum, ich fand es tröstlich, nicht allein hier ankommen und fortgehen zu müssen. Sie sind ja ein ganz Schlimmer, brummte mein Bauernlümmeldoktor, während er seine Nadel meinem Rippenknorpel entzog.

Es geht, sagte ich, und seine breiten, festen Finger rieben das Pflaster auf meiner Haut fest.

Schlag ich mal die Zeitung auf, komme ich gleich auf Sie, merkte der Gesundheitsbetreuer und Luftverwalter mißbilligend an.

Berühmte Leute stehen täglich in der Zeitung, sagte ich, ins

Hemd schlüpfend, Atem holend, wie paßte das neue Luftgewand meinem Inneren?

Es mochte gehen. Auf Wiedersehen.

Hoffentlich, räusperte sich mein guter Mediziner.

Die bürgerlichen Intellektuellen sahen immer schwarz, die gesamte Bourgeoisie lebte ängstlich gekrümmt dahin. Gewiß, die Geschäfte gingen nicht mehr so gut wie früher. Aber wirklichen Grund zur Sorge brauchten die Bürgerlichen nicht zu haben. Die Partei umwarb sie alle miteinander. Ein paar verbindliche Worte, ein wenig Freundlichkeit gegenüber dem neuen Staat, und schon konnte sich so ein dicker Bourgeois sicher fühlen. Nur ein Bruchteil des Engagements, das sie vorher dem großdeutschen Führer gespendet hatten, dem jetzigen Sozialismus entgegengebracht, und sie durften aufatmen und sich sicher fühlen. Warum also ängstigten sie sich über alle Maßen, waren stets auf das Schlimmste gefaßt und lebten in Grämlichkeit und Furcht?

Wirklichen Grund dazu hatten nur zwei andere Schichten. Da war einmal die Großbourgeoisie, die enteignet werden mußte, sowie alle, die zu ihr hielten als Angestellte, Manager, Techniker, und da gab es zum andern die bösen Sozialdemokraten, Revisionisten, Reformisten, Renegaten. Die Partei kämpfte also an zwei Fronten. Oben gegen die Spitzen des Monopolkapitalismus und unten gegen die inneren und äußeren Parteifeinde. Genau betrachtet, hatten alle anderen, hatten insbesondere die mittlere Bourgeoisie und die bürgerliche Intelligenz keinerlei Grund für schlechte Stimmungen und Befürchtungen.

Ich habe vor, auch von den Frühjahren zu reden. Frühling wurde es meistens. Die Menschen merkten es. Warum aber den Frühling immer gleich in die Bücher sperren? Warum diese ewigen unnötigen Verdoppelungen? Frühling in der Natur und Frühling im Roman. Und immer zensiert. Ich habe nicht vor, die Literatur als Funktionärin zu engagieren. Als Betschwester. Nonne. Die Literatur war mit uns wieder bei den Dachstubenpoeten angekommen. Nur dichteten wir nicht. Lebten in Untermieteschrägbalkenzimmern ganz von oben herab und von unten herauf. Ich wohnte eine Zeitlang in der City nahe den neuen Hochhausblöcken, die sie nebenan zurechthämmerten. Unser Haus mußte stehenbleiben. Wir waren unter Denkmalsschutz. Hier starb 1847 Mendelssohn-Bartholdy.

Später in der Seepiepe drüben stand ich nicht unter Denkmalsschutz. Kam einmal ein hoher Gast an, ließ Wagen und Chauffeur drunten warten, ächzte hoch ins Dachkammerbüdchen, bot gute Worte an und beste Aussichten auf schöne Veränderungen. Verstand nicht, der Dachstubenpoet fürchtete idyllischer zu schreiben, ergings ihm erst besser. Der war daran interessiert zu bleiben, was und wo und wie er war. Über den Dächern. Die Katze kam übern First zu Besuch. Klopfte an die Erkerscheibe. Mach auf und laß mich ein. Im Winter bei Schnee rutschte sie ab, fiel in die Dachrinne. Ich brachte nachts draußen um den Schornstein ein Seil mit Knoten an, konnte jederzeit aufs Dach springen, am Strick mich hochziehen, über den First entschwinden, unsichtbar werden. Ausgeflogen. Ein Dachstubenpoet sollte seine Vorsichtsmaßnahmen treffen. Wenn die Zeitungen Funken schlagen, tut er gut daran, sich Siebenmeilenstiefel zu kaufen. Im Notfall schneller sein als der Verfolger. Die Künste des Überlebens. Dabei sympathisierte ich nach wie vor mit der »Arbeiter-und-Bauern-Macht«. Nichts gegen die »Diktatur des Proletariats«. Alles gegen die bourgeoise Konterrevolution davongegangener Nützlinge. Ich hatte es einfach satt, so zu tun, als sei alles in Butter. Das wichtigste Experiment der menschlichen Gesellschaft war hier begonnen worden. Warum sollte ich wünschen, es zu sabotieren. Vorwärts, Genossen. Mir war es über, immer jawohl und amen sagen zu müssen und Fremdbestimmung als Einsicht in die Notwendigkeit auszugeben. Wenn sie alles und jedes vorschreiben wollten, so mußten sie sich schon ein wenig mehr anstrengen.

Die Nichtberücksichtigung der Bedürfnisse, die nichts, jedenfalls nicht direkt mit der Befriedigung physischer Bedürfnisse, mit Arbeitsproduktivität und politischen Machtfragen zu tun haben, schadet dem Sozialismus mehr als seine Feinde. Die schmale Schicht bewußter Kommunisten zieht ihre Befriedigung allein aus politischer Lektüre und Machtausübung, wer aber stillt die Sehnsüchte der anderen, einfachen Menschen? Anfangs kümmert sich gar niemand um sie, dann kommt es im Lande zu einem sporadischen, bald auch staatlich geförderten Wiederaufleben alter Kulturformen. Nun bleibt die Revolution der kulturellen und ästhetischen Bedürfnisse gänzlich außer Betracht, der neue proletarische Staat erweist sich als Komplize genau jener alten bürgerlichen Unterhaltungseinrichtungen, gegen die sich der Zorn progressiver

Genossen vorher gewandt hatte. Die ganze vermaledeite Misere beginnt ihren neuen Kreislauf. Operetten und Schlagerfestivals, mediokre Kleinkunst, Varieté, Kitschgemälde und das übliche Kunsthandwerk des schlechtesten Geschmacks erleben schaurige Renaissance. Dies erst macht den Sozialismus trist und falsch, und die Folgen sind erneute Abhaltungen des Menschen von seiner Selbstverwirklichung. Mag sein, in Übergangsgesellschaften sind andere Lösungen grundsätzlich undenkbar, mindestens nichtpraktikabel, dann sollte darüber wenigstens reflektiert werden können, allein, wie mein Beispiel zeigte, schon das wird als konterrevolutionär verketzert.

Allerdings ist die Entschärfung kritischer Literatur zur systempatriotischen kein spezifisch sozialistischer Vorgang. Literatur lebte zu allen Zeiten von ihrer Beruhigungstendenz. Kritik hat ins Formale stabilisiert zu sein, sonst antwortet die Repression der Machthaber; mit dem Aufkommen politischer Massenbewegungen erst ermöglichte sich kritische Literatur, doch stets gegen den anderen. Die sozialkritische Literatur vernachlässigt alle Dimensionen außer der sozialkritischen. Was in Klassenkämpfen nützlich sein kann, aber auch zu dogmatischen Verengungen führen muß.

Die armen Genossen hatten es schwer in den Fabriken. Trieben sie die Arbeiter an mit Akkord und Wort, hieß es gleich, das ist ja schlimmer als im ausbeuterischen Kapitalismus. Trieben sie nicht an, gings mit der Produktion nicht vorwärts und in den Kaufhäusern und Läden fehlten die Waren. Hieß es gleich: Das ist mir ein schöner Sozialismus.

Anfangs verwaltete der Sozialismus seine Mängel mangelhaft. Als er sie besser verwaltete, begannen sich die Mängel zu verringern. Wenn der Mangel an seinem Mangel zugrunde gehen wird, erhebt sich die letzte Frage: WAS NUN?

Was wird kommen nach dem Nulltarif in Geschäften, Kaufhäusern, Eisenbahnen, Straßenbahnen, Theatern, Kinos? Was wird kommen nach dem Nulltarif?

Tauwetter ist ein Synonym für Frühling oder Frühling ein Synonym für Tauwetter. Das eine verkündet das andere. Ehrenburgs Roman *Tauwetter* enttäuschte mich beim Lesen, weil er arg konventionell war, doch signalisierte dieses Buch im Titel, was ich sehnlichst erwartete. Als der *Sonntag* am 1.7.1956 mein Gedicht »Die Mutter der Freiheit heißt Revolution« brachte, war die Seite mit einem Auszug aus Ehrenburgs *Tauwetter*-Roman abgesichert, der Titel des Auszugs hieß: »Jetzt lebe ich das zweite Leben«. Das entsprach genau unseren Erwartungen und Gefühlen. Ein zweites Leben sollte beginnen, individuell und allgemein-politisch. Anders sind manche Zeilen des Gedichts gar nicht zu verstehen. Im nachhinein erscheint einiges überschwenglich und romantisch. Man muß wohl leidend durch die lange Nacht des Stalinismus gegangen sein, um zu begreifen, was Hoffnung in diesen Tagen und Wochen bedeuten konnte.

Welch ein ungeheuerliches Ereignis: Die Sowjetunion, die den Krieg gewonnen hatte und also zu den Siegermächten zählte, brachte es fertig, Stalin, den übermächtigen Sieger, abzuschütteln und die Kehrseite des ewiglächelnden Pfeifenrauchers zu zeigen, das monströse Schreckensbild des Folterknechts und Massenmörders.

Nur zur Demonstration einmal angenommen, Hitler-Deutschland wäre siegreich gewesen, wer hätte dann wagen können, den Sieger derart nackt zu zeigen, wie dies jetzt in der UdSSR geschah?

Es gab eben doch grundlegende Unterschiede. Der Sozialismus war etwas qualitativ anderes als der Faschismus. Der Stalinismus vermochte den Sozialismus zu verunstalten und pervertieren, doch gänzlich unterdrücken konnte er ihn nicht: »Die alte Erde hält den Atem an, heißer Brodem der Revolution erfüllt wieder die Räume... Ihr schliefet den Schlaf der Ungerechten. Erwacht, und laßt uns gemeinsam besser fechten...«

Mag sein, die uralte, immer wieder unterdrückte und doch stets auferstehende Hoffnung auf Trotzki und die siegreiche permanente Revolution ging in die Zeile mit ein. Mag sein, die Renaissance, die in der Sowjetunion sich anzukündigen schien, war selbst ein Teil davon. Wie anders als mit größter Aufrichtigkeit, wie anders als mit offenem Bekenntnis zum revolutionären Ziel und Elan konnte die wüste Welt gerettet werden.

Eine große Zeit war angebrochen.

Wochenlang feierte ich meine Feste heimlich und allein. Nur am Schreibtisch gelang die Bewältigung der Nachrichten, die herandrangen und nichts Geringeres als die Wiederauferstehung der Weltrevolution bedeuteten. Mag sein, ich uferte aus, wenn die Fantasie nicht überhaupt aus Ausuferungen besteht, wo aber nicht, verengt Leben sich zum schmalen Rinnsal, vertrocknet und versiegt schließlich ganz und gar. Nun war ich kein überschwenglicher Jüngling mehr, mir fehlte das lockige Haar ebenso wie das honigsüße Herz und dessen Gesichtswiderschein. Nein, ich hatte meine Schlachten schon geschlagen und eine erkleckliche Anzahl bitterer Niederlagen hinter mir. Hatte in Kriegsjahren meinen Leib der drohenden Verwesung feilbieten müssen, mehr als vier Jahre in russischen Gefangenenlagern verbracht, von nichts als Stacheldraht und schießwütigen Bewachern umgeben, war in die Dienste der Volkspolizei gezwungen worden und hatte endlich meinen massenhaft Blut abgebenden Lungen Tribut zollen müssen. Nicht zu vergessen die vergangenen schweren Dienste der Schweigsamkeit, wenn die Partei, die harte Mutter, von einem verlangte, sich zu verleugnen, falsch Zeugnis zu geben, die eigene Meinung und Beobachtung geringzuschätzen, die Disziplin als höchstes Gut anzusehen.

Mir waren diese Leistungen gewiß nicht leichtgefallen, so langsam war mir, selbst wenn ich ursprünglich Genuß daran hätte finden können, der Appetit vergangen, jedenfalls lebte ich, denke ich zurück, oft und lange genug als Liegender, o wie recht hat Nadeschda Mandelstam, die die Situation der Liegenden beschwört, der von Hunger bedrohten russischen Kollektivbauern, die in ihren Katen sich niederlegten, wurde der Hunger übermächtig, wie Kranke sich ausstrecken, wird ihr Leib zu schwach, wie Soldaten sich zu Boden werfen, nicht getroffen zu werden, wie Schlafende und Liebende liegen; ein ganzes Jahr hatte ich in den Sanatorien liegend verbracht, auf dem Bock, wie das Liegeinstrument hieß, in Liegekuren, wie man die Liegezeiten nannte, liegend hatte ich die vielen Bücher gelesen, las noch immer aus alter Gewohnheit in meiner Studentenbude auf dem Bett ausgestreckt; ein Buch, wenn ich nur daran dachte, verspürte ich unwillkürlich das Buchgewicht als leichten Druck auf der Brust, ja, ich war ein Liegender geblieben, in den langen Nächten und Wintern der Gefangenschaft lagen wir zu Tausenden dicht aneinandergedrängt, Fleisch an Fleisch, in den Baracken auf übereinandergebauten Holzpritschen, und morgens erhoben die Überlebenden sich und zählten diejenigen, die nun für immer liegen blieben und die man hinauskarrte in die Panzergräben vor der Stadt, diese Wunden der Kriegserde, die vernarbten, indem sie, mit menschlichen Leibern angefüllt, flacher und flacher wurden und endlich nur jener letzten dünnen Erdschicht bedurften, dem umgebenden Boden sich anzugleichen.

An dies alles zurückdenkend ist mir, als sei mein Leben in einem unendlichen Wechsel zwischen Liegen und Sitzen verlaufen. Vor dem drohenden Chaos flüchtete ich ins Liegen und erst später, ab meinem siebenundzwanzigsten Lebensjahr ins Sitzen, in die sitzende Stellung, die gekrümmte Abwehrhaltung und ergrimmte Angriffshaltung: über die Schreibmaschine geduckt, das Schreibmaschinengewehr, daraus feuernd mit zehn flinken Fingern. Nicht wehrlos hinhaltend die verwundbare Gurgel.

Die Wochen nach der ersten winzigen bewußt zur Nichtigkeit verweisenden Meldung in der Parteipresse über Chruschtschows Aufstand wider den Heiligen Ungeist des georgischen Monstrums mit den dicken fetten Fingern, den Großmeister der Parteiinquisition und Blutsfreund der Jeschow, Jagoda, Dserschinskij, Berija, den Ordensfan und Titelsüchtigen, dem ich gleichwohl mein Leben verdankte – kurz bevor ich zur Roten Armee überlief, hatte Väterchen Stalin einen Befehl erlassen, der strengstens verbot, Gefangene zu erschießen, wie es vordem der Einfachheit halber und die Gewohnheiten der Deutschen erwidernd, Brauch gewesen ist – dem ich also widerwillig und doch in demütiger Untertänigkeit mein Weiterleben und Überleben verdankte, hatte die Parteipresse nichts von dem anklingen lassen, was geschehen war auf dem XX. Parteitag der KPdSU, ja, seltsame Bräuche meldeten sich an, war sonst doch von den großen Parteitagen der Bruderpartei im fernen Moskau arg viel Aufhebens gemacht worden bei uns in der Parteipresse, während diesmal die Informationsquellen versiegten und nur jene winzige Vierzeilenmeldung preisgaben. Weshalb?

Man konnte unter Genossen noch nicht einmal darüber sprechen. Das Ereignis in der Sowjetunion schien zum Verschweigen verdammt. Die fleißigen Propagandamäuler standen still, die Agitationsmaulaffen wußten nichts als sich selbst und die eigene Unzuständigkeit feilzuhalten.

In den obersten Parteigremien aber begann es zu flüstern, und wer nur Ohren hatte zu hören, der hörte das lange Wispern, wer Augen hatte zu sehen, der sah die dunklen, krummen, kummervollen Gestalten, die sich zueinanderbeugten und berieten, die eigene Zukunft betreffend, das nächste Zeitalter ihres Sozialismus, an dem sie doch mitgewirkt hatten und nun fürchten mußten mitgewirkt zu werden wie dieser verbotene Genosse Chruschtschow, der genaugenommen wohl kein Genosse sein konnte, nur ein Agent imperialistischer Mächte, ein Knecht des Westens, denn wer bis zur Stunde X am unseligsten aller Tage, XX. Parteitag geheißen, gesprochen hatte in jenen hetzerischen verbotenen schänderischen verbrecherischen Wendungen, wie dieser Gebieter sie benutzte, wer vordem derartiges gewagt hatte, war Rechtens abgeholt und eingesteckt worden von den schützenden Staatsgenossen, der Sicherheitspolizei, die über Leben und Gedanken treuherzig wachte von Anbeginn der Revolution an, na sagen wir, von etwas späterer Zeitrechnung an, war jedenfalls in die Kerker geworfen, vor die Pelotons gestellt, in die Ablebelager verwiesen worden, wie sichs gehörte, die Revolution zu schützen und zu wahren; was würde, was sollte, was mußte nun geschehen, da ein einzelner Abweichler und dickschädeliger rundschädeliger Wahrheitsfanatiker der Welt verkündete, was die besten Genossen der Partei bisher zu sagen gewußt hatten, sei Lüge oder Dummheit gewesen, was die Parteifeinde dagegen verlautet hatten, sei eitle Wahrheit zu nennen? Wie anders müßte solche Rede enden als fürchterlich und chaotisch?

Da beugten sie einander sich zu und flüsterten und geboten der Parteipresse noch immer, weiterzuschweigen und über Arbeitsbrigaden groß zu berichten, und nicht über Millionen gemarterter und gemordeter Menschen. Was hülfe es dem Genossen, wenn er die ganze Wahrheit gewönne und nähme doch Schaden an seiner Parteilinie? Nicht daß die großen Finsteren sich fürchteten, den einfachen Genossen nicht mehr in die Augen sehen zu können. In die Augen der anderen zu blicken waren sie längst entwöhnt. Wo sie hinsahen, boten sich ihnen gebeugte Nacken, gekrümmte Rükken, dröhnte in ihre Ohren rhythmisches Klatschen, hatten sie ihre tönenden Unmaßgeblichkeiten von sich gegeben, und wer nicht mitapplaudierte, war des Staatssicherheitsdienstes, denn bezeugte Unbotmäßigkeit signalisierte den Staatsfeind von morgen oder übermorgen, und wenn die Geschichte den Konjunktiv nicht kannte, die Staatssicherheitsdienste kannten dafür den konjunktiven Staatsfeind, den man vorsorglich fürsorglich daran hinderte, von der Möglichkeit in die Wirklichkeit zu gelangen. Zu seinem eigenen Schutze wurde er gehindert, sich zu realisieren.

Dieser Genosse Chruschtschow muß, so sagte ich mir, auf meinem Bett liegend, im Dachzimmer in der Seepiepe zu Leipzig, er muß ein wahrer Meister der Verstellung gewesen sein, wenn er selbst Stalin, den er ständig umgeben hatte, zu täuschen wußte auf diese lange Zeit und kurze Distanz. Es lebe die Kunst der Tarnung. Hoch die internationale Maskerade. Jahrzehnte harrte einer aus, wartete ab, überleben zu können und sich dann, war sein Tag gekommen, offen zu bekennen.

Es ist wahr, der Mensch realisiert sich in Politik, und alles andere ist Blaue Blume. Die schöne Literatur war etwas Verächtliches geworden, weil sie grundlos und feige verhüllte, wo es darauf ankam, einzig und allein Masken herunterzureißen. Fort mit den herkömmlichen Literaturen, den eitlen Romanen und lächerlich zirpenden Gedichten. Was wir erlebten, war ein Akt größter Menschlichkeit, die Aufdeckung einer Wahrheit. Wie müssen sie gestöhnt haben, die Delegierten des XX. Parteikongresses, als ihnen der dicke, warzengesichtige Bauer aus der blutgetränkten Ukraine die Feuerworte der schrecklichen Wahrheit zumutete, erstmals in aller Sowjetöffentlichkeit. Aber kein Donner kam über ihn, und kein Blitz aus den Wolken fuhr nieder, den Frevler zu vernichten.

Stehend hielt er ihnen vor Augen und Ohren, was sie nicht hatten sehen und hören wollen und noch immer nicht sehen und hören wollten und niemals zur Kenntnis nehmen wollen würden.

Es wird berichtet, jemand habe geweint in diesem weiten Saal. Es muß ein einzelner Gerechter unter ihnen gewesen sein.

Außer dem Ukrainer vor ihnen, der in dem Meer von Beleidigungen, in das sie alle miteinander gestoßen worden waren, nicht wortlos schwamm und unterging, der zu reden und brüllen anfing und doch nicht verkennen ließ, daß er um Hilfe rief mit seiner gewaltigen bäuerischen wilden Stimme.

18. Die Antwort der Städte

Mit dem Leipziger Ratskeller verbinden mich viele starke Eindrücke. Irgendwann traf hier jeder mit jedem zusammen. Als mich die Partei noch ohne großes Aufsehen feuern wollte, fanden die entscheidenden Gespräche vorher und nachher im Ratskeller statt. Der erste Anlauf wurde in der Leipziger Bezirksparteigruppe des Schriftstellerverbandes unternommen. Die Gruppe lehnte meinen Ausschluß störrisch ab. Dabei ging es wohl weniger um meine Person als um die Tatsache der Selbstachtung und Selbstbehauptung, die Genossen standen noch zu sehr unter dem Eindruck des XX. Parteitags, der Anfang 1957 zwar fast ein Jahr zurücklag, durch die tropfenweise, verlangsamende Informationspolitik aber eben erst verzögert und mit verspäteter Wucht ins Bewußtsein der Mitglieder gedrungen war.

Sie weigerten sich jetzt einfach, einen so schwach begründeten Auftrag oberer Instanzen auszuführen. Ihre Sympathien mit mir entsprangen dem ganz natürlichen Trieb, das Exempel, das die Partei an diesem Zwerenz statuieren wollte, zum Gegenexempel zu nutzen und ihre eigene Kraft, die Kraft und Macht der einfachen Genossen an der Basis zu beweisen. Siegfried Wagner schrie sich auf der Versammlung krebsrot und heiser, am Ende stürzte er grußlos davon. Wir gingen in den Ratskeller nebenan und feierten den Sieg mit Bier und jener Stille, die Betroffenheit, Trauer und Überdruß, wenn nicht Ekel ausdrückt.

Allen war klar, die Partei würde sich das nicht gefallen lassen. Die durch Chruschtschow verunsicherten Spitzenfunktionäre suchten ihre Positionen wieder zu festigen. Die Niederschlagung des ungarischen Oktoberaufstandes ließ die alten Stalinisten triumphieren, denn sie schienen von der Geschichte selbst bestätigt zu werden, hatten sie doch immer vor Reformismus und Revisionismus gewarnt. Chruschtschows Entstalinisierungskurs war auf ihren mürrischen Widerspruch und ihre stille Sabotage gestoßen. Jetzt zeigte sich, wie recht sie hatten mit ihren Warnungen. Selbstverständlich würden sich Vorfälle wie der unsrige nicht gütlich beilegen lassen, die führenden Genossen nutzten vielmehr, das war alter Brauch, jedes derartige Ereignis zur Festigung und Demonstration ihrer Wachsamkeit und Macht. Man kannte das zur Genüge.

Im Ratskeller, wir sprachen wenig und leise miteinander, trat der Schriftsteller, Stukaflieger und Staatssicherheitsdienstspitzel Karl P. Houpt, der als einziger Siegfried Wagner unterstützt hatte und jetzt isoliert am Nebentisch saß, an meine Seite und reichte mir die Rechte.

Er gratulierte mir zum Verbleib in der Partei, und ich reagierte so verwirrt, daß ich ihm tatsächlich die Hand gab.

Er lächelte mit einem beinahe schmerzlichen Ausdruck, und vielleicht war es dieses Anzeichen von Ratlosigkeit und Qual, das mich bewog, seinen Händedruck zu erwidern. Du armes Schwein, dachte ich, als ich ihm nachblickte, wie er an seinen Tisch zurückhumpelte. Etwas mit seinen Füßen oder Beinen war nicht in Ordnung. Er trage Prothesen hieß es, andere meinten, er habe Erfrierungen vom Rußlandfeldzug, doch wie es wirklich mit diesen Verwundungen und ihren Spätfolgen stand, blieb ebenso im dunkeln wie der gesamte Mensch. Eindeutig war lediglich seine Spitzeltätigkeit, über die alle offen redeten. Vielleicht war dies beabsichtigt, es gab ja solche Techniken der Einschüchterung und Disziplinierung. Auch hatte dieses Schriftstellerverbandsmitglied nie etwas veröffentlicht, von einigen Artikeln abgesehen, die nichts als Drohungen und Denunziationen enthielten.

Die Partei antwortete auf ihre Niederlage umgehend mit der Auflösung unserer Parteigruppe, die der Gruppe des Literaturinstituts angeschlossen wurde. Der Versuch, mich auszuschließen, fand auch hier kurz darauf statt. Man hoffte, es würde endlich alles glatt über die Bühne gehen, die Parteigruppe des Literaturinstituts war in der Vergangenheit sehr linientreu gewesen. Erstaunlicherweise widersprachen die Genossen dem anwesenden Regisseur Wagner und ihrem Institutsleiter Kurella. Es kam zu einer wilden Redeschlacht. Die Führung hatte sich einfach verrechnet. Die Genossen wollten nicht mehr willenlos gehorchen und fragten nach den Gründen für den beantragten Parteiausschluß. Wagner begann aus meinen Veröffentlichungen vorzulesen und erntete an gewissen Stellen Beifall. Die Abstimmung endete damit, daß ich noch immer in der Partei blieb. Nur Kurella und Wagner hatten für Ausschluß gestimmt, ein Genosse hatte sich der Stimme enthalten.

Satzungsgemäß konnte die Partei, weigerte sich eine Grundorganisation, den Ausschluß zu verfügen, eine besondere Kommission beauftragen. Hier den Ausschluß durchzusetzen, bot keine Schwierigkeiten, doch kostete es Zeit und war wesentlich umständlicher als der Parteiausschluß durch die zuständige Grundorganisation. Außerdem mußte die offene Widerspenstigkeit einer Gruppe als Alarmzeichen für mangelnde Parteidisziplin gelten.

Die Partei war eine strenge und gütige Mutter, was heißt, sie war erst einmal streng und dann gütig, setzte vor die Mütterlichkeit die Dankbarkeit und Demut und verlangte den ganzen Menschen, rückhaltlos, ohne Reserven und Ausflüchte. Sie heischte absoluten Gehorsam, und hierauf beruhte das Geheimnis ihres Erfolges.

Sie verstand denn auch nicht, weshalb die Genossen sich plötzlich weigerten. Der vormalige Stukaflieger und jetzige Stasispitzel Houpt, der als Schriftsteller getarnt war, stand dem Herzen der Partei näher als jeder andere Genosse, der nicht der Staatssicherheit diente, und wies er auch noch so große Verdienste auf.

Die Größe der Partei war eine Resultante der Größe ihres unbedingten Anspruchs. Wie konnten wir kleinen Genossen der Jahre 1956/57 es nur wagen, diesen historischen Anspruch nicht mehr zu akzeptieren und ihm entgegenzutreten?

Was galt schon unser Verweis auf die Entstalinisierungsrede des Genossen Chruschtschow. Die Chruschtschows kommen und gehen, die Partei aber bleibt bestehen. Wir verlangten nichts Geringeres als die Verweltlichung der Partei aus einer Organisation mit Transzendenz in eine normale Partei. Statt irrationaler Disziplin wollten wir überschaubare und einsehbare Verhaltensmodelle. Wir entgalten die Güte der großen Mutter Partei mit prinzipiellem Mißtrauen und begingen das Sakrileg, den Maßstab der Aufklärung auch bei den Geschehnissen in der eigenen Partei anzulegen, ja mehr noch, zur Rede gestellt, beharrten wir auf unserem Recht dazu.

Noch nie hatten Genossen sich so an ihrer allwissenden, allmächtigen Mutter versündigt.

Nach der Redeschlacht im Literaturinstitut gingen wir alle miteinander wieder in den Ratskeller. Es war schon spät, und die Küche hatte geschlossen. Wir redeten laut und aufgeregt und stürzten, kurz vor der Polizeistunde, jede Menge Bier hinunter. Jemand nahm mich bei der Hand und wies auf einen jungen Mann, der etwas entfernt von uns einsam an seinem Tisch saß und vor sich hinstarrte.

Er enthielt sich der Stimme als einziger. Weißt du, warum?

Ich schüttelte den Kopf.

Er hat gesagt: Wer von uns will denn hundertprozentig wissen, ob Zwerenz nicht doch für einen westlichen Geheimdienst arbeitet?

Da war sie also wieder, die Verdächtigung, die nie offen geäußert wurde, nicht am Philosophischen Institut, nicht beim Schriftstellerverband, nicht am Literaturinstitut. Nicht bei den unzähligen Diskussionen, Vernehmungen und sonstigen Beschuldigungsritualen.

Es fehlte für diese Vermutung jeder Anhaltspunkt, nicht der Schimmer einer Begründung ließ sich einbringen. Ganz im Gegenteil. Bei privaten und öffentlichen Anlässen hatte ich mich stets konsequent gegen jede Kontaktaufnahme mit irgendwelchen westlichen Stellen ausgesprochen, auch in Briefen davor gewarnt; solche Briefe lagen inzwischen, beschlagnahmt, dem Staatssicherheitsdienst vor.

Dennoch kursierten Gerüchte. Allen war klar, sowas sog sich keiner aus den Fingern, das wurde bewußt in Umlauf gebracht. Ich kann es nicht völlig überblicken und täusche mich vielleicht, soweit ich aber sehe, gelangte keiner von denen, die damals am Literaturinstitut gegen meinen Parteiausschluß stimmten, zu höheren Ehren in der SED, dem Staat der DDR oder zu literarischer Prominenz. Ausgenommen der Genosse, der sich der Stimme enthielt. Er stieg auf und wurde berühmt.

Literarischer Ruhm und gesellschaftliches Ansehen ist auch davon abhängig, ob ein Talent Gelegenheit erhält, sich zu realisieren. Das gilt für den Osten ebenso wie für den Westen. Nur erleichtert die östliche Machtstruktur die Kontrolle.

Die Schwierigkeiten mit der Partei schienen wieder einmal beigelegt zu sein. Jedenfalls ließ man mich längere Zeit in Ruhe. Ein

Brief von Walther Victor, dem Sekretär des Schriftstellerverbandes, hätte mich zwar stutzig machen sollen, doch nahm ich an, Victor sei nur über die neuere Entwicklung nicht richtig informiert. In Wirklichkeit war es umgekehrt. Man ließ mich aber absichtlich im unklaren.

Eine Bezirksversammlung wurde angesetzt. Das Aufgebot hätte mich ebenso warnen müssen wie die Vorbereitung. Aber ich wiegte mich in Sicherheit oder wollte mich in Sicherheit wiegen, hatte den Punkt erreicht, wo man ein so starkes Bedürfnis nach Ruhe hat, daß man die Wahrnehmungen, die Gegenteiliges signalisieren könnten, abweist.

Die Veranstaltung ging in einem riesigen Saal vor sich. Verwundert stellte ich fest, alle Intellektuellen von Rang und Namen waren anwesend. Dazu kam die gesamte Bezirksleitung mit den Genossen Fröhlich und Wagner und mehrere Abgesandte des ZK. Mir schwante noch immer nichts. Wieland Herzfelde, am Tische gegenüber, zog mich ostentativ ins Gespräch, was zeigte, er hatte ebensowenig Ahnung wie ich. Neben mir saßen einige wichtige Leute. Weiter hinten stand Alfred Kurella im Gespräch mit einem Professor. Der Bezirkssekretär für Kultur kam vorbei, der mir wenig wohlgesonnene Genosse Siegfried Wagner, lächelte sein Feuerwehrhauptmannslächeln, dickwangig, rotgesichtig, schweinsäugelig, begrüßte alle Genossen um mich herum mit Handschlag, nur mich nicht. Jetzt wußte ich, was bevorstand, begriff auch, weshalb Erich Loest nicht hier war, begriff nicht, weshalb er mich nicht gewarnt hatte.

Da saß ich nun, ich armer Tor und war zwar klüger als zuvor, doch was nützte das jetzt. Davonlaufen käme nicht mehr in Frage. War ich in voller Arglosigkeit hier aufgetaucht, mußte ich es auch durchstehen. Später erfuhr ich, die Parteileitung hatte gar nicht damit gerechnet, daß einer der Anzuprangernden auch wirklich erschiene, man hatte angenommen, wir erführen alle davon und glänzten durch Fernbleiben.

Wagners Gesichtsröte war mehr eine Verlegenheitsröte gewesen, er hatte mich erblickt und nicht gewußt, wie das zu deuten wäre. So fest mochten die Fronten wohl nicht gewesen sein, Überraschungen waren nicht auszuschließen, das längere Schweigen und Stillhalten hatte eben auch Unsicherheiten in der Partei mit zur Ursache. Jetzt traten Fröhlich und Wagner, durch Ulbricht abgedeckt, wie sich später herausstellte, zur Offensive der Härte an. Wagner aber mochte in den Minuten vor der Veranstaltung doch voller Schwankungen gewesen sein, wie sich auch bei seiner großen Anklagerede noch zeigte, wo er mit den Abwesenden wesentlich giftiger ins Gericht ging als mit mir, was sich vielleicht auch dadurch erklärte, daß ich, als anwesender Angegriffener ja, den Modalitäten zufolge, ein Erwiderungsrecht hatte, das ich dann auch kräftig ausnutzte und vom Podium herunter den Versammelten fast jenes ganze antistalinistische Gedicht entgegenschleuderte, aus dem Wagner nur wenige Zeilen zitiert hatte, womit er den Eindruck des Anti-Kommunismus und Anti-Marxismus erzielen wollte und auch erzielte, demgegenüber mein vollständiger Vortrag dann aber doch tiefer wirkte.

Zwar erhielt ich keinen Beifall, die Genossen verstanden den Sinn der Veranstaltung durchaus und waren auch entsprechend vorinstruiert worden, immerhin hatte man mich reden und ausreden lassen, mich nicht unterbrochen, noch nicht einmal mit Zwischenrufen zu irritieren versucht. Nein, ich konterte, wenn auch nicht in aller Schärfe, sondern taktisch gebremst, aber doch mit dem Widerstandsgeist dessen, der sowieso nichts mehr zu verlieren hat.

Oben auf dem Katheder stehend, angesichts der versammelten Masse von Genossen, wurde mir das Vergebliche meiner Argumentation klar. Ich suchte denn auch lediglich gegen Wagner anzukämpfen und ihn dermaßen zu korrigieren, daß eine möglichst große Anzahl der Anwesenden still bei sich an der Berechtigung der Anklage zweifeln sollte. Ich mußte ihnen innerlich nahegehen, sie erschüttern in ihrer falschen Gelassenheit, sie durften nicht in die ärmliche, beschämende Selbstsicherheit der Stalin-Ära zurückfallen, in der das Wort der Partei alles, die Wirklichkeit aber gar nichts galt.

In der Diskussion sprach auch Wieland Herzfelde, der berühmte Leiter des Malik-Verlags in den zwanziger Jahren. Sein Ton schon ließ aufhorchen. Das war nicht die Gebetsmühle eines parteifrommen Mitläufers, sondern die Stimme eines gereiften Mannes, der sich seiner revolutionären Aufbrüche erinnerte. Herzfelde hatte mit der literarischen Revolte des Dadaismus begonnen und den linken Malik-Verlag von 1917 bis 1933 in Berlin und hernach in der Prager Emigration bis 1939 geführt. Die revolutionäre Literatur der Weimarer Republik war untrennbar mit dem Namen dieses Verlags und seines klugen, kühnen Leiters verbunden. Überdies hatte Wieland Herzfelde wohl noch nicht verwunden, mit welcher dümmlichen Mißachtung die Partei seinem Bruder John Heartfield begegnet war, dem Meister der Fotomontage, den linientreue Schwachköpfe als Formalisten geächtet hatten. Jedenfalls versuchte Herzfelde den versammelten

Genossen ins Gewissen zu reden, der XX. Parteitag der KPdSU unterliege recht wechselhaften Wertungen, sagte er und fragte, ob man sich mit den jetzigen Angriffen auf den Genossen Zwerenz nicht schon wieder arg weit von den Ausführungen des Genossen Chruschtschow entferne.

Das war, bedachte man die Atmosphäre im Saal, wohl vielen der Anwesenden aus dem Herzen gesprochen, wie die *Leipziger Volkszeitung* im Monat darauf zugab und ihren Kultur-Siegfried, den verdienstvollen Stalinisten Wagner dafür lobte, daß er als einziger »zu diesen Dingen die richtige Auffassung der Partei!« ausdrückte. Ja, die Auffassungen der Partei werden nicht von den Genossen ausgesprochen und vertreten, sondern von deren auf geheimnisvolle Weise der Göttlichkeit teilhaftig werdenden Oberpriestern, diesen Metaphysikern des unsterblichen Parteileibes, die nie irren können, mögen die einzelnen Genossen auch in ihrer Masse und Mehrheit irren.

In der Pause sprachen mich erstaunlich viele Parteimitglieder freundlich an. Wieland Herzfelde gratulierte mir zu meiner Verteidigungsrede, und ich bedankte mich für seine mutigen Worte. Mehrere Genossen drückten aus, daß sie die Anklage mißbilligten. Andere ergingen sich nur in Andeutungen. Auch Übervorsichtige standen herum, brave Leute, die sich nicht festlegen wollten und nicht ja und nicht nein sagen, damits nachher nicht hieß, sie hätten ja oder nein gesagt.

Trudelte so einer im Gedränge auf mich zu, verfiel er plötzlich in angestrengte Bewegungen und suchte sich einen anderen Weg durch die Massen zu bahnen. Nur nicht auf den Angeklagten treffen. Ließ sichs dennoch nicht vermeiden, schoben sich diese Helden mit starrem Gesichtsausdruck vorüber, nein, wir kennen ihn gar nicht, sind einander völlig fremd. Man lernt seine Pappenheimer in schwierigen Situationen genau kennen. Der Ekel würgte mich noch tagelang.

Die vorgesehene Viertelstundenpause dauerte viel länger. Die führenden Genossen blieben unsichtbar und beratschlagten wohl abseits das Programm. Wahrscheinlich gab es Probleme, die anhaltende Unterbrechung deutete darauf hin.

Endlich kehrten die Führungsgenossen zurück in den Saal. Kurella blieb hinter meinem Stuhl stehen und rief über meinen Kopf hinweg Wieland Herzfelde zu:

»Diese jüngeren Genossen wollen einfach nicht begreifen, daß die Partei klüger ist.«

Herzfelde antwortete mit einem verlegenen Lächeln.

»Solche Aufstände habe ich schon vor Jahrzehnten erlebt«, fuhr Kurella fort, »die jungen Genossen verstehen nicht, daß sie sich der Partei unterordnen müssen.«

Herzfelde lief ein feiner Schimmer von Röte übers Gesicht. Ich wandte mich um zu Kurella. Für einen Augenblick schien mir, er betrachte mich mit einem Ausdruck von Besorgnis. Aber schon wandte er sich ab und schritt zum Podium.

Wagner hielt eine zweite Rede, sein Schlußwort. Die Oppositionellen wurden endgültig verdonnert und zu Parteifeinden erklärt. Bevor Wagner die Veranstaltung schließen konnte, erbat Wieland

Herzfelde aufgeregt noch einmal das Wort. Totenbleich stand er dann dort oben vor den Versammelten und erklärte, er habe sich nicht mit Parteifeinden verbünden wollen. Ich verübelte ihm das nicht. Er tat mir leid.

Danach kam er mehr taumelnd als schreitend herunter und setzte sich auf seinen Platz, mir gegenüber, noch immer bleich und blicklos. Da erhob ich mich, während von der Bühne herab noch immer irgendwelche Schlußriten klangen, und verließ, die langen Tischreihen entlangspazierend, als beträfe mich das alles nicht, den Saal. Momentan war mir tatsächlich alles gleichgültig geworden. Auch die Partei.

Ich glaube mich zu erinnern, die Versammlung hat in der Kongreßhalle stattgefunden. Danach ging ich zu Fuß nach Hause, hatte nicht sehr weit, weiß nicht, wie lange ich gebraucht habe und wann ich daheim angekommen bin. Auf diesem Heimweg fühlte ich mit einem Male, was es hieß, ohne die Partei auskommen zu müssen, nachdem man doch einer ihrer Bestandteile gewesen war. Meine Stimmung der Gelassenheit schlug ins Gegenteil um. Die Stadt nahm den Ausdruck der Bedrängnis und Bedrohung an. Ein Kindertraum kam mir ins Gedächtnis. Damals hatte ich, in meinem Bett liegend, gemeint, aus allen Häusern zu beiden Seiten der Straße, die ich zur Schule entlanggehen mußte, streckten sich die gierigen Fangarme schrecklicher Tiere heraus und umschlängen mich. Als ich den Traum meiner Mutter erzählte, sah sie mich verwundert an, bis der praktische Sinn der Arbeiterfrau in ihr obsiegte und sie sagte: Das ist kein dummer Traum, ist was Symbolisches über Hauswirte, die von ihren Mietern die Miete verlangen.

Das war nun ganz die Denkweise einer stets ums Überleben kämpfenden Arbeiterfrau. Geträumte Ungeheuer und mystische Gefahren gab es nicht, existierten doch genug Unheilswesen wie Beamte, Fabrikbesitzer, Hauseigentümer, die immerfort etwas verlangten.

Jetzt, auf meinem Weg durchs nächtliche Leipzig, griffen wieder die geheimnisvollen gefährlichen Wesen aus den Häusern nach mir. Die Stadt, über die ich unbotmäßig berichtet hatte, begann zu antworten.

Konzept der Verteidigungsrede vor der Partei

Von den von mir im Jahre 1956 veröffentlichten Publikationen sind 2 Artikel und ein Gedicht Gegenstand der Kritik, und zwar

1.) "Leipziger Allerlei" "Sonntag" Nr.43 v.21.1o.56

2.) "Die Mutter der Freiheit heißt Revolution" "Sonntag" Nr.27 vom 1.7.56

3.) "Revoluzzer oder Revolutionär?" "Forum" Nr.14 - 2.Septemberausgabe

Zu 1:

Der damalige Redakteur des "Sonntag", Gustav Just, machte mir den Vorschlag, etwas über Leipzig zu schreiben. Wir einigten uns auf ein polemisch-satirisches Feuilleton, das ich noch während der Messe - in den ersten Septembertagen also - schrieb.

Das Feuilleton erschien erst sechs Wochen später, so daß einige Partien veraltet waren. Andrerseits geriet es so in die Zeit der ungarischen Oktoberereignisse (die aber zeitlich zwei oder drei Tage nach der Drucklegung liegen).

Zu 2:

Dieses Gedicht entstand unmittelbar unter dem Eindruck des 2o. Parteitags, etwa März 1956. Ich legte es aus freiem Entschluß einem Brief an den "Sonntag" bei.

Zu 3:

Dieser Artikel ist der Beitrag zu einer Diskussion, die im "Forum" geführt wurde. Die Redaktion hatte mich aufgefordert, einen Artikel zu schreiben und mir das Protokoll vom Treffen der jungen Künstler zur Einsichtnahme gegeben.

Auf der am 25.4.57 in meiner Grundorganisation stattgefundenen Parteiversammlung habe ich mich in wesentlichen Punkten von dem Gedicht und dem Artikel "Leipziger Allerlei" distanziert.

Mir wurde entgegnet, daß dies sehr bzw. zu spät sei. Ich muß hierzu jedoch bemerken, daß ich mich nicht jetzt erst von dem Artikel "Leipziger Allerlei"distanziere, sondern daß ich dies bereits wenige Tage nach Erscheinen dieses Artikels tat, und zwar in einem Gespräch mit dem Genossen Häußler , dem zweiten Vorsitzenden des Rats des Bezirks Leipzig. Dies ist übrigens dem Gen. Siegfried Wagner bekannt, denn in einer Aussprache, die etwa den 14. Dezember 1956 in der Bezirksleitung stattfand, kam Gen. Wagner auf diese meine Distanzierung zurück.
Man könnte mir hier entgegenhalten, daß dies alles nur das Leipziger Allerlei, also einen Artikel betrifft. Ich muß dazu sagen, daß bis zum Januar 1957 keine meiner anderen Arbeiten kritisiert worden ist, es ging immer nur um das Leipziger Allerlei. Erst auf einer Konferenz, die die Bezirksleitung mit Genossen Kulturschaffenden abhielt, und die wohl etwa Mitte Januar stattfand, wurde die Kritik auch auf das Gedicht und den Forum-Artikel erweitert. Auf dieser Konferenz wurde diese Kritik aber nicht nur in einer haltlos-verdächtigenden Art und Weise formuliert, und zwar vom Gen. Wagner, sondern darüberhinaus wurden auch noch ausgesprochene Tendenzen eines starken Sektierertums sichtbar. So sagte in der Diskussion der Gen. Ulitzsch, die Dritte deutsche Kunstausstellung sei das wichtigste künstlerische Ereignis in der DDR gewesen. Die Gen. Prof. Maßloff und Prof. Fischer schlossen sich in ihren Ausführungen dieser Bemerkung an. Gen. Prof. Maßloff und Gen. Ulitzsch sagten, die bildenden Künstler seien unsicher geworden, weil die Partei den sicheren Kurs, den sie bis zur dritten Kunstausstellung gesteuert sei, aufgegeben habe. Gen. Ulitzsch führte aus, die bildenden Künstler "fühlten sich verraten und im Stich gelassen von der Partei". Im gleichen Atemzug wurde Ehrenburg kritisiert, weil er angeblich das Prinzip der Volkstümlichkeit und allgemeinen Verständlichkeit der Kunst aufgegeben habe, und das Neue Deutschland, weil der damals erschienene Artikel über Picasso "unwürdig" gewesen sei.
All dies ging auf ein Lob des alten Kurses in der Kunst hinaus, und es fand sich niemand, auch nicht der Genosse Wagner, der hierbei korrigiert hätte und die neue Kunstpolitik der Partei erläutert hätte. Ich selbst wurde durch diese und ähnliche Vorkommnisse in meiner Befürchtung bestärkt, daß im Bezirk Leipzig starke sktiererische Tendenzen am Werke sind. Ihnen zu begegnen, verfestigte sich meine Haltung, so daß ich hinfort

auch das in meinen Arbeiten verteidigte, das eigentlich nicht verteidigenswert war und das sich durch die Ungarn-Ereignisse als falsch herausgestellt hatte.
Ich werde auf diese Sachlage noch zurückkommen, möchte aber, um die Umstände, die mich zu diesen meinen Stellungnahmen gebracht haben, näher zu beleuchten, noch einige andere Ausführungen machen.
Ich erkannte Ende 1953 die Gefährlichkeit des Dogmatismus und wandte mich seitdem bei allen sich bietenden Gelegenheiten gegen ihn. Anlaß hierfür gab mir eine Verwarnung, die ich von meiner damaligen Grundorganisation (Phil. Institut Univ. Leipzig) erhielt. Ich war als ehemaliger Kupferschmied nach meiner Rückkehr aus sowjetischer Gefangenschaft der Volkspolizei beigetreten, war wegen Tbc entlassen worden und hatte als Dozent für Gesellschaftswissenschaften an der Ingenieurschule Zwickau gearbeitet. Die Art meines Bildungsganges war so, daß ich Stalin als mein Vorbild angesehen hatte und meine gesamte Arbeit auf ihn zugeschnitten hatte. So lernte und lehrte ich selbst auf äußerste Weise dogmatisch, was dazu führte, daß ich, als die Partei am 12. Juni 1953 den Neuen Kurs proklamierte, aufs äußerste enttäuscht war und mich mit Austrittsgedanken trug. Ich sprach zweimal davon, sah dann meine Fehler ein und erhielt die bereits genannte Verwarnung. Um mich gegen meinen Dogmatismus zu sichern, schrieb ich mehrere Arbeiten, wobei ich den Wurzeln und Auswirkungen des Dogmatismus nachging. Manches davon veröffentlichte ich 1954/55 in der "Weltbühne", einiges verwendete ich auch in den jetzt kritisierten Artikeln.
Meine Kampfstellung gegen den Dogmatismus wirkte sich am phil. Institut dahingehend aus, daß ich auch hier in Widerspruch zu mehreren Genossen kam. So wandte ich mich mehrmals gegen den Gen. Prof. Gropp - für den ich eine starke persönliche Sympathie empfand -, der aber in seinen Vorlesungen in langweiliger Art und Weise längstbekannte Thesen illustrierte. Wie stark Dogmatismus und Personenkult am phil Institut eingerissen waren, mag auch an folgenden Äußerungen deutlich werden. Der Assistent, Gen. Handel erklärte z.B. gegenüber dem Gen. Siegfried Pfaff: In Deutschland ist mit Demokratie nichts zu machen, da hilft nur Druck, nur Druck!
Der Gen. Welsch, Parteileitungsmitglied, erklärte meiner Frau gegenüber:

Einheit Deutschlands - das ist alles Scheiße. Wenn es nach mir ginge, ich würde jeden erschlagen, der über die Grenze zu uns will.

Unter diesen Umständen sah ich in der Linie des 2o. Parteitags eine Bestätigung meiner eigenen Bestrebungen. Es kann niemanden verwundern, wenn ich auch nach dem 2o. Parteitag in dieser Richtung arbeitete. Ich widerrufe auch heute nicht die in meinen Publikationen enthaltene Kampfansage an Personenkult und Dogmatismus, ich weiß allerdings - und dies haben die Ereignisse in Ungarn gezeigt - daß ich dabei Überspitzungen und Unvorsichtigkeiten begangen habe, die zu verhindern gewesen wären.

III. Meine Stellung zu Bloch

Ich habe drei Jahre am Leipziger Institut für Philosophie studiert. Mit Ernst Bloch bin ich bekannt. Hinsichtlich seiner Philosophie habe ich Vorbehalte, die insbesondere das Natur-Subjekt betreffen. Dessen unerachtet beurteile ich die Blochsche Philosophie nicht als zum Marxismus im Gegensatz stehend, sondern als wertvolle Bereicherungsmöglichkeit für die marxistische Philosophie. Ich bin bei meinen Studien zu der Einsicht gekommen, daß die marxistische Philosophie (und auch die sozialistische Belletristik) nicht auf der Höhe ihrer Zeit und ihrer Möglichkeiten steht. Die marx.Phil. hat seit Lenins "Materialismus und Empiriokritizismus" kein epochemachendes Werk mehr hervorgebracht. Es ist hier nicht der Platz, die Ursachen hierfür zu suchen, es sei dies lediglich festgestellt. Die Folgen sind heute schmerzhaft spürbar. Es gibt Gebiete, die marxsitsisch völlig unbearbeitet sind, und auf denen zur Gegenargumentation jede Voraussetzung fehlt. Einige unserer Genossen behelfen sich, indem sie in Auseinandersetzungen mit Heidegger, Jaspers usw. einfach schimpfen. Das Resultat ist, daß Fachleute, und insbesondere westliche Wissenschaftler, die phil. Potenz des Marxismus anzweifeln. Dabei besteht die Möglichkeit, die marx. Phil. so auszubauen, daß ihr keinerlei bürgerliche Phil. nahekommen kann. Dazu gehört allerdings, daß sie sich endlich vom Nur-Objekthaften abwendet und auch die Problematik des Subjekts in den Kreis der Untersuchungen einbezieht. Die Objekt-Gegenstände wie Staat, Gesellschaft, ökonomische Gesetze sind wichtig und nicht zu vernachlässigen, die Subjekt-Gegenstände wie Einzel- und Massenpsychologie, Triebe, Liebe, empirische Sozialforschung aber sind nicht minder wichtig. Solange sich die bürgerlichen Philosophen ungeschoren auf diesem Felde tummeln, solange behalten sie eine größere Propagandawirkung und den Nimbus des Interessanten.

Aber nicht nur hierfür sind in Blochs Phil. wertvolle Teile zu finden. Bloch hat auch auf die Notwendigkeit einer marxistischen Anthropologie verwiesen (wobei noch eine marxistische Kosmologie hinzukommt). Wenn zu Lenins Zeiten, bedingt durch Mach u.a. die erkenntnistheoretischen Fragen der Phil. im Vordergrund standen, und wenn Lenin demzufolge diesen Fragen seine Hauptaufmerksamkeit widmete, so sind es heute die anthropologischen und existentiellen Fragen, die im Vordergrund stehen. Mit der Leninschen - erkenntnistheoretischen - Argumentation kommen wir dabei nicht mehr aus. Sie hilft höchstens bei Genossen, die schon vom Klassenstandpunkt an die Philosophie herangehen. Bei Menschen, die den Klassenstandpunkt noch nicht haben, die ihn im Gegenteil erst durch wissenschaftliche Agitation und Propaganda bekommen sollen, insbesondere also bei Intellektuellen, die keine oder noch keine Marxisten sind, muß eine umfassende und logisch begründete Argumentation vorhanden sein, wobei die erkenntnistheoretische nur ein einzelnes Bestandteil davon sein kann.

Eine marxistische Anthropologie wäre die marxistische Phil., auf die Höhe ihrer Zeit gebracht. Sie wäre ein phil. System, in das alle wesentlichen wissenschaftlichen Erkenntnisse unserer Zeit eingearbeitet wurden.

Die Phil. Ernst Blochs ist hierfür als Anfang zu werten.

Mein Verhältnis zur Partei

Es geht mir hier nicht darum, auf Verdienste hinzuweisen. Es geht mir darum, den Vorwurf zu entkräften, ich hätte kein Verhältnis zur Partei. Ich bin Arbeiter und Marxist und unterwerfe mich zu jeder Zeit der Parteidisziplin. Wenn festgestellt wird, daß meine vorjährigen Publikationen der Partei schädlich waren, so muß ich auch die Folgen tragen und kann lediglich darauf hinweisen, daß ich alles in dem Glauben geschrieben habe, der Partei zu helfen. Ich achte die Beschlüsse der Partei und werde ihnen entsprechend arbeiten.

Eine andere Seite des Verhältnisses zur Partei ist, ob ich in bestimmten Fragen mit bestimmten Maßnahmen einverstanden bin. Ich habe, worauf ich eingangs hinwies, in ideologischen Fragen - z.B. Bloch, Belletristik - bestimmte Vorbehalte. Ich bin aber der Meinung, daß auf diesen Teilgebieten, die keineswegs Grundfragen berühren, ein Meinungsstreit sehr nützlich sein kann, ja daß er notwendig ist. Ich fühle mich veranlaßt, auch meinen Widerspruch der Partei zu sagen, was mich nicht hindern kann, nach Beschlußfassung den Beschlüssen entsprechend zu arbeiten.

Es wird mir der Vorwurf gemacht, ich hätte meine Publikationstätigkeit eingestellt. Soweit dies die agitatorisch-propagandistische Tätigkeit in der Presse betrifft, stimmt dies. Es wäre unverantwortlich von mir, wollte ich unter den jetzigen Umständen weiterhin für die Presse schreiben. Ich fühle mich dazu gegenwärtig nicht in der Lage. Ich arbeite allerdings an größeren Manuskripten, z.B. ist eine Erzählung über faschistische Kriegserscheinungen abgeschlossen und beim Verlag in Vorbereitung.

Ich protestiere aufs entschiedenste dagegen, daß mir Äußerungen in entstellter Form untergelegt werden, die ich nicht oder jedenfalls nicht so getan habe. Ich habe erkannt, daß in dem Artikel "Leipziger Allerlei" sowie in dem Gedicht Übertreibungen und unscharfe bzw. falsche Gedanken und Ausdrücke enthalten sind. Ich bin jedoch der Meinung, daß die Grundgedanken in dem Forum-Artikel richtig sind und durchaus auch auf der heute noch richtigen Ebene eines Kampfes gegen Sektierertum und Personenkult liegen. Daß in diesem Artikel nicht der westdeutsche Militarismus angegriffen wurde, ist mir nicht zu verübeln, die Richtung war dadruch festgelegt, daß es sich um einen bestellten Diskussionsbeitrag handelte, bei dem einfach das zu benutzende Material vorlag.

Ich möchte darum bitten, meinen Vorgang nicht bei der PKK Leipzig zu bearbeiten, sondern bei der für meinen neuen Wohnort zuständigen, oder, am besten unter Zuziehung des Gen. Vogelsang, bei der ZPK in Berlin.

1956/57, als die Auseinandersetzungen mit der Partei eskalierten, zählte ich 31/32 Jahre. Die dauernden Angriffe und Anwürfe versetzten mich in einen Zustand ständiger Angst. Nur mit Widerwillen griff ich frühmorgens zur Zeitung, in der sich ja wieder eine ganz neue Bösartigkeit befinden konnte.

Meine in dieser Zeit gezeugte Tochter bewies als Kind außergewöhnliche Empfindlichkeit gegenüber Berührungen. Anfangs verniedlichten wir ihre Idiosynkrasien mit der beruhigenden Auskunft: Sie ist eben sehr kitzlig.

Das war bald nicht mehr mit so leichten Worten abzutun. Die Kitzlichkeit ging in eine unüberwindbare Angst vor Körperkontakt über. Liebevolle und zärtliche Berührungen wie Streicheln über Wangen und Haar, Schultern und Handrücken wurden meiner Tochter nur schwer erträglich.

Da beide Elternteile solche Aversionen nicht haben und im Gegenteil sehr von Körperkontakten, zärtlichen Berührungen abhängig sind, frage ich mich manchmal, ob der Streß jener Zeit, in der ich zum Angriffsziel der Partei gemacht worden bin, sich etwa in unserer Tochter als Berührungsfurcht erhalten hat. Denn diese ist es ja gewesen, vom Politischen ausgehend und ins Existentielle eindringend, die mich damals völlig beherrscht hatte und von der mich zu befreien, mir erst nach langer Zeit gelang.

Ich lebte nicht mehr in der DDR, als Ingrid im Krankenhaus entband. Erich Loest kam ans Wochenbett. Die Schwestern hielten ihn für den Vater. Bald danach wurde er verhaftet und verschwand für sieben Jahre in den Zuchthäusern des Sozialismus. Heute schreibt er wieder, unter mehreren Pseudonymen und auch unter seinem alten Namen. Ich freue mich für ihn. Vielleicht gibt es in der DDR doch so etwas wie Rehabilitierung. Das Eis aber, auf dem wir gehen, ist dünn.

Die Vorgänge um meinen Parteiausschluß, die hier geschildert werden, hatte ich eigentlich nicht schon jetzt darlegen wollen. Erst gewisse Geschehnisse und Erfahrungen der jüngsten Zeit bewogen mich zur Korrektur. Wir sollten uns nicht selbst belügen, die Entscheidung, einer kommunistischen Partei beizutreten oder nicht beizutreten, sowie die damit zusammenhängenden möglichen Weiterungen wie Parteiaustritt oder Parteiausschluß zählen zu den wichtigsten Ereignissen unseres Jahrhunderts. Ja, ich wüßte nichts von gleichem Gewicht zu nennen.

Auch wenn in der Bundesrepublik augenblicklich die KP zahlenmäßig nicht ins Gewicht fällt, die Problematik also nur wenige betrifft, bleibt die Entscheidung von Bedeutung, weil sie auch in anderen Vorgängen, die, oberflächlich betrachtet, nicht damit zusammenhängen, von Belang ist.

So stehen die Flügel- und Fraktionskämpfe innerhalb der SPD doch im schweren Schlagschatten des Marxismus. Gerungen wird um mehr oder weniger Marxismus, Sozialismus, Kommunismus. Die verachtende Ablehnung, die der Lehre von Marx durch die Bourgeoisie immer wieder entgegengebracht wird, bestärkte den Marxismus auf die Dauer gesehen in seiner Wirksamkeit. Ja, ich kenne überhaupt nur einen tatsächlichen, ins Zentrum treffenden negativen Faktor – die Realisierung des Marxismus, seine Erhebung vom oppositionellen Organisator zum alleinseligmachenden Stalinismus schwächt ihn essentiell und treibt seine Schwächen und Unvollkommenheiten unbarmherzig ans Licht.

Das erklärt auch, weshalb der an die Macht gelangte Marxismus als Stalinismus Ex-Kommunisten absondert, die ihrerseits leicht von einem Wahn in den andern verfallen und sich als extreme Anti-Kommunisten aufführen.

Was nicht lediglich Opportunismus sein muß, aber doch oft ist; von den Gegnern des Kommunismus werden diese Ex-Kommunisten im Maße ihrer Verwertbarkeit eingestuft, forscher Anti-Kommunismus kann sich also sehr wohl auszahlen – doch mehr als die äußeren Verlockungen bezwingen oft die inneren Affekte, was hat so ein parteitreuer Kommunist in seiner Dienstzeit nicht alles an Selbstverleugnung, Demutsgebärden, Selbstkritik und Selbstanklage leisten müssen; jetzt, da er sich befreit hat, dürstet seine Seele geradezu nach Rache.

Wie könnte es anders sein.

Die Empörung des Abgefallenen ist proportional so laut, wie die Disziplinierungsenergie vorher groß gewesen ist. Je forscher sich einer als Kommunist gerierte, desto barscher wird er als Anti-Kommunist sein. Man studiere den Mechanismus an der Kirchengeschichte und füge die moderneren Namen ein.

Wenn ich an jene Genossen zurückdenke, die mir damals als Feinde gegenüberstanden, so finde ich für die meisten durchaus passable Gründe, die ihr Handeln plausibel erscheinen lassen. Für sie war ich ein Vertreter des Klassenfeindes; über die Frage, ob sich das wirklich so verhielt, dachten sie nicht weiter nach, sie folgten einfach der Partei, was immer heißt, dem jeweils eingesetzten Verantwortlichen.

Einen einzigen Genossen muß ich ausnehmen, der schon vom Typ her nicht dem Bild entspricht, das man sich gemeinhin von einem führenden Kommunisten macht, wenn er auch oft genug, zu oft jedenfalls, anzutreffen ist – der Karrierist, jener Kleinbürgersproß, der den Aufstieg schaffen will, wo auch immer, wie auch immer, koste es was auch immer.

Das sind Leute, die man in allen Parteien und Organisationen findet, was schon schlimm genug ist, sie aber in kommunistischen Parteien anzutreffen, raubt einem schier den Glauben an die Veränderbarkeit der Gesellschaft und des Menschen.

Ich hatte eine erste längere Sitzung mit Siegfried Wagner, als es ganz zu Anfang schon einmal um das bewußte Gedicht gegangen war. Wir befanden uns mitten in der Ungarn-Krise, etwa Oktober 1956, und Wagner war von Fröhlich aufgefordert worden, den Fall »Zwerenz-Lyrik« zu klären. Es nahmen noch zwei andere Schriftsteller an der Sitzung teil. Ihre Namen habe ich vergessen. Sie standen mir bei. Ich hielt einen Vortrag über Lyrik, und Wagner schien bereit, mir zu glauben, daß ich kein konterrevolutionäres Gedicht verfaßt hatte. Ich saß ihm gegenüber und hatte die ganze Zeit sein Gesicht vor Augen.

Der Hafer stach mich. Eben noch hatte ich behauptet, bei Lyrik könne man nicht immer geradenwegs auf eine politische Aussage schließen, da behauptete ich geradezu gegen meinen Willen das Gegenteil, man könne auch nicht gänzlich absehen von der politischen Bewertung, und das fragliche Gedicht drücke schon einige politische Gedanken und Erfahrungen aus und stehe auch im Zusammenhang mit dem XX. Parteitag der KPdSU, es sei durch den Parteitag angeregt und außerdem inhaltlich von ihm bestimmt worden.

Dieses tumbe, offene Eingeständnis verblüffte Wagner. Er traute seinen Ohren nicht, starrte mich entgeistert an und traute nun auch seinen Augen nicht. Ich verbarg mich nicht mehr, sondern gab frank und frei die schlimme Wahrheit zu. Die beiden mit anwesenden Kollegen erbleichten.

Auf die Idee, daß meine unvorsichtige Aufrichtigkeit für Siegfried Wagner und den Stalinismus etwas Nachteiliges bedeuten könne, verfiel der Einfaltspinsel gar nicht erst, für ihn hatte die Partei immer recht. So hatte sie als SED eben auch recht, wenn sie wie jetzt die Vorgänge in der KPdSU nicht wahrnahm oder jedenfalls nicht auswertete und auf sich selbst übertrug, sondern die Übernahme verzögerte; man heulte stets mit den Wölfen; für Wagner war ich geliefert. Seine Mimik verriet, was er dachte, soweit er überhaupt dachte und nicht nur infolge gedanklicher Ablagerungen funktionierte und ein bewußtes Leben vortäuschte.

Wenn ich dann nach dieser Sitzung einige Zeit in Ruhe gelassen wurde, lag das nicht etwa daran, daß Wagner und die Berliner Parteiführung mir vergeben hätten, sondern an der Unsicherheit der Situation, es waren vorerst andere Kämpfe auszufechten. Man erinnerte sich meines Falles danach schon wieder.

Ich habe mich in den harten Diskussionen mit Funktionären der SED immer nur dann konsequent zur Wehr setzen können, wenn der Kontrahent jemand war wie der Leipziger Kultursekretär Siegfried Wagner, der später ZK-Sachbearbeiter für Filmfragen geworden ist und dessen Wirken der DDR-Kultur wenig bekam. Man merkte ihm dem ganzen Habitus nach an, daß er nie wirklich in einer Fabrik malocht hatte. Das Bürgerliche und Kleinbürgerliche, verfestigt zum Doktrinären, ergab den Typ des Stalinisten, ein kurzer Moment genügte, man erkannte sich gegenseitig, diesen Leuten gegenüber empfand ich keine Skrupel, anders als bei den alten Genossen, die dem Proletariat entstammten und mit denen ich mich auf Anhieb verständigte, man konnte auf verschiedenen Seiten der Barrikade stehen und gehörte doch zueinander. Mich selbst machte die Gegenwart dieser Genossen schnell passiv, was zählte schon ein angelerntes Universitätswissen gegenüber dem Leben dieser Parteiarbeiter, mochte ich noch so fest davon überzeugt sein, ihr Weg sei der falsche, woher bezog ich die Legitimität meines Anspruchs, ihnen gegenüber im Recht zu sein? Es gibt Vorgänge, die sich der Logik entziehen. Desto mehr verachtete ich die anderen vom Typ Wagner.

Sowas kann lange anhalten.

Im Sommer 1973 geriet mir aus Zufall ein Artikel von Eduard Goldstücker in die Hände, auf den mich Ingrid hingewiesen hatte. Ich las anfangs recht zerstreut und lustlos. Sosehr ich den Prager Frühling begrüßt hatte, so wenig war ich, lange vor dem unglücklichen Ende durch den Einmarsch der Sowjets, mit vielen damaligen Maßnahmen einverstanden. Ebenso erging es mir *nach* dem Einmarsch. Hielt ich es auch für ein Gebot selbstverständlicher Solidarität, den militärisch abgesetzten Genossen der KPC nach Kräften beizustehen, sah ich doch mit äußerstem Mißfallen, wie wenig charakterstark sich manche der tschechischen Emigranten verhielten, wie sie nur zu eilfertig überliefen, bei Springer schrieben, sich demaskierten und damit den Einmarsch der Roten Armee noch im nachhinein rechtfertigten.

In dieser differenzierten Haltung, die einzunehmen gewiß schwer wird, traf mich der Verweis in Goldstückers Artikel auf jenen Genossen Wagner wie ein Schlag. Goldstücker referierte seine Erfahrungen mit der Kafka-Diskussion in der CSSR. Ich las: »Im Frühling 1966 teilte einer der führenden Dichter der DDR einigen tschechoslowakischen Kollegen mit, daß zwei einflußreiche ideologische Funktionäre der SED, Rodenberg und Wagner, ihn vor den ›Revisionisten‹ in der CSSR gewarnt hätten. Eines Tages, hatten sie gesagt, würden sich parteitreue Kader mit der Armee verbinden und das Prager Intellektuellen-Gesindel erledigen.«

Als ich diese zwei Sätze gelesen hatte, war mit einem Mal alle Nüchternheit und Objektivität von mir abgefallen und aller Zeitabstand entschwunden. Ich erlebte die Situation der Jahre 1956/57 wieder, sah mich diesem Parteifunktionär Wagner gegenübersitzen und fühlte wie damals und die folgenden Jahre einen mich durch und durch schüttelnden, erschreckenden Haß, der mich selbst eben deshalb so entsetzte, weil er mir und meinem ganzen Willen zuwiderlief, ich wollte nicht hassen, ja ich erachte Haß als persönliche Niederlage, weil er die Herrschaft des Menschen über sich selbst schwächt und ihn blind andrängenden, überstürzenden Affekten ausliefert. Gerade meine Wehrlosigkeit diesem Haßgefühl gegenüber verstärkte noch meinen Widerwillen, ich sah den Genossen Wagner jetzt in seiner ganzen Schweinsköpfigkeit vor mir sitzen, eben genauso mies, wie er in Wirklichkeit aussah, wobei ich mich immer gegen das Eingeständnis, daß dieser Mann einen schlechtweg penetranten Eindruck hervorrief, gewehrt habe, weil ich eine Ungerechtigkeit darin erblicke, wird Optisches derart zum Charakter-Indiz aufgeschminkt. Nutzte alles nichts, ich mußte mir eingestehen, wie blind ich meinen Gefühlen unterlag. Ingrid war ganz unglücklich, daß sie mich auf die Sache aufmerksam gemacht hatte, spürte sie doch, wie verbissen ich reagierte, fast zwanzig Jahre nach Leipzig. Ja, es gibt Erfahrungen, die mit Emotionen in uns korrespondieren und nur adäquaten Ausdruck erhalten, wenn wir die logische Ebene verlassen und uns auf die dämonische vorwagen, wohin Goya gegangen ist, in vergleichbaren Situationen.

Ich verstehe Schriftsteller, die irgendwann plötzlich aus nichtigen oder überhaupt nicht einsehbaren Anlässen satirische, schwarze, bittere, groteske Kreationen zu produzieren beginnen, sehr gut, denn ich weiß, zwischen dem Empfang von Eindrücken und der verwandelten Wiedergabe können lange Fristen liegen.

Die Lektüre der zwei Goldstückerschen Zitate warf mich für mehrere Wochen aus der Bahn. In dieser Zeit konnte ich mich nicht einmal dazu durchringen, der neuen Ostpolitik der sozialliberalen Koalition beizupflichten, wiewohl ich ihr inhaltlich natürlich zustimmte. Die plötzliche Erinnerung an Siefried Wagner machte mich nervös und krank.

Ein Mann wie Siegfried Wagner ist kein Arbeiter, war nie einer, kann niemals einer sein; aber er repräsentiert, zwar nicht den Arbeiter, so doch das Proletariat, die Arbeiterschaft kraft jenes Entscheidungsvermögens, das anderen Arbeitern, die ebenfalls keine sind, sondern sie nur repräsentieren, mit ihrem Posten zufällt. So nehmen am Ende alle auf dieser von unten, der Basis, bis nach oben, zur Spitze aufsteigenden Karriereleiter stehenden Genossen teil an der Heiligung, welche darin besteht, daß die Geheiligten wiederum andere heiligen können, was meint, Repräsentanz verleihen und damit Macht über Leben und Tod aller anderen, unabhängig von Selbstbestimmungsorganen, die ja abgeschafft wurden, damit die heiligen Funktionäre als Heilige heiligend funktionieren können. Vertrauen sei gut, Kontrolle besser, sagte Lenin, doch auf dem X. Parteitag 1921 betrieb eben Lenin die Priesterweihe mit dem Fraktionsverbot und der Ausschlußbevollmächtigung des ZK, das mit Zweidrittelmehrheit fortan tun konnte, was es vorher nicht hatte tun können – Genossen ausschließen. Auf solcher Höhe stehend wuchsen Stalin Flügel. Vom XI. Parteitag 1922 an vergrößerte sich die Macht des Generalsekretärs, die sich auch gegen Lenins Anti-Stalin-Testament ausspielen ließ, wozu wäre Allmacht sonst nütze? Die Vergöttlichung schritt unaufhaltsam voran, das Leninsche Fraktionsverbot vom X. Parteitag krönte der XIV. Parteitag mit der Stalinschen Verfügung, unterlegene Minderheiten seien künftig zum Widerruf ihrer Ansichten verpflichtet. Hat man die Himmelsleiter erst einmal soweit aufgebaut, kann der Generalsekretär beruhigt über den Wolken thronen und der GPU die Schmutzarbeit überlassen, jener konterrevolutionären Liquidiergestapo, in die man die immerhin noch revolutionäre Tscheka verwandelte, damit sie auch umgekehrt artig funktioniere; die Zeit des Roten Terrors gegen die Weißen war vorüber, der Gott verlangte seine eigenen Engel zu verschlingen, und er lenkte das Schwert des Weißen Terrors gegen die Roten. Man muß nur hoch und heilig genug und von allen anerkannt sein, ein außerhalb jeder Kontrolle stehender Zentralpunkt im Transzendenten, um furchtbar wirksam werden zu können. Mit Marx hatte das nichts mehr zu tun, doch benötigte man die Würde der alten revolutionären Worte, beide miteinander zu verbrauchen. Die Revolution, die gesiegt hatte gegen den Klassenfeind, büßte nun ihren Gebrauchswert ein, indem sie sich als permanenter Terror organisierte, statt, wie Trotzki wollte, als permanente Revolution, was nicht sein durfte, weil es Gott Stalin selbst entheiligt und zum Menschen erniedrigt hätte, er aber wollte keiner Dialektik unterliegen, sondern die Grenzen alles Irdischen sprengen; zwar nannte man die marxistische Denkweise materialistisch, doch oben wohnte ein immaterieller Geist, wie es die Popen gepredigt hatten, ein unerreichbarer, alle erreichender Repräsentant; dermaßen über die Stränge schlug der Über-Lenin Stalin, und alle alten Revolutionäre, die ihn als wirklich oder potentiell Gleichgestellte hätten bedrohen können, mußten vor die Pelotons, ihre Gleichheit zu opfern. Fortan standen die Himmelsleitern in allen Ländern, als denkwürdige Wahrzeichen des Sozialismus, ihn bezeugend und symbolisierend, geschützt von der Heiligen Inquisition NKWD oder wie sie gerade firmierte, der es auf Namen nicht ankam, weil sie ihrer viele hatte.

Ja, auf einer der volksdemokratischen Himmelsleitern stehend, repräsentierte der Kulturliquidator Siegfried Wagner die Arbeitermassen, jene unendliche, unaufgeklärte, quellende Urmaterie, für die eine neue Oberpriesterkaste gebildet worden war, per ZK-

Abstimmung auf diesem oder jenem Parteitag in Moskau, dem neuen Jerusalem, wo Gottes Sohn in Stalin inkarnierte und die GPU den heiligen Mutterschoß abgab, Josef Wissarionowitsch auch zur Heiligen Dreieinigkeit verbindend, und alle, die unter ihm auf einer der vielen Parteihimmelsleitern standen, nahmen teil an der Materialisation des Heiligen Geistes, der ihren irdischen Hüllen höhere Weihen gab und jene geheimnisvolle omnipotente Repräsentanz verlieh, kraft derer sie teilhatten an der Josefschen Göttlichkeit. Wie konnte ein irdischer Mensch, vor solchen Gottsymbolen stehend, ihnen zu widerstehen suchen und gar noch, der bloß diesseitigen Theorie des Dialektischen Materialismus vertrauend, Rede und Antwort fordern? Der Entweihung des Sakralen antwortete die Partei mit Straferlassen, Verboten, Schüssen. Kann man die Götter zwingen, sich in den Staub zu werfen? Welche Ketzerei, dies nur zu denken. Welch eine Ketzerei aber erst, wagt nun jemand, dem von der Führung angeordneten Verbrechen der massenhaften Ich-Zerstörung mit der aufrührerischen Parole einer massenhaften Ich-Begründung zu begegnen. Wollte die Materie wider den Heiligen Geist aufstehen?

Der Parteiausschluß war nicht so schlimm wie die Zeit der vorhergehenden inneren Loslösung von der harten Mutter, denn er legalisierte im Grunde nur den sowieso bereits vorhandenen Zustand. Auch erleichterte mir die Tatsache, daß die SED immer weniger daran dachte, Chruschtschow zu folgen und die Herrschaft Stalins wirklich zu beenden, die Trennung. Dennoch blieb die Zäsur schmerzhaft genug, denn außerhalb der Partei gab es nichts, was das Leben und Kämpfen lohnte. Da ich mich noch immer weigerte, an ein Fortgehen nach Westdeutschland zu denken, und mit Ingrid stundenlang darüber diskutierte, die ebenfalls dafür war, in der DDR zu bleiben, war ich fortan den Beschränkungen unterworfen, denen ein aus der SED entfernter Genosse unterlag. Wenn ich dabei auch an diese Seite meines weiteren Lebens dachte, so war das folgerichtig und selbstverständlich; die Partei vereinigte alle wichtigen Verlage und Zeitungen wie den Funk in ihrer Hand und konnte mich auf die Randexistenz eines Arbeitslosen und Asozialen herabdrücken. Von Verwandtschaft oder Freunden wäre keine Unterstützung zu erwarten gewesen, sie hatten alle gerade das Existenznotwendige. Da ich nicht dem

Bürgertum entstammte, konnte ich im Notfall auch nicht auf dessen Ressourcen rechnen. Arbeiter sind Menschen ohne ökonomische Reserven.

Sosehr mich diese Gedanken beschwerten, so beeinträchtigte mich doch die Tatsache weit mehr, als außerhalb der Partei stehend nun auch außerhalb der Gesellschaft zu leben. Mit einem Mal war mir mein Lebensinhalt genommen worden. Die inneren und äußeren Kämpfe der vergangenen Jahre fanden keine Fortsetzung. Die Bekannten, Freunde wie Feinde, waren in Leipzig zurückgeblieben. Manche sahen es nur höchst ungern, besuchte sie ein Ausgestoßener. Andere bemühten sich, tauchte man bei ihnen auf, so penetrant freundlich zu sein, daß gerade diese Gutartigkeit peinlich wirkte. Auch stellte sich nun, nachdem alles vorbei war, heraus, daß ich der Partei enger verbunden gewesen war, als ich angenommen hatte, und selbst meine oppositionelle Haltung der letzten Jahre, kulminierend in den Monaten der großen Auseinandersetzungen, hatte mich trotz aller Fragwürdigkeit und Gefährdung doch der Partei fest zugehörig sein lassen; so ging es mir eben nicht um Feindschaft und Anti-Kommunismus, sondern um den Versuch von innerparteilichen Reformen.

Die Partei sollte nicht abgeschafft oder im Zentrum getroffen, sie sollte verwandelt werden. Selbstverständlich war mir bekannt, was jeder Kommunist weiß, daß die Abweichler, Reformisten, Revisionisten gefährlichere Feinde sind als Bürgertum und Imperialismus. Doch bleibt derartiges Wissen immer irgendwie abstrakt und eingelernt, man erfährt die Exempel anhand anderer Schicksale und bezieht sie durchaus nicht auf sich. Meinem Selbstverständnis nach war ich keiner dieser Parteifeinde, kein Revisionist, kein Links- oder Rechtsabweichler. Ich verstand mich lediglich als treuer Soldat jener veränderten Revolution, die vom XX. Parteitag ausgegangen war oder ausgehen mußte und einer Anzahl engagierter, pflichtbewußter Genossen bedurfte, sich durchzusetzen. Es ging darum, die Gesetze der dialektischen Fortentwicklung auch für die marxistische Partei selbst fruchtbar werden zu lassen, die notwendige revolutionäre Bewegung innerhalb der Partei und des Proletariats zu garantieren.

Täuschungen solcher Art unterliegt wohl jeder irgendwann, muß er die Partei verlassen, und es dauert einige Zeit, bis man ihr das Recht zubilligt, diejenigen, die sie als ihre Feinde empfindet, mit allen passenden wie unpassenden Namen zu belegen. Sie kann die Ausgestoßenen schließlich schlechterdings nicht vorher fragen, als was sie abgestempelt und verfemt werden wollen. Die Ungerechtigkeit der Benennung gehört zur Ungerechtigkeit der Trennung, die aber von der Partei als Gerechtigkeit empfunden wird. Mir als Schriftsteller, der ich mit Worten arbeitete, tat die Abstrafung mit Worten naturgemäß weh, ja sie schmerzte mich mehr als jede Aktion. Deshalb hatten mich die Polemiken in der Presse immer tief getroffen, und ich reagierte entsprechend. Die Tatbestände schmerzen erst richtig, wenn sie in Worte gefaßt worden sind und den Schriftsteller dort erreichen, wo er empfindlicher ist als ein anderer Mensch. Sein Lebensnerv liegt bloß, die Sprache wird zum Messer, jeder gegen ihn gerichtete Begriff zum blutenden Schnitt. Man mag im Lauf der Zeit wohl lernen, den Aufschrei zu unterdrücken, die Wunden spürt man in nie nachlassender Intensität.

Das Ritual der Parteitrennung kennzeichnet den Betroffenen lebenslang. Exkommunisten tragen sichtbar daran. Die Last ihrer Vergangenheit begleitet sie bis ans Ende ihrer Tage. Ihre Persönlichkeit verändert sich. Meist scheuen sie das Engagement auch für jene Dinge, für die sie eigentlich eintreten möchten. Ihre Scheu bezieht sich auf den Akt der Entäußerung, der im Engagement enthalten ist. Die furchtbare Enttäuschung läßt deren Wiederholung fürchten. Andere schließen wahllos Freundschaften und kündigen sie mit geradezu irrer Heftigkeit wieder auf, damit nur ja sie selbst derjenige seien, der von sich aus die Bindung löst. Einmal von der Partei gekündigt worden zu sein, läßt sie sich mit Dutzenden von Kündigungsaktionen rächen, und nichts kann darüber hinwegtäuschen, wie sehr sie aus Angst handeln.

Exgenossen verlieren an Kommunikationsfähigkeit, ihre Kraft, jemandem zu vertrauen, ist schwer erschüttert und reduziert, ihre Unfähigkeit, Freundschaften zu schließen, kann absolut werden, weil das Mißtrauen, das dem Schock folgte, alle Nerven besetzt hält und bei jeder Annäherung Alarm schlägt. Nur sehr starke Charaktere überwinden den Schock nach langer Zeit, und auch von ihnen finden nur wenige zu einer Haltung der Gelassenheit. Die Verführungen, marode mit Apathie oder fanatischem Haß zu reagieren, sind stets groß. Exkommunisten, die beiden Verführungen widerstanden haben, erkennt man an einer habituell gewordenen Melancholie. Die klügsten Köpfe unter ihnen bemerken das und suchen sich zu verstellen. Es gelingt ihnen nur in den seltensten Fällen.

Im Frühsommer 1957, als ich mit Ingrid bei ihren Eltern im brandenburgischen Dahme untergekommen war, wanderten meine Manuskripte oft zwischen meinem Schreibtisch und dem Hühnerstall hin und her. Das geschah wegen der auftauchenden Vernehmungstrupps, denen ich nicht entging, die Herrschaften schienen im Gegenteil meinen Wohnsitz nahe Berlin gerade zum Anlaß für längere Dienstfahrten von Sachsen und Thüringen her zu nehmen.

Hier in Dahme passierte mir das gleiche wie in der Auseinandersetzung um mein Gedicht mit Siegfried Wagner, ich konnte plötzlich nicht mehr Sklavensprache schreiben und nicht mehr taktieren. Ohne es mir fest vorgenommen zu haben, schrieb ich immer mehr Klartext, und so entstand eine Reihe von Gedichten, die meinen inneren Zustand, wie er sich jetzt in der Isolation und Bedrängnis ergab, klar und unumwunden ausdrückten.

Eines dieser Gedichtsgebilde hieß W. U. und endete mit den Zeilen:

Nein du hast nicht Tatzen statt Hände
dein Mund trinkt nicht das Blut
deiner Opfer
du bist ein kleiner Mann
ein Pförtner
eine graue pfeifende Maus
die das Seil zernagt.
Das Seil
an dem ein Fallbeil hängt.

Ich weiß nicht, wie oft dieser Text mit anderen zusammen im Hühnerstall verborgen worden ist. Später wurde einiges davon im Westen veröffentlicht, woran mich von Zeit zu Zeit der *Spiegel* erinnert. Immer, wenn ein größerer Artikel über Walter Ulbricht im *Spiegel* erschien, tauchte auch die graue pfeifende Maus auf, meist mit dem superben Hinweis auf meine späteren Korrekturen.

Ja, Walter Ulbricht begleitete mich lange Zeit. Ich habe ihn nie bewundert, aber respektiert, dann verflucht und bekämpft, danach in ohnmächtigem Zorn verhöhnt, später immerhin versucht, ihn und die Verhältnisse, die ihn ermöglichten, objektiv zu analysieren. Heinz Brandt, mein guter Freund mit der eintätowierten KZ-Nummer, der auch Ulbrichts Zuchthäuser kennenlernen mußte, sagt: »Ulbricht war zu jeder Schandtat fähig. Wenn in der DDR nicht wie in der SU, CSSR oder in Ungarn Kommunisten von der Führung hingerichtet worden sind, so lag das nicht an irgendeiner besonderen moralischen Qualität Ulbrichts, sondern an der lange Zeit offenen Grenze zum Westen. Hier konnte man nicht vergleichsweise rigoros vorgehen, das wäre nie so verborgen geblieben und hätte die Politik empfindlich gestört. Die mitunter geradezu weise anmutende Zurückhaltung Ulbrichts entsprach der Einsicht in die gegebene Lage.«

Wahrscheinlich hat Heinz Brandt recht mit diesen Ansichten. Nur bin ich ein Schrifststeller und also auch für Aufhellungen von Psyche zuständig, ich verhöhnte Ulbricht aufs gröbste, als ich gezwungen war, meine Texte Hühnern unterzuschieben, ich kann mir auch die Freiheit nehmen, Ulbricht in seiner menschlichen Entwicklung zu zeichnen, als einen jener jungen Revolutionäre, die gegen die Hohenzollern gekämpft hatten und sich dann in einen erbitterten Kampf mit der Sozialdemokratie verwickelt sahen. Wie viele schmerzliche Niederlagen mußte so einer hinnehmen. Wie viele Demütigungen auch als Kommunist schlucken. Wie klein war sein Spielraum noch nach der Rückkehr 1945 in die damalige sowjetische Besatzungszone. Ich habe Ulbricht nicht zu entschuldigen, doch muß ich seinen Fall erörtern. Wie einer zu dem, was er ist, wurde, bleibt eine wichtige und nicht nur literarische Frage. Wenn im *Spiegel* dann jeweils süffisant meine damalige Ulbricht-Maus auftaucht, antworte ich: Diese Maus hat das Seil mit andauerndem Fleiß und spitzen Zähnen zernagt und das Fallbeil niedergehen lassen. Die Exekution fand statt. Deutschland ist auf ewig geteilt. Ich war ursprünglich mit dieser Teilung nicht einverstanden und habe sie bekämpft. Als mir die Vergeblichkeit dieses Kampfes klar wurde und ich einen Begriff von der jämmerlichen, dumpfen Zuständlichkeit des bürgerlichen Westdeutschland bekam, korrigierte ich mein Urteil, und auch das sagte ich frei und deutlich in einer Zeit, da dies in der BRD noch sehr unpopulär gewesen ist und man dafür von welchen angebellt wurde, die ihr politisches Gewissen immer erst zu spät entdecken, wenn die jeweilige Obrigkeit nämlich selbst zu neuen Einsichten gelangt ist. Solche Leute setzten sich gegen eine neue Ostpolitik wütend bis genau 12 Uhr zu Wehr; eine Minute danach waren sie ebenso wütende Verteidiger der neuen Ostpolitik. Als ich mein Ulbricht-Urteil korrigierte und präzisierte, belferten diese Damen und Herren im damaligen *Vorwärts,* in der Deutschen Welle und im Deutschlandfunk wütend gegen die neue Perspektive los. Heute echauffieren sie sich, wenn man bei aller Zustimmung zur Brandtschen Ostpolitik gewisse Entwicklungen nicht akzeptieren will, die höchst verderblich werden könnten. Es gibt einen Journalismus bei uns, der aus nichts als den Giftzähnen der Obrigkeit besteht.

Nicht in Dahme, sondern am Ostberliner Müggelsee, wo ich mich während der Hitzeperiode im August 1957 aufhielt, in der DDR schon weggegangen, in Westberlin noch nicht angekommen, Tage und Nächte in der Badehose durchlebend, wer fragt schon einen Badenden nach dem Ausweis, schrieb ich

ERNST BLOCH (Porträt)

Das Haar
ins Gesichte
gewachsen,
die Stirne
gefaltet in
Grau,
die Sprache
ein Sputnik
auf Achsen
und schillernd
genau.

Die Augen
die tauben
verstecken
der trächtigen
Skepsis
Gesicht,
der Hände
Klafterbewegung
vergesse ich
lebenslang
nicht.

Der Kasten
der Lungen
gewaltig,
gewaltiger
der
dieser Stirn,
Gelächter,
im Sturzflug
entwichen,
des Witzes
ironischstes
Hirn.

Erzählung
gespenstisches
Dunkel,
die Farben
getaucht in die
Nacht,
am Ende
ein Fenster,
ein Himmel
ins Blitzlicht
der Sonne
gebracht.

Gegossen aus
tausend
Gesichten,
Äonen, der
Tanz war groß,
aus tausend
Gedankendichten
wuchs hier
ein
geformtes
Chaos.

Im Jahr darauf suchten sie den inzwischen von seinem Institut ausgesperrten Philosophen in seinem Haus auf, wiesen das Gedicht vor und legten ihm nahe, sich öffentlich zu distanzieren. Nach einer längeren Rangelei erschien am 20. April 1958 in *Neues Deutschland* unter der wirklich unbestreitbaren Überschrift »Ich stehe auf dem Boden der DDR« folgende Erklärung: »In einer Zeit, wo der Bundestag die Atomaufrüstung beschließt, die Sowjetunion dagegen zur Einstellung aller Atombombenversuche in ihrem Territorium sich bereit erklärt, in solcher Zeit muß ich mit Zorn immer wieder hören, daß Kriegshetzer in Westdeutschland, und nicht nur dort, mit meinem Namen versuchen, politische Geschäfte zu betreiben.

Davon distanziere ich mich energisch. Keine philosophische Diskussion berührt mein Bekenntnis zum Sozialismus, zum Frieden, zur deutschen Einheit. Und es ist die Deutsche Demokratische Republik, auf deren Boden ich stehe, mit deren humanistischem Anliegen ich übereinstimme, in deren Zentrum die Abschaffung der Ausbeutung von Menschen durch den Menschen steht. Auch Kritik kann nur reinlich sein, wenn sie hier auf dem Boden der Republik geschieht und sich unmißverständlich auf sozialistischem Weg befindet, auf keinem anderen.«

Zu einer namentlichen Nennung hatte sich Bloch nicht bewegen lassen. Später, nach seinem Weggang aus der DDR, brachte die Ostberliner Studentenzeitung *Forum* eine umfangreiche Polemik gegen Bloch und seine »verdorbenen Früchtchen am Baum des ›Prinzip Hoffnung‹«, wobei sie die Erklärung von 1958 hämisch nachdruckten, den Professor so nachdrücklich noch der Lüge zeihend, ganz als hätte der kleine Bürger solcher Staaten, wird er dem dringenden Begehren seiner Führer konfrontiert, die Wahl zur Abstinenz, ganz auch als gäbe es kein Widerstandsrecht und als müsse jeder Bedrängte und Verfolgte auf Tarnung und Taktik verzichten.

Allerdings liest sich die Bloch-Erklärung von 1958 mit noch einmal erweitertem Abstand so, daß sie gegenwärtig wohl von der DDR-Presse nicht einmal mehr in polemischer Absicht veröffentlicht würde. Das hineinformulierte Bekenntnis zur deutschen Einheit, auf das die Partei damals so viel Wert legte, gäbe heute eher einen Grund für Verfolgungen ab. So sehr kann sich die Partei auch in den Schwüren irren, die sie von ihren Untergebenen fordert.

Jetzt, da ich dieses Buch für den Druck vorbereite, lese ich in dem Band *Butzbacher Autorenbefragung* folgende Selbst-Charakterisierung Blochs: »Am Ende des 1. Weltkriegs ging ich in die Schweiz und habe dort gegen den deutschen Militarismus, gegen den Krieg, für den Frieden geschrieben. Die Oktoberrevolution war für mich *das* bedeutsame Erlebnis. Während der Weimarer Zeit stand ich der KPD nahe. In der Nazi-Zeit habe ich in der Emigration, vor allem in der Prager Weltbühne, publizistisch gegen den Faschismus gekämpft. 1949 folgte ich dem Ruf an die Leipziger Universität, in der Hoffnung, in dem sozialistischen Teil Deutschlands mithelfen zu können, eine menschenwürdige Gesellschaft aufzubauen. Meine Hoffnung wurde enttäuscht. Das hat aber meine Überzeugung, daß ein wahrer Sozialismus, trotz russischer und benachbarter Entartungen, in der Zukunft möglich ist, nicht erschüttert. In diesem Sinne steht meine Philosophie unter dem revolutionären Stern.«

Wie gut, daß es noch eine revolutionäre Kontinuität gibt bei uns, auch wenn sie zeitweilig emigrieren muß und zurückflüchtet in die Köpfe, von denen sie einstens ausging und immer wieder ausgehen wird, solange wir den Erniedrigungen unserer Lage nicht auch noch die des Geistes hinzufügen.

Letzter Anstoß für meinen Weggang aus der DDR war die Zeugenladung zur Gerichtsverhandlung gegen einen Bekannten.

Der Weggang fiel mir unendlich schwer. Mehrmals reiste ich nach Dahme zurück, hatte einen Koffer mit dem Nötigsten und der Reiseschreibmaschine in Westberlin untergestellt, kreiste mit der S-Bahn wieder nach Ostberlin, übernachtete bei Freunden, mal hier, mal dort, heute in Ostberlin, morgen in Westberlin, schließlich wurde ich ganz verrückt, reiste leichtsinnig nach Leipzig, nachts bei Blochs auftauchend, Karola rief entsetzt: Retten Sie sich – gehen Sie nach Westberlin!

Auf der Rückfahrt umging ich die letzte Zugkontrolle vor Berlin, stieg aus, lief zu Fuß weiter, wurde streckenweise von Autos mitgenommen, erreichte den Müggelsee, blieb noch einmal zwei Tage hier.

Inmitten der badenden Menge liegend, auf das Wasser starrend, überlegte ich alles immer wieder von vorn. Eine zähe Entschlußlosigkeit hielt mich umfangen. Ingrid, hochschwanger in Dahme, konnte unmöglich gleich mitkommen. Der Anfang im Westen war so schon schwer genug. In der DDR hatte ich mir, gegen alle Widerstände, eine Existenz aufgebaut, ich war jetzt, mit meinen zweiunddreißig Jahren, freiberuflicher Schriftsteller und konnte von meinen Einnahmen leben, nicht gerade gut, doch immerhin. Wenn Ingrid das Kind geboren hätte, würde sie sich nach einer Beschäftigung umsehen. Bevor wir von Leipzig weggingen, hatte sie bereits eine Stelle beim Leipziger Kommissions- und Großbuchhandel gefunden, die sie nur nicht antrat, weil wir aus dem Herrschaftsbereich der Genossen Fröhlich und Wagner wegzogen und ins abgelegene Dahme übersiedelten. Studium war ohnehin fürs erste unmöglich, die Bloch-Schüler sollten den Lehren des Philosophen abschwören, Ingrid hätte sich zudem noch von meinen politischen Meinungsäußerungen distanzieren müssen. Diese ideologischen Schwierigkeiten umging sie fürs erste, besorgte sich den Job, wollte eine Werktätige werden, ließ sich von der Uni exmatrikulieren. Später würde man weitersehen. Wie aber sollte das alles im Westen sich entwickeln? Wie sollten wir mit unseren sozialistischen Ansichten im Kapitalismus zurechtkommen? Es ging nicht nur ums Schreiben und die notwendigen Honorare, die Frage war auch, wie man es aushalten sollte in diesem fremden Land.

Mein Parteiausschluß lag inzwischen schon mehrere Monate zurück. Seltsamerweise hatte ich trotzdem zuletzt noch einen Vertrag mit einem Verlag abschließen können. Panne oder Absicht? War es eine Panne, würde man sie bald beheben, d. h. mich aus dem Vertrag ausbooten; war es Absicht, erwiese ich mich mit meinem Weggehen als vorschnell und undankbar. Bliebe ich aber in der DDR, hätte ich bei dem kommenden Prozeß als Zeuge aufzutreten und entweder den Angeklagten oder mich selbst zu belasten.

Ich erinnerte mich der nüchternen Atmosphäre, als ich in die Partei aufgenommen wurde. Wir waren damals, Ende 1948, aus der Sowjetunion nach Zwickau in die Kaserne gebracht worden, wo sich der Parteieintritt wie der Empfang der Uniformstücke und Waffen vollzog. Alles ging in einem Aufwasch und absolut unfeierlich zu. Am Morgen versammelten wir uns in einem großen Saal. Namen wurden verlesen, Papiere verteilt. Ein kleinwüchsiger Graukopf in schlechtsitzender Uniform nannte uns freudig Genossen. Die Herren von der Roten Armee hatten uns ohne viel Federlesens zur Volkspolizei verpflichtet, die Genossen von der sächsischen Volkspolizei vertrauten uns jetzt die Parteimitgliedschaft an, weil sie ihrerseits der Roten Armee blindlings vertrauten. Wie hätte einer von uns auch nicht in die Partei eintreten wollen? Wir wollten alle, auch wenn es keiner ausdrücklich erklärt hatte. Es gibt Zeiten und Umstände, da hat man einfach zu wollen.

Doch war ich nicht übel gefahren mit der Partei, wenn auch meist mehr gegen sie. Es gibt eben oppositionelle Temperamente. Wie sollten sie ahnen, was für einen komischen Vogel sie sich mit mir eingefangen hatten. Andererseits paßte ich auch wieder recht gut zu ihnen. Unterpriviligierte unter sich.

An einem Abend des August, es war noch immer unerträglich heiß, nahm ich endgültig Abschied von meiner DDR und fuhr mit der S-Bahn nach Westberlin. Auf dem Kurfürstendamm herrschte der übliche Sommerbetrieb. Leichtgekleidete Menschen. Zeitungskioske voller Blätter, die durch ihre schreiende Buntheit auffielen und mich mit Scheu und Argwohn erfüllten; auf der Fahrbahn das nicht endende Band der Autos, deren Abgase die flimmernde Hitze noch unerträglicher machten. Hilft alles nichts, dachte ich, jetzt mußt du kopfüber hinein in dieses Westleben. Und ich sprang.

Nach meiner Abreise Richtung Westen rückten die Genossen vom Staatssicherheitsdienst in Dahme an zur fälligen Haussuchung. Ich konnte mich, aufgrund meiner persönlichen Erfahrungen, nicht über sie beschweren. Abgesehen von dem hakennasigen Kommandeur der Leipziger Staatssicherheit, der ein notorischer Schreihals war, hatten sich alle anderen in den Unterredungen mit mir recht besonnen aufgeführt. Daß ihr Erscheinen mich nicht gerade entzückte, ist ebenso verständlich wie die anschließende Vernehmungsrangelei. Die Genossen sollten ja mit guten Ergebnissen zurückkommen zu ihren geheimen Vorgesetzten. Welcher deutsche Untergebene tritt schon gern mit mangelhaften Resultaten vor seinen Herrn.

In Dahme war Ingrid gerade im Kreißsaal des Krankenhauses angelangt. So traf die Haussuchung meine braven Schwiegereltern, die hatten aber Krieg und Nachkrieg überstanden, waren aus Schlesien ausgesiedelt, mehrfach rausgeworfen, neu angesiedelt worden, endlich im Brandenburgischen gelandet und trugen's mit Fassung.

Großmutter und Großvater mußten sich an den Tisch setzen. Christa, die jüngere, fünfzehnjährige Schwester Ingrids, durfte die Katze auf den Schoß nehmen.

Die Genossen durchsuchten Schreibtisch, Schreibschrank, Koffer. Der Großvater erlitt einen seiner üblichen Hustenanfälle. Die Luft im Zimmer wurde schwer vom Zigarettenrauch der eifrig qualmenden Sicherheitler. Großvater hustete sich die Lunge aus dem Hals, aber raus an die frische Luft, die einzig hilft, ließ man ihn nicht.

Da nichts zu finden war, wurden die Staatsleute ärgerlich und wollten abgehen in den Kreißsaal zur Vernehmung Ingrids. Großmütterchen, die davon hörte, verstummte zuerst vor Empörung. Dann aber legte sie los. Aussiedeln kann man solche Leute, sie aus ihrer Wohnung jagen, ihnen das letzte Federbett wegnehmen, doch darf man einer solchen Mutter Tochter nicht nahetreten. Großmutter also gluckte wütend und angriffslustig. Die Staatssicherheits-Bewahrer, die bisher nicht ein Zeichen von Widerspenstigkeit entdeckten, reagierten erst erschreckt, dann unentschlossen und endlich selbstkorrigierend; so blieb Ingrid im Kreißsaal ohne Polizeistreitmacht.

Später folgten noch einige solcher Stasi-Visiten. Ich schrieb zu Ingrids Schutz einen Brief aus Westberlin, daß ich verstünde, wenn sie nicht mit mir in die Bundesrepublik habe gehen wollen, politisch sei sie in der letzten Zeit schon immer anderer Ansicht gewesen als ich – mit diesem Schrieb in Händen wehrte die junge Mutter, Catharina hinter sich in der Wiege, einigermaßen die Attacken der Staatsschützer ab, sie durchwühlten abermals alle Papiervorräte, sahen dem Säugling unter die Matratze, nahmen aus dem Schreibtisch Proben von jedem Manuskript mit, fanden unter vielen Materialien drei BILD-Zeitungen – großes Palaver, also siehe, doch Westverbindungen – das konnte Ingrid aufklären, die *Weltbühne* hatte zwecks Glossenstoff häufig die eine oder andere Westzeitung gesandt.

Ebenso kurzschlüssig verhielten sich die Herren, als sie unsere vielen Unterlagen über Geheimbünde in Geschichte und Gegenwart fanden – dabei handelte es sich um die Quellen zu einem Sachbuch, für das der Vertrag mit einem DDR-Verlag vorlag, sie hielten es gleich für die theoretische Plattform einer »Widerstandsgruppe«.

Bei der letzten Haussuchung hielt die ganze Zeit unten vor der Haustür ein Mann mit Gewehr Wache. Er saß auf einem Motorrad. Weiß der Himmel, wozu die Waffe gut sein sollte, aber irgendwas werden sich die Herren dabei schon gedacht haben.

Als Ingrid dann ebenfalls in den Westen gegangen war, fragten die Staatssicherheitsbeauftragten in ihrer Dahmer Schule nach und erhielten die besten Auskünfte über die politischen, gesellschaftlichen und schulischen Leistungen dieser Hoffmann Ingrid. Was für ein Kader, seufzten sie, welch ein Verlust. Was ist mit diesem Mädchen geschehen in Leipzig. Welch übler Einfluß von Blochs Philosophie und den politischen Ansichten dieses Gerhard Zwerenz.

Die Herren Genossen wußten ja nicht, wie gern wir geblieben wären, hätten sie uns nur ein wenig Luft zum Atmen gelassen. Sie ahnten wohl nicht, was ich vorher gewußt hatte – daß ich mit meinen so wenig kapitalismuskonformen Gedanken im deutschen Westen nie wirklich heimisch werden könnte. Wenn es für mich je eine Heimat gegeben hat, so war es die DDR. Wenn ich von dort fortgehen mußte, weil ich nicht das Leben führen durfte, das ich führen wollte, so machte man mich zum Emigranten. Ich bin noch heute bereit zu einer doppelten Staatsbürgerschaft oder dazu, mich als außerhalb der DDR wohnenden DDR-Bürger zu betrachten und zu bekennen, wenn diese DDR mich das denken, sagen, schreiben ließe, was ich für wahr und richtig halte, nach Anspannung aller meiner Verstandeskräfte und ohne Zutat der unmaßgeblichen Meinung irgendeines Stalin-Siegfried oder Wissarionowitsch-Kurella.

Der Leiter
des Notaufnahmeverfahrens
in Berlin

Aufnahmeausschuß
Aufenthaltserlaubnis

Az. 556 168 B. Berlin, den 28.Oktober 1957

Herr Zwerenz Gerhard
Frau/
Fräulein (Name - Vorname)

geb.am 3.6.25 in Gablenz Staatsangeh.: dt,

letzter Wohn-bezw.Aufenthaltsort: Dahme / Mark

Beruf: Kupferschmied/Schriftsteller Familienstand: verh.

ausgewiesen durch Personalausweis

mit ohne
Familienangehörige

erhält gemäß § 1 des Gesetzes über die Notaufnahme in das Bundesgebiet vom 22. August 1950 (Bundesgesetzblatt S. 367) durch Beschluß des

Aufnahmeausschusses vom 28.Oktober 1957

die Erlaubnis zum ständigen Aufenthalt im Bundesgebiet. Diese Entscheidung gilt nicht als Entscheidung über die Flüchtlingseigenschaft.

Der Leiter
des Aufnahmeausschusses
I.A.

Herr G.legt eine Bescheinigung des Deutschen Bundesstudentenringes-Sozialamt- vom 1.11.1957 vor,wonach sein Studium u.sein Lebensunterhalt in Berlin als gesichert erschei = nen.Das Einweisungsverfahren wird daher vorläufig ausgesetzt.
Berlin,den 12.11.1957
Im Auftrage

Das Einweisungsverfahren wird nunmehr fortgesetzt.

Berlin, den ... 1958
Im Auftrage

2233 a

Begründung umseitig

..s Land, in dem der – die – Aufgenommene(n) seinen – ihren – ersten Wohnsitz zu ..ehmen hat – haben –, wird Berlin 26. Mrz. 1958 bestimmt.

Der Beauftragte
der Bundesregierung

gez Dr. ...
beglaubigt

Gründe:

Der Antragsteller hat die Aufenthaltserlaubnis auf Grund des Art.11 des Grundgesetzes (Freizügigkeit) in Verbindung mit § 1 des Notaufnahmegesetzes erhalten.

Der erwerbsgeminderte Antragsteller - von Beruf Kupferschmied und Schriftsteller ist seit Oktober 1955 als Schriftsteller freiberuflich tätig gewesen. Nach eigenen Angaben war er Mitglied der SED, FDJ unddes FDGB seit Oktober 1948 und versah die Funktion eines Lehrers für Ideologie auf Parteilehrjahren in Betrieben etc.

Zu seinem Antrag vom 10.9.57 erklärte der Antragsteller, er habe das sowjetisch besetzte Gebiet am 28.8.57 aus folgenden Gründen verlassen: Er sei bis zum 15.10.48 in sowjetrussischer Gefangenschaft gewesen, habe dort an einem 4-wöchigen Antifalehrgang teilgenommen und sich zum Eintritt in die Volkspolizei der SBZ verpflichtet. Er sei dann nach seiner Entlassung aus der Gefangenschaft sofort der Volkspolizei-Bereitschaft beigetreten und nach einer kurzen Unterbrechung zur Kriminalpolizei gegangen. Auf Grund seines Leidens habe er im Juni 1950 aus der Volkspolizei ausscheiden müssen. Von 1951-1952 sei er Lehrer für Gesellschaftswissenschaft an einer Ingenieurschule gewesen und habe dann bis 1955 Philosophie studiert (mtl. Stipendium DM 200.--). Anschliessend habe er als freiberuflicher Schriftsteller gearbeitet und habe auch als Lehrer für Ideologie in Parteilehrjahren usw. gewirkt. Um und nach dem XX. Parteitag habe er mit anderen befreundeten Schriftstellern die durch den neuen Kurs gegebene Möglichkeit zur Kritik ausgenutzt und in verschiedenen Pressepublikationen gegen den stalinistischen Kurs, dessen Anhänger er selbst bis etwa 1953 gewesen sei, Front gemacht. Nach dem Ungarnaufstand sei er deshalb in der Presse angegriffen worden. Um diese Zeit habe ihn am 5.12.56 ein Angehöriger des SSD aus Berlin aufgesucht und ihn zur Mitarbeit zu gewinnen gesucht. Dies habe er abgelehnt. In der Folge sei er wiederholt in eigener Angelegenheit und in der seiner Freunde vernommen worden. Anfang Juni 1957 habe man ihn aus der SED ausgeschlossen. Mitte August 1957 sei ihm bekanntgeworden, dass man Material gegen ihn sammle und dass er in dem Prozess nach Art.6 der Verfassung gegen einen seiner Freunde würde als Zeuge auftreten müssen. Um sich in diesem Prozess nicht selbst zu belasten bzw. einen Meineid zu schwören, habe er sich nach Westberlin begeben.

Das Vorbringen des Antragstellers wurde durch Vorlage verschiedener Zeitungsartikel mit Angriffen gegen ihn aus dem Frühjahr 1957 und einer Photographie der ihm nachträglich zugegangenen Vorladung als Zeuge in Sachen seines Freundes G.Z. bewiesen.
Nach § 1 Abs.2 des Notaufnahmegesetzes darf Personen die Notaufnahme nicht verweigert werden, die aus der sowjetischen Besatzungszone oder dem sowjetischen Sektor von Berlin flüchten mussten, um sich einer von ihnen nicht zu vertretenden und durch die politischen Verhältnisse bedingten besonderen Zwangslage zu entziehen, und dort nicht durch ihr Verhalten gegen die Grundsätze der Menschlichkeit und Rechtsstaatlichkeit verstossen haben.

Wenn sich auch der Antragsteller zum Zeitpunkt seiner Absetzung in einer politisch bedingten Zwangslage befand, da ihm nicht zuzumuten war, als Zeuge in dem Prozess gegen seinen Freund aufzutreten und sich damit der Gefahr einer Verhaftung auszusetzen, so konnte der Aufnahmeausschuss doch nicht übersehen, dass der Antragsteller die eingetretene Lage durch seine jahrelange ideologische Tätigkeit für das sowjetzonale System <u>selber zu vertreten</u> hat. Die Schwierigkeiten für den Antragsteller sind dadurch entstanden, dass er sich nach dem XX. Parteitag unter dem Einfluss des damaligen Kurses offene Kritik als Parteifunktionär der SED und langjähriger Lehrer der "marxistischen Ideologie" erlaubt hat. Der Antragsteller erklärte dem Aufnahmeausschuss, dass er diese "marxistische Ideologie mit dem Ziel eines "demokratischen Sozialismus" weiterhin vertrete, aber genau so entschieden Front gegen die sowjetzonalen Methoden mache.

Der Leiter
des Notaufnahmeverfahrens in Berlin

zu Az.556 168

Der Aufnahmeausschuss gewann an Hand des vorgelegten Materials und auf Grund der eigenen Aussagen des Antragstellers den Eindruck, dass es sich bei den eingetretenen Schwierigkeiten des Antragstellers um die Folgen von Auseinandersetzungen der Vertreter und Lehrer der "marxistischen Ideologie" der SED handelt, die keinen Rechtsanspruch nach § 1 Abs.2 des Notaufnahmegesetzes begründen.

Jedoch geniessen nach Art.11 des Grundgesetzes alle Deutschen Freizügigkeit im ganzen Bundesgebiet. Dieses Recht ist auch durch das Notaufnahmegesetz nur für diejenigen Fälle eingeschränkt worden, in denen eine ausreichende Lebensgrundlage nicht vorhanden ist und der Allgemeinheit daraus besondere Lasten entstehen würden oder in denen besondere Gefahren für die Allgemeinheit bekämpft werden sollen oder um strafbaren Handlungen vorzubeugen.

Da der Antragsteller auf Grund seines Alters und seines Berufs der Allgemeinheit nicht ständig zur Last fallen dürfte, unterliegt er in seiner Freizügigkeit keinen Einschränkungen.

Bei entsprechender Würdigung des Sachverhalts konnte daher entschieden werden, wie geschehen.

Die Verhandlung erfolgte in Anwesenheit des Antragstellers.

gez.Unterschriften

Gilt als unbefristete Zuzugsgenehmigung
für Berlin (West)

Kontroll-Nummer 1.184

Berlin, den 26. März 1958

i. A. Brüske

Hauptstelle für Notaufnahmen

z.Zt.: Charlottenburg
Wielandstr.14
b.Guntken

DER SENATOR FÜR INNERES · BERLIN ·

Der vorstehende Bericht endete mit dem Übertritt von der DDR in die BRD im Jahre 1957. Die jetzt nachfolgend geschilderten Vorgänge gehören in die Jahre 1973/74. Dazwischen liegen anderthalb Jahrzehnte. Die Beschreibung dieser Zeitspanne wird in diesem Buch, bis auf wenige Ausnahmen, ausgespart.

19. Im Streit der Meinungen und Klassenkämpfe

Eine freie Schriftstellerexistenz, was anderes ist das als die zu Fleisch gewordene Polemik gegen das Rückenkrümmen, den Kriechgang und die Würdelosigkeit des Lebens in den Staaten, die sich modern nennen und aufgeklärt, den aufrechten Gang aber als schlimmstes Staatsverbrechen verfolgen. Meine Arbeit ist das Bücherschreiben. Eine veraltete Tätigkeit. Und sehr wenig wirksam. Statt dessen gefährlich.

Ein Buch als Selbstanalyse und Konfession heißt rundheraus: Ich vernichte mich. Das ist schlimm. Noch schlimmer wäre die Unterlassung. Kein Buch schreiben heißt: Ich vernichte statt meiner einen anderen. Frage ich mich, wie wir die Gesellschaft streng abzufragen gewohnt sind, nach Bedingungen und Antrieben, so antwortet Kalamität. Unsere Welt und ihre Kultur sind gierig auf ihre Abschaffung. Der Autor, der das erkennt, mags für falsch und skandalös halten, er ist, als Teil des Ganzen, Teil von Vernichtungstendenzen. Da hat die Selbstanalyse mit dem Skalpell ihr Gutes: Den totalen Abgang vor Augen, gewinnt das Detail seine möglichen scharfen Konturen und Schönheiten zurück. Der Patient, der weiß, daß die Tage gezählt sind, antwortet nach Art seines Charakters – ich ziehe jene Heiterkeit vor, die manche eine höhere nennen und die eine tiefere ebenso sein kann: Sagt uns Böses nach, Leute, demütigt uns, schickt den Haß aus, den Neid, die Eifersucht, die bewaffnete Destruktion und über was immer noch eure Gewalt und Hinterlist gebieten. Es geht alles ein in den gleichen Himmel, in den Selige und Unselige brüderlich explodierend geschleudert werden zum Lohn ihrer Erdentage.

Ich habe alles, was ich bin oder sein könnte, in Bücher gegeben. Die Kraft, in der althergebrachten, gewohnten Form weiterzuexistieren, reicht immer nur bis zum Erscheinen des nächsten Druckwerks; dann mutiert das ICH. Ein Buch, das so vieles auslöscht, hat auch im Autor viel auszulöschen: Liebe und Sympathie, aber auch Haß und Feindschaft, ja besonders diese; der neue Adam soll nackt auf die Welt kommen und sich einüben im Differenzieren.

Wie leicht schreibt sichs, schildert einer seine Stärken. Wie stocken die Tasten, gehts den eigenen Schwächen auf den Grund. Endlich geraten wir ins Dschungeldickicht, wo alles ineinanderwächst und nichts säuberlich zu trennen geht. Wenden wir uns also dem Dschungel zu, der uns innen ausfüllt.

Wer mit dem Autor abzurechnen hat, soll es schnell tun. Nach Erscheinen eines Buches lehnt G.Z. alles ab: Seine Vergangenheit, seine Irrungen wie seine Verwirrungen, Fehler, Feindschaften, Kompromisse. Man stirbt nicht provisorisch oder auf Widerruf. Wir haben es unseren Lesern zu leicht gemacht. Wir schrieben zu leichtfertig. Ein Buch, das heißt, es wiegt so schwer in der Hand des Lesers wie im Leben des Autors. Versuchen wir das mit Gelassenheit zu sagen: so kurzschweifend und genau wie möglich und angenähert jener beinahe fröhlichen Melancholie, die noch zu erfinden ist.

Für diese meine Denkweise und Literatur habe ich im Kapitalismus nur wenig Verständnis finden können. Die bornierten Nützlichkeitsbewerter leben in der Überzahl und nehmen immer noch zu. Wir letzten Literaten sind ihnen so fremd und unheimlich, daß sie bald Prämien aussetzen werden für unsere Abschaffung. Indessen arbeiten die Verhältnisse sowieso gegen uns. Die Klasse der Individuen, der selbständig Denkenden und Schreibenden ist im Aussterben begriffen. Die erschreckende Fatalität unseres Endes wird mir besonders bei Schriftstellertreffen in ihrer ganzen Härte bewußt. Solche Treffen sind notwendig, denn man muß der vollen Wahrheit ins Gesicht sehen können. Sie sind gleichzeitig Tage der Trauer.

Wenn ich im kapitalistischen Westen kaum noch jemanden treffe, der meine Standpunkte wenigstens zu verstehen sucht, so waren meine Erfahrungen im sozialistischen Osten nicht grundsätzlich besser. Als einer, der gesellschaftlicher Analyse nicht abgeneigt, jedenfalls nicht grundsätzlich verschlossen bleibt, begreife ich, stelle ich mich weit genug von mir selbst entfernt auf, durchaus das Unausweichliche meines Untergangs.

Bleibe ich aber in mir und ganz als der, zu dem ich in diesen langen Kämpfen verschlissen oder auch entwickelt worden bin, welche Bewertung wiederum von der Optik abhängt, mit der man unsereinen besieht, verstehe ich mich in meinem Dasein als Graben- und Nahkämpfer. Hinter meinem Schreibmaschinengewehr liegend, feure ich alle Munition auf meine Feinde ab. Ergeben soll sich einer nie, solange Munition noch vorhanden ist.

Zurück aus der Mythologie und Bildersprache in die Realität der Farbbänder und Schnellhefter. Unsere Munition besteht aus nichts als Worten. Es mag aber wohl so sein, daß die Worte auf geheimnisvolle Weise Verletzungen verursachen, sonst schrien die Getroffenen nicht immer wieder auf. Gewiß ist dies die nachhaltigste Erfahrung. Meine Worte sind auf mir nicht ganz geheure Weise nicht so wirkungslos, wie die Literatur im ganzen sein mag. Innerhalb der großen Nutzlosigkeit Literatur bleiben zu meinem Erstaunen einzelne Nützlichkeiten übrig. Obwohl ich anfangs nicht daran glaubte, gehören einige der von mir geschriebenen Worte und Sätze zu den wenigen Treffern, die das Ziel erreichen. Vielleicht, weil ich jeweils mit den Getroffenen mindestens heimlich sympathisiere. Vielleicht rechnen mich die Gegner insgeheim oder unbewußt zu den Ihren. In mir einen Gegner erblicken zu müssen, reizt dann und peinigt bis aufs Blut. Vielleicht liegt das Geheimnis darin, daß ich mir jeweils nur Gegner zum Ziele auswähle, die ihrerseits keine Machtlosen und Schwächlinge sind. Ein Großteil meiner Kollegen sucht sich als Zielscheibe die mit Sicherheit Schwachen und Hilflosen, wofür sie dann den Beifall der Mächtigen und Starken erhalten, mit Preisen ausgezeichnet, mit Geldern und Ehrenzeichen versorgt werden. Ich dagegen bin wehrlos meinem inneren Sprechen anheimgegeben. Wie eine ganz fremde Stimme, so orgelt Widerspenstigkeit aus mir heraus. Ich bin zwar kein Medium eines fremden Mundes. Doch manchmal scheint mir sogar, als sei es so. Denn sehenden Auges kann kein vernünftiger Mensch so viele Unbilligkeiten und Feindschaften auf sich nehmen.

Andererseits bin ich selbst immer wieder aufs neue überrascht, daß es in unserer schwergerüsteten Zeit mit wenigen nackten Worten noch gelingt, die Oberbefehlshaber und Mächtigen in Rage zu versetzen. Blicke ich zurück, erkenne ich eine fast ununterbrochene Kette von Aufregungen und Skandalen, stets fand sich einer der Oberen oder fanden sich gleich ganze Gruppen,

Parteien und Staaten, die sich schwer entrüsteten. Wieviel Kraft doch im Wort stecken kann. Natürlich ist in Anbetracht der tatsächlichen Kräfteverhältnisse die Macht des Wortes lächerlich gering. Wenn ich dies ganz genau weiß und beinahe tödlich verspüre, als lähmende Schwermut, die die Glieder bleiern macht und den Kampfgeist matt, werfe ich mich mit dem Mut, den die Verzweiflung eingeben mag, aufs nächste Wort, es ganz scharf anzuspitzen, sein Umfeld taktisch abzusichern. Wollen doch mal sehen, ob die Großmächtigen wirklich so unverwundbar sind, wie sie sich geben.

Und schon schreit wieder einer auf, vom Wort getroffen. Solange sie aufschreien, hat Literatur noch, wenn nicht Zukunft, so doch Gegenwart.

1968 fuhren Horst Bingel und ich zum Bundesvorstand des DGB nach Düsseldorf. Der Schriftstellerverband existierte noch in seiner alten unbrauchbaren Form als lose Dachvereinigung von Landesverbänden, einen Anschluß an die Gewerkschaften erwog niemand.

Ich schrieb einen langen Artikel, der im theoretischen Organ des DGB, den *Gewerkschaftlichen Monatsheften,* erschien, worin ich meine Ideen über Schriftsteller und Gewerkschaften, ihren gemeinsamen Kampf und die notwendigen Maßnahmen darlegte. Die Gewerkschaften könnten den Schriftstellern helfen, in den Besitz von Produktionsmitteln zu kommen. Ein Verlag der Schriftsteller sollte dann dem Emanzipationsstreben der Gewerkschaften wieder zugute kommen. Rosenberg, im Jahre 1968 noch an der DGB-Spitze, empfing uns mit offenen Armen. Horst Bingel entwickelte unsere Pläne, sprach mit Engelszungen, länger als eine Stunde. Die hohen Herrn der Gewerkschaft waren angetan. Jeder nickte jedem aufmunternd zu. Wir rannten sämtliche offenen Türen ein. Schriftsteller, die zu den Gewerkschaften kommen wollten, großartig, diese Burschen. Es lebe die Solidarität! Wir fanden uns alle gegenseitig ungemein sympathisch. Prächtige Burschen, diese Gewerkschaftsbosse! Wir fuhren zurück nach Frankfurt. Theoretisch war ein guter Kontakt hergestellt, praktisch geschah nichts, bis endlich der Deutsche Schriftstellerverband entstand und der zielbewußte Organisationsstratege Dieter Lattmann als Vorsitzender des VS die Verhandlungen mit dem DGB übernahm. Bei einem ersten Kontaktgespräch in der DGB-Zentrale war ich noch dabei. Was Lattmann und Grass jetzt in den Gesprächen mit dem neuen Vorsitzenden Vetter entwickelten, hatte alle Aussichten, verwirklicht zu werden, entsprach aber nicht meinen ursprünglichen Ansichten, wie ich sie in den *Gewerkschaftlichen Monatsheften* formuliert hatte. Grass dagegen, der sich mit den wichtigsten Politikern von SPD und DGB duzte, Familienanschluß pflegte und der Basis so viel Verachtung entgegenbrachte, daß er sie mit geradezu atemberaubender Konsequenz mied, konnte genau die hohen Kontakte herstellen, die zu einer Vereinigung der Schriftsteller und Gewerkschaften »von oben« benötigt wurden. Die Basis würde dann schon entsprechend abstimmen, hatte man alles arrangiert.

Fortan hatte ich nichts mehr zu tun mit den Kontakten. Lattmann und Grass, die nüchternen Empiriker der Organisationsfrage, lösten ihre Aufgaben mit Bravour, wie der II. Schriftstellerkongreß im Januar 1973 in Hamburg zeigte. Hier ging es schon nicht mehr um den bloßen Beitritt des Schriftstellerverbandes zur Gewerkschaft, sondern konkret um die Entscheidung, ob man der IG Druck und Papier oder der IG Kunst beitreten wollte. Es geschah am ersten Tag des Kongresses, als Walser ein Zustimmungstelegramm zur Dortmunder Demonstration gegen den Vietnam-Krieg vorschlug. Der Walsersche Text rügte auch das Schweigen von Bundeskanzler Brandt zum Vietnam-Krieg. Das Telegramm wurde mit überwiegender Mehrheit vom Plenum angenommen. An einem Tisch saßen nebeneinander Grass, Lenz und Raddatz. Bei der Abstimmung stimmten Grass und Lenz dagegen, was die *Welt* mit Genugtuung vermerkte, und Raddatz enthielt sich der Stimme. Nun werde ich mich hüten, abstrakt ein bestimmtes Abstimmungsverhalten zu monieren. Allerdings deuteten sich in solchen Mustern gewisse neuartige Abhängigkeiten an. Worte wie »Das können wir Willy nicht antun« inflationierten jetzt, ein westlicher Persönlichkeitskult kam auf. Es wurde weniger argumentiert, es ging um Personen. Ich reagierte gereizt. Mochten politische Rücksichtnahmen und Paktverpflichtungen den Bundeskanzler binden, den Friedensnobelpreisträger mußten andere Ordnungen verpflichten. Auch darf die persönliche Freundschaft eines Schriftstellers wie Grass mit einem Politiker wie Brandt das politische Engagement weder mindern noch transformieren, oder der Schriftsteller hat sich eben mehr mit der hohen Politik eingelassen, als ihm gut tut.

Vielleicht aber verhielt ich mich hinsichtlich der Vietnamfrage zu allergisch. An die zehn Jahre hatten wir protestiert, waren zu Ostern und anderen Tagen auf die Straße gegangen, wurden von der Polizei attackiert und von der bürgerlichen Presse mit Hohn übergossen. Die Hände der Grass, Lenz, Horst Krüger, Lattmann, die sich eine Woche vor dem Waffenstillstand in Vietnam gegen ein Solidaritätstelegramm erhoben, wurden für mich zum Symbol der Nicht-Solidarität. So wohl die Annahme des Telegramms durch die Mehrheit tat, so schmerzlich empfand ich die Ablehnung bei den Prominenzen. Nicht nur die Zeiten der Gruppe 47 waren jetzt endgültig dahin, auch die laut proklamierte Solidarität der Einzelgänger erwies sich bereits als ideologische Mythe.

Grass, während er in Hamburg sprach und von Solidarität redete, erntete als Zwischenruf den Hinweis auf Heinar Kipphardt. Der Zwischenruf brachte ihn aus der Fassung. Schuldbewußtsein artikulierte sich flockig. Das Fernsehen zeigte den fassungslos schäumenden Grass nicht. Am Tag danach stand in den Zeitungen, Böll, der nicht am Hamburger Kongreß teilnahm, hatte der Dortmunder Vietnam-Demonstration ein eigenes Solidaritätstelegramm geschickt. Ich atmete auf. Böll reagierte gerecht. Es gibt Situationen, in denen taktische Zurückhaltung zur schamlosen Verhaltensweise wird. Was immer einer gegen die Initiative Internationale Vietnam-Solidarität einwenden mochte, eine Woche vor Waffenstillstand in Vietnam war Solidarität gegen den amerikanischen Krieg und seine langjährige Unterstützung durch die Bundesrepublik geboten. Wer jetzt sein Herz nicht über die Hürde werfen konnte, der handelte jedenfalls schamlos am Abend des gleichen Tages, wenn er sich vor die Kameras der Fernsehanstalten drängte, nur ja zusammen mit dem in Hamburg weilenden Ernst Bloch ins Bild zu kommen.

Der greise Ernst Bloch gehörte seit Jahren zusammen mit Hellmut Gollwitzer, Robert Jungk, Martin Niemöller, Helmut Ridder, Erich Wulff zu den Mitarbeitern der Initiative Internationale Vietnam-Solidarität, an die das Antikriegs-Telegramm vom Vormittag gerichtet war.

Es gibt so aller Öffentlichkeit wie Repräsentation abholde Autoren wie Wallraff, Hochhuth, Simmel. Sie sind selten im Fernsehen, nehmen kaum an Kongressen teil und wirken, sind sie doch einmal ins Blickfeld geraten, unsicher und scheu.

Es gibt, im Gegensatz dazu, die Cäsaren der Publizität. Wo sie auch weilen, die Kameras und Mikros sind ihnen sicher, spitzen sie auch nur den Mund. Allerdings tragen sie sich unterschiedlich vor. Grass und Walser etwa hocken nicht, wie Grass und Lenz, zusammen. Man trifft sich zwar wie in weiland 47er Zeiten noch privat, doch öffentlich meidet man einander oder schäumt sich an. Walser, seit seinem offenen KP-Engagement mit einem Lächeln der Unsicherheit versehen, scheint die Menge, in die er jeweils eintaucht, aus Tarnungsgründen geradezu zu suchen. Der eminent bürgerliche Typ dieses Autors verträgt sich schlecht mit dem Anspruch auf kommunistische Solidarität. Eine schwierige Bindung, die er da eingegangen ist. Man siehts ihm immer deutlicher an. Doch sichert die errungene Prominenz ihn ab. Wo andere, weniger arrivierte KP-Genossen mit Verteufelung, gar Verfolgung rechnen müssen, bleibt Walser ehrenwert. Selbst die ZEIT druckt seine Wahlkampf-Attacken, freilich gekürzt, und die Gräfin haut unwirsch zurück. Früher wäre das so nicht vorgefallen.

Die DKP-Genossen wie Peter Schütt, Friedrich Hitzer oder Erasmus Schöfer dagegen wären der Gräfin keine Entgegnung wert; sie dürften auch das ZEIT-Feuilleton gar nicht derart frontal entern; zwar sind alle Schriftsteller einander gleich, doch die vormals bürgerlichen etwas mehr als die schon immer linken.

Der schreibende Schriftsteller ist der Sklave seines Berufes, im Gegensatz zum darstellenden Schriftsteller, der sich der fatalen Zwänge des Schreibens entledigt hat und den Schriftsteller nur spielt, ihn wie ein Schauspieler, der in eine Rolle schlüpft, vorführt. Wer die Unterscheidung zwischen beiden Kategorien unterläßt, kann viele Vorgänge in Literatur und Kultur nicht hinreichend begreifen.

Das Wort Schriftsteller selbst ist ungenau bis ans Unzulässige, eine Mythe, voll von Fantasie und Unlogik. Wer hier eine rationale Definition anbringen wollte, sähe sich gezwungen, diese Berufsbezeichnung kurzerhand abzuschaffen. Die moderne Arbeitsteilung verwandelte die Schriftsteller in eine Vielzahl von

Spezialisten: Fiction-Produzenten, Sachbuch-Produzenten, Drehbuch-Produzenten, Gag- und Einfall-Produzenten oder, nach Art der Belieferten unterschieden: Buch-Autoren, Funk-Autoren, Fernseh-Autoren, Film-Autoren, Theater-Autoren, Presse-Autoren. Natürlich gibt es dabei Überschneidungen, doch diese Tendenz ist rückläufig, die Spezialisierung, die auf eine Sparte festlegt, bestimmt die Zukunft. Wer das erkannt hat, wird nicht überrascht sein, wenn er hört, daß die im Schriftstellerverband (VS) der Bundesrepublik erfaßten Schriftsteller zu etwa 60% von Funk- und Fernseharbeiten leben. Die modernen Medien Funk und Fernsehen erzwingen einen besonderen Zuschnitt von Autorschaft, und der antiquierte Begriff des Schriftstellers drückt diese Veränderungen nicht hinreichend aus, ja, im Gegenteil, deckt sie eher zu. Viele Streitpunkte und Unklarheiten kommen von der unguten Ungenauigkeit der Berufsbezeichnung.

Allerdings scheint die Gesellschaft ein Interesse daran zu haben, den veralteten Begriff weiter zu pflegen. Wahrscheinlich hat sie sich aus Gründen der Tradition und Bequemlichkeit daran gewöhnt, im Schriftsteller so etwas wie eine moralische Instanz, das vielgerühmte und vielgelästerte Gewissen der Nation zu sehen. So ein Böll ärgert zwar oft, wenn er seine störenden Einwürfe vorbringt, doch das Ärgernis gehört eben auch dazu. Man will sich dabei nicht über einen Drehbuchverfasser oder Illustriertenroman-Produzenten ärgern, sondern über einen berühmten Schriftsteller.

Also muß der nicht exakte, unpassend gewordene Begriff beibehalten werden.

Was nun die Unterscheidung zwischen schreibenden und darstellenden Schriftstellern angeht, so folgt diese Differenz direkt aus der Ungenauigkeit des Wortes selbst. Die schreibenden Schriftsteller müssen arbeiten. Ihr Leben ist schwer, ihr Alltag hart, ihr plebejisch-proletarisches Dasein läßt ihnen wenig Raum für Repräsentationen, überdies laufen sie Gefahr, zu Fachidioten zu werden, denen die Freizeit fehlt und die sich nicht ungezielt kulturelle Aneignungen leisten können. Ein Balzac muß schreiben und schreiben und gerät doch immer mehr in Not und Schulden. Daran hat sich nichts geändert. Verständlich, daß diese Literatursklaven nicht quick und fit genug sind, auf öffentlichen

Kongressen den Schriftstellerstand zu vertreten. Sie sind einfach zu abgearbeitet, zu ausgeleiert und erschöpft und bedürfen, sich und ihre Interessen zu artikulieren, der darstellenden Schriftsteller, die keineswegs die Drohnen der Literatur sind, sondern eben übergeordnete, kulturell herausgehobene und freigehaltene Existenzen, die über genügend Mittel und Zeit verfügen, sich als rhetorisch geübte Standesvertreter anzubieten und zu bewähren.

Natürlich sind beide Kategorien nicht immer fein säuberlich geschieden. Es gibt Zwischentypen und Mischfiguren. Soweit der Beobachter feststellen konnte, waren auf dem II. Schriftstellerkongreß in Hamburg gerade die Zwischentypen und darstellenden Schriftsteller in der Mehrheit, während die schreibenden Autoren eine winzige Minderheit bildeten, welche Erfahrung sich dahin generalisieren läßt, daß dies einen Trend angibt.

Unsere frühen Versuche, mit den Gewerkschaften in Kontakt zu kommen, waren Ausbruchversuche. Die literarische Szenerie, die man kannte bis zum Erbrechen, die einem bis zum Halse stand, sollte verlassen werden, mindestens sollten neue Erfahrungen gemacht werden. Es war die Zeit, da die Arbeiterwelt, die man beschönigend Arbeitswelt nannte, wieder entdeckt wurde. Max von der Grün hatte sich bereits etabliert, Günter Wallraff legte seine sensationellen Erkundungen vor, in denen er sich oft zum Detektiv machte, der sich unerkannt in die Fabriken und Behörden einschlich, ein Harun al Raschid der Moderne, der nicht zeigen und nicht sagen durfte, wer er in Wirklichkeit war. Nur unerkannt ließen sich seine Beobachtungen in aller Härte und Nüchternheit machen.

Die Beschreibung der Charaktere heutiger deutscher Autoren ist schwierig, weil gerade bei ihnen der schreibende Schriftsteller sich mit dem darstellenden verschlingt. Große Epiker der Geschichte wie Leo Tolstoi, Dostojewskij oder Balzac und Zola liegen, wenn man nur will, völlig offen vor einem; auch Autoren wie Henry Miller oder Norman Mailer oder auch Thomas und Heinrich Mann sind erkennbar, jedenfalls zu entschlüsseln, und heutige Epiker wie Solschenizyn geben ihre Innenansicht selbst in ihren Romanen frei. Ein Misch-Schreiber wie Mailer entwickelte spezielle Techniken, seine Meinungen und Sensibilitäten in die Abläufe äußerer Vorgänge einzubauen. Anders bei uns, wo die

Romanprosa derart entpersönlicht bleibt, als wären nicht Menschen, sondern Maschinen ihre Hervorbringer – Schreibmaschinen gewissermaßen –, wo zugleich auch die Subjektivität sich umgehend dogmatisch verfestigt. Weder Walser noch Grass offenbaren sich als Personen. Selbst wenn sie ihre kulturellen oder politischen Ansichten äußern, geschieht dies auf entpersönlichte Weise, oder die Person fungiert als ledigliche Stellvertretung einer Partei. Genau an diese Mängel muß ich denken, sehe ich Walser rotgesichtig durch die Menge eilen oder beobachte, wie verloren und unverdrossen verdrießlich Grass irgendwo zu Tische hockt. Selbst das bleckende Lächeln, das er in Abständen produziert, verrät mehr existentiellen Mißmut als humane Freundlichkeit. Das Zugeständnis an die Konvention wird zu halbherzig gebracht. Der Mann wirkt immer mehr wie chronisch leber- oder gallenkrank. Aber diese Erklärung wäre zu einfach.

Eine epidemische Krankheit, dieser Drang von Autoren zum Einordnen in Parteien, sei es die SPD, die CDU oder DKP? Fehlen uns die kreativen Einzelgänger, die unerbittlichen Individualisten, die Literaten, die bei ihrem Geschäft bleiben und nichts anderes als schreibende Moralisten sein wollen, auch wenn sie ihren Job einfallsreich lästern? Ist zuwenig Sinn für Witz, Ironie und Selbstironie in unserer Literatur? Kann Gewerkschaftserfahrung helfen? Der Zusammenschluß von Schriftsteller und Gewerkschaften erfolgte nicht, wie es wünschenswert gewesen wäre, von der Basis aktiver Autorengruppen her, die ihre eigenen Arbeitskampferfahrungen machten und sich in Solidarität zusammenschlossen. Man forcierte den Gewerkschaftsanschluß von oben her, die Spitzen der Verbände sprachen miteinander, nun steht also eine Annäherung und hernach die Praxis als organisatorische Hülle bevor. Vielleicht ist das anders nicht möglich, bedauerlich bleibt es dennoch, denn die solidarisierenden Kampferfahrungen der Vereinigten fehlen. Außerdem sind die Folgen bereits abzusehen. An der Basis des Schriftstellerverbandes bildet sich eine breite, diszipliniert auftretende kommunistische Fraktion heraus, während das Verbandsestablishment von einer sozialdemokratischen Gruppe gestellt wird. So notwendig, jedenfalls unausbleiblich diese Vorgänge sein mögen, zuletzt läuft alles auf große Vordergrundbewegungen, auf ideologische Streitigkeiten, politische Positionskämpfe und Vereins-Intrigen hinaus. Im Verband bestimmen darstellende Schriftsteller wie Dieter Lattmann, der seinen Rücktritt von der Profession des schreibenden Schriftstellers mit höchst ungenauen und anfechtbaren Gründen im *Spiegel* erklären ließ. Schreibendes Mittelmaß, das nichts zur Literaturgeschichte beitrage, müsse aufstecken, meinte er, in aufrichtig klingender Selbstbescheidung, und kaschierte damit seinen Abgang von der Schreibbühne und den Übertritt ins Bonner Parlament, wo er als Bundestagsabgeordneter über die bayerische Landesliste einzog.

Den engagierten jüngeren Schriftstellern sind solche Denkgewohnheiten aber fremd. Einen Beitrag zur Literaturgeschichte mögen die wenigsten leisten, Beiträge zur politischen Sozialgeschichte stehen ihnen unendlich höher und näher. Überdies, wer entscheidet schon über mindere und stärkere Talente? Der Erfolg oder Mißerfolg kaum, denn sie resultieren mehr aus den Machtverhältnissen der Bewußtseinsindustrie. Sicher ist, Lattmann entwickelte als Verbandsfunktionär erstaunliche Fähigkeiten. Es muß nicht einer Schriftsteller bleiben, wenn er sich in diesem Job als überholt erkennt und seine Kräfte auf einem anderen Feld besser genutzt sieht. Auch kann Lattmann seinen schreibenden Kollegen möglicherweise als Bundestagsabgeordneter dienlicher sein, wiewohl Skepsis hier angebracht scheint. Man hätte sich einen anderen Verlauf der Dinge denken können. Etwa daß einer der fünf etablierten Schriftsteller, die auch ökonomisch saniert genug sind, an die Spitze des Verbandes gelangt und eine Tradition turnusmäßigen Wechsels begründet. So überzeugend auf den ersten Blick sein mag, daß die Verbandsleitung in die Hände eines Mannes zu liegen kam, der in Organisationsfragen erfahren ist, so bedenklich bleibt andererseits, daß mit der Hinwendung zum Organisatorischen dessen Überbetonung zumindest näherrückt. Wie schon im PEN-Club schieben sich auch im Schriftstellerverband die ideologischen Sach- und politischen Machtfragen in den Vordergrund, der Rest ist jene traurige bürgerlich-literarische Feierlichkeit, wenn, wie in Hamburg geschehen, über ein »Entwicklungsland Kultur« geredet wird, in öffentlicher Abendveranstaltung versteht sich, und das Entwicklungsland in Wirklichkeit ein Abbruchunternehmen, eine kulturelle Abraumhalde ist, zu welch zynischem Wahrheitsgrad sich die Festredner nur nicht durchringen wollen. Hernach wird man vom Senat einer Hansestadt empfangen, die wahrlich genug mit sich selbst zu tun hätte. Aber ein festlich begrüßter Schriftsteller fragt nicht ungehörig nach der Todeszelle im Gefängnis der sozialdemokratisch regierten Stadt, fragt nicht nach verschleppten Naziprozessen und allerhand unwahrscheinlichen, gleichwohl wirklichen Makabritäten.

Eigentlich hatte ich in einem kurzen Statement auf dem Kongreß sagen wollen, die zutage tretenden Konflikte zwischen der IG Druck und der IG Kunst müßten den Schriftstellerverband veranlassen, seinen Eintritt noch hinauszuschieben und einige Klärungen abzuwarten. Da wurde mir aber klar, der Antrag dazu fände keine Mehrheit und brächte nur Schwierigkeiten ein. In einem Anfall von Verärgerung sagte ich mitten im Redefluß: Wir müssen die Kröte schlucken. Gemeint waren die Disziplinierungs-Gefahren und Unklarheiten der vorgelegten Satzung, die Inkaufnahme des offen ausgebrochenen Kampfes zwischen IG Druck und Papier und »IG Kunst«.

Die in Umlauf gebrachte Kröte machte Karriere, vervielfältigte sich und kehrte dutzendfach zurück. Jeder zweite Redner kam auf das arme Tier zu sprechen. Grass endlich rügte Zwerenz streng, es sei eine Unverschämtheit, die Gewerkschaften eine Kröte zu nennen. So betuliche Einfalt befürchtete tatsächlich, jemand könne so ungenau sein, den DGB eine Kröte zu heißen, die der kleine Schriftstellerverband schlucken könne. Das nenne ich nun wahrlich, Metaphern übertreiben. Wenn hier jemand jemanden schlukken konnte, dann die Gewerkschaft den VS, was, den Größenverhältnissen nach, paßte. Günter Grass tadelte den Gebrauch der Metapher, wo sie ihm zu scharf war. Logik eignet der Schnecke am wenigsten.

Intellektuelle Aussagen wirken unwahr, wo sie nicht im Erfahrungsbereich abgedeckt sind. Ende der fünfziger Jahre lernte ich, aus der DDR kommend, die westdeutschen Literaturkoryphäen das erste Mal kennen. Von Walser wie Enzensberger behielt ich den Eindruck erschöpfter Bürgerlichkeit. Enzensberger suchte sein Unbehagen daran zu formulieren. Walser schwieg es eher aus. Damals wie heute dominierte die Empfindung, mit diesen Autoren könne man nicht reden, denn es seien Leute, die nur untereinander

ander redeten. Man mußte zu irgendeinem exklusiven Orden zählen, in der Gruppe 47 was gelten oder bei Suhrkamp erscheinen, jedenfalls gab es so etwas wie eine geheime Zugehörigkeit, und wer die Blaublütigkeit nicht erlangte, blieb Außenseiter.

Derartige Elite-Bildung erbringt ihre eigenständige Komik. Ich habe anderthalb Jahrzehnte darüber nur lächeln können. Die Landung Walsers bei der KP erscheint mir als der Purzelbaum eines bürgerlichen Elitären, der anders nicht zu Solidarität und zu den Massen kommen kann. Zwar gelangt er derart auch nicht hin, doch die bezeugte Achtung durch die Parteigruppe ersetzt die wirkliche Masse. Überdies kann der Autor endlich sein antibürgerliches Unbehagen stabilisieren. Die Gallistlsche Krankheit wird, wenn nicht geheilt, so doch gestoppt. In Zukunft werden mehrere Schriftsteller, wenn nicht viele, zur DKP stoßen. Die kommunistische Fraktion im Schriftstellerverband besticht durch Ruhe, Besonnenheit, Disziplin. Ihr Sprecher, Friedrich Hitzer, weiß wohlklingend und genau zu artikulieren. Erste Anzeichen von Faszination, die von dieser Gruppe ausstrahlen, sind zu spüren. Das wird wohl auf eine Auseinandersetzung der KP-Fraktion Walser–Hitzer mit der führenden SPD-Gruppe Lattmann–Grass hinauslaufen. In Hamburg allerdings fand das SPD-Establishment bei der KP-Gruppe die unbedenklichsten Mitstreiter. Während die parteiungebundenen Westberliner Linken wie Hannes Schwenger und Yaak Karsunke sich einfallsreich abmühten, den Gewerkschaften bessere Eintrittsbedingungen und eine vorteilhaftere Satzung abzuringen, schlugen sich die Genossen Kommunisten recht vorbehaltlos auf die ordnungsmächtige Seite von Lattmann, Grass, Mahlein. Wenn aber die ersten Konflikte entstehen und der erste Kommunist aus dem DGB gefeuert werden soll, erwarten die Genossen Kommunisten von den nichtkommunistischen Sozialisten wohl solidarische Bekundungen und Aktionen.

Dies alles sind freilich Entwicklungen, die mit der Literatur recht wenig zu tun haben. Wer wird denn in den zukünftig anschwellenden Klassenkämpfen noch Bücher schreiben wollen, außer uns wenigen, immer weniger werdenden schreibenden Schriftstellern. Unter lauter Organisationsstrategen und Theoretikern schrumpfen wir zu einer radikalen Minderheit von Papiertigern. Herrschten bisher unter den westdeutschen Autoren die subjektiven Differenzen ihrer Meinungen und Ansichten, wird fortan die politische Farbe immer stärker zum unterscheidenden Feldzeichen werden. Ich begrüße das weder, noch beklage ich es. Ich stelle lediglich fest, man zieht wieder Fahnen auf. Ein größerer Grad von Ehrlichkeit wird durch die kommende Politisierung schwerlich gewonnen, auch verbergen sich hinter politischen Meinungsunterschieden nur zu oft lediglich persönliche Aversionen. Antipathie und Feinschaft kleiden sich in viele Gewänder. Die Kämpfe zwischen Schriftstellern aber sind Stellvertreterkämpfe. An ihnen ist im frühen Stadium ablesbar, wie die Gesellschaft später beschaffen sein mag.

Als ich die DDR hinter mir gelassen hatte, ließ ich mich, aus dem Gefühl einer tiefen Beleidigung heraus, weil mir Unrecht getan worden war, aber auch aus taktischen Gründen, auf allerlei öffentliche Fehden ein. Noch in den »Ärgernissen«, einem Buch, das den vorherigen Kurs korrigieren sollte, standen abwägende, den Kommunismus mit Verständnis kommentierende Partien neben bösartigen Polemiken und blamablen Rückfällen ins überhitzte Klima vergangener Jahre, welche Tonart ich eigentlich hatte überwinden und fürderhin vermeiden wollen. Man darf keinen Stil übertreiben, auch keine Schreibweise zu lange fortsetzen, ich war der extremen Feindschaft gegen die stalinistischen Genossen müde, überdies bekam ich mit meinem frühen Anti-Stalinismus vor der Geschichte leider mehr recht, als mir lieb sein konnte, die Genossen drüben rückten im Lauf der Jahre ebenfalls von Stalin ab, womit sie die Anti-Stalinisten indirekt rehabilitierten, was mir genügte. Nach den »Ärgernissen« ließ ich die Polemik gänzlich einschlafen, und mit dem Essay »Walter Ulbricht« hatte ich im Frühjahr 1966 den Punkt erreicht, von dem aus ich mich imstande fühlte, unbeeindruckt von persönlichen Erfahrungen dem ostkommunistischen Phänomen objektiv gegenüberzutreten. Ich registrierte mit Freude und Dankbarkeit, daß einige Hochschullehrer ihre Mühe an mir nicht völlig verschwendet hatten. Der Essay über Ulbricht war von Anfang bis Ende ganz cool geschrieben, in jenem Ton, der Kommunisten wie Antikommunisten durch seinen beiderseitigen Mangel an Parteilichkeit überraschen und treffen mußte. Solche Schreibweisen können notwendig sein.

Als das Manuskript gesetzt war und die Druckfahnen vor mir lagen, war die Periode der Auseinandersetzung mit dem Kommunismus für mich abgeschlossen.

Ich hatte etwas in mir überwunden. Nie mehr würde ich zurückkehren können in diese Partei und Glaubenshaltung, fortan aber vermochte ich die Geschehnisse zu studieren, ohne dabei in Hysterien zu verfallen, die Stimme zitterte mir nicht mehr, der Verlust der Mutter Partei war unwiderruflich geworden.

Ja, aller Zorn und Eifer der vorherigen Jahre hatte nur angezeigt, wie nahe die Trennung noch ging. Nun war das ausgestanden, und ich fand in den sich jahrelang hinziehenden Prosapartien des Romans *Casanova oder der kleine Herr in Krieg und Frieden* wohl auch jene Sicherheit, die mir, indem ich Prosa schrieb, den Verlust im Politischen, im planen Politischen, erträglicher werden ließ. Das alles geschah in vielen unmerklichen Dosen, homöopathisch gewissermaßen. Zwar bin ich wohl stets ein politischer Schriftsteller geblieben, doch eben in dem Sinne, daß ich meine Erkenntnisse und Erfahrungen nicht verdrängte, ihren Bitternissen aber auch nicht mehr zu dominieren erlaubte.

Schreiben kann eine heilsame Tätigkeit sein, denn es besänftigt den Fanatismus und läßt Rachegefühle sanft erkalten. Wenn es Ärzte und Psychologen gibt, die Zeichnen und Malen als Therapie betrachten, wieviel heilsamer erst müßte Schreiben wirken. Hier kühlte schon mancher Allzuheißsporn seine vielen Mütchen und ersparte sich manches, was ihn sonst Kopf und Kragen gekostet hätte. So gesehen, ist meine literarische Entwicklung im Westen, sind mindestens die letzten zehn Jahre eine andauernde psychotherapeutische Behandlung gewesen, Selbstbehandlung zwar, doch in welchem anderen Beruf lassen sich Aggressionen einfangen und in Worte und Sätze verwandeln, die nicht mehr, wenigstens nicht mehr in direkter Weise aggressiv sind, sondern eben literarisch, Verständlichkeiten einbringend.

Was mich erstaunt, ist die literarische Lautlosigkeit, mit der unsere BRD-Schriftsteller jetzt zur kommunistischen Partei finden. Walser suchte zwar sein bürgerliches Unbehagen an den bürgerlichen Zuständen als Krankheits-Protokoll zu artikulieren, über den Umschlag oder langen Reifeprozeß von der Seite der Bourgeoisie auf die des Proletariats aber schwieg er sich aus.

Irgendwo in den unsichtbaren Tiefen des Bewußtseins oder Unbewußtseins entsprang der Kommunist dem Bürger wie Pallas-Athene dem Haupte des Zeus. Das Unbeschriebene der Verwandlung verwundert mich, die kuriose Unterlassung, die zumindest bei Schriftstellern schwerlich vermutet werden kann. Doch litt unsere Literatur von Anfang an unter schweren Ausfallerscheinungen, diese Autoren lebten in papiernen Welten und sind es indessen derart gewöhnt, daß sie selbst ihre eigenen Konflikte nicht mehr darzustellen verstehen, welche Schwierigkeit ja nun gerade bei einem kommunistischen Schriftsteller komisch wirkt. Vielleicht aber verschafft eben der Klassenwechsel hier erst die Vorbedingungen für jene innere Befreiung, aus der dann der Quell neuer Literaturen zu sprudeln beginnt. Dann wäre die bürgerliche Klassenlage also auch der Grund für die Nichtartikulation aller Vorgänge, die den Sprung ins kommunistische Reich der Freiheit notwendig werden ließen, und erst nachdem er erfolgt ist, kann die Analyse der äußeren und inneren Situationen gewagt werden. Mithin dürfte bald eine ungeheuerliche kreative Produktivität einsetzen. Man kann gespannt sein.

Sollten unsere kommunistischen Kollegen aber bürgerlich wie eh und je weiterschreiben, so verwunderte mich auch das nicht unbedingt; das literarische Klima ist bei uns noch immer nicht günstig für Reifeprozesse, auch spornen die politischen Erzeugnisse unserer sozialdemokratisch engagierten Kollegen nicht eben zu produktiven Erwiderungen an. Der Schriftsteller, der hierzulande politisch wird, bedient sich unverzüglich aller fertigen Ausdrucksweisen, deren auch die Politiker sich bedienen. Man ist nur im literarischen Rahmen elitär, denn ins Politische gewendet, müßte man sich schon zugleich verständlich und exakt ausdrükken.

Ich lebe jetzt gut anderthalb Jahrzehnte in der BRD und betrachte die Vorgänge bei den Schriftstellern als seismographische Anzeigen für den gesamten Gesellschaftskörper. Lange Zeit deklarierte sich hier kein Autor offen als Kommunist. Das hat sich geändert. Vielleicht ginge ich, ohne meine konkreten Erfahrungen mit der Partei, ebenfalls zu den Kommunisten. Ich kann meinen hiesigen Kollegen nicht verübeln, wenn sie sich äußerlich-organisatorisch in Übereinstimmung mit der Pauschale ihrer inneren

Zustände bringen. Wer für moralische Fragen anfällig ist und sich einen Sinn für Gerechtigkeit zu bewahren trachtet, kann mit unseren Verhältnissen nicht einverstanden und mit unseren Herrschenden nicht in gutem Einvernehmen bleiben.

Allerdings polarisieren sich in West wie Ost gleichermaßen die Kräfte. Überall treibt das Vorhandene Oppositionen hervor. Der dogmatische Marxismus des Ostens führt die dortigen Opponenten leicht zum Abfall vom Marxismus, während der offizielle Antimarxismus im Westen den westlichen Oppositionellen das Bekenntnis zu eben diesem Marxismus nahelegt. Verblüfft blicken die östlichen, von Marx wegstrebenden Gesellschaftskritiker und die westlichen, zu Marx hinstrebenden Gesellschaftskritiker einander in die Augen. Stehen sie sich als Freunde oder Feinde gegenüber? Der äußere Anschein deutet auf Feindschaft, die innere Beziehung eher auf Freundschaft. Bei den östlichen Kritikern hat der staatlich verordnete Marxismus ein Überdruß-Syndrom geschaffen; sie können schon die Worte nicht mehr hören. Bei den westlichen Kritikern behielt der Marxismus seinen ursprünglich frischen und revolutionären Klang. Im Gespräch miteinander wirft jeder dem anderen vor, er leide an einem Mangel von Erfahrungen, die man selbst übergenug habe einstecken müssen. Der östliche Ex-Kommunist berichtet von seinen deprimierenden Erlebnissen in Arbeitslagern, mit der Bürokratie in Partei und Staat, der öden Nivellierung in Kultur und Wissenschaft. Der westliche Ex-Bürger und Neu-Marxist berichtet von der bedrükkenden Allmacht der multinationalen Konzerne und der neu aufkommenden Faschisierungsgefahr. Erbittert werfen sie einander Worte an den Kopf und leiden doch am gleichen Grundübel.

Ich habe Ost-Erfahrungen hinter mir und verstehe die östlichen Dissidenten gut. Ebenso sammelte ich im Westen Erfahrungen und begreife die westlichen Marxisten. Ich werde selbstverständlich nicht gegen meine kommunistischen Kollegen im BRD-Schriftstellerverband polemisieren. In der Kritik an den kapitalistischen Verhältnissen gehe ich mit ihnen meist konform. Hinsichtlich unserer Haltung gegenüber östlichen Dissidenten besitze ich jedoch einen Erfahrungsvorsprung, der mich daran hindert, vom Ex-Kommunisten wieder zum Partei-Kommunisten zu werden. Die Differenz beginnt dort, wo die entscheidende Linie verläuft, die Blutgrenze, die den Sozialismus vom Stalinismus scheidet. Irgendwie werden alle Staaten dieser Erde sich sozialistisch organisieren müssen, was heißt, die Interessen der Massen wahrnehmen und keine Gruppen und einzelnen auf Kosten der Massen bevorzugen. Die Gefahr liegt im Stalinismus, jenem Pendant zur Gefahr des Faschismus in den kapitalistischen Ländern. Der Faschismus ist immerhin noch bekämpfbar, man kann, notfalls die Länder wechselnd, den Kampf gegen ihn weiterführen. Stalinismus jedoch breitet sich über alle, einem gemeinsamen Bündnis angehörenden sozialistischen Länder gleichmäßig aus. Der Stalinismus läßt sich nicht von innen, aus den sozialistischen Ländern heraus bekämpfen. Die Sowjetunion war ihm ebenso verfallen wie Polen, CSSR, Ungarn, die DDR. Das Prinzip der Totalität und des Parteigehorsams macht Widerstand, ja schon Widerspruch gegen stalinistische Verunstaltungen unmöglich. An dieser Blutlinie scheiden sich die Geister. Der Widerspruch wird unlösbar.

Einige Worte muß ich hier zu denjenigen sagen, die, den Widerspruch in sich selbst tragend, die Blutlinie verinnerlichten und davon lebenslang nicht mehr freikommen. Ich rede von den Exkommunisten. Viel wäre hier zu berichten. Von der unerschöpflichen, unermüdbaren Menschlichkeit meines Freundes Erich Fried, diesem streitbar-friedlichen Kämpfer für eine bessere sozialistische Welt, die durch Poesie, Gerechtigkeit, Humanität ausgezeichnet sein sollte. Aber ich sehe auch das leidvolle, von schwerer Krankheit gezeichnete Gesicht von Julius Hay vor mir.

Auf der Tagung des Exil-PEN kam es 1972 in Regensburg zu einer dubiosen Szene: Die Teilnehmer saßen vor Beginn eines Essens zu Tische, an dessen Stirnseite Julius Hay Platz genommen hatte, der altgediente kommunistische Genosse und Revolutionär, dessen aufständische Menschlichkeit und Literatur als genau verfolgbare Spur aus der Zeit des Untergangs der k.u.k. habsburgischen Monarchie bis zum Petöfi-Club 1956 in Ungarn reicht. Hernach kam russische Haft und die Emigration nach Wien, wo er heute lebt.

Plötzlicher Applaus. Die meisten Exilisten erhoben sich und klatschten heftig. Da ich mit dem Rücken zur Tür saß, erkannte ich nicht recht, was geschah. Irgendeine Person, die mich entfernt an Hussein von Jordanien gemahnte, hielt ihren vielbejubelten Einzug und nahm endlich am Tisch Platz – hautnah neben Julius Hay. Jetzt erkannte ich den hohen Ankömmling, es war Otto von Habsburg.

Julius Hay saß während der Szene reglos, als nähme er nicht wahr, was geschah. Der große, schwerkranke, gealterte Dichter, vorhanden und doch nicht vorhanden, verhielt schweigend und zur Maske erstarrt, während der österreichische Thronanwärter neben ihm niedersaß, applausüberschüttet. Später kam, denn es konnte nicht makaber genug zugehen, noch der Fürst von Thurn und Taxis an des Habsburgers Seite. Auch ihm applaudierten die Claqueure.

Die wendigeren Geister unter den Anwesenden tuschelten. Die eben der CSSR entwichenen Autoren vermerkten beunruhigt, auf welche Weise hier die k.u.k. Fürstenherrlichkeit mit Ungarn, Österreich und Böhmen lemurenhaft zusammenfand.

Ich hätte in diesen Sekunden nicht in Hays Haut stecken wollen. Die Bitternis der Emigration konnte nicht bitterer werden als in dieser frechen Vergewaltigung eines in der Wolle gefärbten Revolutionärs. Der blasse Nachfahre jenes Wiener Kaisers, gegen den der Revolutionär Julius Hay 1918 auf die Barrikaden gegangen war, durfte sein Mütchen per Sitzordnung kühlen. Der Kaiserspróß, zu Stuhle gekommen neben dem grimmigsten Empörer, Stalin-Preisträger, ungarischen Staatsdichter, der sich hernach wiederum gegen Rákosi erhob, dafür abgestraft wurde und außer Landes ging. Wohin? Nach Regensburg an die Seite Otto von Habsburgs und des Thurn und Taxis-Fürsten?

Die revolutionäre Ehre des alten, müden, kranken Hay konnte auch diese Regensburger Tafelrunde nicht mehr beflecken. Aber ich erlebte einen kaum noch faßbaren Ansturm bitterster Gefühle, als der vormalige Stalin-Preisträger mit kaum vernehmbarer, brüchiger Stimme gegen den Kommunismus sprach. Welch eine Perversion von Politik liegt vor, wenn alte Genossen wie Julius Hay ihre Tage beschließen, indem sie in zitterndem Greisendiskant ihr Leben widerrufen müssen.

Es mag 1966 gewesen sein, als ich mit Arthur Koestler in München zusammentraf. Der Name dieses Mannes elektrisiert jeden Kenner der KP-Geschichte. Der Klassiker des Exkommunismus. Das Exemplar, das eine Gattung begründete. Mir war von Anfang an klar gewesen, spätere Exkommunisten wie ich müßten sich gerade von Koestler und seinen Analysen wie Kategorien distanzieren. Seine Größe hatte in der damals logischen Kehrtwendung gelegen, der abgesprungene oder ausgesonderte, vom Kommunisten zum Exkommunisten gewandelte Genosse wendete sich gegen den Stalinismus. Meine Generation dagegen mußte für den aus Sachkenntnis resultierenden Ausgleich sorgen, sollte der Krieg zwischen Kommunisten und Exkommunisten nicht in den Weltuntergang führen.

Wir saßen im Hotel BAYERISCHER HOF am Swimming pool. Die Sonne schien. Hier vom Dach des Hauses aus ging der Blick weit über die Stadt. Man war in die halbe Höhe der Türme gehoben. Föhn rückte die Alpen nahe. Ein Hotelmanager trat zu mir und verlangte mit wenig Aufwand an Höflichkeit, wir sollten den Raum verlassen. Ich vermutete ein Mißverständnis und suchte den Fall diskret zu klären. Der Zerberus blieb hart: »Die Beatles sind angekommen und wollen schwimmen. Kein anderer darf sich in diesem Raum hier aufhalten!«

In den Augen des Hotelangestellten glomm die vollkommene

Überzeugung von der Notwendigkeit seines Wunsches, der seiner gar nicht war, unser Abtreten aber verlangte wie Judith das Haupt des Holofernes. »Hier sitzt Arthur Koestler, ein in aller Welt berühmter Schriftsteller, wollen sie den wirklich so einfach rausschmeißen?« fragte ich, weniger von der Wirksamkeit meiner Argumente überzeugt als begierig, die Reaktion des Domestiken gänzlich auszukosten, der dann auch folgerichtig erwiderte: »Was kümmert mich Ihr weltberühmter Schriftsteller, wenn die Beatles schwimmen wollen?«

Wir verschwanden.

Einen aus der langen Reihe exemplarischer Exkommunisten muß ich hier noch erwähnen: Leo Bauer. Die Druckerschwärze der Nachrufe ist noch nicht getrocknet.

Leo Bauer ging als Kanzlerberater in die Annalen deutscher Geschichte ein. Als ich den legendären Kämpen 1961 in der Redaktion des »stern« kennenlernte, sah ich zuerst die tiefe Trauer, die ihn umschattete. Es gibt einen Augenausdruck, der sich nur bei im Zentrum getroffenen Exkommunisten findet.

Bauer galt als arroganter, schwer verträglicher und erträglicher Mensch, und manchmal war er das wohl auch. Er konnte sich von einem Augenblick zum andern aus dem guten Freund in den hartherzigen unbeirrbaren Apparatschik verwandeln, der er ja auch einmal gewesen sein muß. Doch welche Lasten hatte dieser Mann zu schleppen.

Die alten Emigranten, die vor Hitler nach Paris geflüchtet waren, kannten Bauer als geheimnisvollen Geldverwalter der KPF, der notleidende Genossen über Wasser hielt. Nach dem Krieg schaffte sich Bauer im Hessischen Landtag als KPD-Abgeordneter viele Feinde, ging dann in die DDR und wurde Chefredakteur im Rundfunk, bis ihn die Sowjets der Spionage für die USA verdächtigten, verhafteten, zum Tode verurteilten, zu 25 Jahren Lager begnadigten und nach Workuta schickten, von wo er zurückkehrte, als Adenauer von Moskau die Heimkehr der letzten Kriegsgefangenen und Häftlinge erreichte. Bauer wurde auf seinen Wunsch in die BRD entlassen, trat in die SPD ein und fand das Wohlwollen Herbert Wehners. In der stern-Redaktion hatte Bauer bald den richtigen Platz gefunden. Seine Nützlichkeit für die Illustrierte war ebensogroß wie diejenige für Wehner und die SPD.

Ein Mann mit seinen Erfahrungen und Verbindungen war unbezahlbar und unersetzlich.

Meine Zusammenarbeit mit dem *stern* und Leo Bauer dauerte nur wenige Monate. Ich schrieb eine Serie über Walter Ulbricht und erhielt dadurch Einsicht in das Material, das der *stern* mit seinen enormen Möglichkeiten beschafft hatte. Allerdings schrieb ich mich nur von Zusammenbruch zu Zusammenbruch voran und hielt die psychischen Belastungen dieser Art Auftragsarbeit kaum aus. Die Erfordernisse einer solchen Serie und meine inneren Schwierigkeiten paßten nicht zusammen, so daß ich direkt zur Zumutung wurde für die Redaktion; ich bewundere noch heute den stellvertretenden Chefredakteur Victor Schuller, mit dem ich neben Bauer am meisten zu tun hatte, daß er sich nicht weigerte, mit mir zu arbeiten. Wahrscheinlich war ich, ganz abgesehen von den politischen Dimensionen, für die Knochenmühle der Serienschreibe einfach nicht geschaffen. Zwar kann ich beinahe pausenlos Manuskripte liefern, doch nicht unter einem von den Rotationsmaschinen befohlenen Rhythmus, dem von außen kommenden Termindruck, auch brauche ich die Möglichkeiten fortgesetzter Korrekturen und Varianten, alles Dinge, die den Serienautor nicht kümmern dürfen.

Wir beendeten die Zusammenarbeit mitten in der Serie, die dann ohne meinen Namen weiterlief. Leo Bauer erschien um Mitternacht in unserer Kölner Wohnung – mit Koffer, in dem er die wichtigsten Materialien und Unterlagen abholte. Es befanden sich Aufzeichnungen von Herbert Wehner darunter, auf die Bauer besonderen Wert legte und jede Seite prüfte, ob auch alles vorhanden sei. Ich hatte mir Fotokopien angefertigt von diesen Texten. Da ich Wehner heimlich bewunderte, auch wenn ich politisch oft anderer Meinung war und dies sagte und schrieb, hätte ich nicht im Traum daran gedacht, davon etwas gegen Wehner zu verwenden. Nur mißfiel mir die Heimlichtuerei, mit der die Genossen Herbert und Leo die Wehnerschen Niederschriften umgaben. So forderten sie die Gegner geradezu heraus, über Wehner und seine kommunistische Vergangenheit zu giften. Eine rücksichtslose Offenlegung hätte diesem furiosen Politiker nur nützen können. Doch rate einer den oberen Funktionären, die doch per se alles besser wissen.

Unsere Wohnung mit dem Ulbricht-Material wurde mehrfach Ziel geheimnisvoller Geschäftigkeit. Namhafte Publizisten und politische Autoren aus aller Welt reisten an, Einblick zu erbitten. Mir wurde das bald zuviel, auch argwöhnte ich illegale Aktionen und hatte Grund dazu, was mich bewog, die wichtigsten Papiere, Wehners Aufzeichnungen darunter, außer Haus in Sicherheit zu bringen.

Wie gut ich daran getan hatte, zeigte sich bald. Wir fuhren zehn Tage in die Ferien; als wir zurückkehrten, war die Wohnung heimlich durchsucht worden. Unklar blieb, hatten sich hier östliche oder westliche Interessenten betätigt. Ich bekam die Nase solcher Vorkommnisse wegen bald gestrichen voll und war heilfroh, als ich die Serie los wurde.

Außerdem sah ich ein, daß wir über die wirklich wissenswerten Dinge, das Verhältnis Ulbrichts zu Stalin etwa, so schnell nichts Effektives herausbringen konnten; es gab darüber weder eindeutiges Material noch wirklich glaubhafte Zeugenaussagen. Gerade auf diese internen Vorgänge und ihre Interpretation aber hätte ich Wert gelegt.

Als wir dann in München wohnten, rief Leo Bauer eines Tages an. Er sei auf der Durchreise, habe kein Hotelzimmer bestellt, ob er eine Nacht bei uns bleiben könne. Er sprach seltsam unklar. Der Anruf wunderte mich. Seit Bauer zum Chefredakteur der »Neuen Gesellschaft« berufen worden war und überall als Kanzlerberater galt, hatte er sich mir gegenüber zurückgehalten, was ich verstand und akzeptierte, denn jetzt pflegte er hohe Freundschaften, wurde oft mit Grass gesehen und mußte vorsichtig sein; die alte Freundschaft konnte ihm politisch schaden.

Es war ein schöner sonniger Vormittag, ich ging auf Lauerstellung in den Garten und verschnitt die Rosen. Keine halbe Stunde später hielt Bauers Wagen auf der Waldtruderinger Straße. Die Gartenschere in Händen ging ich hinaus. Mein Besucher blieb auf der anderen Straßenseite neben seinem Auto stehen und blickte nach vorn Richtung Wasserburger Landstraße. Ich lief hinüber. Vorn an der Kurve parkte ein schneller BMW. Sieh dir diese Gehlen-Kameraden an! sagte Bauer. Wir gingen ins Haus. Kann ich hier verschwinden, ohne daß die Kameraden was merken? Ich begriff und hatte mir schon meinen Vers drauf gemacht. Seit

Wochen brachten die Zeitungen obskure Meldungen, wonach die SPD mit den italienischen Kommunisten Verbindungen aufgenommen habe und auf diesem Umweg mit der SED ins Gespräch kommen wolle. Dies lesend, hatte ich unwillkürlich an Leo Bauer gedacht, der nach wie vor zur KPI die besten Beziehungen unterhielt.

Wir bauten einen wunderschönen Türken. Ich öffnete die beiden hölzernen Flügel des wackeligen Gartentors, Bauer fuhr seinen Wagen herein und parkte sichtbar vor dem Haus, in das wir uns beide zurückzogen. Ich sammelte später gemächlich noch ein paar Gartenutensilien ein und hielt nach dem BMW Ausschau. Er parkte noch immer hundert Meter weiter vorn. Zwei ältere bullige Herren saßen im Wagen, ein jüngerer Mann schlenderte auffallend gelangweilt die Waldtruderinger Straße entlang.

Ich begleitete Bauer hinter dem Haus in den Dschungel, wie wir das Stück nannten, das im prächtigsten Wildwuchs prangte. Von hier gelangte er durch einen Zaun, dessen Latten man abheben konnte, ins nächste Grundstück und von dort auf die Parallelstraße. Ich hatte ihm beschrieben, wie er auf Umwegen zur Post käme, wo er sich von der öffentlichen Fernsprechzelle aus ein Taxi rufen und in die Stadt zum verabredeten Treff fahren könne.

Bauer kehrte kurz vor Mitternacht zurück. Mit dem Taxi. Der BMW stand noch immer in Lauerstellung. Die Kameraden von Gehlen werden nicht schlecht geflucht haben. Wir tranken eine Flasche Wein, redeten und gingen erst gegen Morgen zu Bett. Andern Tags fuhr Bauer nach Bonn zurück. Der Überwachungs-BMW stand nicht mehr in der Straße. Bauer sagte, er werde in Kürze nach Rom fliegen, da kämen die Gehlen-Kameraden dann wieder mit. Sie wüßten stets gut Bescheid und er könne sie immer nur für wenige Stunden abschütteln. Schade, sagte ich, daß wir in Rom kein Haus gemietet haben. Bauer hustete, er sah blaß aus und schien nicht in bester Form; hager und kränklich kam er mir vor. Das war nicht mehr der kräftige aktive Mann, den ich gekannt hatte. Wahrscheinlich wühlte die Krankheit schon in ihm. Wir beredeten zum letzten Male unsere alten Lieblingsthemen. Ich erkundigte mich nach Wehners Stimmungslage. Ob der antike Löwe die Bourgeoisie noch immer für unfähig halte, dem Kommunismus Widerstand zu leisten? Wenn es dem Bürgertum ans Leder geht, bleiben nur zwei Möglichkeiten – entweder faschisiert oder ergibt es sich! Das hatte Leo Bauer schon vor vielen Jahren als Wehners Meinung wiedergegeben. Ich pflichtete aus eigener Erfahrung völlig bei. Nur sah Wehner in einer aktivierten Sozialdemokratie die Rettung, und da blieb ich skeptisch. Das sozialdemokratische Selbstverständnis machte zu einschneidenden Reformen unfähig. So erstarrten die Besitz- und Produktionsverhältnisse, woraus folgen mußte, daß die Klassenkonflikte sich unvermeidlich zuspitzen würden, der Westen also auf die Dauer unsicheren Zeiten entgegen ginge.

Dann war da noch unser gemeinsamer Ulbricht-Komplex, von dem ich inzwischen aber fast genesen war. Bauer meinte, er könne bald exakt beweisen, daß Ulbricht in der Nazizeit Kommunisten im Reich ganz bewußt der Gestapo ans Messer geliefert habe. Es ging wieder um die Namenslisten, die im illegalen Apparat damals zirkulierten und auf denen die Genossen vor Abweichlern gewarnt wurden. Zwangsläufig kamen solche Listen auch den Nazis vor Augen, die somit zuschlagen konnten. Zugleich erwähnte Bauer, es gäbe jetzt eine verbürgte Quelle, wonach Ulbricht, als er 1938 von Paris, wo er die KPD-Westarbeit leitete, nach Moskau zum Rapport beordert worden war, in Haft genommen und erst auf nachdrückliche Intervention von Dimitroff wieder freigekommen sei. Die spätere Vasallentreue Ulbrichts gegenüber Stalin sei mit diesem Schock zu erklären.

Ich hörte mit Interesse zu, nahm mir auch vor, mit Leo Bauer bei passender Gelegenheit näher darüber zu sprechen. Daraus wurde dann nichts.

Im Frühjahr 1971 sah ich Bauer zum letzten Mal. Es war bei einer offiziellen Veranstaltung inmitten eines Pulks von Politikern und Leibwächtern, die Willy Brandt umgaben. Jemand winkte mir aus der Gruppe mit einer müden Bewegung zu. Beinahe hätte ich den Wink übersehen. Auch erkannte ich den Mann nicht gleich. Er war groß und hager. Erst im nachhinein wurde mir bewußt, daß dies Leo Bauer gewesen sein muß, nein, der Schatten Leo Bauers. Von seinem Tod las ich dann in der Presse.

Leo Bauer hatte, wie Herbert Wehner und andere Exkommunisten, viele Demütigungen hinnehmen müssen. Nur selten sprach er davon. Man beredet derlei höchstens unter guten Freunden. Ich selbst hatte mir gleich zu Anfang eine Art dicker Schutzhaut zugelegt, denn wer auf jede Demütigung reagieren wollte, verwandelte sich schnell in ein Nervenbündel.

Ein bezeichnendes Ereignis nur will ich berichten. Auf der Buchmesse 1966 kam ich an der Stelle vorbei, wo die Redaktion von »Titel Thesen Temperamente« emsig irgendeine Aufnahme vorbereitete. Ich war vielbeschäftigt und in Eile, mein Roman entwickelte sich zum Messeschlager und Bestseller; welcher Autor reagiert darauf schon ungerührt. Jedenfalls war ich in bester Stimmung, als ich Rudolf Walter Leonhardt von der ZEIT in die Arme lief, der mich bat, an einem Tisch vor der Kamera Platz zu nehmen. Ohne recht zu begreifen, was vorging, setzte ich mich, mehr gegen meine Absicht, denn andere Termine würden verstreichen, doch wagte ich nicht recht, Leonhardts Wunsch abzuschlagen, war zwischen uns nach langen Querelen doch eben erst ein erträgliches Verhältnis hergestellt worden.

Freilich kam jetzt die Fernsehaufnahme nicht zustande, es schien irgendwelche Hindernisse zu geben, von den vielen Autoren, die diskussionsbereit auf der Bank saßen, standen mehrfach welche auf, gingen weg, kamen zurück oder kamen nicht zurück, ich saß wie auf Kohlen und war hocherfreut, als der Leiter von TTT im Hessischen Fernsehen, Kurt Zimmermann, an mich herantrat und mich freundschaftlich-treuherzig bat, den Tisch zu verlassen, weil »einfach zu viele Schriftsteller« zu der Sendung geladen worden seien.

Erleichtert stürzte ich davon. Wochen später druckte *Neues Deutschland* eine Rede des DDR-Schriftstellers Dieter Noll ab, in der sich folgender Passus befand: »Der DDR-Schriftsteller als Persönlichkeit ist in der Bundesrepublik mehr und mehr und bald nur noch interessant, wenn er fest, prinzipientreu und selbstbewußt zur DDR und auch zur Literatur der DDR steht. Und beispielsweise empfand ich es als kleinen, aber wesentlichen Sieg, als das Hessische Fernsehen auf Kants und meine Weigerung, mit einem drüben lebenden Renegaten vor der Kamera an einem Tisch zu sitzen, nicht auf unsere Teilnahme verzichtete, sondern auf die Teilnahme des Renegaten.« (ND vom 5.11.66)

Ich hatte damals Kant und Noll weder gesehen noch überhaupt

gekannt und von einer Teilnahme zweier DDR-Autoren an der Sendung auch nichts erfahren, was wohl meine Schuld gewesen sein mag, denn ich war einfach zu stark mit meinen eigenen Vorhaben beschäftigt gewesen.

In der Zwischenzeit lernte ich Kant kennen, von Noll dagegen weiß ich noch immer nicht, wie er aussieht.

Nach Kenntnisnahme des ND-Artikels erkundigte ich mich, ob es sich bei dem fraglichen Sieg der DDR über einen Renegaten tatsächlich um mich handelte. Das war der Fall. Herr Zimmermann vom Hessischen Fernsehen hatte aus lauter Bildgeilheit den Protesten der beiden DDR-Autoren nachgegeben und mich mit einer Lüge zum Weggang veranlaßt. Daß ich selbst aus zeitlichen Gründen recht froh war, weggehen zu können, ändert nichts am Sachverhalt verlogener Taktik; ich war auf die miese Tour ausgebootet worden, und so durfte ich, der ich nicht die geringste Chance hatte, vor eine DDR-Kamera zu kommen, auch nicht vor die Kamera des Hessischen Fernsehens.

Es scheint so, daß die sowjetischen Kommunisten tun können, was sie wollen, es ist nie recht getan. Als sie ihren Juden die Ausreise nach Israel verweigerten, schrie alle Welt auf. Nachdem sie die Ausreise zunehmend gestatteten, reagierten die Araber böse, und in der westlichen Presse wird spekuliert, die bösen Russen wollten Israel kaputtmachen, indem sie einen Massenzustrom von Juden aus Rußland organisierten.

Verständlicherweise reagieren die betroffenen Sowjets auf die Bereitschaft des Westens zur ständigen Mißdeutung ebenfalls mit Mißdeutungen. Es käme deshalb darauf an, die Atmosphäre zu reinigen und das dumpfe Spiel ewiger gegenseitiger Verdächtigungen und Verleumdungen nicht mitzuspielen.

Ich fürchte aber, wir sind auf einen solchen inneren und quasi ethischen Widerstand nicht vorbereitet. Zwar fehlte es vorübergehend nicht an gutem Willen. Brandt fuhr zu Breschnew, Breschnew zu Brandt. Die Freundschaft schlug hohe Wellen wie der Wodka in den Trinkgläsern. Wahre Orgien von Toast-Galanterie erfaßten die Politiker wie rheinischer Karneval. Die Herren bekamen rote Nasen und große, leuchtende Augen, würzten ihre Reden mit anheimelnd-menschlichen Anekdoten und beschenkten und herzten einander gleich jungen Brautleuten. Es wurde schon unappetitlich, die Abküsserei mit anzusehen. Breschnew bekam auf dem Bonner Petersberg einen großen Mercedes geschenkt, setzte sich ans Steuer und havarierte im Rückwärtsgang, las man in der Presse und wünschte erst insgeheim, dann laut dem Sozialdemokraten mehr kapitalistische Härte und dem Bolschewisten ein wenig revolutionäre Würde. So kleinbürgerlich leutselig sollten sich die hohen Herrn nun auch wieder nicht geben. Die Luft der guten Stube, die über Bonn lag, verursachte noch dem Zuschauer vorm Bildschirm jenen aus Sauerstoffmangel und erstickendem Tabaksqualm resultierenden Reizhusten, das nervöse Ungemütlichkeitsbehagen der ungelüfteten Mief-Wohn-Zimmer mediokrer Spießer. Freundlichkeiten lagen auf den Gesichtern der Politiker wie Häkeldecken auf Tischchen und Kommoden.

Wie stets bei solchen hochoffiziellen Anlässen schwelgte unsere Presse in Hofberichten und nahm die Wirklichkeit einfach nicht wahr. Ja, wir haben eine alte große Tradition verlogener Hofberichterstattung. Die größten Lügen entstammen nicht den Aktivitäten der Berichte, sondern den Auslassungen. Erst hinterher, wenn der Wind sich etwas gedreht hat und die Staatsempfangsatmosphäre zurückverwandelt wurde ins allgemeine Klima nationalen Hochmuts und bürokratischen Hasses, entschlüpfen der Presse gleichsam nebenbei einige Wahrheiten. Ja, unsere führenden bürgerlichen Großpublizisten verfügen über die besten, geradezu genialen Zahnärzte, die ihnen die schönsten Gebisse einbauen, und immer einen Zahn zum Ausklappen dabei, damit von Zeit zu Zeit eine Wahrheit ausgespuckt werden kann.

Anfangs also waren sowohl Russen wie Deutsche, nein, einige Russen und einige Deutsche bereit, die Ära der Feindschaft zu beenden und eine neue Runde nicht der unbedingten Freundschaft, doch der offenen Fairness zu beginnen. Wer aber jahrzehntelang geübte, tief eingefressene Bräuche und Gewohnheiten überwinden will, muß sich energischer verändern. Was nützt es, von gegenseitiger Freundschaft und Kooperation zu sprechen und die gewaltigen, weitverzweigten Organisationen des Kalten Krieges intakt zu belassen.

Die Weigerung der Sowjetunion, mir ein Einreisevisum auszustellen, führte zu einem allgemeinen Rätselraten, schließlich gilt Zwerenz in der bundesdeutschen Literatur- und Politikszene als

Linker, andererseits ist er nicht einfach den Chaoten, Maoisten oder Trotzkisten zuzurechnen, was eine Visumverweigerung ja noch begreiflich machen könnte, bei den subalternen Beamten, die darüber zu befinden haben.

Ich selbst begann unwillkürlich in meiner Vergangenheit herumzustochern, und da läßt sich gewiß allerhand Bedenkliches aufspüren.

Da die Russen die Ablehnungsgründe nicht mitteilten, fahndeten insbesondere einige tüchtige Genossen der DKP danach.

Das muß man schmecken: Solange unsere Kommunisten verboten waren, ließen sie sich jeden Protest gegen das KP-Verbot von mir mit unterschreiben. Auch sonst kamen sie gern um Solidarität ein, die ihnen nie verweigert wurde. Jetzt verbreiteten Genossen vom *Kürbiskern,* Zwerenz sei ein kalter Krieger.

Ich frage zurück: Dürfen kalte Krieger nicht nach Moskau? Da ließe sich aber eine lange Liste von Namen vorlegen, die dem widersprechen.

Im übrigen leugne ich gar nicht, Ende der fünfziger, Anfang der sechziger Jahre manches an Anti-Stalinismus geschrieben zu haben, was sich bei einiger Mühe zum kalten Krieg uminterpretieren läßt. Ich war ein Vertreter des »Dritten Wegs«, wozu Kritik an Ost und West gehörte, was bei den Kritisierten naturgemäß Gegnerschaft einbringt. Allerdings habe ich auch damals nichts derart hart Anti-Kommunistisches von mir gegeben wie etwa Willy Brandt, Herbert Wehner, Rainer Barzel.

Doch vielleicht wollen die *Kürbiskern*-Genossen nicht anderthalb Jahrzehnte zurückgreifen? Da kursiert *sprit* Nr. 1, das erste *konkret*-Nachfolge-Blatt, in dem ich mich unmißverständlich gegen Berufsverbote und Schriftstellerverfolgungen in Ost und West ausgesprochen habe.

Daß der Sowjetunion dabei ein Unrecht geschähe, kann niemand behaupten. Die Kritik richtete sich mindestens ebenso an die eigene, die BRD-Adresse. Freilich wurde der Artikel gekürzt. Die gestrichenen Passagen waren aber ebensowenig antisowjetisch.

Übrigens ist die UdSSR natürlich ebenso berechtigt, Zwerenz nicht einreisen zu lassen, wie sich die BRD berechtigt fühlt, Ernest Mandel ihr Land zu verweigern. Bei meiner Kritik an der restriktiven Praxis der SU wäre mir wohler, würde gleiche Restriktion nicht auch von den Behörden meines Landes geübt. Also darf man sich mit beider Verhalten nicht abfinden. Im übrigen haben sich PEN-Zentrum und BRD-Schriftstellerverband auch schon gegen das Einreiseverbot für Mandel gewandt. Leider ohne Erfolg. Das spricht nicht für die Bundesrepublik.

Wir sollten uns hüten, von der Sowjetunion mehr Liberalität und Demokratie zu verlangen, als wir selbst geben wollen. Günter Grass etwa beabsichtigte, in der Parallele zu seinem Griechenland-Trip nach Moskau zu fahren und dort in der bundesdeutschen Botschaft eine Rede zu halten. Man stelle sich vor, die Sowjets wären so einfallsreich und kühn, ihren großen Schriftsteller und leider nicht weniger großen Stalinisten Scholochow in der deutschen Sowjetbotschaft am Rolandseck eine Rede für den Kommunismus und gegen die parlamentarische Demokratie halten zu lassen. Wie reagierten wir darauf?

Ich bleibe dabei: Was ich einem anderen zumute, sollte ich auch selbst aushalten wollen.

Ich begreife auch das sowjetische Mißtrauen. Es ist oft berechtigt. Nehmen wir nur ein Beispiel dafür. Von Zeit zu Zeit erscheinen in der westlichen Presse geheimnisvolle Meldungen über sowjetische Angriffspläne gegen China. Wer an solchen Artikeln interessiert ist, wem sie schaden und wem sie nutzen sollen, liegt auf der Hand. Selten aber kann der Flug einer Ente so deutlich verfolgt werden wie jetzt.

Am 9.8.1973 meldete die Deutsche Welle in ihren Russisch-Sendungen Aggressionsabsichten der Sowjetunion gegen China, wobei ein Bericht der britischen Zeitung *Daily Telegraph* als Quelle genannt wurde. Obskur wie diese Sendung war aber schon die Meldung der britischen Zeitung, die ihrerseits auf nicht nachprüfbaren Quellen beruht, denn selbst in der Funkansage heißt es höchst nebulos, die Nachricht über sowjetische Angriffsvorbereitungen gegen China sei »von einer offenbar gut unterrichteten hohen sowjetischen Persönlichkeit verfaßt und über einen Kontaktmann nach dem Westen gebracht worden«.

Roß und Reiter bleiben also ungenannt. Die ganze Aufmachung der Information deutet auf Geheimdienstaktivitäten, wobei völlig unklar ist, ob hier eine wirkliche Geheimdienstmeldung vorliegt oder eine geheimdienstliche Manipulation. Kann sein, ein in der Sowjetunion beheimateter Agent westlicher Geheimdienstorganisationen hat die Meldung verfaßt, kann auch sein, es handelt sich um geheimdienstliche Eigenfabrikation zur propagandistischen Beunruhigung des Gegners. Kann aber auch sein, eine Journaille hat sich etwas aus den Fingern gesogen. Überprüfbar ist hier gar nichts.

Nebulos wie die Zeitungsmeldung bleibt auch die Sendung der Deutschen Welle. Das angeblich in den Westen gelangte Material wird bald als Bericht, bald als Studie bezeichnet, erscheint erst als amtliches Papier hoher sowjetischer Dienststellen, dann wieder als die Darlegung eines Mitwissers, der wissentlich und willentlich Verrat übt, einen drohenden sowjetischen Angriff auf China zu signalisieren.

Die Sendungen der Deutschen Welle, die in der Sowjetunion nicht mehr gestört wurden, blieben nicht wirkungslos. Es gab Rückwirkungen über Hörerpost und politische wie diplomatische Kanäle.

In Köln platzte dem »Programmbeobachter« der Deutschen Welle denn auch der Kragen. Hermann Bortfeldt, alter Sozialdemokrat, flüchtete im Parteiorgan *Vorwärts* vom 13.9. an die Öffentlichkeit und beschuldigte führende Wellenmitarbeiter des Kalten Krieges und ostpolitischer Sabotage. Bortfeldt, an der Quelle sitzend, konnte schließlich die verheerenden Folgen solcher Tatarenmeldungen am genauesten einschätzen.

Aber wir haben bei uns eine Pressefreiheit, was Bortfeldt auch weiß, so daß man Meldungen einfach nicht verhindern kann, auch wenn sie vor übler Absicht gen Himmel stinken.

So fragte Bortfeldt ratlos, was geschehen soll: »Wenn einer dem Staate Schaden zufügt und auf den Frequenzen, die ihm zur Verfügung stehen, Raketen gen Osten schickt, die selbst Radio-Free-Europe-Leute erblassen machen? Wenn dieser Abteilungsleiter etwa ein Manuskript zur Sendung vorbereitet, in dem von ›Entwicklungen der jüngsten Zeit‹ die Rede ist, nach denen ›ein blutiger Krieg mit ungeheuren Verlusten an Menschenleben‹ bevorsteht? Wenn die Bevölkerung der Sowjetunion über ›Angriffspläne des Kreml‹ gegen China aufgeklärt und so im Namen der ›Stimme Deutschlands‹ in Angst und Schrecken versetzt werden soll?

Was dann? Es ist noch immer nichts zu machen. Wenn die Friedens- und Entspannungspolitik gegenüber dem Osten in den Sendungen nach Osten nicht vorrangig dargestellt wird – dann muß die Regierung eben auf Vorrang verzichten... Die Freiheit ist dermaßen unteilbar bei uns, daß sie dann, wenn jener Redakteur das Gegenteil tut und die Politik seiner Regierung madig macht, unterminiert und beschießt und riskiert, uns in außenpolitische Verwicklungen zu stürzen, nichts anderes bleibt als der Appell an den persönlichen Stolz: Nicht länger das Geld des Volkes zu nehmen, das falsch gewählt hat, sondern den Hut bei der ›Welle‹. Für den Kampf gegen die Koalition ist die innenpolitische publizistische Arena wahrhaftig breit genug und Springer und der *Bayernkurier* zahlen nicht schlecht.«

Die Antwort auf Bortfeldts Anfragen und Ratschläge kam postwendend. *Bayernkurier, Welt, Rheinischer Merkur, Deutsche Zeitung, Deutsches Monatsblatt* erkannten unverzüglich in großen Artikeln einen neuen SPD-Angriff auf die Pressefreiheit. Im Gegensatz dazu schwieg die liberale Presse. Entweder war der Vorfall ihrer Aufmerksamkeit entgangen, oder sie war durch gewisse andere tolpatschige Vorstöße der SPD auf dem Pressesektor derart verwirrt, daß sie dem Rechtskartell naiverweise abnahm, es handele sich tatsächlich um einen Angriff auf die Pressefreiheit.

In Wirklichkeit ging es um die Frage, ob gewisse alteingefahrene Praktiken politischer Greuelpropaganda weiter im Schwange bleiben. Der von Bortfeldt gemeinte Abteilungsleiter der Deutschen Welle, Botho Kirsch, steht daher stellvertretend für jene Mannschaft eiskalter Krieger, denen die friedliche Ostpolitik nicht paßt. Wogegen gewiß kein Kraut gewachsen ist. Fragt sich nur, ob sich diese Bundesregierung wirklich so in die falsche Ecke drängen und belämmern lassen muß. Keine auswärtige Macht nimmt der BRD-Regierung nämlich ab, daß sie so schmählich schwach ist, sich als zu schützende Pressefreiheit aufschwätzen zu lassen, was in Wirklichkeit handfeste Politik ist – gegen die Regierungspolitik, auf dem Umweg über einen staatlichen Sender und eine wichtige auswärtige Macht.

Wir Einfaltspinsel wundern uns manchmal über uns unverständliche sowjetische Aktionen. Tatsächlich mag es sich oft um Reaktionen handeln. Die Provokateure sitzen bei uns in Amt und Würden.

Nehmen wir einmal an, es gibt solche Überbleibsel auch auf der anderen Seite, dann können diese verknöcherten Türkenbauer und Entenzüchter gemeinsam alle guten Ansätze einer Verbesserung in den gegenseitigen Beziehungen zunichte machen. Jeder schreit dabei getroffen auf, schiebt dem anderen die Schuld an der Verschlechterung zu und entdeckt vor lauter Gutgläubigkeit immer nur den Splitter im Auge der anderen Seite, nicht aber den Balken im eigenen Auge.

Es ist sicher notwendig, bei Ost-West-Konflikten zwischen primären Vorgängen und jenen Folge-Erscheinungen zu unterscheiden, die daraus resultieren, daß sich auf beiden Seiten Interessengruppen und um ihre bei Konflikt-Abbau gefährdeten Pfründen besorgte Bürokratien gegenüberstehen. Die Sekundär-Konflikte sollten bereinigt werden können, wenn beide Seiten es nur ehrlich und nachhaltig genug wollen. Die Bereinigung der Primär-Konflikte dagegen setzte auf beiden Seiten gewisse grundsätzliche und qualitative Veränderungen voraus. Ich zweifle daran, ob das genügend Menschen wirklich und ehrlich wollen.

Es gibt in der BRD eine ganze Anzahl von Schriftstellern, Wissenschaftlern, Künstlern, die früher Kommunisten oder doch DDR-Bürger waren. Die Frage ist, ob hier eine Grenze gezogen werden soll und die Sowjetunion die Bundesbürger einteilen will in zwei verschiedene Kategorien, in solche, die ihr genehm sind, und in andere, die ihr nicht genehm sind.

Eine Anzahl dieser vormaligen DDR-Bürger und jetzigen BRD-Bürger werden in den sozialistischen Ländern zu lebenslänglichen Unpersonen. Ihre Bücher gibt es nicht, und das gilt als selbstverständlich, wiewohl es lebenslänglich deklassierend gemeint ist. Ihre Namen werden in den Literaturgeschichten und Lexika verschwiegen. Diese Unpersonen erhalten nur dann für einen kurzen Moment Name und Existenz zurück, wenn sie polemisch angegriffen werden sollen. Unpersonen, die hin und wieder vielgenannte Lieblingskinder kommunistischer Presseorgane werden, haben sich gemeinhin tatsächlich jener antikommunistischen Hetze schuldig gemacht, die die kommunistischen Genossen von ihnen erwarten. Bleibt aber einer der Ex-Genossen den Kalten Krieg schuldig, so wird er auch nicht durch Namensnennung zum Leben erweckt.

Ich verstehe durchaus, weshalb einige meiner Leidensgefährten und ich für die sozialistischen Länder des Ostblocks eine solche Verlegenheit darstellen. Eben weil wir uns nicht willfährig zu Kreaturen des Antikommunismus machen ließen.

Ich habe mit dem Kabarettisten Conrad Reinhold, auch er ein Ex-DDR-Bürger, 1969 die »Aktion Anerkennung der DDR« ins Leben gerufen. In der DDR wurde darüber berichtet, aber die Namen der beiden Initiatoren durften nicht genannt werden. Selbst aus den Funk- und Fernsehsendungen liquidierte man uns. Wie konnten auch zwei DDR-Flüchtlinge die DDR-Anerkennung fordern?

Gewisse logische Verhaltensweisen strapazieren zu stark das ideologisch präformierte oder deformierte Verständnis von Politikern.

Die Aktion Anerkennung erbrachte in der DDR, was uns anging, Verwirrung, und in der BRD Feindschaft. Andererseits unterstützten uns viele BRD-Kommunisten, die aber sind mir nun jetzt wiederum sehr böse, wenn ich ihnen bedeute, daß ich in der BRD keine DDR-Verhältnisse haben möchte.

Also sieht man, Unpersonen sorgen nur für absolutes Durcheinander. Ich erkläre deshalb klipp und klar: Ich denke nicht daran, gegen die Errungenschaften des »realen Sozialismus« im Osten und insbesondere in der DDR zu polemisieren. Ich wünsche weitere Erfolge.

In der BRD aber arbeite und fechte ich für einen anderen Weg zum Sozialismus. Ich bin hier gegen die Diffamierung und Unterdrückung von Kommunisten, aber ich bin kein Kommunist und wende mich gegen die Version des kommunistischen Schemas von Stalin, auch einzelner Ausprägungen bei Lenin. Die Diktatur des Proletariats führt zum Archipel Gulag, aber nicht zum Sozialismus.

Wenn sich daraus Reibungen und Differenzen, auch ideologische Konflikte ergeben, so ist das nur normal. Wenn sich jenseits der Konflikte punktuelle Bündnisse ergeben, so bin ich dafür, denn ich bin kein an die Disziplin der Parteilinie gebundener Sozialdemokrat. Wenn dies aber auch ausreicht, aus mir eine lebensbedrohende Gefahr für den realen Sozialismus im Osten zu machen, so kann ich diesen nur bedauern. Ich hatte ihn für stärker gehalten.

Ich muß daraus entnehmen, die Vertreter des realen Sozialismus wollen nur mit Gesinnungsgenossen verkehren, und allenfalls noch mit ideologisch unschuldigen, politisch naiven Bürgerseelen. Dazu aber braucht es keinen Kulturaustausch zwischen den Ländern. Das kann die SU billiger haben.

Als ich in die BRD kam, wurde ich von der Zeitschrift »konkret« sofort wütend befehdet. Ich wußte nicht, daß der Herausgeber und Chefredakteur Klaus Rainer Röhl damals noch KP-Mitglied war, und wunderte mich ganz naiv über die Angriffe. Da ich mich nach wie vor als Linker verstand, stimmte ich mit vielen Forderungen von »konkret« überein. In der Anti-Notstandskampagne, der Anti-Atombewegung, im Kampf gegen den Vietnamkrieg und der Befürwortung einer DDR-Anerkennung gab es keine prinzipiellen Differenzen.

Das fiel manchmal einigen Mitarbeitern der Zeitschrift auf. Im Sommer 1960 schien sich Änderung anzubahnen. Jürgen Manthey erbat einen umfangreichen satirischen Gedicht-Zyklus. Er wurde gesetzt, ich erhielt die Fahnen, brachte Korrekturen an. Doch die Gedichte erschienen nie in »konkret«. Röhl, vorübergehend verreist, war zurückgekommen und hatte die Eigenmächtigkeit des Mitarbeiters korrigiert. Über ein Jahr lang gab es wieder wütende Angriffe. Herbst 1961 kam mein Buch »Ärgernisse – von der Maas bis an die Memel« heraus. »konkret« brachte eine aufgeregte Besprechung, in der sich alte Feindschaft und spontane Verwunderung, ja fast Bewunderung ob der unorthodoxen Darlegungen aufs possierlichste mischten.

Im Frühjahr 64 trennten sich Klaus Röhl und seine Frau Ulrike Meinhof von der KPD und führten »konkret« als unabhängiges Blatt weiter. Jetzt hätte sich eigentlich die Haltung »konkrets« zu mir radikal ändern müssen. Dennoch blieb sie zwiespältig.

Sebastian Haffner, seit 1964 Mitarbeiter von »konkret«, verfaßte 1966 eine umfangreiche, sehr positive Besprechung meines Essay-Bandes »Walter Ulbricht«. Im gleichen »konkret« erschien auch, von einem der üblichen Subalternen verfaßt, eine Rezension meines Romans »Casanova oder der Kleine Herr in Krieg und Frieden«, natürlich ein absoluter Verriß. Diese Karikatur eines Kritikers entblödete sich nicht, zu verkünden, der Roman sei »wie alle Bücher von Zwerenz« nichts wert. Ein solches Urteil, im selben Heft publiziert mit der positiven Besprechung durch Haffner, befremdete außerordentlich. Die KP-Abhängigkeit war zwar nicht mehr vorhanden (1965 schon solidarisierte sich Röhl in einem offenen Brief an das NEUE DEUTSCHLAND mit Biermann und verurteilte den Stalinismus), aber immer schienen mehrere Linien in Hamburg um die Macht zu ringen. Entweder Röhl hatte mehrmals seine Meinung geändert oder konnte sich zu diesem Zeitpunkt nicht mehr durchsetzen.

Im Lauf der Jahre wurden in der Redaktion neue Mitarbeiter tätig. Interne Auseinandersetzungen und Kämpfe ließen die alten Differenzen vergessen. Bald wurde ich um diesen, bald um jenen Beitrag gebeten, bis ich relativ oft Artikel in dieser Zeitschrift publizierte.

Als »konkret« von seinen Redakteuren übernommen wurde, brach mein Kontakt wieder ab, doch Röhl gründete eine neue Zeitschrift, erst »sprit«, dann »das da« genannt, und jetzt stand ich sogar im Impressum als »fester Mitarbeiter« vermerkt.

Ein wirkliche Aussprache zwischen Röhl und mir hat es nie gegeben. Wir trafen einander einige Male, ich besuchte auch mehrfach die Hamburger Redaktion, doch ging es dabei stets nur um aktuelle Arbeitsprobleme, nie ums Prinzipielle, schon gar nicht um Aufklärung der zurückliegenden bösartigen Feindschaft. Sie endete so ungeklärt und unvermittelt, wie sie begonnen hatte.

Kurioserweise verkehrten sich nun auch andere Fronten. Manche Kommunisten, die mich vor Jahr und Tag mit Röhl und in seiner Zeitschrift befehdet hatten, verübelten mir jetzt meine Bereitschaft, in Röhls neuem Blatt mitzuschreiben.

Offensichtlich war Röhl nun völlig dem kommunistischen Einfluß entlaufen, während die jetzt in »konkret« tonangebenden Redakteure als KP-näher anzusehen sein mochten.
Vom neuen »konkret«-Stab verlangte zunächst niemand einen Artikel von mir.

Schließlich redeten zur Buchmesse 1973 zwei Redakteure mit mir, erklärten alles als Versehen und bestellten eine Besprechung. Ich hatte zunächst wenig Lust, lehnte aber auch nicht glatt ab. Die beiden Zeitungsmacher wirkten recht niedergeschlagen und depri-miert. Wahrscheinlich stockte die Arbeit an der Zeitschrift wegen rückläufigen Verkaufs. Ich bin empfindlich, gehts um Schwierigkeiten bei Schreibenden. Meine eigenen üblen Erfahrungen sind so traurig, daß mich jeder dauert, der Schreib- und Publikationsprobleme hat, das mag mir mancher als Schwäche oder Dummheit auslegen, doch kann ich's ebensowenig ändern, wie ich es ändern will.

Ich rezensierte auf nochmalige schriftliche Aufforderung hin den Karsunke-Band über Bachmann und Liston, doch erschien die Arbeit dort nicht mehr, »konkret« ging in Konkurs.

Bei aller Sympathie für die nun arbeitslosen Journalisten und sonstigen Mitarbeiter der Zeitschrift verstand ich auch den Triumph Röhls, der das Desaster vorausgesehen hatte. Immerhin war sein »konkret« achtzehn Jahre lang erschienen und trotz mancher Klippen nie untergegangen.

Ob sein neues Blatt sich lange hält, steht dahin. Ich hoffe aber für Röhl und schreibe auch für ihn. Wenn ich an die alte, zehn Jahre zurückliegende Feindschaft denke, schmerzt michs heute noch. Ich trage aber Röhl deshalb nichts nach. Wir leben, wie Nadeschda Mandelstam sagt, im »Jahrhundert der Wölfe«. Wie könnten wir freibleiben davon.

Kurioserweise nahm nun Moskau gerade an dem Artikel Anstoß, den ich für Röhls erste Neugründungsnummer »sprit« geschrieben hatte. Hier bewahrheitet sich wohl wieder einmal der alte Satz von Ignazio Silone, wonach der letzte Kampf zwischen Kommunisten und Ex-Kommunisten stattfinde. Es sollte ein lediglich geistiger Kampf sein, eine Auseinandersetzung zum Nutzen des Sozialismus.

Wagen wir also die Gegenprobe des dialektischen Widerspruchs. Die schmähliche Selbstgewißheit, die die Taten des Gegners mit der Elle der Moral, die eigenen Taten aber allein mit der Elle der Nützlichkeit mißt, verrät ein Zuviel an Naivität oder Egoismus. Beides wäre literarischer Frevel, der den Wert eines Buches um das minderte, was ihn ausmacht. Nur wo die gegnerischen Parteien mit gleichen Chancen ausgerüstet werden, erhält Literatur ihren Wert zurück. So besticht an der Wendung des bei Hegel gehandhabten dialektischen Dreisatzes ins Subjektive weniger das zum Manipulationsinstrument in Händen der Obrigkeiten geschrumpfte System der Selbstkritik als vielmehr deren geschichtsträchtige Verwirklichung. Stalin verwandelte die Tscheka aus einem Instrument des Roten Terrors, das die Revolution gegen die Konterrevolution verteidigte, in die blutrünstige GPU und den genickschüssigen NKWD, das Schwert des Roten Terrors fuhr selbstkritisch in die eigenen Leiber. In Tausenden von Verwaltungsakten, die in einer Anzahl weltberühmter Schauprozesse mündeten, verschlang die Partei sich selbst, vorweg die Kämpfer der ersten Stunde. Nie verwirklichte Selbstkritik sich mehr als in den Gerichtsanklagen Wyschinskijs und hernach vor den Erschießungspelotons, die eine Ladung Blei in die Herzen und Hirne der alten Leninschen Kampfgenossen schickten, die Revolutionäre zu vernichten, auf daß die Revolution, die auf den Vornamen Wissarionowitsch hörte, überlebe. Wie könnten wir die Selbstkritik schuldig bleiben, da die Bolschewiki sie so reichlich spendeten. So sei zugegeben oder doch in Erwägung gezogen, daß vieles, was ein einzelner tat, wenn nicht alles, bis auf einen winzigen, doch granitenen Rest, falsch gewesen sein könnte. Der Mensch ist armselig, schwach und voller Irrtum. Vielleicht hätte ich im August 1944 nach dem Anschauungsunterricht in Warschau nicht zur Roten Armee überlaufen, sondern, den deutschen Truppen zugehörig, Warschau mit vernichten sollen. Oder ich hätte mich in den sowjetischen Gefangenenlagern besser der ANTIFA-Organisation angeschlossen, um von hier ins Funktionärskorps der SED aufzusteigen. Endlich wäre ich wohl klüger beraten gewesen, bei der Volkspolizei zu bleiben, in welcher Armee meine damaligen Genossen inzwischen hoch aufsteigen durften, zwei bis zum General. Falsch war auch, daß ich die Ingenieurschule Zwickau verließ, ich könnte dort heute Direktor sein und den Arbeiter-und-Bauern-Staat lauthals dankbar loben und loben lassen. Weil ich aber schon zur Universität ging, so lag mein Fehler in dem Eifer, mit dem ich dem Philosophen Ernst Bloch lauschte, und in der Weigerung, gegen ihn aufzutreten. Mit Sicherheit unterlief mir ein gravierender Fehler, als ich in den Wirren der Jahre 1956/57, nach dem ungarischen Oktober also, nicht die Partei so vertrat, wie die Genossen um Walter Ulbricht es verlangten, die sich wiederum durchsetzten, wenn auch erst nach längeren Auseinandersetzungen, sondern statt dessen starrsinnig auf meinen vorher geäußerten und niedergeschriebenen Meinungen beharrte, mich derart mit anderen vom Gros der Partei abfraktionierte und also der anlaufenden Bereinigungswelle anheimfallen mußte. Falsch waren sicher oder möglicherweise viele, wenn nicht alle meine damaligen Handlungen und Haltungen, begonnen mit der ersten Handlung, die darin besteht, geboren worden zu sein, was ja eine gewisse anteilige Mitwirkung nicht ausschließt: Hört, ich bin bereit und willens, meine Sünden auf mich zu nehmen und zum selbstverurteilenden mea culpa, mea maxima culpa anzutreten, bereit zur effektiven Selbstkritik und deren Realisation, die mindestens im nachhaltigen Rückzug aus aller Politik wie meiner zukünftigen völligen Nichteinmischung besteht, wenn mir die Genossen von den Machtpositionen und Spitzenfunktionen nur plausibel machen möchten, wie es in jenem einzelnen und letzten Fall zugehen mag, in dem ich meine Schuld aus eigener Gedankenstringenz und Logik auch bei äußerster, höchster Anstrengung nicht bekennen kann. Ich will, aus Gründen besserer Verständigung, einmal annehmen oder zugestehen, die Periode des Personenkult genannten und, wie ich allerdings meine, damit verniedlichten, fragmentierten Stalinismus sei in den östlichen Ländern des realen Sozialismus überwunden. Wie denn aber, so bliebe zu fragen, konnte das Monster erstehen? Waren den Genossen oben wie unten in Partei und Gesellschaft nicht alle Hände gebunden, daß sie Widerstand nicht zu leisten vermochten, weil die Struktur der Partei dazu keine Gelegenheit ließ? Vernichtet wurden diejenigen, die zu widerstehen suchten, und existierte ihr Widerstand auch nur als winzige kleine Abweichung, vielleicht hinsichtlich der ästhetischen Betrachtung eines Bildes, vielleicht als bloße Energiezuckung in den Ganglien. So die geringste Abirrung aufgespürt wurde, war der Staatsanwalt zur Stelle, wo nicht gleich der Exekutor. Dermaßen, da der Stalinismus sich in einem Lande, getarnt als Sozialismus in einem Lande, festsetzte, setzte er sich anschließend in jenen anderen Ländern fest, deren Sozialismus die Rote Armee einbrachte. Die innere Wehrlosigkeit des Sozialismus gegenüber seiner Entfremdung, Entstellung, Verwerfung zum Stalinismus konstatierend, bleibt zu fragen, was denn in Theorie und Praxis gegen die Wiederholung als Sicherheit angeboten werden könnte. Wo sind, in marxistischer Theorie und Praxis, jene grundlegenden Änderungen eingefügt worden, die einen neuerlichen

Stalinismus oder dessen veränderte Kostümierung verhindern können?

Wie ein metallener Reifen die Dauben des Fasses zusammenhält, so sitzt der eiserne Reif der Totalität um den Kopf des Genossen, seine Stirn umfangend, damit nur ja nicht der geringste Gedanke an ein Widerspruchsrecht daraus hervortrete. Der totale Anspruch der Partei auf Gehorsam liefert die unteren Parteimitglieder stets auf Gedeih und Verderb den oberen Genossen aus. Die Machtfragen, die im obersten Gremium oder obersten Kopf formuliert, gelöst oder ungelöst bleiben, legen alle anderen Gremien und Genossen auf das eine Kommando fest. Lebt, wie zuletzt Wissarionowitsch, ein von Angst und Macht trunkener Irrer an der Spitze der Partei, sie diktatorisch als Ein-Mann-Unternehmen leitend, materialisieren sich seine wahnwitzigen Einfälle und Ängste durch die gesamte disziplinierte Partei hindurch zum offenbaren Irrsinn eines überdimensionierten Irrenhauses, doch keiner darf's sagen, wer's dennoch sagt, wird fort- oder abgeschafft, und eine zu jeder Schandtat bereite Intelligenzgarde sondert jederzeit genügend finstere Charaktere ab, die die nötigen ideologischen Begründungen dafür liefern und als Dank Orden und Lehen erhalten, bis der Irrsinn auch sie umfangen hält.

Aber auch in weniger katastrophalen Zeiten, wenn die Macht nicht auf zwei Augen beruht, sondern hinter mehrere Stirnen verlagert ist, ändert sich nichts am absoluten Kadavergehorsam innerhalb der Parteiorganisation, zumal die Beschlüsse des obersten Gremiums nicht durchsichtig gemacht werden. Lenin noch lebte in der Einheit von Theorie und Praxis. Was der junge Sowjetstaat dekretierte, dachte der Theoretiker öffentlich vor. In Lenins Schriften wurden Lenins Überlegungen klar und einsichtig, die nachvollziehend ein abwägendes Erkennen ermöglichen. Auch wer diesen oder jenen Schritt Lenins als Fehler einschätzt, kann doch Einsicht in die Umstände nehmen. Stalin versuchte diese gute alte marxistische Tradition anfänglich fortzusetzen, sie wie den gesamten Marxismus denunzierend, sich bald in unheilverkündendes brütendes Schweigen hüllend. Ihm folgte der gutwillige, impulsive Chruschtschow nach, dem es an intellektueller Kraft fehlte, die Praxis theoretisch aufzuhellen. Unter seinen Nachfolgern wiederum scheint die Notwendigkeit nicht einmal mehr begriffen zu werden. Die Handlungen von Partei und Staat erfahren durch die Herrschenden keine Reflexion. Dargelegt wird nichts, aber alles diskreditiert, und für die anfallenden theoretischen Schreibarbeiten hält man sich, wie im Westen, eine Klasse mehr oder minder willfähriger Propagandisten, die von Fall zu Fall nach den passenden Zitaten suchen. Auch wo sie nicht passen, haben sie geglaubt zu werden. Die Minderheit, die abspringt vom großen Kirchendach, verdammt sich zur Unperson, es sei denn, einigen wenigen gelingt es, Verbindung zum Westen aufzunehmen, dann kehren ihre Namen auf dem Umweg über den bürgerlichen Westen mit Schimpf und Schande in die Zeitungen des Ostens zurück. Denn wer den eisernen Faßreif von seiner Stirn abstreift, der hat auseinanderzubrechen, wie die Partei befiehlt.

Es muß aber ein Recht geben, das den einzelnen Genossen schützt. Er darf nicht gezwungen werden, der Partei immer zuzustimmen. Er hat ein Anrecht auf abweichende Meinung und kann beiseitestehen, ist ihm eine Aktion der Partei nicht einsichtig. Denn die totale Disziplin, der jesuitische Anspruch der Organisation auf unbedingten Gehorsam, sie bergen beide die Gefahr zur stalinistischen Entfremdung. Wenn niemand widersprechen, niemand widerstehen und noch nicht einmal widerdenken darf, liegt die Partei ihren obersten Führern, wenn nicht einem einzigen obersten Führer wehrlos bis zur Vergewaltigung ausgeliefert zu Füßen. Es kann nicht Sinn der progressiven Gesellschaftsentwicklung sein, die Macht über das Wohl und Wehe dieser Erde den Anfälligkeiten einer feudalistisch-alleinherrschenden Majestät zu überantworten. So dies aber doch behauptet wird, entfallen alle politischen wie sittlichen Gründe zum Engagement.

Nachbemerkung

Dieses Buch richtet sich mit seiner Kritik an die DDR nicht wie sie ist, sondern wie sie gewesen ist. Inwiefern sie aber nicht mehr ist, was sie gewesen ist, muß sich auf Dauer erst noch erweisen.

Ursprünglich waren diese autobiografischen Texte geschrieben und weggeschlossen worden für eine viel spätere, vielleicht postume Veröffentlichung. Es zeigte sich aber, daß ein autobiografisch schreibender Autor seine Jugendzeit und bestimmende frühe Erfahrungen nicht einfach aussparen kann. Auch brachten die letzten Jahre Ereignisse, die den Autor zu öffentlichen Stellungnahmen zwangen. Wollte er den Hintergrund, seine früheren Erfahrungen, Konflikte und Prägungen verschweigen, förderte dies nur weitere Mißverständnisse. So mußte dieses Manuskript zu Ende geführt werden, auch wenn Freunde und Bekannte, die der kommunistischen Seite zuneigen, nicht erfreut reagieren, denn es zielt über die Widersprüche im Kapitalismus hinaus auf die des Sozialismus, der einen freien Menschen postuliert, aber noch nicht aushält.

Wer die antisozialistische Pauschalkritik Solschenizyns nicht akzeptieren will, muß sich auf die innersozialistische Analyse einlassen. Der Autor dieser Zeilen ist der pauschalen Kritik ebenso abhold wie der reinen Spekulation. Seine kritischen Reflexionen nehmen die konkrete Erfahrung, das erlebte Begebnis zum Anlaß. Insofern bleibt der Bericht Erlebnisliteratur, autobiografische Sichtung, deren Subjektivität der Verfasser zu verantworten hat. Das Objektive aber in den Erlebnissen hat er keineswegs zu verantworten, wobei ein zweites Kuriosum noch hinzutritt: Erlebt werden konnten diese Dinge nur in der realsozialistischen DDR, wo sie aber nicht analytisch formuliert und gedruckt werden durften und dürfen. In der Bundesrepublik dagegen kann derlei gedruckt, aber nicht erlebt werden. Bleibt auf ›*Kopf und Bauch*‹ zu verweisen, ein früheres Buch des Autors, das allerdings kein »autobiografischer Bericht«, sondern ein »autobiografischer

Roman« ist, was heißt, im Zweifelsfall kommt dem jetzigen Bericht mehr Authentizität zu als dieser erzählenden Form des Romans. Ausgenommen sind allein die Kapitel über den Philosophen Ernst Bloch, die in ›*Kopf und Bauch*‹ den gleichen authentischen Charakter haben wie jetzt im Bericht. So konnte, was in jenem Buch darüber steht, in diesem ausgespart werden.

Kommen wir zum Verhältnis des Autors gegenüber der DDR, dessen Haß-Liebe-Komponente wohl vorhanden ist, bei der Niederschrift aber ins Objektive stilisiert wurde. Seit dem Übertritt im Jahre 1957 von der DDR zur BRD besitzt der Autor einen westdeutschen Paß, betrachtet sich aber ebenso und gleichzeitig als Teil der DDR-Literatur. Die üble Nachrede des Renegatentums, von Dieter Noll 1966, von Erik Neutsch 1973 im Parteiorgan ›*Neues Deutschland*‹ erhoben, wäre zurückzugeben an jene, die sich stets in blinder Unteroffiziersübereinstimmung mit ihren Kommandeuren befanden. Es ist schlechterdings nicht einzusehen, weshalb ein Zwerenz, der, seinen Kämpfen gegen den Stalinismus zufolge, SED und DDR verlassen mußte, ein Renegat sein sollte, während die Nutznießer und opportunistischen Mitläufer Stalins es nicht seien. Ich meine, der erstrittene Übergang vom parteiorthodoxen Kommunisten zum parteilosen Sozialisten ist weniger Renegatentum, wenn nicht dessen Gegenteil, als die widerspruchslose Einordnung in die stalinistische Phalanx. Doch soll die Entgegnung lediglich rhetorische Übung, nicht wahrer Streit sein, der von meiner Seite jedenfalls verweigert wird, wie die kontinuierlichen Ausfälle in der Parteipresse von mir unerwidert blieben. Der Angegriffene antwortet, indem er seinen Anspruch auf DDR-Bürgerschaft erhebt. Warum soll es keine Doppelstaatsbürgerschaft geben. Man kann das BRD-Grundgesetz und die DDR-Verfassung im jeweiligen Geltungsbereich gleichzeitig achten. Die notwendigen Loyalitäten sind erbringlich, ausgenommen eine Knechtschaft, die darin bestünde, eigene, schwer erarbeitete Meinungen, Resultate von Reflexion und Analyse, zu verleugnen. Zugegeben, BRD wie DDR sind sehr verschiedene Gesellschaftsformen, doch die Literatur muß hier wie dort ihre Kritik leisten können und dürfen. Es muß mit möglich sein, mich über die Vorgänge in der DDR ebenso kritisch zu äußern, wie ich das gegenüber der BRD tue. Soviel Loyalität muß ein Staatswesen seinen Bürgern gegenüber aufbringen, verlangt es von ihnen die Loyalität von Staatsbürgern.

Ich fühle mich der BRD zur Fairness verpflichtet, denn sie nahm mich als Bürger auf, als ich die DDR verließ. Doch in der kapitalistischen BRD war der Sozialist Zwerenz bald von allen guten Geistern verlassen. Angesichts der kapitalen Feindschaft und zunehmenden, systemimmanenten Fremdheit, in die er geraten ist, erinnert er sich dankbar der Förderungen, die er vor seinen Konflikten mit der SED von ihrem Staat erhalten hat, nicht als Individuum, aber als Angehöriger der Arbeiterklasse. In der BRD hätte der Arbeiter Zwerenz weder studieren noch Schriftsteller werden können. Beides gestattete ihm die DDR, und diese Erfahrungen gehören zu dem Fundus, den die späteren Konflikte nicht zerstörten. Das Grundsätzliche im Sozialismus, das auch unter Stalin nicht erstarb, schafft Gemeinsamkeiten. Die SED mag das ablehnen, doch ihre Feindschaft gegen alle, die im Inneren wie Äußeren nicht ihre Feinde sein wollen, aber die Verfremdungen, die der Sozialismus erfuhr, nicht zu akzeptieren vermögen, diese Feindschaft ist das Kainsmal ihres schlechten Gewissens. Es gehört zur Bewältigung der stalinistischen Vergangenheit, die Kritiker sozialistischer Selbstentfremdung als das zu nehmen, was sie sind: Analytiker von Zuständen, die sozialistisch firmieren, aber ungerechter und ungerechtfertigter Massenterror waren. Zwerenz beharrt darauf: ›*Der Widerspruch*‹ ist Teil der DDR-Literatur. Weil das Buch nicht in der DDR geschrieben werden konnte, wurde es außerhalb geschrieben. Warum aber sollte die DDR der einzige Staat in der Welt sein, der eine auswärtige Literatur im Sinne von außerhalb seiner Grenzen wohnenden Autoren nicht besitzt? Irgendwann wird diese DDR ihre exilierten Literaten und Literaturen heimholen. Wenn sie stark und sicher und selbstbewußt genug geworden ist, auch jene Genossen nicht der Fremde zu überlassen, die dahin gerieten, weil sie sich selbst treu zu bleiben suchten und im Reich der Literatur, der Hoffnungen und realisierbaren Träume sich einen Sozialismus entwarfen, der seiner Zeit an Jahren voraus gewesen ist. Wenn auch nicht an Realismus.

Frankfurt am Main im Mai 1974 — Gerhard Zwerenz

Personenverzeichnis

Dieses Register kommentiert nur solche Namen ausführlicher, die der Autor nicht porträtiert hat, die aber dennoch für die Problemstellung des Buches von Belang sind. Insofern ist dieser Anhang, auf den *Widerspruch* bezogen, von der Redaktion zusammengestellt, als eine subjektive ergänzende Dokumentation zu lesen.

Bingel, Horst (geb. 1933) 259
Schriftsteller und Kulturredakteur, Mitglied der FDP, Vorsitzender des Hessischen Schriftstellerverbandes. Schreibt seit längerer Zeit an einem Großroman *Der Abgeordnete,* der bereits 1919 von Otto Lecher in Fischers Bibliothek zeitgenössischer Romane publiziert wurde.

Bloch, Ernst (geb. 1885) 23, 32, 36, 38, 72 ff., 93, 117, 124 ff., 134, 145, 150, 152, 153, 78 ff., 242, 244 ff., 249, 261, 293, 298
Treibt seit mehr als einem halben Jahrhundert Philosophie im *Geist der Utopie.* Lukács und Alfred Kurella hatten ihm in der Expressionismusdebatte bescheinigt, seine Beziehung zum Expressionismus sei keine künstlich konstruierte, sondern eine echte Kontinuität. Bloch emigrierte 1933 nach Zürich, dann nach Paris, Wien und Prag. 1938 in die USA. 1948 Rückkehr nach Leipzig. 1957 zwangsemeritiert. Seit 1961 Professor in Tübingen.
Die enge Freundschaft mit Georg Lukács (von 1912–1917) hinderte später beide nicht, sich den Marxismus abzusprechen.

Bloch, Jan 150
Sohn von Ernst Bloch

Bloch, Karola 75, 150, 246
Frau von Ernst Bloch

Bortfeldt, Hermann 286, 287
SPD-Politiker, Publizist. Während des »III. Reichs« Pariser Emigration. Gehört zum linken Flügel der SPD.

Brandt, Heinz (geb. 1909) 241
Im »III. Reich« 6 Jahre Zuchthaus und 4 Jahre KZ. Bis 17. Juni 1953 Sekretär für Agitation und Propaganda der SED im Bereich Berlin. 1958 nach Westberlin, 1961 von Westberlin nach Ostberlin verschleppt. Verurteilt zu 13 Jahren Zuchthaus. Nach 3 Jahren Zuchthaus Bautzen in die BRD entlassen. Jetzt Redakteur der Gewerkschafts-Zeitschrift *Metall.*

Brecht, Bertolt (1898–1956) 26, 27, 57, 126, 129 ff., 141, 152, 153
Deutscher Lyriker, Dramatiker, verstand es stets, den Rezensenten und Germanisten mit seinen theoretischen Äußerungen klarzumachen, was sie über ihn schreiben sollten. Laut Aussage seines Freundes Hanns Eisler, war er »nie im Gegensatz zur Partei – weder zur KPD noch zur SED. Er hat manches kritisiert – na, wer hätte das nicht getan –, aber er hat loyal kritisiert. Er hat sich immer als Kommunist gefühlt, als ... Bolschewik ohne Parteibuch.«

Dessau, Paul (geb. 1894) 130
Komponist, bekannt vor allem durch seine Musik zu Stücken und Gedichten von Brecht. Als er mit Brecht dessen *Verhör des Lukullus* als Oper herausbrachte, bekam er von *Neues Deutschland* (Nr. 68/1951) zu hören: »... er wird verantwor-

tungsbewußt an sich arbeiten und etliche kabarettistische Unarten ablegen müssen, wenn *er* aus einem Komponisten interessanter Songs und Klanguntermalungen *zum* musikdramatischen Schöpfer werden will.« Das *Kulturpolitische Wörterbuch* des Dietz Verlags Berlin (DDR) 1970 (!) hält dann auch in seiner Chronologie fest: 1951 Premiere der »*Verurteilung*« *des Lukullus*.

Dimitroff, Georgi (1882–1949) 280
War im Reichstagsbrandprozeß angeklagt. Von 1933–1942 Generalsekretär der Komintern in Moskau. Profilierter Verfechter der Volksfrontpolitik der KP seit 1935, als es dafür längst zu spät war.

Dos Passos, John (1896–1970) 126
Amerikanischer Romancier, wegen seiner Montagetechnik neben James Joyce Kronzeuge wider Willen in den Realismusdiskussionen der 30er Jahre (u. a. auf dem I. Allunionskongreß der Sowjetschriftsteller 1934 und in der Expressionismusdebatte 1937/38 vor allem durch Lukács): als nicht nachahmenswerter Formalist hingestellt. Wandte sich nach dem Zweiten Weltkrieg vom Kommunismus ab.

Dserschinskij, Felix (1877–1926) 211
Politischer Funktionär, erster Vorsitzender der Tscheka.

Dubcek, Alexander (geb. 1921) 135
1968 Nachfolger Novotnýs als Erster Sekretär der KPČ. Seine politische Neuorientierung führte zum »Prager Frühling« und am 20./21. 8. 1968 zum Einmarsch der Truppen der Warschauer-Pakt-Staaten. Von G. Husak im Mai 1966 abgelöst. Im Juni 1970 aus der KPČ ausgeschlossen; heute in der holzverarbeitenden Industrie beschäftigt.

Ehrenburg, Ilja (1891–1967) 130, 208, 209
Russischer Romancier, Lebenskünstler und Journalist. Sein Roman *Tauwetter* gab der nachstalinistischen Kulturpolitik den Namen.

Eisler, Hanns (1898–1962) 72, 134
Komponist, ließ sich während der Emigration in den USA nicht vom Ausschuß für unamerikanische Tätigkeit aufs Kreuz legen. Lebenslange Freundschaft und Zusammenarbeit mit Brecht; Eisler ist der zwingendere Theoretiker. Seine Volksoper *Johann Faustus* brachte ihn 1952 in die Schußlinie der DDR-Kulturpolitik.

Engelmann, Horst 25, 95, 96
War wissenschaftlicher Assistent an der Universität Leipzig; ursprünglich parteiorthodox, schlug sich dann zum liberalen Flügel. Mußte in die Produktion, wurde Bauarbeiter.

Fried, Erich (geb. 1921) 273
Linkssozialistischer Schriftsteller, Vietnam-Lyriker, emigrierte während des »III. Reiches«. Lange Zeit BBC-Kommentator in London.

union. 1956 im oppositionellen ungarischen Petöfikreis. Wegen Teilnahme am ungarischen Volksaufstand 1956 bis 1960 inhaftiert. Seit 1965 in der Schweiz.

Heartfield, John 220
Erfinder der Photomontage. Bruder von Wieland Herzfelde.

Herrnstadt 156
Chefredakteur des *Neuen Deutschland,* Kandidat des Politbüros, mit sowjetischem Staatssicherheitschef Berija verbündet. Dessen Sturz nach Stalins Tod führte auch zu Herrnstadts Sturz.

Hertwig 176
DDR-Journalist und Redakteur, im Harich-Prozeß verurteilt.

Herzfelde, Wieland (geb. 1896) 152, 218, 219 ff
Schriftsteller, Initiator der literarischen Revolte des Dadaismus in Berlin; gründete den revolutionären Malik Verlag in Berlin; gemeinsame Arbeit mit seinem Bruder John Heartfield. – Trat immer für ein progressives Literaturkonzept ein.

Hitzer, Friedrich 262, 268
Münchner Publizist und Kulturkritiker, studierte in Moskau. DKP-Mitglied und »Kürbiskern«-Mitherausgeber.

Hochhuth, Rolf (geb. 1931) 262
Handelte sich mit seinem dokumentarischen Theater Weltruhm, Ärger und Prozesse ein.

Horn, J. H. 23
Von Ernst Bloch als Dozent für Logik an die Universität Leipzig geholt. Selbstmord.

Houpt, Karl P. 92, 215, 216
Nicht bekannter, parteiorthodoxer Leipziger Schriftsteller.

Huchel, Peter (geb. 1903) 72
Deutschsprachiger Lyriker. 1949–1962 Chefredakteur der interessantesten deutschsprachigen Literaturzeitschrift, *Sinn und Form.* Wurde vom DDR-Chefideologen Kurt Hager als »englischer Lord« enttarnt und seines Postens enthoben. (Huchel – laut Hans Mayer –: »Sehen Sie Herr Hager, in einem Manuskript hätte ich Ihnen das Adjektiv *englisch* sogleich gestrichen.«) Führte von da an Leben in Isolation in Wilhelmshorst bei Potsdam; wollte – obwohl gelegentlich dazu aufgefordert – keine Lyrik mehr in der DDR publizieren und bezeichnete sich auch als nicht zur DDR gehörender Lyriker. Durfte 1971 in die BRD übersiedeln. Heute Bestandteil von »the Suhrkamp culture«.

Kuba (eigentlich Kurt Barthel, 1914–1969) 142
Hochgeschätzter Agitprop, Lyriker, Dramatiker, Nachdichter, Erzähler, ZK-Mitglied der SED. Besang »von der Position des historischen Materialismus die Entwicklung der Menschheit von ihren Anfängen bis zur realen Vision vom ›Herrn der Erde‹« (laut deutschsprachigem Schriftstellerlexikon, Leipzig 1972).

Kun, Béla (1885–1937) 127
Ungarischer Kommunist, rief in Budapest 1919 Diktatur des Proletariats aus.

Kurella, Alfred (geb. 1895) 33, 128 ff., 215, 216, 218, 221
Ehemals hoher Kulturpolitiker der DDR. Kam aus Großbürgertum (ein Ahne Erfinder des Kurella-Brustpulvers). Gründete 1918 »Die Freie Sozialistische Jugend« in München, Mitglied der KPD und Mitbegründer der kommunistischen Jugendinternationalen. Trifft 1919 in geheimer Mission Lenin in Moskau. Später Mitarbeiter von Dimitroff; Initiator der Expressionismusdebatte 1937 in Moskau.

Lattmann, Dieter 259 ff., 266, 268
Schriftsteller, Vorsitzender des VS, MdB.

Lenk, Elisabeth 46
Linkssozialistische BRD-Publizistin; Übersetzerin.

Leonhardt, Rudolf Walter 281
Bekleidet hohen Posten in der »ZEIT«.

Lenz, Siegfried 260 ff.
Bestsellerautor der BRD.

Loest, Erich (geb. 1926) 12, 85 ff., 165, 179, 181, 218, 230
Erzähler und Romanautor. Schrieb nach seiner Haft Kriminalromane unter Pseudonym. Seine allmähliche Rehabilitierung als »Autor Loest« setzte mit dem Roman *Schattenboxen* (1973) ein.

Lorenz, Richard 40 ff.
Erregte mit Leserbrief zur Tauwetterphase in der Sowjetunion westliches Aufsehen. Schrieb *Sozialgeschichte der Sowjetunion.*

Lukács, Georg (1885–1971) 125, 126, 127, 134
Vielfach angefeindeter und bekämpfter Philosoph, Literaturtheoretiker, Politiker. 1918 Eintritt in die KPU; 1919, nach Sturz der Räteregierung, im Untergrund. 1920 Kontroverse mit Lenin. 1921 Delegierter der KPU auf dem III. Weltkongreß der Komintern. 1933–1944 Emigration in die SU. 1956 öffentliche Auseinandersetzung mit dem Stalinismus. Minister für Volksbildung unter Imre Nagy. Nach gescheitertem Volksaufstand Deportation nach Rumänien. 1957 Rückkehr nach Budapest, 1969 wieder von der KPU aufgenommen; danach auch verdienter Goethepreisträger der Stadt Frankfurt/M.

Oelssner, Fred 156
Führender Funktionär und Theoretiker des SED, später in Ungnade gefallen.

Pfeiffer, Hans (geb. 1925) 26 ff., 83, 142
Verdienter DDR-Dramatiker, neuerdings wieder im Kommen.

Pieck, Wilhelm (1876–1960) 42
Wurde zusammen mit Rosa Luxemburg und Karl Liebknecht verhaftet, konnte durch List seiner Ermordung entkommen. 1928–1931 MdR, 1943 Mitbegründer des Nationalkomitees »Freies Deutschland«. 1945 Vorsitzender der KPD, 1949 Ministerpräsident der DDR.

Raddatz, Fritz J. (geb. 1931) 260
Zog 1950 von Westberlin nach Ostberlin und 1958 von Ostberlin nach Westberlin. Lektor bei Volk und Welt in Ostberlin, dann bei Kindler, München. Cheflektor und Mitglied der Verlagsleitung bei Rowohlt von 1960–1969. Einer größeren nichtliterarischen Öffentlichkeit wurde er bekannt, als er über Propagandaballons stolperte, mit denen Rowohlt-Bücher in die DDR expediert wurden. Zahlreiche Werke, u. a. eine Marxismus- und Literaturanthologie von Marx bis Mayer (Hans).

Rákosi, Mátyás (1892–1971) 274
Volkskommissar unter Béla Kun, mehrere Male als Agent verurteilt. 1956 als Stalinist seiner Ämter enthoben.

Reinhold, Conrad 289
Leiter der »Pfeffermühle« in Leipzig, wegen Systemkritik in Ungnade gefallen, 1957 in die BRD emigriert, leitet seither das Kabarett »Die Maininger« in Frankfurt/M.

Richter, Hans Werner (geb. 1908) 149
Romancier, Publizist, vor allem als Organisator der Gruppe 47 berühmt geworden.

Rodenberg, Hans 234
Stalinistischer Kulturfunktionär.

Röhl, Klaus Rainer 290 ff.
Gründer und Herausgeber von »konkret« und »das da«.

Rudorf, Reginald 84
Jazzkenner, Kritiker und Theoretiker, 1957 deshalb in Leipzig verprügelt, emigrierte in die BRD.

Schirdewan, Karl (geb. 1907) 156
Seit 1953 Mitglied des Politbüros; 1958 als Gegner Ulbrichts wegen »Fraktionstätigkeit« aus allen Parteiämtern entfernt. 1958–1965 leitete er staatliche Archivverwaltung.

Inhaltsverzeichnis

Werke von Gerhard Zwerenz bei Fischer

Der Widerspruch
Ein autobiographischer Bericht
br. DM 19,80

Die Erde ist unbewohnbar wie der Mond
Roman
2. Aufl. Ln. DM 26,–

Bericht aus dem Landesinneren
City – Strecke – Siedlung
br. DM 18,–
Fischer Taschenbuch 1468, DM 4,80

Kopf und Bauch
Die Geschichte eines Arbeiters, der unter die Intellektuellen gefallen ist
2. Aufl. Ln. DM 20,–
2. Aufl. Fischer Taschenbuch 1360, DM 4,80

Der plebejische Intellektuelle
Essays
Reihe Fischer F 26, DM 6,–

Nicht alles gefallen lassen
Schulbuchgeschichten
2. Aufl. Fischer Taschenbuch 1314, DM 3,80